本书研究得到国家现代农业产业技术体系水禽产业技术体系项目（CARS-43-10B）的支持，特表感谢

聚焦三农：农业与农村经济发展系列研究（典藏版）

中国水禽产业经济发展研究

王雅鹏　刘灵芝　刘雪芬　著

科学出版社

北京

内 容 简 介

本书从水禽产业的实际出发，利用国家现代农业产业体系水禽产业经济研究团队的调查统计数据和调研资料，系统地分析了中国水禽产业发展的现状、趋势和存在的主要问题，并以中国水禽产业从千家万户小规模分散养殖向专业化、规模化养殖过渡，从自给自足、自繁自养向产业化、市场化经营过渡为背景，以产业经济相关理论为指导，利用调查研究、实证分析、数理分析、计量分析等多种经济研究方法，对水禽产业的生产发展、产业布局、产业组织、养殖模式、技术进步、物流模式、市场价格波动、市场主体行为、市场供需平衡、市场预测、市场竞争力提升等问题进行了深入分析和探讨，并从政府、企业、农户三个不同经营主体的角度提出了推动水禽产业发展和竞争力提升的对策建议。

本书可供各级政府农牧业主管部门、水禽产业主管部门，从事水禽产业经营的企业、农户、合作经济组织，以及相关领域的科研院所的学者和高等院校经济管理专业、畜牧专业的师生参考。

图书在版编目（CIP）数据

中国水禽产业经济发展研究／王雅鹏，刘灵芝，刘雪芬著.—北京：科学出版社，2015.11（2017.3 重印）

（聚焦三农：农业与农村经济发展系列研究）（典藏版）

ISBN 978-7-03-046467-5

Ⅰ.①中… Ⅱ.①王… ②刘… ③刘… Ⅲ.①水禽–产业经济–研究–中国 Ⅳ.①F326.3

中国版本图书馆 CIP 数据核字（2015）第 282634 号

丛书策划：林 剑

责任编辑：林 剑／责任校对：邹慧卿

责任印制：徐晓晨／封面设计：无极书装

科 学 出 版 社 出版

北京东黄城根北街 16 号

邮政编码：100717

http://www.sciencep.com

北京京华虎彩印刷有限公司 印刷

科学出版社发行 各地新华书店经销

*

2015 年 12 月第 一 版 开本：B5（720×1000）

2015 年 12 月第一次印刷 印张：21

2017 年 3 月印 刷 字数：410 000

定价：**138.00 元**

（如有印装质量问题，我社负责调换）

总序

农业是国民经济中最重要的产业部门，其经济管理问题错综复杂。农业经济管理学科肩负着研究农业经济管理发展规律并寻求解决方略的责任和使命，在众多的学科中具有相对独立而特殊的作用和地位。

华中农业大学农业经济管理学科是国家重点学科，挂靠在华中农业大学经济管理学院和土地管理学院。长期以来，学科点坚持以学科建设为龙头，以人才培养为根本，以科学研究和服务于农业经济发展为己任，紧紧围绕农民、农业和农村发展中出现的重点、热点和难点问题开展理论与实践研究，21世纪以来，先后承担完成国家自然科学基金项目23项，国家哲学社会科学基金项目23项，产出了一大批优秀的研究成果，获得省部级以上优秀科研成果奖励35项，丰富了我国农业经济理论，并为农业和农村经济发展作出了贡献。

近年来，学科点加大了资源整合力度，进一步凝练了学科方向，集中围绕"农业经济理论与政策"、"农产品贸易与营销"、"土地资源与经济"和"农业产业与农村发展"等研究领域开展了系统和深入的研究，尤其是将农业经济理论与农民、农业和农村实际紧密联系，开展跨学科交叉研究。依托挂靠在经济管理学院和土地管理学院的国家现代农业柑橘产业技术体系产业经济功能研究室、国家现代农业油菜产业技术体系产业经济功能研究室、国家现代农业大宗蔬菜产业技术体系产业经济功能研究室和国家现代农业食用菌产业技术体系产业经济功能研究室四个国家现代农业产业技术体系产业经济功能研究室，形成了较为稳定的产业经济研究团队和研究特色。

为了更好地总结和展示我们在农业经济管理领域的研究成果，出版了这套农业经济管理国家重点学科《农业与农村经济发展系列研究》丛书。丛书当中既包含宏观经济政策分析的研究，也包含产业、企业、市场和区域等微观层面的研究。其中，一部分是国家自然科学基金和国家哲学社会科学基金项目的结题成果，一部分是区域经济或产业经济发展的研究报告，还有一部分是青年学者的理论探索，每一本著作都倾注了作者的心血。

本丛书的出版，一是希望能为本学科的发展奉献一份绵薄之力；二是希望求教于农业经济管理学科同行，以使本学科的研究更加规范；三是对作者辛勤工作的肯定，同时也是对关心和支持本学科发展的各级领导和同行的感谢。

李崇光

2010 年 4 月

序

　　春华秋实，寒来暑往；日出月落，星换斗移。不知不觉，受聘于国家现代农业产业技术体系水禽产业经济岗位专家已经5年了。回顾5年来的水禽产业经济调查研究工作，从制定水禽产业经济调研方案、确定调研及统计指标、研究调整调查方法到产业经济数据库的建立，从深入水禽产业技术体系综合试验站、水禽产业化龙头企业、水禽养殖农户调查到研究报告的提交、研究论文的发表，水禽产业经济研究团队成员不知付出了多少辛劳，流了多少汗水，为了对团队成员的研究成果有一个总结，为了给水禽产业经济研究历程上留下一个标志，特将几年来水禽产业经济研究团队的研究成果集结成本书，以期系统地反映水禽产业经济发展的现状和问题，为水禽产业经济的发展有所贡献。

　　本书从水禽产业发展的实际出发，利用大量的调查统计数据和调研资料，系统地分析了中国水禽产业发展的现状、趋势和存在的主要问题，并以中国水禽产业从千家万户小规模分散养殖向专业化、规模化养殖过渡，从自给自足、自繁自养向产业化、市场化经营过渡为背景，以产业经济的相关理论为指导，利用调查研究、实证分析、数理分析、计量分析等多种经济研究方法，对水禽产业的产业布局、产业组织、养殖模式、技术发展、物流模式、市场价格波动、市场主体行为、市场供需平衡、市场预测、市场竞争力提升等问题进行了深入分析和探讨，并从政府、企业、农户不同经营主体的角度提出了推动水禽产业发展和竞争力提升的对策建议。尽管受到水禽产业经济研究基础和研究者水平的制约，本书可能存在结构性、逻辑性、系统性等方面的问题，但客观来讲，这并不妨碍本书对水禽产业经济研究大厦的材料性、奠基性贡献，它可能是我国系统研究水禽产业经济的开篇之作。

　　在5年的水禽产业经济调查研究过程中，我们深知责任比能力重要，过程比结果重要，推动产业的发展比个人学术上的成就和得失重要。为了能真正深入到水禽产业经济领域之中，了解水禽产业经济发展中存在的真实问题，帮助水禽产业经营者（企业、农户）有效地解决经营中存在的困难和问题，水禽产业经济研究团队成员，依托国家现代农业技术体系在全国 21 个水禽主产省（自治区、直辖市）所组建的 25 个综合试验站，深入到水禽养殖、加工典型示范企业、专业合作社及农户，进行了深度访谈和问卷调查，系统地统计了我国肉鸭、蛋鸭、鹅、番鸭、半番鸭的存栏量、出栏量、产肉量、产蛋量、年产值等经济指标。每年系统地分析了当年水禽产业发展的现状、特点、问题和趋势，并提出了相应的发展对策。连续 3 年分别对肉鸭、蛋鸭、鹅的来年生产发展及产品市场价格情况进行了预测分析。连续 5 年分别提交了《水禽产业生产布局及规模调查》《蛋鸭产业组织创新与技术进步的动力机制构建研究》《肉鹅产业竞争力提升与配套政策研究》《肉鸭产品供需平衡与市场波动规律研究》《中国水禽产品贸易和生产政策研究》《中国水禽产业经济十三五发展规划》《水禽企业经营管理问题分析与探讨》7 个研究报告。先后公开发表了《基于节能减排的水禽养殖模式选择问题探讨》《我国水禽产业竞争力的特点和影响因素与提升路径》《江汉平原水禽产业现状及发展策略研究》《中国肉鸭产业区域优势分析》等 40 余篇学术论文。先后出版了《中国水禽产业经济研究》和《中国水禽产业经济调查研究》两篇论文集，先后有刘雪芬、吴瑛、闫建伟三名博士和朱璐、魏淑娟两名硕士以水禽产业经济为研究对象，完成了自己的学位论文而分别获得博士和硕士学位并顺利毕业。为这一切的付出正如团队成员所说："统计表中一个数据、研究报告一个结论、研究论文一个观点，调研需行万里路、问千百人、访千百户。"

　　总结 5 年来水禽产业经济岗位专家任务的完成和以上点滴成绩的取得，第一是全体团队成员齐心努力的结果，第二是国家现代农业产业技术体系的水禽产业技术体系的各位岗位专家和综合试验站站长支持的结果，第三是水禽产业经济研究的责任和使命对我激励和鞭策的结果。这 5 年期间我经历了今生最大的伤心与悲痛，我的养母于秀珍在 2014 年 6 月 9 日（农历五月十二）病故辞世，而我却在她老人家病重卧床期间没有能伺候尽孝，时至今日每每想起都使我感到遗憾、愧疚，不能原谅自己。因为我的养母对我的恩情非同一般，听我的生母讲，我出生以后她没有一口奶水，全靠喝米汤水维持生命和度日，如果没有我的养母的哺乳喂养，可能早已夭折。正是有了我养母在我刚满月以后的精心呵护和抚养，我才得以长大成人。我的养母的慈祥、善良和无私人间少有，在 20 世纪 60 年代的三年自然灾害经济困难时期，她自己忍饥受饿，总是把从自己口中节省出来的食物让我吃饱吃好。我 8 岁的时候养母生下了我的弟弟，有了亲生的儿子；但是，她并没有疏远我和遗弃我，而是对我更多了一份亲情、关爱和呵护，和我弟弟相比，对我的偏爱和照顾更倾心尽力、无微不至，家里有好吃的总是先让我吃了再给弟弟吃，衣服总是让我穿新的而让弟弟穿我穿过的旧的。在人民公社体制、农家收入低微、农民穷苦无助的大环境下，她节衣缩食、辛勤劳作，千方百计供养我上学读书。我永远不能忘怀为了给我上学积攒学费，母亲除了白天要在生产队按时下田劳动外，在晚上总是成半夜、成半夜地在油灯下摇着纺车纺石棉线卖给工厂，成半夜、成半夜地把棉秆皮剥下来卖给造纸厂，总是利用田间劳动的空暇休息时间打草喂猪，在家庭院落里养鸡养鸭，以期能获得一些收入补贴家用和供我上学开销。在我高中毕业恰逢知识青年上山下乡、回乡务农的4年里，母亲每每看到我这个文弱书生下田劳动归来后的疲惫之像，不知暗地里默默地为我流下了多少心疼的泪水。她对我的养育之恩比天高、比地厚、比海深，她不是亲娘，胜似亲娘，比亲娘更亲。所以说，如果不是承担水禽产业经济岗位任务这份责任的挤压和使命的鞭策，我可能会放弃对水禽产业经济的研究，请假回家在她老人家的病床前伺候左右、陪守尽孝。

在本书收笔掩卷之际，我特别要说明的是，这本书虽然由我和刘灵芝、刘雪芬三人署名出版，但这并不是我们三人的独创，而实际上是一个集体智慧的结晶，是水禽产业经济研究团队成员的共同成果。在水禽产业经济调研项目执行期间，先后有华中农业大学经管学院的凌远云副教授、张军副教授、熊学萍教授、刘灵芝副教授、陈娟副教授，我指导的博士研究生龚琦、吴娟、王薇薇、魏丹、刘雪芬、吴瑛、何朝秋、张勇民、闫建伟、马林静、杨志海、欧阳金琼、麦尔旦·吐尔孙、赵丽萍、石萍、李邦喜、文清、尹宁，我指导的硕士研究生朱璐、魏淑娟、李子、吕明、姚懿桐、李俊睿等，刘灵芝指导的硕士研究生范俊楠、陈正飞、郭媛媛、代欣欣、黄悦怡、冷晨昕、李田芳等，参加了实地调研，撰写了研究报告，公开发表了相关论文，本书更多的是在以上诸位调研报告、学术论文基础上的集成和升华。之所以在此把大家的成果集结成书，一是期望能够对项目资助单位——中华人民共和国农业部科技教育司（简称农业部科教司）和项目组织实施单位——中国农业科学院（简称中国农科院）北京畜牧兽医研究所有一个交待；二是希望能对参与项目调研实施的各位的成果有一个集中展示，并借助此书此序对各位予以答谢；三是希望能为未来从事水禽产业经济研究的志士仁人提供一个基础；四是希望能对水禽产业本身的运行发展有所校正和借鉴；五是抛砖引玉、求教于世，希望得到水禽产业各界同仁的指正和批评。

最后，特别要感谢中国水禽产业技术体系首席专家、中国农科院北京畜牧兽医研究所侯水生研究员，没有他的首肯、认可和支持，我们不可能顺利完成水禽产业经济研究的任务；特别要感谢湖北省农科院畜牧兽医研究所家禽研究室主任杜金平研究员，是他的推荐和介绍，才使我及我们团队有机会进入水禽产业经济研究领域；特别要感谢水禽产业技术体系各综合试验站的站长和信息员，没有他们的支持和配合，就没有产业经济研究的成果及经济统计数据的获得；特别要感谢水禽产业技术体系的各位岗位专家，没有他们的技术创新和对产业发展的推动引领，产业经济的研究就会是无源之水、无本之木，只能是苍白无力的；特别要感谢湖北黄冈师范学院校长陈兴荣教授，华中农业大学姚江林副校长，华中农业大学动物科学技术学院动物医学院原党委书记程国富教授，华中农业大学科学技术发展研究院关恒达常务副院长、华中农业大学经济管理学院副院长张俊飚教授、华中农业大学科发院人文社科处张岳君处长，以及我所指导的早已毕业的博士武汉市原副市长张学忙、中新融创资本管理有限公司刘春明经理、湖北省农业厅能源办张劲松处长、湖北工业大学经济与管理学院王宇波教授、湖北省审计厅金融审计处叶长卫处长、襄阳市卫计委汪厚安主任、河南省南召县王放县长、农业部办公厅明星处长等，在水禽产业经济研究项目申报和实施中，他们都给予了很多无私的帮助和支持。

愿此书能够对水禽产业的发展有所推动，对产业经营者有所帮助，对未来的同类研究有所借鉴。

王雅鹏

2015 年 10 月 9 日

目　录

第 **1** 章

水禽产业是农业产业和畜牧产业的重要组成部分，水禽产业经济的发展，在我国国民经济发展中起到了积极作用。从水禽与水禽产业概念入手，分析水禽产业发展在国民经济及社会发展中的地位与作用，以及发展的背景与历程，明确其发展的影响和优势，以及发展的现状和趋势，无疑具有重要的理论和现实意义。

1.1

水禽与水禽产业概述

1.1.1 水禽概念

水禽包括肉鸭（蛋鸭、番鸭）、鹅、鸿雁、灰雁、迁徙水鸟等以水面为生活环境的禽类动物。我国最早对水禽的记载始见于南宋时期历史学家范晔编撰的《后汉书》，"水禽鸿鹄、鸳鸯、鸥、鹥，鹡鸪、鹔、鹴，鹭、雁、鹭鹴，乃安斯寝，戢翮其涯"（《後漢書·馬融傳》）。三国时期曹植著有诗歌《洛神赋》："腾文鱼以警乘，鸣玉鸾以偕逝。六龍儼其齊首，載雲車之容裔，鯨鯢踴而夾轂，水禽翔而爲衛。"水禽早期一般定义为"水鸟，棲息於水澤附近之鳥類"[1]，《现代汉英词典》对水禽的英文翻译也为"water bird"或"waterfowl"[2]。加拿大百科全书对水禽的定义类似，"喜在水面或水边生活的鸟类总称，最常见的有野鸭、大雁、天鹅等，在全球分布极广，既包括一些不能飞的鸟类，也包括一些能够长途迁徙的候鸟"。从上述有关水禽的描述中可见，水禽的早期定义主要是针对野生水鸟，这种定义非常广泛，因而包含种类繁多复杂。北美洲的水禽种类较多，包括3种天鹅、7种大雁、28种野鸭，这些水禽在加拿大都有产卵繁殖（《加拿大百科全书》）。据目前已有报道，除南极洲，世界各地都可以见到水禽的踪迹，尤以北美洲数量最多，通常生活在各种湿地附近。

根据水禽的上述特征，按动物分类水禽应属于脊椎动物门，脊椎动物亚门，鸟纲，今鸟亚纲、雁形目。雁形目（Anseriformes）是人们最熟悉的游禽，雁形目中的鸟在中文中通常称为"鸭"或"雁"，包括了人们通常所说的鸭、潜鸭、天鹅、鸬鹚、鸳鸯各种雁类、鸭雁类或雁鸭类。其分布广泛，种类繁多，但所有种类都可以归入外观上截然不同的两个科，即叫鸭科（Anhimidae）与鸭科（Anatidae）。叫鸭科主要分布于南美洲中部，因飞翔或行走时发出尖厉鸣叫声而得名，目前仅有角叫鸭（Anhima cornuta）、冠叫鸭（Chauna torquata）、黑颈叫鸭（Chauna chavaria）2属3种。而鸭科却包括雁形目绝大多数的鸟类，是游禽类最大的一科，多达37属148种，除南极之外世界各地都有分布，我国就有19属46

---

① 中国古代名物大典·（下）．華夫．济南：济南出版社．1993.
② 现代汉英词典．外研社辞书部．北京：外语教学与研究出版社．2001.

种。天鹅、雁和多种多样的鸭类都是鸭科的成员。其中天鹅是体型最大的游禽，也是体型最大的飞禽之一。

1.1.2 家养水禽主要种类

家养水禽主要指鸭（肉鸭、蛋鸭）、鹅、雁（鸿雁、灰雁），而鸭、鹅、雁又可根据各类标准划分成若干种类。

1.1.2.1 鸭的主要品种介绍

鸭是雁形目鸭科、鸭亚科水禽的统称，一般认为我国家鸭的祖先源于绿头鸭和斑嘴鸭，俗称"水鸭"；而原产于南美洲的疣鼻栖鸭（番鸭）被驯化为家禽后，俗称"洋鸭"。鸭的地方品种很多，最著名的品种有北京鸭、绍兴鸭、高邮鸭、临武鸭、金定鸭、大余鸭、巢湖鸭及攸县麻鸭、莆田黑鸭、连城白鸭等。

北京鸭的驯养历史至少有 200~300 年，原产于北京玉泉山一带，因此而得名。北京鸭体形硕大丰满，挺拔美观，头大、颈粗、中等长、眼大而明亮，尾短而上翘，成年北京鸭羽毛呈纯白色，嘴、腿和蹼呈橘红色，体质健壮，生长快。北京鸭肉肥味美，驰名中外的北京烤鸭，就是用北京鸭烤制而成的。现在的北京鸭已传出国外，世界各国都有分布。

绍兴鸭，又称绍兴麻鸭、浙江麻鸭、山种鸭，是我国优良的高产蛋鸭品种，因原产地位于浙江旧绍兴府所辖的绍兴、萧山、诸暨等县而得名。浙江省、上海市郊区及江苏的太湖地区为主要产区。目前，江西、福建、湖南、广东、黑龙江等十几个省均有分布。绍兴鸭根据毛色可分为红毛绿翼梢鸭和带圈白翼梢鸭两个类型。

高邮鸭，又名高邮麻鸭，农家饲养历史逾百年，主产于江苏省高邮、宝应、兴化等县市，分布于江苏省中部京杭大运河沿岸地区，是我国江淮地区蛋肉兼用型地方优良品种。高邮鸭不仅生长快、肉质好、产蛋率高，而且因善产双黄蛋乃至三黄蛋而享誉海内外，2006 年被农业部列入《国家级畜禽品种资源保护名录》。高邮鸭母鸭全身羽毛褐色，有黑色细小斑点，如麻雀羽；主翼羽蓝黑色，喙豆黑色；胫、蹼灰褐色，爪黑色。公鸭体型较大，背阔肩宽，胸深躯长呈长方形。头颈上半段羽毛为深孔雀绿色，背、腰、胸为褐色芦花毛，臀部黑色，腹部白色。喙青绿色，趾蹼均为橘红色，爪黑色。

临武鸭，主产于湖南省临武县，有着上千年悠久的养殖历史，自古在珠江源头的舜峰山涧、武水河流域野外放养，是"养在深闺"的地方传统麻鸭。属肉蛋兼优型地方品种，具有生长发育快、体型大、产蛋多、适应性强、饲料报酬高、肉质细嫩、皮下脂肪沉积良好、味道鲜美等特点，以"滋阴降火，美容健身"而著称，当地老百姓俗称"勾嘴鸭"，1984年载入《湖南省家畜家禽品种志》。1999年在舜华鸭业公司的带动下，临武县打造出中国最大的麻鸭养殖加工基地，其品位位居中国地方麻鸭之首。

北京鸭　　　　　　　　绍兴鸭　　　　　　　　高邮鸭

连城白鸭原称白鹜鸭、黑嘴鸭，主产于福建省连城县，连城也因此被命名为"中国连城白鸭之乡"并获得地理标志保护，同时有"唯一药用鸭""鸭中国粹"等荣誉称号。据《连城县志》记载，连城白鸭在连城已繁衍栖息百年以上，具有独特的"白羽、乌嘴、黑脚"的外貌特征。连城白鸭体型狭长，头小，颈细长，前胸浅，腹部不下垂，行动灵活，觅食力强，富于神经质，全身羽毛洁白紧密，因其全身白羽和黑色的脚丫及头部对比鲜明，故当地又称其为"黑丫头"。连城白鸭生产性能、遗传性能稳定，是我国稀有的种质资源，2000年列入《国家级畜禽品种资源保护名录》。

莆田黑鸭是在海滩放牧条件下发展起来的蛋用型鸭品种，主要分布于福建省莆田市沿海及平原地区，平潭、福清、长乐、连江、惠安、晋江、泉州、和平等县市都有分布。莆田黑鸭体态轻盈，行走敏捷，有较强的耐热性和耐盐性，尤其适合在亚热带地区硬质滩涂饲养，是我国蛋用型地方鸭品种中唯一的黑色羽品种，2006年被列入农业部《国家级畜禽遗传资源保护名录》。

攸县麻鸭产于湖南省攸县境内的米水和沙河流域一带，以网岭、鸭塘浦、丫江桥、大同桥、新市、高和、石羊塘等地为中心产区。攸县麻鸭是湖南著名的蛋鸭型地方品种，具有体型小、生长快、成熟早、产蛋多的优点，是一个适应于稻田放牧饲养的蛋鸭品种。攸县麻鸭体型狭长，呈船形，羽毛紧密。公鸭头和颈的上半部为翠绿色，颈的中下部有白色羽颈环，前胸羽毛为赤褐色，尾羽和性羽为墨绿色。母鸭全身羽毛呈黄褐色麻雀羽，2007年，攸县麻鸭入选国家种质资源基因库。

连城白鸭

莆田黑鸭

攸县麻鸭

1.1.2.2 鹅的主要品种介绍

鹅是鸟纲雁形目鸭科动物的一种，从生物学的角度讲，鹅并不是一个独立的物种，是经人类驯化后的一种家禽，来自于野生的鸿雁或灰雁。中国家鹅主要来自于鸿雁，欧洲家鹅则主要来自于灰雁。我国现有的鹅品种资源非常丰富，有据可查的有 27 种，优良的鹅品种主要有狮头鹅、太湖鹅、豁眼鹅、溆浦鹅、伊犁鹅以及浙东白鹅、四川白鹅等，从国外引进的良种鹅有莱茵鹅、朗德鹅、丽佳鹅等。

狮头鹅是我国农村培育出的最大体型优良品种鹅，也是世界上的大型鹅之一。原产于广东省饶平县浮滨镇，多分布于澄海、潮安、汕头等市郊。该鹅种的肉瘤可随年龄而增大，形似狮头，故称狮头鹅。成年公鹅体重可达 10 ~ 12 千克，母鹅也可达 9 ~ 10 千克。狮头鹅生长迅速，体质强健，肌肉丰厚，肉质优良。

豁眼鹅主要分布在山东、辽宁、吉林、黑龙江、四川等地。该品种在山东省称为五龙鹅，在辽宁省称为昌头鹅，在吉林省和黑龙江省称为疤拉眼鹅，为中国白色鹅的小型品变种之一，以优良的产蛋性能著称。年产蛋 120 ~ 180 枚，蛋重 120 ~ 140 克。豁眼鹅体型轻小紧凑，额前长有表面光滑的肉质瘤，眼呈三角形，上眼睑有一疤状缺口，为该品种独有的特征。

溆浦鹅是一个饲养年代悠久的著名地方种，被国家原农林渔业部定为优质鹅种，主要产于湖南省沅水支流的溆水两岸，中心产区在溆浦县城附近的新坪、马田坪、水车等地。其体型大，肥肝性能特别，鹅体在全国排第二，肥肝在全球排第一。羽毛颜色主要有白、灰两种，以白色居多数。灰鹅背、尾、颈部为灰褐色，腹部呈白色，白鹅全身羽毛为白色。

伊犁鹅，又称草鹅、雁鹅、新疆鹅，主要产于新疆伊犁哈萨克自治州直属县、市及博尔塔拉蒙古族自治州一带，属于中小型鹅种，耐粗放饲养、耐寒、产绒多，具有一定的飞翔能力，多散养于民间。伊犁鹅体型中等，头上平顶，无肉瘤突起，颌下无咽袋，根据羽毛颜色可分为花鹅与白鹅，花鹅羽毛灰白相间，头、背、翼等部位灰褐色，其他部位白色，常见在颈肩部出现白色羽环，白鹅的全身羽毛为白色。

狮头鹅　　　　　　　　　豁眼鹅　　　　　　　　　伊犁鹅

目前国外引进品种主要有莱茵鹅、郎德鹅与丽佳鹅三种。莱茵鹅原产于德国的莱茵河流域，经法国克里莫公司选育，成为世界著名肉毛兼用型品种。郎德鹅原产于法国西部靠比斯开湾的郎德省，是当今世界上最适于生产鹅肥肝的鹅种。丽佳鹅原产于丹麦，是有名的肉蛋兼用型鹅种。

1.1.2.3 雁的主要品种介绍

天鹅和雁类都属于鸭科下面的雁亚科，家养雁类品种主要有鸿雁、灰雁、豆雁、斑头雁、白额雁及雪雁等。

鸿雁的学名为 Anser cygnoides，野生鸿雁主要分布于中国、日本、哈萨克斯坦、韩国、朝鲜、蒙古、俄罗斯等地。在我国冬季生活在长江中下游和山东、江苏、福建、广东等沿海省份，偶见于台湾，也发现少数在辽宁省和河北省越冬；迁徙时见于新疆北部阿尔泰山脉、西部天山、青海柴达木盆地、河北和河南等地。中国家养鸿雁主要繁殖于黑龙江省、吉林省和内蒙古自治区；鸿雁的嘴呈黑色，体色为浅灰褐色，头顶到后颈为暗棕褐色，前颈近白色。主要栖息于开阔平原和平原草地上的湖泊、水塘、河流、沼泽及其附近地区。以各种草本植物的叶、芽，包括陆生植物和水生植物、芦苇、藻类等植物性食物为食，也吃少量甲壳类和软体动物等动物性食物。

野生灰雁分布的范围很广，每年 3 月末至 4 月初成群从南方越冬地迁到中国黑龙江、内蒙古、甘肃、青海、新疆等北部地区繁殖，9 月末开始成群迁往中国南方越冬。灰雁头顶和后颈褐色；嘴基有一条窄的白纹，繁殖期间呈锈黄色，有时白纹不明显。背和两肩灰褐色，具棕白色羽缘；腰灰色，最外侧两对尾羽全白色。目前在湖北、江西、江苏等多地都有灰雁养殖。

6

豆雁学名为 Anser fabalis，又名大雁、东方豆雁、麦鹅，主要分布于欧亚大陆及非洲北部，包括整个欧洲、北回归线以北的非洲地区、阿拉伯半岛以及喜马拉雅山-横断山脉-岷山-秦岭-淮河以北的亚洲地区。豆雁头、颈棕褐色，肩、背灰褐色，具淡黄白色羽缘。目前在黑龙江、福建等地有少量的豆雁养殖场。

鸿雁　　　　　　　　　　灰雁　　　　　　　　　　豆雁

1.1.3 水禽产业及技术体系

1.1.3.1 水禽产业

水禽养殖业是中国的传统产业，近年来由于鸭、鹅养殖成本低、周期短、见效快，水禽养殖业取得了突飞猛进的发展。水禽产业（waterfowl industrial）是指从事与水禽养殖、加工、设备制造等相关的生产、经销各个环节构成的所有部门的总称。我国水禽产业已经形成了不仅包括蛋鸭、肉鸭（包括番鸭、半番鸭）、鹅的养殖，也包括良种繁育、饲料研发与加工、产品加工贸易与流通、疫病防疫等纵向一体化、横向多元化发展的产业体系，其产业水平与规模在国际市场处于领先地位。

水禽"产业"是指以经营具有水禽属性的产业为特征的水禽产业链条上各环节经营者和经营活动的集合。作为经济概念和产业经济的一个分支，其特定的内涵与外延使其具有了经营主体多元性、经营环节多重性、经营内容复杂性，这是水禽产业不断发展的必然结果。随着畜牧产业水平的不断提高，水禽产业的内涵不断充实，外延不断扩展，已经发展成为由政府、农民、合作组织、企业等多种利益主体相互联系的大系统，成为具有不同分工的、又由相关的多行业组成的产业经济体系。尽管经营模式、经营组织、企业制度和运营环节各不相同，但是，其经营适用对象和经营适用范围都是围绕着水禽类产品而展开运作的，并且已经能在行业内部完成自我的调节与循环。在经济持续高速发展的中国，水禽产业的发展空间广阔。随着经济的发展和人民生活水平的提高，市场对水禽产品的需求量越来越大，因此水禽的饲养量也不断增加。据统计，中国水禽的存栏量、出栏量及养殖总量均达到世界水禽总量的 70% 以上，是世界第一水禽生产大国。估计在今后相当长的时间内，水禽的养殖数量还会稳定增长。同时，在国际贸易方面，中国水禽产品由于具有品种和价格优势，竞争力强，产品已出口到欧洲、美国、新加坡、日本、韩国等地，且出口量呈现逐年增长的趋势。

1.1.3.2 水禽产业技术体系

2007 年，为全面贯彻落实党的"十七大"精神，加快现代农业产业技术体系建设步伐，提升国家、区域创新能力和农业科技自主创新能力，为现代农业和社会主义新农村建设提供强大的科技支撑，在实施优势农产品区域布局规划的基础上，国家决定在水稻、玉米、小麦、大豆、油菜、棉花、柑橘、苹果、生猪、奶牛等 10 个农产品中开展现代农业产业技术体系建设实施试点工作。到 2008 年年底，启动建设的 50 个现代农业产业技术体系，共设 50 个产业技术研发中心，聘用 50 位首席科学家，涉及 34 个作物产品、11 个畜产品、5 个水产品。水禽产业即为 11 个畜产品之一。

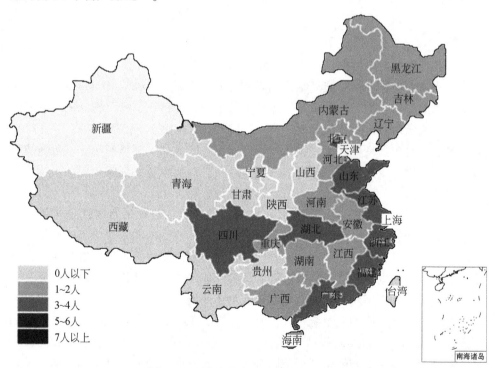

图 1-1　国家水禽产业体系全国分布图

国家水禽产业技术体系目前设置有 1 个产业研发中心、4 个功能研究室、19 个岗位团队、25 个综合试验站、125 个示范县。人员配置上集中了全国最优秀的水禽领域的研究专家，成员包括 1 位首席科学家、19 位岗位科学家、25 位试验站站长、100 多位团队成员。

自国家水禽产业技术体系成立与运行以来，我国在品种改良、饲料转化、疾病防治、标准化养殖、产业经济发展及宏观调控等方面取得了许多重要成果，为水禽产业的健康持续发展奠定了坚实基础。

1.1.4 水禽产业经济理论的研究进展

1.1.4.1 产业发展现状与趋势研究

伴随我国水禽产业的快速发展，关于水禽产业发展现状与趋势的描述性分析文献也日趋丰富，如张喜武的《中国水禽业发展现状及对策》（2005）、宫桂芬（2006）的《我国水禽业发展现状与存在的问题》、刘雪芬等（2012）的《中国水禽产业发展的现状和问题及对策》等，分别从养殖规模、养殖模式与经济效益等对我国水禽的产业化发展进行了全面介绍。水禽产业几乎遍布全国，由于各地区在资源禀赋、水禽品种、养殖模式、政府政策等方面存在很大差异，因而也有很多学者站在区域发展的角度，对某一省区的水禽产业发展现状与趋势进行了系统分析，如卢立志和沈军达的《浙江省水禽业现状、存在问题与发展思路》，张辉玲等的《2010 年广东水禽产业发展现状分析》与《2011 年广东水禽产业发展现状分析》，李昂和邓敏的《福建省水禽业现状与发展思路》，刘亮的《江西省水禽业发展现状及对策》，朱忠珂等的《海南省水禽业现状、存在问题及发展思路》，王健和张建华的《南昌县水禽产业化发展的现状与未来》，以及广西水产畜牧局提供的《广西水禽业的现状及今后发展思路》等。

1.1.4.2 产业发展存在的问题研究

刘雪芬在其博士论文《基于农户行为的水禽产业竞争力提升问题研究》中指出，目前我国水禽产业存在饲养方式落后、生态资源污染严重、行业标准不统一、产品质量安全让人担忧等问题。闫建伟的博士论文《我国水禽产业布局优化与发展的实证研究》从水禽产业区域间布局角度出发，指出各地区在育种、养殖、疫病防控、食品安全、人才培养等方面存在的问题以及由于政府、企业、农户及地区间的沟通与合作不够，产业布局也不尽合理，结果造成了资源的很大浪费。吴瑛根据国家水禽产业经济学研究团队先后 3 年的调查数据，对我国蛋鸭产业在发展过程中存在的问题进行了深入分析，并指出饲养设施简陋、饲养方式落后；蛋鸭育种、饲料配置、疫病防控意识落后；鸭蛋产品加工工艺陈旧，工业化程度低，品牌建设滞后；蛋鸭产业组织化程度较低，相当部分养殖户的养殖还没有和产业化生产紧密联系。朱璐通过对湖北省水禽养殖模式的调查研究发现，水禽品种单一、环境污染严重、科技投入不足、防疫观念淡薄是目前水禽养殖存在的主要问题。钟钰和王树进在《中国水禽出口的产品细分与市场问题》一文中探讨水禽产品在对外贸易过程中存在的问题，通过分析 2000～2004 年中国水禽产品出口的国别数据，发现水禽产品属劳动密集型产品，虽然中国在劳动力成本上具有一定的比较优势，但加入世界贸易组织（WTO）后其出口贸易额和国际市场占有率并未扩大，不合理的出口目标市场结构是导致出口额下降的重要原因。

1.1.4.3　产业布局问题研究

我国水禽资源丰富，主要分布在山东、东北三省、长江流域及其以南地区和华北地区，这些地区的江河、湖泊众多，水资源、水生动植物资源丰富，为水禽饲养提供了优越的自然生态条件。但"十二五"期间国家水禽产业技术体系产业经济研究团队经调研分析认为，随着水禽产业的分布格局正在变化，水禽产业所依托的竞争优势正在由传统的先天资源优势向后天的技术、资本优势转变，大型产业化经营龙头企业、先进技术和雄厚的资本优势，成为了水禽产业发展的基础条件。"2005 年中国扬州水禽发展高层论坛"指出，南方水禽发展中，四川省水禽良种繁育体系已经初具规模，但是水禽产业化水平较低；江苏省水禽区域优势明显，产业化水平较高，养殖规模大，但产业拓展空间有限；广东省水禽消费规模较大，但水禽生产方式较为落后，个体养殖规模小且比较分散；湖北省水禽养殖鸭多鹅少，水禽产品加工业滞后影响了其饲养规模的扩大；浙江省水禽养殖具有品种优势，但是加工龙头企业经营规模较小。而北方水禽发展中，山东省水禽饲养区域集中，但水禽产品加工龙头企业分布散乱，水禽产品深加工能力相对落后；吉林省水禽龙头企业迅速崛起，鸭鹅产业发展较快，但同样存在水禽产品深加工水平低的问题。

杨承忠（2007）在《广东肉鸭业的未来发展之路》中提出由于水禽业与社会经济的高速发展，许多水禽养殖业区域越来越靠近中心城镇、水源地等，需要重新布局与调整。佘德勇等（2009）在《皖西地区白鹅产业发展现状与对策》中指出水禽产业中鹅的布局应突出生产基地的规模、自然条件的优越（饲草料资源丰富、水源充足）、交通便利、便于消费市场的开发等。赵克学等（2010）在《山东沂南肉鸭产业回顾与展望》中指出，困扰当前水禽产业布局与发展的一个关键问题是水禽生产供给与市场需求消费的矛盾，一些地区水禽产品的自我消费市场狭小，生产的产品主要销往南方，这就造成本区域只是外部区域深加工企业的原料基地，区域内企业只是外部地区水禽加工企业的外围供应成员，靠初级加工、高运输成本消耗难以赢得市场主导地位，也难以促进区域水禽产业的发展。楼梦良 2008 年在《中国肉鸭产业——从传统到现代的转变》中指出，在 20 世纪 90 年代初，肉鸭养殖只是出现在我国少数地区，在全国的鸭类养殖总量中，蛋鸭占据着很大比重。另外，水禽产品的区域性消费特征很明显，肉鸭的生产和消费主要局限于北京、南京、四川、广东和湖南等地区；鹅产品消费多发生在南方，但北方承载了近一半的生产份额，蛋鸭虽普遍受到南北方人民的青睐，但许多地区的生产和消费具有明显的季节性。

1.1.4.4 水禽产品市场研究

市场经营观认为，现有分布下的水禽产业仍要加强区域的市场经营与开发。汪翔和李宗芳在 2011 年《江苏沛县现代肉鸭产业发展现状与对策分析》中认为，总体来说，水禽产品较单一，缺乏多元化，加之产品的附加值较低，制约了产业竞争优势。从产业链上看，生产、运销活鸭数量居多，加工品少；从屠宰加工结构来看，整鸭加工产品居多，而分割产品少；从加工深度和品牌运营来看，简单加工产品居多，多次或深加工品少；同时小作坊无牌产品多，品牌产品少，高温制品多，低温冷冻制品少，普通餐饮消费品多，休闲食品少。仇兴光（2006）在《江苏进一步发展肉鸭产业的对策与措施》一文中指出，水禽产业发展应注重市场经营水平的提升，培育知名品牌，发挥品牌的优势，将是占领肉鸭产业制高点的关键举措。董加凯在 2011 年《大力发展蛋鸭养殖产业的思路和对策》中指出，加入 WTO 后，将给蛋鸭产业带来一个发展的历史性契机，随着西部大开发进程的深入，蛋鸭饲养领地也在扩大并突飞猛进，但存在资金投入不足、基础薄弱、产业提质增效难度大等问题，从而制约了产业的发展。目前水禽产品消费数量的增速减小，市场容量逐渐趋于稳定。产业发展的方向主要是向一体化的上下游拓展，水禽产业的一体化发展，既增强了产业区域实力，又有利于规避各种风险。水禽产业发展不仅体现为养殖规模的提升，而且体现为与其配套的饲料生产、设备研发、产品加工、物流运输等相关产业的发展。在水禽产业高速发展的 30 年间，国内涌现出了一批规模化、专业化、一体化的竞争优势明显的大型龙头企业。这标志着水禽产业的价值链开始逐渐延伸拓展，逐渐向加工、流通领域深入。刘雪芬等（2012）在《中国水禽产业发展的现状和问题及对策》中也明确提出，水禽产业发展应该积极鼓励产业化、一体化经营。

由于水禽产品的国内市场越来越趋于饱和，因而外贸拓展观认为，水禽产业应该鼓励临海区域积极发展水禽贸易。郑业鲁等在《2008 年度广东省水禽产业发展现状分析》中介绍了国内外水禽业发展概况及广东水禽贸易存在的问题，并从做好战略规划、加强基础体系、完善产业化服务体系、促进科技创新等方面提出了一些对策建议。钟钰和王树进 2006 年在《中国水禽出口的产品细分与市场问题探讨》中指出，水禽产品在一定程度上属于劳动密集型产品，在我国容易产生比较优势，但加入 WTO 后，水禽出口额却逐年下降。目前，国际上对水禽育种的研究越来越多，而在水禽的生产方面，中国一直在世界上占有主导地位并具有较高的比较优势。

1.1.4.5 生态养殖与环境保护问题研究

环境效益观认为水禽产业从可持续发展的角度来说，应该重视产业的环境污染，以生态环境条件为基础标准来确定水禽产业的规模与布局。一个地方的资源和生态环境的承载力是有限的，畜禽饲养、加工无限制地膨胀和扩张，可能会给生态环境带来灾难性后果，最终断送这个产业。因此应合理规划产业布局，促进经济与生态环境保护协调发展。赵克学等（2011）在《山东沂南肉鸭产业回顾与展望》中提出，产业布局规划中应特别强调环境效益问题，它关系着某个区域甚至整体水禽产业的发展。刘雪芬在 2011 年指出，我国水禽养殖同时存在两种方式：集约化养殖与分散养殖，其中小规模分散养殖比例较大，具有环境差、污染严重等特征。在《江苏沛县现代肉鸭产业发展现状与对策分析》中，汪翔和李宗芳指出，现有的水禽养殖模式，由于水禽排泄物的随意堆放，缺少必要的防护措施，很容易造成生态环境的污染。此外，养殖地附近坑塘或河流的水质恶化，也对水禽产品的质量安全产生不利影响。赵克学等（2010）在《山东沂南肉鸭产业回顾与展望》中指出，现有水禽产业格局下环境生态危机凸显，且随着养殖规模的不断扩大，这一不良趋势在继续加剧，已经影响到人们的生活环境，更多的人对环境的污染与破坏感到担忧。在《四川省芦山县肉鹅产业发展现状及对策研究》中，何桦认为当前水禽疾病防疫体系不完善，是制约产业发展的重要因素。因此，对疾病的防治需要养殖户的重视，从源头上保证食品质量安全。佘德勇、胡孝东在《皖西地区白鹅产业发展现状与对策》中指出，区域产业规模的扩大与环境污染的问题，以及疫病威胁，已经成为制约广大白鹅企业或养殖户饲养规模扩大的首要问题。杨承忠（2007）在《广东肉鸭业的未来发展之路》中认为，政府监督部门的审查监管过松与养殖户或企业对环保及防疫的忽视，造成生态环境遭到破坏，加剧了公共卫生防疫风险。因此，从长远角度来看，建立畜禽养殖经营准入机制是一个有效的解决方法。

1.1.4.6　产品质量安全问题

关于水禽产品质量安全问题，主要有以下几种观点：①技术保证观。该观点认为要从技术规范的角度来约束与解决水禽产品质量安全问题。部分学者指出，中国水禽产业正处于发展的关键阶段，极易遭受产品质量安全的冲击，要加强水禽产品的安全保障体系建设，建立从产地到餐桌、从生产到消费、从研发到市场等各环节的产品质量追踪体系，制定系列产业规范和行业标准，确保水禽产品质量安全。在制定水禽产业相关技术规范、操作流程、质量标准时，应与国际接轨。②产业链发展观。水禽类肉蛋制品日益成为人们生活消费的必需品，由于现有产业布局的紊乱性，水禽肉蛋产品生产遍布全国，产品质量参差不齐，消费者消费信任度受到影响，严重影响了整个水禽产业的发展。李槟全（2011）所发表的《完整水禽产业链管理模式是强化肉食品安全的根本保障》一文中指出，从根本上保证水禽食品安全，是一项从生产源头到消费餐桌的社会化、系统化的工程，是整个水禽产业所面临的严峻挑战。他指出当前影响水禽产品质量安全的因素主要有疫病传播、使用违禁添加剂、水禽长期饮用被工业污染的水源、在防疫治病中使用过量或药残期较长的违禁药物，用不密封、不冷藏、不卫生的储藏、运输工具运输和储藏肉食品。他在最后指出，建立一条龙式的完整水禽产业链模式，对强化肉食品安全具有重要作用，可很大程度地提高居民的消费信心，促进并提高居民对水禽产品的消费。李朝国和王志芳在 2011 年发表的《湖北蛋鸭产业发展分析》一文中指出，湖北是我国鸭蛋制品生产、出口大省；但是，蛋鸭产业长期以来缺少政策上的扶持，制约了产业发展，其主要依靠市场拉动，导致产业发展极不稳定。因此为了加强湖北省蛋鸭的产业地位，应通过加强对蛋鸭加工企业的信贷支持力度，保障所需的贷款资金，扩大产业凝聚力。③饲养模式深化观。该观点认为，水禽产品质量问题主要是现有产业区域规划下各地区水禽饲养模式问题，积极进行饲养模式的改善与推广，这一问题将会大为改良。马成燕等（2009）发表的《我国肉鸭产业发展的问题与对策》一文中提出，建立和完善肉鸭产品质量安全体系，首先要政府与企业联手建立饲养标准，并指导养殖户按饲养标准规范饲养；其次是政府与企业建立惩罚、奖励机制，对养殖户的饲养行为进行适度约束与激励。仇兴光（2006）发表的《江苏进一步发展肉鸭产业的对策与措施》一文中认为，要重点解决肉鸭养殖中药物残留和排泄物处理等问题，发展生态养殖，加强环境保护；同时，大力推广"肉鸭-沼气-鱼"和"肉鸭-沼气-草地"等新型生态养殖模式，通过筹资或引资方式引进先进的粪污处理技术，促使环保治理达标，促进肉鸭产业的可持续发展。④环境治理与疫病防疫观。该观点认为，水禽产业的食品质量安全问题，要从环境治理与疫病防疫两个方面下功夫。侯水生在 2010 年发表的《我国水禽产业发展面临的主要技术问题与措施建议》一文中指出了我国水禽产业发展面临的主要问题与技术需求：水禽品种不能满足产业发展需要，成为制约产业发展的技术关键；改进水禽饲养方式，实现水禽健康养殖，提高水禽营养与饲料配制技术是产业健康发展的迫切需要；水禽疾病危害严重，成为影响产业经济效益与食品安全的关键因素，水禽食品安全卫生保障体系亟待建立。《江苏沛县现代肉鸭产业发展现状与对策分析》一文指出，肉鸭生产有很多环节，任何一个环节监管的缺失，都会对水禽产品的质量产生影响；虽然大部分企业和养殖户都有一套自身熟悉的防疫机制，但远达不到社会化所要求的防疫水平。赵克学等（2010）发表的《山东沂南肉鸭产业回顾与展望》一文中指出，水禽产业布局与发展应走资源节约、环境友好的路子，加强规范那些小规模和分散性的养殖，划定养殖区域，加强养殖基地建设，从生产源头严格把关；另外对于污染问题，按照"谁产生谁负责，谁受益谁处理"的原则进行治理。马成燕等（2009）在发表的《我国肉鸭产业发展的问题与对策》一文中指出，养殖户资金不足是制约肉鸭养殖条件改善的关键问题，由于基础设施陈旧落后和资金设备投入有限，人鸭共生的环境对肉鸭的生存带来了不利影响。

1.1.4.7 国外研究

Wyzek 在 2008 年发表的《世界水禽生产及研究进展》一文中指出，在世界禽肉生产中，鸭、鹅这两个物种对地球上各种各样的自然气候条件具有较高的适应性，水禽物种从严寒的北方到酷热的南方都有其生产分布。在过去的十五年里，世界禽肉生产规模提高了约 31%，其中鸭规模提高了 69%，鹅规模提高了约 79%，呈现出一种快速上升的趋势。但国外水禽产业在本国的总体经济地位不高，已有研究多集中于水禽禽苗培育、疾病防疫等技术层面，而水禽经济理论方面的研究相对较少，目前主要集中在区域适宜性、经济消费偏向性、品种最优性、环境保护性等方面。区域适宜性学者认为，水禽产业布局与发展要根据当地的区域自然与历史条件的适宜性来确定，丰富清洁的水源、优质的草料、悠久的饲养文化、发达的交通区位等是水禽产业布局与发展所必需的要素。经济消费偏向性学者认为，水禽产业布局与发展应靠近或围绕市场经济消费水平高的地区，依靠区域的高消费实力来作为产业发展的支撑。例如，鹅肝产品的经济趋向性就很强，这决定了法国、德国的水禽产业大多围绕高端消费市场而分布。品种最优性观点认为，水禽产业发展的关键是品种问题，如何研发或培育高经济效益的水禽品种，并在适宜的地区进行产业规划与发展具有很大的战略意义。例如，英国的樱桃谷鸭与美国的枫叶鸭、法国郎德鹅、德国莱恩鹅等品种，对于本国甚至世界的水禽产业发展都具有重要的影响。环境保护性观点认为，水禽产业布局与发展中，应优先考虑环境保护问题，从源头来规避、消除环境隐患，保证水禽产品质量安全。所以英国、法国的水禽产业布局多集中在自然条件适宜、环境承载力高的地区。另外关于产业发展方面，观点比较凌乱。法国学者希尔卡指出面对鹅肝产品供不应求的局面，法国应加大对鹅肥肝产业的扶持力度，增加科技投入，强化基地规模，以保证本国市场的消费。以海利·汤姆为代表的英国部分学者指出，英国的肉鸭产业不能局限于本国市场，要利用英国的技术优势、资本优势走出国门，继续扩大肉鸭产业的国际化布局，占领更多更大的国外市场。美国学者达恩也指出应该利用美国的技术、资本、土地优势扶持水禽产业的发展，特别是水禽高端产品的研发投入，在不影响生态环境的前提下合理发展水禽产业。

1.2

水禽产业在国民经济中的地位与作用

1.2.1　水禽产业的经济地位

中国水禽产业发展历史悠久，是农业经济和畜牧业经济的重要组成部分。改革开放以来，在经济导向和政策支持的有利环境下，中国水禽产业发展迅速，除1998年受洪灾及2003年受禽流感影响外，水禽存栏量和出栏量均逐年递增，其中，水禽年出栏量的增长速度为每年5%~8%。2011年，中国水禽业总产值超过1500亿元，约占家禽业总产值的30%，成为中国畜牧业的重要组成部分。水禽产品风味独特、营养丰富、安全性高，价格为普通鸡产品的1.3~1.5倍，产业利润较好，经济效益显著，逐步成为促进现代畜牧业发展、带动农民致富的重要产业之一。目前中国已成为世界上最大的水禽生产国，鸭的养殖规模占到世界饲养量的70%左右，鹅的养殖规模占到世界饲养量的90%左右。

改革开放30年来，在经济导向和政策支持的有利环境下，中国水禽产业发展迅速，养殖集约化程度越来越高，产业链条不断完善，市场占有率逐步提升，初步实现了规模化、产业化。从生产方面来看，水禽易饲养、生产性能高，适合中国地域广袤、水域辽阔，拥有丰富自然资源的饲养环境。而且中国养殖水禽的历史悠久，禽群规模庞大，品种繁多。从消费方面来看，水禽产品风味独特、营养丰富、安全性高，符合中国人民的传统消费习惯，随着现代社会对健康食品需求的增长，水禽产品以其营养均衡和安全保健的优势，逐步扩大了其市场占有率。

在国际市场上，中国不仅是世界水禽第一生产大国，同时也是水禽产品的第一消费大国，水禽产品的进出口总额也稳居世界第一的位置。在国内市场上，水禽肉、蛋占有十分重要的地位，人们对食品质量的注重以及消费结构的逐步转变，使水禽产品以其低脂肪、高蛋白、低成本的优势，逐渐成为消费者肉食产品的主要选择。21世纪以来，水禽产业链的建设和主产区的形成，以及产业技术体系的组建，为水禽产业发展潜力的进一步挖掘和未来取得突破性发展奠定了坚实的基础，水禽养殖总量也稳步增加。在长江中下游和水资源相对丰富的南方地区，家禽饲养已呈现由鸭、鹅逐步取代鸡，成为主养禽类的趋势。此外，农户调查显示，水禽养殖已逐渐成为农民增收的重要途径和渠道，同时也吸引了大量社会资本的注入，进一步促进了农户经济的发展。

1.2.2 发展水禽产业的作用与意义

虽然目前我国水禽产业中禽肉与禽蛋本身的产值占GDP的比重不高，根据国家水禽产业经济学团队对全国21个水禽主产区养殖企业与养殖大户的调研，目前禽肉与禽蛋总产值基本在1500亿元左右徘徊，这一数字仅为GDP总量的0.3%左右，但水禽产业的作用与意义主要体现在水禽产业作为一个产业链对国民经济的影响，以及在提高农民收入、带动农户致富方面的重大意义。产业链是指在同一个产业内，所有具有连续追加价值关系的活动所构成的价值链关系（杨公朴，1999）。社会经济活动中，各个产业部门之间存在广泛、密切的技术经济联系，依据上下游的关联关系，将这些产业部门所组成的网络结构称为产业链。一般来说，产业链以优势产品为链核，以技术为联系，以资本为纽带，上下连接，向下延伸，形成链条。农产品产业链是一类特殊的产业链，它是"以农产品为构成要素，贯通资源和需求市场，与其他部门或环节发生紧密技术经济联系的所有产业部门组成的网络结构"。这些产业部门按照关联的顺序分为：农资、科研等产前部门，农产品的种植或养殖等产中部门，农产品的加工、销售等产后部门，不同的农产品可以形成一条产业链。例如，运输流通农产品产业链中各产业部门互相依赖形成关联效应，随着环节的增加、链条的延伸，不仅能够促进农业的增值，而且能够对其他领域的发展起到巨大的作用和效能，也就是说，农产品产业链可以增加农产品的附加值，带动相关产业的建立与发展，增加就业和增强农业企业的竞争能力（赵绪福等，2004）。

完整的水禽产业链是指从产业源头到产业末端全过程的各相关环节；包括水禽产品研发、品种改良、疾病防控、养殖生产、加工包装，以及与水禽产业相连的所有上下游产业，如饲料生产、设备制造、兽药生产、服装生产（如羽绒服）

及水禽产品深加工与运输流通业。如果对整个水禽产业链随着水禽产业化与一体化进行加长和延展,对农民致富的带动作用将会越来越大,对国民经济的促进作用也会日趋明显。

1.3
水禽产业发展背景

1.3.1　全球水禽产业发展概况

1.3.1.1　全球水禽产量呈现快速增长之势

自 20 世纪 90 年代以来,全球水禽产品的生产与消费呈现出强势增长之势。图 1-2 反映了 1990～2009 年 20 年来鸭肉与鹅肉的产量增长趋势。可以看出,不管是鸭肉产量还是鹅肉产量,都出现了快速增长。其中鸭肉产量从 1990 年的 123 万吨增长到 2009 年的 381.5 万吨;鹅肉产量从 1990 年的 62.2 万吨增长到 2009 年的 247.2 万吨;而鸭鹅肉总产量从 1990 年到 2009 年约增长了 2.39 倍。

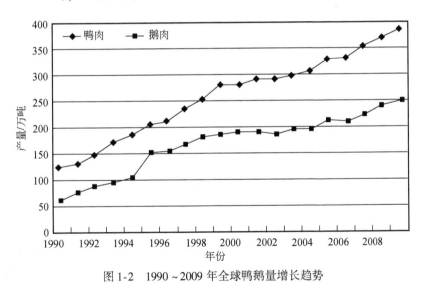

图 1-2　1990～2009 年全球鸭鹅量增长趋势

1.3.1.2　鸭鹅肉产量主要集中在亚洲各国,且集中趋势越来越明显

从表 1-1 不难看出,1990 年亚洲鸭肉产量为 87.1 万吨,占全球鸭肉总产量

的 70.81%，至 2009 年，亚洲鸭肉产量增加至 319.4 万吨，占全球鸭肉总产量的比重也迅速提高至 83.72%，是全球鸭的主要产区和集中分布之地。

和鸭肉产量的全球分布特征一样，鹅肉生产也主要集中在亚洲地区，1990年亚洲鹅肉产量为 48.8 万吨，占全球鹅肉总产量的 78.46%，至 2009 年，亚洲鹅肉产量增加至 233.9 万吨，占全球鹅肉总产量的比重也迅速提高至 94.62%，其他各洲的鹅肉产量很少。因此，从水禽产量的全球分布特征可以看出，水禽产品的生产与消费具有很强的地域性。

表 1-1　1990~2009 年全球鸭鹅肉产值分布

各大洲	1990 年				2009 年			
	鸭肉产量/万吨	占比/%	鹅肉产量/万吨	占比/%	鸭肉产量/万吨	占比/%	鹅肉产量/万吨	占比/%
非洲	4.4	3.58	3.7	5.95	5.9	1.55	5.5	2.22
亚洲	87.1	70.81	48.8	78.46	319.4	83.72	233.9	94.62
北美洲	5.7	4.63	0.2	0.32	7.8	2.04	0.1	0.04
中南美洲	3.1	2.52	0.1	0.16	2	0.52	0.1	0.04
欧洲	22.3	18.13	9.4	15.11	45.1	11.82	7.5	3.03
大洋洲	0.4	0.33			1.3	0.34		
全球	123	100	62.2	100	381.5	100	247.2	100

注：数据来源为联合国粮食及农业组织

1.3.1.3　产品限于国内消费，国际贸易相对有限

表 1-2 反映了各大洲鸭鹅蛋肉的进出口贸易情况，2009 年全球鸭肉进出口总量为 27.91 万吨，仅占全球总产量的 7.31%，鹅肉进出口总量为 7.70 万吨，占全球总产量的 2.8%。由此可见，水禽产品的贸易仅局限于本区域内，对外贸易的数量非常有限。欧洲为鸭鹅肉的主要出口地区，鸭鹅肉的出口量分别占全球出口总量的 56.17%、61.14%，欧洲同时也是鹅肉的最大进口地区，占全球进口总量的 94.5%。而亚洲则是鸭肉的主要进口地区，鸭肉的进口量占全球进口总量的 60.76%，其他各洲的鸭鹅肉进出口规模都较小。

表1-2 2009年全球各大洲鸭鹅肉进出口情况

各大洲	鸭肉				鹅肉			
	出口量/吨	占比/%	进口量/吨	占比/%	出口量/吨	占比/%	进口量/吨	占比/%
非洲	417	0.34	745	0.48	2	0.00	136	0.43
亚洲	42045	34.04	94547	60.76	17745	38.86	543	1.74
北美洲	10238	8.29	2842	1.83	—	—	1042	3.33
中南美洲	1182	0.96	602	0.39	—	—	7	0.02
欧洲	69370	56.17	56267	36.16	27917	61.14	29563	94.47
大洋洲	153	0.12	608	0.39	—	—	1	—
全球	123505	100	155611	1	45664	100	31292	100

注：数据来源为联合国粮食及农业组织

1.3.2 中国水禽产业的全球地位与影响

1.3.2.1 水禽养殖量稳中有升，产量大国地位形成

改革开放30年间，中国水禽产业发展迅速，除1998年受洪灾影响和2003年受禽流感影响外，水禽存栏量和出栏量均逐年递增，其中，水禽年出栏量的增长速度为每年5%~8%。目前中国已成为世界上最大的水禽生产国，鸭和鹅的饲养量绝大部分在中国，鸭饲养量占到世界饲养量的70%左右，鹅饲养量占到世界饲养量的90%左右。

根据联合国粮食及农业组织（FAO）的数据统计，2009年中国水禽的存栏量达到10.89亿只，占世界水禽总存栏量的71.11%（图1-3）；其中我国鸭存栏量为7.71亿只，鹅存栏量为3.17亿只，分别占世界鸭、鹅存栏量的65.73%、88.78%。2009年中国水禽出栏量为26.04亿只，占世界水禽总出栏量的79.83%（图1-4）。其中，我国鸭出栏量为20.21亿只，鹅出栏量为5.83亿只，分别占世界鸭、鹅出栏量的76.64%、93.28%。2009年中国水禽肉产量为496.97万吨，占世界水禽肉总产量的79.06%（图1-5）。其中，我国鸭肉产量为264.38万吨，鹅肉产量为232.59万吨，分别占世界鸭肉、鹅肉产量的69.12%、94.12%。

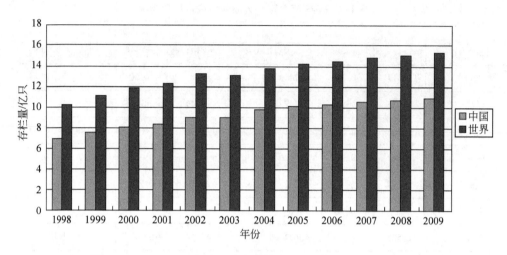

图 1-3 1998~2009 年中国水禽存栏量与世界水禽存栏量对比图

数据来源：联合国粮食及农业组织

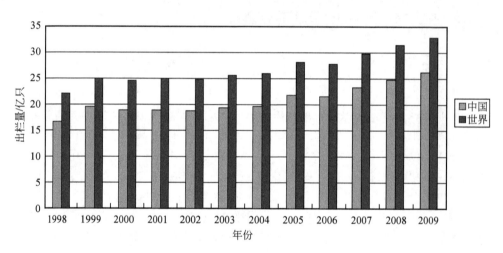

图 1-4 1998~2009 年中国水禽出栏量与世界水禽出栏量对比图

数据来源：联合国粮食及农业组织

1.3.2.2 水禽产品产量位居世界第一，产量稳步增长

从历年统计数据来看，中国水禽产品产量增长速度迅猛，以水禽肉产量为例（图 1-5），1980 年中国鸭肉、鹅肉产量分别为 29.95 万吨、18.69 万吨，1990 年中国鸭肉、鹅肉产量分别为 59.96 万吨、47.41 万吨，这十年间，鸭肉和鹅肉分

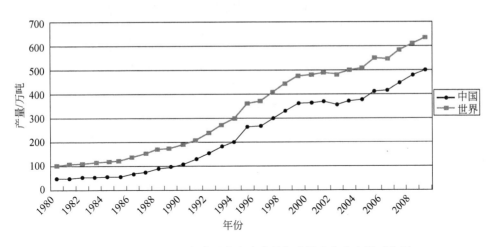

图 1-5 1980～2009 年中国水禽肉产量与世界水禽肉产量对比图

数据来源：联合国粮食及农业组织

别增长了 100.20%、153.67%；2000 年中国鸭肉、鹅肉产量分别为 186.77 万吨、175.19 万吨，在 1990～2000 年的十年间，鸭肉和鹅肉分别增长了 212.48%、269.52%；2009 年中国鸭肉、鹅肉产量分别达到 264.38 万吨、232.59 万吨，2000～2009 年，鸭肉和鹅肉分别增长了 41.55%、32.77%。从改革开放以后 30 年间鸭肉和鹅肉的增长速度可以看出，中国水禽产业一直呈现迅速发展的态势，20 世纪 80 年代为起步发展阶段，这一阶段虽然水禽养殖基数小，但增长速度比较快；20 世纪 90 年代，为高速增长阶段，鸭肉和鹅肉增幅均达到 200% 以上，期间，1998 年因受洪灾影响，当年水禽产品产量较上年虽有小幅度下降，但是在 1999 年便又呈恢复上升状态，因此可以说在 20 世纪最后 20 年间，中国水禽产业处于迅猛增长的时期，为 21 世纪的大发展奠定了基础；进入 21 世纪以后，中国水禽产业步入稳步增长阶段，除 2003 年受禽流感影响，其余每年均以 3%～5% 的速度增长，虽然增幅不如 20 世纪 90 年代的增幅大，但是由于基数较大，所以水禽产品产量仍然保持了较高的增长水平，并且在这十年间，鸭肉的增长速度超过鹅肉的增长速度。

1.3.2.3 对外贸易数量大，是全球水禽产品主要进出口国

2009 年全球鸭鹅肉进出口排名结果显示了高度集中的特征，排名前十位的鸭肉出口国家出口总量占全球出口总量的 94.38%，排名前三位的鹅肉出口国家出口总量占全球出口总量的 90.93%。而中国的水禽产品进出口在全球具有举足轻重的作用，鸭肉的出口量占全球出口总量的 28.42%，位居世界第一；鹅肉的

出口量占全球出口总量的 33.54%，位居世界第二，仅次于波兰；鸭肉的进口量占全球进口总量的 32.95%，稳居世界第一，所占比例比排名第二的卡塔尔高出一倍；只有鹅肉的进口量较少，仅有 456 吨，占全球进口总量的 1.46%，排名也较为靠后，位居世界第九，如表 1-3 所示。

表 1-3　2009 年全球鸭鹅肉进出口前十位

种类	出口			进口		
	国家	数量/吨	比例/%	国家	数量/吨	比例/%
鸭肉	中国	35094	28.42	中国	51274	32.95
	荷兰	16105	13.04	卡塔尔	5942	3.82
	匈牙利	14943	12.10	德国	16371	10.52
	德国	14006	11.34	英国	8900	5.72
	法国	12113	9.81	日本	6361	4.09
	美国	7609	6.16	西班牙	4675	3.00
	泰国	5629	4.56	捷克	4579	2.94
	英国	5225	4.23	丹麦	3952	2.54
	爱尔兰	3205	2.60	俄罗斯	3737	2.40
	加拿大	2629	2.13	阿联酋	2491	1.60
	总和	116558	94.38	总和	108282	69.59
	全球	123505	100	全球	155611	100
鹅肉	波兰	15714	34.41	德国	21429	68.48
	中国	15317	33.54	法国	1408	4.50
	匈牙利	10495	22.98	瑞士	1381	4.41
	马来西亚	2427	5.31	奥地利	1141	3.65
	德国	1003	2.20	墨西哥	1042	3.33
	法国	358	0.78	英国	756	2.42
	保加利亚	98	0.21	捷克	622	1.99
	爱沙尼亚	74	0.16	西班牙	572	1.83
	意大利	45	0.10	中国	456	1.46
	丹麦	38	0.08	意大利	335	1.07
	总和	45569	99.79	总和	29142	93.13
	全球	45664	100	全球	31292	100.00

1.4

水禽产业发展的现状、问题与趋势

1.4.1　2014 年水禽产业发展的现状与特点

2014 年是我国水禽产业恢复性增长的一年。在 2013 年受媒体报导人患 H7N9 禽流感事件的冲击后，我国水禽产品价格和生产量均有所下降，而 2014 年一直处于恢复性增长之中。据对全国 21 个水禽主产省份 2014 年水禽生产情况的调查统计，全年商品肉鸭出栏 31.05 亿只，父母代种鸭存栏量 0.49 亿只，商品肉鸭存栏量 8.04 亿只，肉鸭总产值 817.21 亿元，较 2013 年增长 29.6%；蛋鸭存栏 1.94 亿只，鸭蛋产量为 269.65 万吨，蛋鸭总产值 359.11 亿元；商品鹅出栏 3.95 亿只，比 2013 年增长 9.5%，种鹅存栏量 0.23 亿只，肉鹅产值 330.12 亿元；水禽产业总产值同比增长 19.83%，达到 1506.44 亿元。整个产业呈现恢复性平稳增长的态势及以下特点。

1）水禽产业迎来"破冰期"，从 2014 年 3 月份开始，全国大部分地区从 2013 年媒体报导人患 H7N9 禽流感事件的冲击低谷中恢复，市场行情呈现稳定增长的态势，大部分企业逐渐弥补了 2013 年的损失，开始转亏为盈。例如，在 2014 年第一、二季度的市场行情回暖中，广西、江西等鸭肉价格迅速上升，平均批发价格分别达到 12.4 元/千克和 11.6 元/千克。合理有利的产品价格一方面反映出市场需求旺盛的状态，另一方面刺激了生产的进一步发展。

2）在政府有力的宏观调控及引导下，水禽产业逐步实现了从农户零星分散饲养到企业化、规模化集中饲养的转变。由于受 2013 年市场及不确定因素的冲击，多数不成规模的散户被市场淘汰，而部分规模以上的中小型水禽企业在大型龙头企业带领下乘势而为，实现了全产业链经营和企业化、规模化集约经营，"企业全产业链自主封闭经营""龙头企业+经销大户（中间商）+养殖户""饲料加工企业+经销大户（中间商）+养殖户"及"公司+养殖基地+养殖合作社+养殖户"等组织模式逐步得到应用和推广。

3）产业技术创新不断增强，技术推广服务水平逐渐提高，有力推动了水禽产业发展。在国家水禽产业技术体系研发中心、各研究室与试验站的共同努力下，包括北京鸭新品种培育与养殖、鸭传染性浆膜炎灭活疫苗、鸭脂肪代谢机理和调控、鹅源草酸青霉产果胶酶工艺及应用、优质咸鸭蛋加工、肉鸭健康饲养等水禽育种、水禽疫病防治、水禽营养等方面的技术研发进展顺利，其研究成果在生产中得到了广泛推广和应用。

4）水禽养殖方式逐年改进，落后的散养方式逐步被新型养殖模式所替代。2014 年国家水禽产业技术经济研究团队对水禽主产省（区）的养殖户调查资料显示，在目前的水禽养殖方式中，蛋鸭笼养、肉鸭网床养殖及自动供水供料和清粪的养殖方式已逐步推广，大棚圈养占 68.87%，网上平养占 16.98%，发酵床饲养的养殖户只占到 5.66%，落后的散养方式已减少至 8.49%，今后将会逐步淘汰。

1.4.2 水禽产业发展的优势

1.4.2.1 产业规模不断上升，但近年来波动较大

改革开放 30 年来，在经济导向和政策支持的有利环境下，中国水禽产业发展迅速，养殖集约化程度越来越高，产业链条不断完善，市场占有率逐步提升，初步实现了规模化、产业化。从生产方面来看，水禽易饲养、生产性能高，适合中国地域广袤、水域辽阔，拥有丰富自然资源的饲养环境；而且中国养殖水禽的历史悠久，禽群规模庞大，品种繁多。从消费方面来看，水禽产品风味独特、营养丰富、安全性高，符合中国人民的传统消费习惯，随着现代社会对健康食品需求的增长，水禽产品以其营养均衡和安全保健的优势，逐步扩大了其市场占有率。中国是世界第一大水禽生产区域，水禽饲养量占世界 70% 以上，我国水禽无论是存栏量还是肉产量均稳居世界第一。截至 2010 年，我国水禽总产值已经占家禽业总产值的 30% 以上，水禽产业已经成为我国畜牧业发展的重要组成部分。

20 世纪 80 年代以来，我国水禽产业进入快速发展时期，年均饲养量以 5% ~ 8% 的速度增长。据联合国粮食及农业组织的最新统计，2009 年我国鸭存栏 7.71 亿只，占世界总存栏数的 65.73%，比 2008 年增加了 1.41%；鸭出栏 20.21 亿只，占世界鸭出栏量的 76.64%，比 2008 年增加了 5.65%；鸭肉产量为 565.81 万吨，占世界鸭肉产量的 69.12%，比 2008 年增长 5.56%。2009 年我国鹅存栏 3.17 亿只，占世界鹅存栏量的 88.78%，比 2008 年增长 1.6%；鹅出栏 5.83 亿只，占世界鹅出栏量的 93.27%，比 2008 年增长 4.11%；鹅肉产量为 233.06 万吨，占世界鹅肉产量的 94.14%，比 2008 年增长 4.16%。

图 1-6 反映了近十几年来中国鸭的出栏量及其变化趋势，其中 2000 ~ 2009 年数据来源于联合国粮食及农业组织相关资料，2010 ~ 2014 年数据来源于国家水禽产业技术体系经济学团队的调查数据，包括全国 21 个水禽主产区的数据。

由图 1-6 可知，进入 21 世纪后，我国肉鸭产量稳步上升，2011 年出栏量达到了 44 亿只的峰值，但随后几年受禽流感频发与市场价格波动太大的影响，肉鸭养殖受到了一定冲击，因而出栏量有所波动和下降。

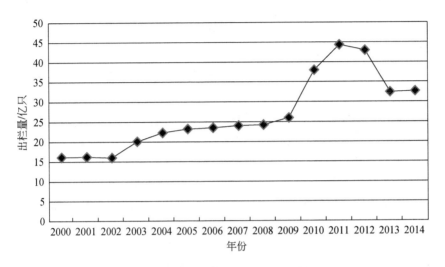

图 1-6 中国肉鸭出栏量变化趋势

1.4.2.2 产业化水平提高，分散经营向集约化经营转变

改革开放以来，水禽产业化水平有了较大提升，其生产方式也在发生转变。受市场力量和利益的驱动，水禽饲养逐渐由传统分散饲养方式向现代集约化饲养方式转变，产业发展从农户、企业单一经营向"公司+农户"或"公司+合作社+农户"一体化经营模式转变。经过笔者及团队成员于 2011 年 7 ~ 10 月在山东、河北、安徽、江苏等十多个省份的实地调研得出，目前，中国大部分地区水禽养殖模式都已转变为"公司+农户"或"公司+合作社+农户"模式。在我们走访调研的十多个省份中，较少发现有分散饲养水禽的个体养殖户。农户养殖水禽，大多和当地的龙头企业签有合约，实行"公司+农户"一体化生产经营模式。以河南省农业产业化重点龙头企业——双联集团与其辐射带动的 500 多户农户之间的合作关系为例，其生产经营模式为：由双联集团采取小额贷款、三户联保的形式在中国农业发展银行给每户担保贷款 5 万元，用于鸭舍等养殖基础设施建设；每养殖户根据自己的养殖规模大小按每只鸭子 8 ~ 15 元不等的标准给双联集团交抵押金（一般每户 2 万 ~ 5 万元不等）以防养鸭户随意放弃养殖；双联集团根据农户的养殖规模定期为农户提供鸭苗、全价配合饲料和防疫服务，由农户进行肉鸭养殖。当农户养殖的鸭子成长到 38 ~ 42 天，每只鸭子的体重达到 2.25 ~ 2.5 千

克时，由双联集团收购并进行宰杀加工及产品销售。农户养殖期间的鸭苗款、饲料款都由双联集团垫付，待收购农户出栏的成品鸭时再一并核算扣除。企业和农户的产品交易不论是鸭苗价、饲料价还是成品鸭的销售价都随行就市，但不管市场价格如何波动，双联集团都会根据一定奖励补助措施，使农户养殖盈利达到每只2元以上。

"公司+农户"生产经营模式不仅有利于水禽产业化的发展，也为合作双方带来利益，一方面龙头企业利用其资金、技术和市场方面的优势，发挥自身辐射带动作用，以此建立初级产品生产基地，保证企业自身的产品供应。同时，企业对合同养殖户实行统一供苗、统一供料、统一供药、统一技术指导，保证了企业的产品质量。另一方面，企业带动广大农户从事水禽生产，通过合约形式保证养殖户水禽销售渠道，减少了农户养殖水禽的风险，增加了农民收入，解决了农业剩余劳动力问题。在我们调研的其他地方，类似双联集团与农户合作的模式在国内已基本普及，如武汉的精武集团、山东六和集团、安徽太阳禽业等。这种企业带动农户的水禽产业经营模式，实现了企业与农户的紧密结合、相互制约和互惠互利，使得产品质量可控有保障，有效推动了产业的稳定持续发展。水禽生产模式的转变加速了水禽产业化发展进程，提高了水禽产业的整体竞争力，是未来水禽产业发展的趋势和方向。

1.4.2.3 产业链条整合延伸，产品附加值不断提高

水禽养殖技术的提高和养殖模式的优化，使水禽产业发展呈现出由依托资源优势向技术优势、资本优势转变，水禽产业分布向优势产区集中的态势。而产业链条的不断整合完善，也让水禽产业由单一的养殖、加工向产前产后延伸，呈现深度开发与广度开发结合，产业利润不断增加的趋势，逐渐形成产业联盟。水禽产业发展不仅是水禽养殖业上的数量增长，而且带动了相关产业发展，与其配套的饲料加工业、设备制造业、水禽产品加工业、运输物流业都有了较快的发展。在水禽产业高速发展的三十年间，水禽生产资源要素的流动聚集，使得水禽产业向规模化经营方向发展，国内水禽行业也涌现出了一批实力强、辐射带动能力大、竞争力强的龙头企业。这些龙头企业的涌现标志着水禽产业链条开始整合，由过去单一的饲养业向深加工、流通业等产业延伸，形成完整的产业链条。例如，山东六和集团、河南华英集团等这些龙头企业大都形成了融种禽繁育，水禽产品生产、加工和销售为一体的完整产业链条，其下属拥有种鸭场、孵化场、饲料加工厂、屠宰场、羽绒加工厂、产品物流与营销、质量检测与检验中心等各个生产环节的组织；拥有雄厚的经济实力，其生产和销售规模庞大，生产和销售各个环节紧密合作，孵化的雏鸭除满足养殖户需要外，剩余部分还提供给市场，加

工的饲料自产自销，产品在自有屠宰场进行分割加工，各个环节紧密结合内化交易，降低了风险和成本，组建成了一个完整的产业体系。

以山东省潍坊市乐港食品股份有限公司为例，该公司是目前国内规模较大、配套完善、质量较优的肉鸭一条龙生产经营企业之一，年产值达 70 亿元，下设有种鸭场、孵化场、自属标准化商品鸭场、饲料厂、肉鸭加工冷藏厂、熟制品加工厂、羽绒加工厂及羽绒制品加工厂，形成了完整的肉鸭生产"一条龙"体系。该公司拥有完善的市场营销网络，肉鸭产品除在国内销售外，还出口欧盟、日本、韩国、美国、加拿大、瑞士、南非及东南亚、中东、东欧等数十个国家和地区。鸭浑身是宝，针对各个国家的饮食需求，乐港公司将肉鸭加工分割出口，保证鸭体每一处都不会浪费，去骨后包装好的整只鸭出口欧盟，鸭胸肉出口韩国、新加坡，鸭腿出口保加利亚，鸭绒制成的成品羽绒及羽绒制品销往国内外各大市场。国内类似于乐港集团的龙头企业基本都已完成资源要素的聚集和产业链的整合，通过资源优化配置、专业化分工和产业链延伸降低了企业内部的运营成本。同时，龙头企业以其拥有的雄厚资本优势，与科研单位进行广泛结盟合作，从而吸纳先进生产技术及经验，提升企业内部管理水平，强化经营体制，统一经营各个生产环节，能够较为准确地把握水禽产业市场动态和行业发展趋势，并且针对产业现状确定自身发展规模，针对市场需求确定自身水禽产品供给规模，合理应对市场波动，以规避市场风险。

1.4.2.4　产业地位提升，成为农民增收的支柱产业

水禽产业是中国畜牧业发展中增长速度最快的产业之一，中国传统的肉食以猪、牛、羊肉为主，目前禽肉的绝对消费量仍小于猪、牛、羊肉，但两者之间的差距正在逐步缩小。21 世纪以来，世界人均猪肉消费量增长了 10%，牛肉消费量增长了 5%，而禽肉消费量增长了 17%。在禽肉消费中，近年来鸭、鹅等水禽肉的比重及市场需求也在逐年上升，发展潜力巨大。目前中国水禽年产值已达到 1500 亿元，占家禽总产值的 30%；在中国南方的水禽养殖大省，其水禽肉产量已达到了禽肉总量的 40% 以上。

中国水禽产业不仅在生产量和消费量上保持稳步增长，而且新产品层出不穷，通过加工链条的不断扩展、延伸，以及附加值的提升，水禽产品生产总值逐年增长，对社会贡献逐年增大，水禽业在畜牧业乃至农业中的地位也随之大大提高。同时，在动物产品市场上，水禽产品营养丰富，安全性高，市场需求一直旺盛不衰。例如，鸭蛋因其健康营养的特点，价格往往高于鸡蛋 20% 以上，其加工制成品皮蛋目前已进入麦当劳、肯德基等洋食品行业中，市场潜力巨大。此外，由于水禽耐粗饲、易饲养，养殖起步投资少，饲养效益明显，在提高农民收

入、推动中国畜牧业乃至农业的平稳发展和保持农村稳定等方面，起到了良好的促进作用。"十二五"期间，许多地区已经把水禽产业作为促进农民增收的支柱产业来打造，使水禽产业成为近年来中国农村经济中最活跃的增长点和农民增收的重要途径，以及中国农村养殖业中的优势特色产业，对农村经济的发展和农民增收起到了积极的促进作用。

1.4.2.5 分布趋向集中，逐渐依托资本技术优势

我国水禽品种资源丰富，其饲养区域主要分布在长江流域及其以南地区，以及山东、河北和东北三省，这些地区江河纵横、湖泊众多，水生动植物资源丰富，为水禽养殖提供了得天独厚的自然地理环境，因此，我国水禽产业发展依托资源优势，呈现明显的区域性分布特征。

但随着市场经济的发展和产业化、规模化、一体化经营的推进，水禽产业的养殖分布格局正在改变，水禽产业集中分布所依托的优势正在由传统的资源优势向现代化技术、资本优势转变，呈现为哪里有大型产业化经营龙头企业，哪里有先进技术和雄厚资本优势，哪里就有水禽迅速发展和集中分布的趋势，水禽产业的区域分布格局正在悄然改变。根据 2014 年的统计资料，山东、江苏、广东、江西、河南、湖南、四川、广西 8 省份，鸭出栏量占全国出栏总量的比例达到 85% 以上（图 1-7），广东、江苏、黑龙江、山东、吉林、辽宁、河南、江西 8 省份，鹅出栏量占全国出栏总量比例达 85% 以上（图 1-8）。河南省由于华英集团的出现，带来大量先进养殖技术和饲料加工技术，以及雄厚的资本担保，使河南省信阳市周边地区养殖的水禽量逐年递增，已成为我国水禽养殖重要的集中产区。

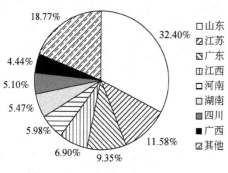

图 1-7　2014 年我国各省鸭出栏量省际分布图

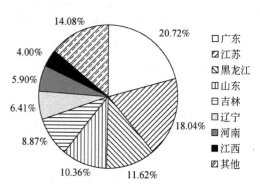

图 1-8　2014 年我国各省鹅出栏量省际分布图

1.4.2.6　拥有优越的资源条件和经济基础

我国是世界名副其实的水禽生产大国，据中国畜牧学会家禽分会估计，2010年我国白羽肉鸭的存栏量为8亿只，占世界鸭存栏量的75%，出栏量为21亿只，占世界鸭出栏量的77%，鸭肉产量为276万吨，占世界鸭肉产量的70%，肉鸭产值超过1000亿元。改革开放以来，我国水禽产业大发展，在长江流域、珠江流域和黄河流域，水禽的规模化养殖和产业化经营日益兴起，水禽产业已经成为推动农村经济发展和农民增收的重要支柱产业。我国水禽产业之所以能够快速兴起与得到有效发展，一个很重要的原因就是得益于我国有利的资源环境条件、丰富的品种资源、饲料饲草资源、技术资源和良好的经济环境。

另外，改革开放30年间，特别是进入21世纪的15年来，中国水禽产业发展迅速，养殖遍布全国各地，养殖规模水平不断提升，水禽肉蛋产量逐年增加，得益于我国改革开放以来有利的产业支持政策和外部环境；还得益于整个农村经营体制的改革和经济发展水平的稳步推进。例如，农户自主经营地位的确立、农业产业化经营的发展、对外开放力度的加大、优质品种资源的引进和水禽产品的出口贸易、水禽产业技术体系的建立等，都有力地推动了水禽产业的发展。目前，我国的水禽产业已处于世界领先水平。除1998年洪水影响和2003年非典疫情、2005年与2013年禽流感因素外，肉鸭、蛋鸭、鹅存栏量和出栏量均连年递增，其增长速度平均为5%~8%。

1.4.2.7　水禽产业在农业经济中地位不断提升

目前，水禽产业是我国畜禽产业发展中增长速度最快的产业之一，中国传统的肉食消费量与水禽肉消费量之间的比例差距正逐步缩小，进入21世纪以来，国际人均肉类消费数量增加了7.9%，而水禽肉类消费量的增长速度已经高达17%。此外，由于水禽耐粗饲、觅食能力强，比较容易饲养；并且其养殖门槛低、投资少，经济效益明显，在促进就业、提高农民收入、促进农村经济发展和稳定等方面，能起到巨大的积极作用。目前，通过畜牧业生产结构的调整，水禽产业的产值占畜牧业的产值的4.42%，占家禽产业的产值达到18.23%，而且产值比重也在逐年上升，发展的前景广阔。同时水禽产业在我国"三农经济"中的地位日益提升，已逐步成为农民增收的支柱产业。据我们调查的"公司+农户"的水禽养殖户，夫妻二人从事水禽生产养殖，每年都有6万~8万元的收入，有的甚至更高。

1.4.2.8　建立了多元化的产业组织

在市场经济条件下，产业的发展必须着眼于产业化经营程度和产业组织的发育。产业化经营水平越高，越易于发挥产业优势；产业组织化程度越高，越容易提高产业经营水平。改革开放以来，我国水禽产业化经营水平有了较大提升，其生产方式也在发生转变，最为显著的就是"公司+农户"的一体化经营模式逐步替代了传统的农户小规模分散经营。目前，水禽产业不断在向产业化、专业化、集约化、规模化方向转变，经营模式呈现出专业养殖大户、合作组织、企业独自经营、"企业+养殖户"或"企业+基地+养殖户"的一体化经营等多元化经营模式，为未来的产业发展奠定了良好的基础。

1.4.2.9 形成了不断延伸与拓展的产业链条

传统的水禽产业仅仅局限于养殖生产这一中间环节，专用配合饲料十分缺乏。产业化的兴起，带动了与其配套的饲料加工业、设备制造业、水禽产品加工业（屠宰分割加工、熟食加工、羽绒及羽绒制品加工）、运输物流业的发展，促使水禽产业链条逐渐延伸、拓展，并走向整合，由单一的生产养殖业向产前生产资料制备、良种培育及种苗孵化、产品加工、物流运输等产业延伸，多层次提高了产品附加值。同时还带动了资金、技术、人才、信息等资源要素的流动和聚集，促使水禽产业向规模化、专业化、一体化经营方向发展。目前，国内水禽产业已涌现出了一批资金雄厚、技术先进、规模庞大、管理优良、竞争力强的龙头企业。这些龙头企业的涌现标志着水禽产业链条经过有效整合，更加完善和具有活力。

1.4.2.10 政策环境宽松良好

市场经济有所能，也有所不能，政府有效的宏观管理和调控、正确的政策引导和支持，会促使产业稳定持续发展。近10年来，政府对水禽产业给予了有力的支持，从支持产业化龙头企业发展，到组建国家水禽产业技术体系，都为水禽产业的发展创造了良好的政策及外部环境。国家"十二五"畜牧发展规划指出要对包括水禽产业在内的畜牧业提供政策优惠与金融支持，积极鼓励一些针对畜禽的货款担保公司和保障基金的建立。该政策不但从资金、制度保障方面为水禽产业发展提供了支持，而且还极大地调动了地方基层政府的积极性，促使基层政府加强了对水禽产业发展的支持。例如，2010年武汉市政府提出了建设亿只鸭工程的战略构想，并从规模化鸭场建设、鸭产品加工等方面，制定和实施了一系列的具体优惠政策，希望把鸭产业迅速打造成为规模达100亿元的支柱性农业大产业。

1.4.2.11 科技投入支持多、科技进步速度快

科学技术是水禽产业的第一生产力，水禽产业的发展离不开强有力的科技投入的支撑和保证。国家水禽产业技术体系的建立为水禽产业的技术创新和科技进

步提供了保障，是水禽产业发展有力的技术依托，促进了水禽产业的健康、持续、高效发展。例如，2010年发生在水禽产业领域、造成直接经济损失达45亿元的蛋鸭出血性卵巢炎疫病，由于有国家科技投入的支持和水禽产业技术体系的科技人员集中攻关，这一疾病迅速得到了控制，防止了蔓延，避免了产业损失与毁灭；重庆市水禽体系的科技人员新研发的郎川鹅、莱川鹅，每只经济收益新增5元以上，有力地促进了当地水禽产业的发展；2012年肉鸭营养标准的颁布，有力地推动了饲料消费利用率的提高；已通过国家品种审定的北京鸭、四川白鹅、青壳系列蛋鸭等地方优良水禽品种的推广使用，打破了外来品种樱桃谷鸭一统天下的格局，促使水禽养殖成本大幅度降低，进一步刺激了全国水禽产业的发展。

1.4.2.12　具有较强的市场需求拉动力

强有力的市场需求拉动，不仅能有效地调动产业经营者的积极性，保证市场的稳定，也能为水禽产业发展注入强大的动力。进入21世纪以来，我国国民经济每年以8%～10%的速度快速发展，为市场购买力的提高奠定了强大的经济基础，使得水禽肉、水禽蛋和羽绒连年走俏。特别是2014年，全国多地鸭蛋价格持续走高，水禽雏苗、水禽肉类产品的价格全面上升，水禽养殖、加工、销售的效益大幅增加，有力地拉动了水禽产业的持续发展。

1.4.2.13　拥有一批发育良好的新型经营主体

"十二五"以来水禽产业的龙头企业、水禽专业生产合作社、水禽养殖和经营大户等新型农业经营主体的培育与壮大，在抵御市场风险、防止产业大起大落方面起到了不可替代的作用。首先，水禽养殖合作经济组织和产业化龙头企业，通过订单模式，避免了千家万户进入市场和从事生产经营的盲目性，有效地防止了众数效应对市场的冲击，在抵御市场风险方面取得了极大的成效。其次，水禽产业经由专业的农民养殖合作社或"龙头企业＋基地＋农户"等新的经营主体运作，可使产生水禽产品交易费用的部分环节通过生产经营组织内部进行，实现了产品生产环节的内在化，既减少了不必要的交易成本，又增强了抵御市场风险的能力。再次，养殖规模也可通过组织内部的资源共享与互换而得以不断扩大，从而既提高了水禽产业经营的规模效益，也提高了经营组织的市场谈判能力。最后，水禽新型经营主体为水禽产品的科技研发和产业链的延伸创造了条件、提供了支持。例如，2012年吉林通化方正集团利用自己培育的品种长白飞鸭来生产肥肝系列产品，结果在2012～2013年禽肉价格下跌的情况下，该集团由于有鸭肥肝这一新产品创造的超额利润作为支撑，在一定程度上规避了市场风险，保证了企业的可持续发展。

1.4.3 2014年水禽发展中存在的问题

1）水禽生产经营者与消费者需求目标不一致。水禽生产经营者为了追求企业利润，倾向生产生长周期短、饲料转化率高的水禽品种，且在价格上涨时期追求大批量、快速生产。但是从市场供求来看，快速生长的鸭、鹅产品在市场上并不受消费者欢迎。生产经营者追求的"快大型"鸭导致鸭肉品质下降，在消费市场上日益受到消费者排斥，缺乏价格与质量竞争力已经成为不争的事实。而价格低迷又引致生产经营者靠高产、多产来追求利润，使产业发展进入一个高产、增产不增收的怪圈。因此，育种技术研发应顺应消费需求，以提高质量为目标，对生产经营活动起到间接的导向作用。

2）水禽养殖户新技术采纳意愿低，新技术推广受阻。2014年国家水禽产业技术经济研究团队对水禽主产地的养殖户调查结果显示，仅有46.5%的养殖户愿意改变现有养殖模式，采纳新型养殖模式与养殖技术。影响养殖户采用新技术的因素主要包括家庭经济实力不足、技术投入成本过高、对技术认可度不高以及学习新技术困难较大等。而有40.57%的养殖户表示对新技术信息不了解、不熟悉新技术的具体操作方式；有38.68%的养殖户认为新技术所需成本高，投资收益预期不确定及投资超过家庭经济能力而表示不愿采纳新技术。

3）水禽产业垄断问题初步暴露，产业化、规模化框架下生成的"公司+农户"经营模式弊端逐渐显现。这主要表现为：公司通过高于市场的鸭苗价、饲料价和成品鸭收购价与农户进行合同性生产合作，迫使农户将成品鸭销售给公司，以保证公司的生产经营利润与规模稳定，农户不能自由选择水禽品种、饲料和鸭苗，生产资料投入完全脱离市场供给与调节。此种现象本质上已形成了公司对水禽生产、销售和价格的操纵和控制，将当地水禽产业变成了公司独家垄断经营的产业。产业垄断经营使养殖户在产业经营中丧失了话语权和选择权，与市场经济自由竞争的本质相背离，进而将阻碍产业技术进步、效率提高和多元化有序竞争发展。

4）水禽养殖劳动力显现老龄化问题，劳动力成本不断增加。由于水禽养殖企业员工老龄化明显、劳动力数量逐年减少，部分区域出现水禽养殖劳动力工资成本过高，养殖大户退出产业的现象，降低了产业活力，加大了产业波动。以吉林正方农牧股份有限公司为例，参与养殖的企业员工中有80%左右年龄在49岁以上，而且员工工资成本逐年上涨，2014年与2013年相比，每个养殖工人的工资每月平均上涨1000元以上。企业参与养殖人员的老龄化问题凸显将会导致企业养殖环节新技术应用、养殖效率的提高遭遇瓶颈。如何优化水禽养殖劳动力结构，建立激励机制使更多青年人参与、从事水禽养殖与经营和如何提高养殖作业机械化水平以节约劳动力已成为水禽产业能否持续发展面临的新问题。

1.4.4 当前水禽产业发展的趋势

2015 年我国水禽产业将呈现平稳增长的态势，预计肉鸭的出栏量将达到 35.12 亿只，产肉量将达到 683.94 万吨，分别较 2013 年增长 14.6% 和 9.02%；蛋鸭存栏量将达到 2.69 亿只、产蛋量将达到 317.73 万吨，较 2013 年分别增长 39.4% 和 2.98%；鹅的出栏量将达到 4.37 亿只，产肉量将达到 199.28 万吨，分别增长了 37.9% 和 37.74%，其发展将呈现以下新的趋势。

1）水禽养殖逐步向低碳环保型、资源节约型、环境友好型的方向发展，生态养殖趋势日益明显。由于水禽养殖过程容易造成水环境的污染，因而受地域限制和环境约束越来越明显，迫使水禽养殖向生态环保、资源节约方向发展，生态农业的稻鸭共生模式、肉鸭网上平养、蛋鸭笼养、水禽旱养、肉鹅林地草地循环养殖等新型生态、环保养殖方式日益普遍。

2）非常规饲料和中草药配方在水禽养殖中的应用将成为新的趋势。非常规饲料包括棉籽、菜籽、葡萄籽粕、玉米干酒糟及其可溶物、米糠等。越来越多的研究成果表明用棉籽、菜籽蛋白部分替代大豆粕中的蛋白饲养水禽，既不影响水禽的营养和生产性能，又有利于提高经济效益；葡萄籽粕中含有丰富的蛋白质、粗脂肪、氨基酸、维生素及矿物质等，将其加工处理后可用于替代部分玉米及玉米加工副产品而作为水禽饲料；玉米干酒糟及其可溶物的养分鹅能较好地消化吸收和利用，是养鹅生产中质量较好的饲料资源；在饲料中添加中草药可提高番鸭平均日增重，显著降低平均采食量与料重比，提高其生产性能。因此，对非常规饲料和中草药配方的技术研发及在水禽生产中的应用，将成为一种新趋势。

3）水禽产品加工多样化、产品销售电子商务化趋势增强。随着水禽加工多样化的发展，水禽产品加工越来越向精深、纵向发展，企业更加关注加工工艺的研发，增加新的花色品种，积极开发零食、快餐食品、加工半成品或熟食品等，对产品进行分级包装，增加附加值也成为一种趋势。与此同时，水禽产品销售和产品贸易服务发展也出现新潮流，即利用数字化电子商务方式和现代化的电子信息网络，实现水禽产品网上交易、直接配送，使生产加工厂家与消费者直接对接，以减少产品营销的中间环节、降低交易成本、扩宽销售渠道和范围，增强水禽企业和产业的市场竞争力。

4）水禽产业消费者对健康绿色产品的需求日益增加，使地方性特色水禽品种的产业化、商品化生产发展应运而生。随着我国居民生活水平的稳步提升和收入水平的快速提高，国内消费者对食品消费结构调整的渴望不断增长，消费者对高蛋白、低脂肪类健康安全的水禽产品需求越发广泛。消费者在购买水禽产品时，越来越多地考虑产品质量、安全认证、产地和品牌形象等因素。相应的，水禽生产企业也将关注的焦点逐渐向绿色、安全、生态产品和地方性特色品种及产品转移，使地方性特色产品及品种资源开发应运而生，樱桃谷白羽肉鸭一统天下的局面将被逐步打破。

第 2 章

中国水禽产业布局与优化

产业布局是产业的空间分布和地域组合，它在某种程度上反映了产业与区域资源的协调性，以及产业在区域经济社会发展中的地位和作用，科学合理地进行产业布局是产业持续稳定发展的前提和基础。水禽产业作为我国农牧产业中的重要组成部分，以产业布局的基本理论为指导，在分析其布局现状和历史演变的基础上，对其科学合理地布局，无疑会有利于水禽产业的持续稳定发展。

产业布局与发展的相关理论基础

研究产业的布局与发展，必须具有丰富的理论基础做铺垫。如何进行一个产业的布局不仅要从经济效益的角度考虑，还要从社会效益和生态效益的角度去分析；做好产业布局研究必须了解产业发展的基本原则、基本规律及影响因素。同时，一个产业如何布局要多参考前人的理论研究与经验，来丰富自己的理论研究基础。因此，我们利用文献资料查阅法与归纳分析法，对产业布局的基本原则、基本规律、影响因素等主要经典理论进行了分析。

2.1.1 产业布局与发展的基本原则

通常产业布局与发展的研究多考虑五大原则：①可持续发展原则。通过产业布局规划，构建区域性、系统化的产业发展体系，促使产业符合国家产业战略与经济政策的需要，符合地方产业发展的实际情况，符合生态环境保护的要求，形成贸工农、产加销一体化发展的产业规模化、链条化模式，保证并促进产业的可持续发展。②市场调控为主导、宏观调控为辅助的两者相结合的原则。产业布局应该基于对市场规律的尊重，充分利用市场对资源的配置作用，并积极发挥政府宏观调控的效用，校正市场调节的偏差，既要避免市场的盲目性、滞后性缺陷，也要规避政府的过分行政性干预。总之，以市场调节为主，以政府调控为辅，两者相结合进行规划、引导产业布局，使其趋于科学合理，避免布局的无序和混乱。③发挥产业比较优势原则。产业存在区域化差异，因此，产业布局与发展要充分挖掘、利用、开发区域特色优势（包括地理位置、交通条件、产品原料、能源、技术、人才、信息等），培育区域特色优势，发展特色经济，铸造竞争优势，实现产业内部的分工协作，实现区域优势的互补与共同发展。④坚持产业集群化的原则。从产业的整体角度出发，抓住时机，促进产业向优势区域聚集，促进产业的相对集中性，形成产业的专业化区域集聚区，发挥聚集而成的规模效应与地缘效应；借助优势龙头企业的资金、技术、产品品牌优势，延伸并拓展产业链条，增强产业对风险的抵抗能力，壮大产业力量，同时对资源、要素进行整合，完善具有稳定、高效、持续竞争优势的产业集群体系。⑤集约资源原则。对产业进行统一规划，有效整合；对产业发展区位、区域进行科学布局，提高生产要素资源的利用率以及基础设施投入的效率。

　　一个产业的发展，首先应该符合产业布局的基本原则，这样产业才能在科学的大框架、大领域内实现可持续、健康、快速的发展。学术领域众多学者从不同的角度研究了产业布局与发展应该遵循的原则。例如，宋新华（2011）在《宁夏矿产资源产业布局研究》与王剑辉在 2011 年的《祁漫塔格地区矿产资源分布与产业布局》中指出关于矿产资源产业发展与布局应遵循的原则：①从全局出发、统筹兼顾原则；②分工协作、因地制宜原则；③效率优先、协调发展原则；④可持续发展原则；⑤政治原则；⑥产业资源指向性原则；⑦现有产业分布的基础原则；⑧完善综合原则，相关产业布局在相近的地点，有益于强化产业内部的有机联系，形成产业集群；⑨突出重点原则，有限选择确定产业的重点，抓好重点建设。张丽君（2006）在《区域休闲产业布局与结构研究——以南京市为例》中就休闲产业认为，休闲产业布局应遵循：①经济效益优先；②休闲公平原则；③城乡分工与统筹；④发挥区域和城市比较优势；⑤实现可持续发展原则。张华（2007）在《中国粮食生产布局与结构区域演变分析》中提出，我国粮食区域分布需要依据区位地理优势原则、区域协同原则、产业链一体化开发原则、绿色食品安全原则、可持续发展原则。特别强调指出：农作物结构调整需要保证稳定粮食发展、粮食结构调整需要兼顾品种和区域平衡、粮食生产布局需要与物流加工产业配套及粮食产业布局要注意对水土资源的节约。陈亮（2011）在《我国电解铝产业产能的优化布局研究》中指出我国电解铝产业布局应遵循：煤（水）-电-铝一体化发展、产能向能源比较优势突出的区域转移、着重关注环境效益与社会效益、大力加强政府政策的执行落实力度等四大原则。朱克力（2011）在《基于 GIS 的中国钢铁产业布局研究》中指出，我国钢铁产业布局应提高中国钢铁产业集中度的原则，国内重点大中型钢铁企业应以钢铁产业为主营，适当地多元化经营；并集中经营某些高附加值的产品。王满（2010）在《基于布局优化的中国林业产业体系建设研究》中以适应各种林产业细分产品的布局为原则，进而提出了我国林产业布局的六大区域构想。周娟（2012）在《中国铅锌工业布局评价体系研究》中指出在进行铅锌产业布局时要考虑到其他一些原则：①有利于产业经济的可持续发展的原则；②有利于相关工业发展的原则；③有利于城乡协调发展的原则。

　　总之，无论是农牧业还是工业，无论是第一产业，还是二、三产业，产业布局与发展的基本原则是必须遵循的。

2.1.2 产业布局与发展的规律

各产业健康、有序、持续快速发展有其内在的形成机制，是有规律的，并且这个规律是有迹可循的。王健聪（2011）在《生物医药产业发展规律与政策研究——基于产业经济的视角》中指出我国产业发展应基于内外部环境以及产业发展的实际情况，向先进国家学习科学的规律，发挥本国的产业比较优势，积极承接领先国际水平的战略产业转移，努力与国际接轨。扩大产业规模，要坚持有所为有所不为的原则，以增强国际竞争力为导向，积极引导产业集群化发展；要统筹规划，根据不同地区的比较优势进行布局，突出地区的发展重点，避免重复建设和资源浪费；政府要在产业发展中提供基础设施、信息服务，以及资金、技术、人才、税收等优惠政策，为产业的发展创造良好的发展环境。周光召（2012）在《我国物联网产业布局及对策研究——以苏南地区为例》中指出，应该从加强产业政策、引导市场机制、搭建产业联盟、建立公共服务平台四个方面提高我国物联网的产业集中度，以此加快我国物联网产业的科学合理布局，完善物联网产业链结构，规划并培育区域优势产业，优化产业发展环境，提高物联网产业的市场应用水平。齐学广（2012）在《论产业布局的规律》中认为，集聚与扩散机制是形成产业布局规律的重要原因，指出产业布局的研究是有迹可循的，可以从区域地理空间分布上，或者产业布局的模式上进行分析，并深入分析了产业布局的模式、形成机制及规律三者之间的关系。李凤霞、孟姣于2005年指出了产业布局演变的空间规律，认为产业布局是静态与动态机制的协同，是存量与增量因素的统一，并指出集中阶段与分散阶段是产业空间布局演进过程中相互交替的两个不可缺少的过程，集中阶段实质上体现经济活动在地域上的效益凸显性，分散则意味着空间分布上的区域合理均衡性。周娟（2012）在《中国铅锌工业布局评价体系研究》中指出，中国铅锌工业布局应：①加强产业政策和行业规划布局指导，提高产业集中度，优化产业链，发展绿色、循环经济，实现产业可持续发展；②加快产业结构不断升级的步伐；③鼓励开发海外资源，拓宽利用国外原料渠道。张玉阳（2005）在《中国汽车工业产业布局研究》中从产业链、技术研发、产业消费政策、金融筹融资等四个方面剖析产业发展的规律，并提出了我国汽车产业布局的战略规划、构想及政策建议。张贵海（2008）在《中国滑雪产业发展问题研究》中从产业发展所需的科技、人才、资本、服务、信息等方面制定了我国滑雪产业发展的政策保障，以弥补市场失灵的缺陷，增强滑雪产业的国际竞争力。刘成（2011）在《新疆水泥产业可持续发展研究》中指出发展新疆水泥产业必须做到以下几点：制定科学合理的水泥产业发展规划；

建立支持水泥产业可持续发展的地方政策体系；水泥产业发展需要政府在产业政策、财政政策、技术政策等方面给予足够的支持，要通过自主创新全面提高水泥企业的生产技术和经营管理水平；构建生态工业园区是水泥产业可持续发展的一条重要途径；行业管理部门要加强管理与指导职能。总之，各个产业的发展都是有一定规律的，这就为一个新的产业布局与发展的研究提供了科学、鲜活的实证与理论基础。

2.1.3　产业布局与发展的影响因素

产业如何布局是由诸多影响因素来决定的。因此在研究产业的布局与发展中，要考虑到所要涉及的影响因素，进而分析产业布局的形成与策略的确立。在学术界关于产业布局的影响因素的研究还是比较成熟的，为产业布局与发展提供了有力的现实与理论基础。于海楠（2009）在《我国海洋产业布局评价及优化研究》中用规范和实证、定性和定量相结合的方法，以威弗-托马斯战略产业布局优化的模型为基础，以区位商、增加值比重、关联度、需求弹性、技术水平、出口依存度、产业规模七大影响因素为数据支撑，构建了我国海洋产业布局的计量分析模型。陈亮（2011）在《我国电解铝产业产能的优化布局研究》中指出推动布局优化与产业转移是一项复杂、庞大的系统工程，牵涉到社会、经济、生态的方方面面。认为影响电解铝产业布局的因素主要有政策导向、能源供给、资源优化、经济发展、物流条件、地理位置、自然环境等七大因素。王满（2010）在《基于布局优化的中国林业产业体系建设研究》中分析了影响林业布局的资源因素（资源特征、供给与需求状况）、社会因素（地理、人口、交通）、技术因素、政策与体制因素等。张玉阳（2005）在《中国汽车工业产业布局研究》中不仅考虑了影响产业布局的原材料、运输、市场、资本、技术、政策等因素，更多的是从产业的聚集效应方面进行分析，同时强调了产业壁垒（规模经济壁垒、产品差别壁垒、资本壁垒、技术壁垒、政策壁垒等）对产业布局的影响。袁永生 2009 年以 2001~2008 年的数据资料为基础，论证了铜产业的市场集中度与离散程度，并指出了市场、资源、能源等要素对我国铜产业布局的影响。贾宏海等 2008 年对北京现代服务业空间布局的影响因素进行了全面的分析，指出了正外部性机制、现代服务业的范式经济、创新效应以及政府调控机制的重要作用。总之，影响产业布局与发展的影响因素错综复杂，但也有一些共性的因素和差异性因素，同时，各因素对产业的影响程度是不同的。

2.2
水禽产业布局的现状、演变及特征

2.2.1 水禽产业布局现状

　　水禽产业科学合理的布局，是其持续稳定发展的基础和前提，我国水禽产业分布，呈现向优势产区集中的特征，但其所依托的优势正在由资源优势向技术和资本优势转变。我国水禽品种资源丰富，其饲养区域主要分布在长江流域及其以南地区，以及山东、河北和东北三省。这些地区江河纵横、湖泊众多，水生动植物资源丰富，为水禽养殖提供了得天独厚的自然地理环境，因此，我国水禽产业发展依托资源优势，在这些地区广泛分布。据统计，过去十多年，四川、山东、广东、湖南、广西、江苏、安徽、江西8省，鸭出栏量占全国出栏总量的比例一直达到70%以上，2014年达到78.11%；四川、湖南、广东、江苏、山东、江西、黑龙江、吉林和辽宁9省，2014年鹅出栏量占全国出栏总量的71.22%，产业分布的集中特征明显。但随着市场经济的发展和产业化、规模化、一体化经营的推进，水禽产业的养殖分布格局正在改变，呈现为哪里有大型产业化经营龙头企业，哪里有先进技术和雄厚资本优势，哪里就有水禽迅速发展和集中分布的趋势，水禽产业的区域分布格局正在悄然改变。例如，河南省，由于华英集团的出现，为当地带来了大量先进养殖技术和饲料加工技术，以及雄厚的资本，河南省信阳市周边地区养殖水禽数量逐年递增，现已成为我国水禽养殖重要产区。

2.2.2 水禽产业布局的演变

　　目前，我国水禽饲养主要分布在东北地区、长江流域、黄河流域及西南、华南地区。据统计，黑、吉、辽、鲁、粤、苏、川、赣、浙、桂、渝、闽、豫、皖、湘15个省（自治区、直辖市），2014年水禽出栏量占我国水禽出栏总量的94.6%，水禽产业总值也达到了92.1%。其中，山东、广东、江苏的肉鸭产业占全国肉鸭产业经济总量的60%；广东、江苏、辽宁、吉林、黑龙江的鹅产业占全国鹅产业经济总量的68.67%；山东、广东、湖北、湖南四省的蛋鸭产业占全国蛋鸭产业经济总量的62%。另外，受区域传统文化特色的影响及区域特色水禽加工业的带动，我国水禽产业多元化发展的趋势已经形成。主要表现在：以特色加工产品为中心形成区域性的北京鸭、浙东白鹅、皖西白鹅、广东四大灰鹅、湖南临武鸭、江苏高邮鸭、东北豁眼鹅等集中养殖区；以鹅肥肝为中心，形成东部沿海经济发达城市周边的朗德鹅养殖带、东北豁眼鹅养殖带；以水禽肉、蛋、羽绒加工企业为中心的长三角区域性养殖区也在不断发展。

我国水禽产业的发展是随着历史与经济变革而不断变化的，新中国成立至今，我国水禽产业水平总体上在不断提高，从水禽肉蛋总产量变化的特征来看，在 1978 年十一届三中全会以前，水禽发展虽然比较稳定，但是比较缓慢，水禽产业主要集中在长江流域与东南沿海及西南地区，北方虽有水禽饲养，但规模、数量都极为有限；十一届三中全会以后，我国的经济政策与农村经济发生了重大变化，伴随着改革开放的深入，水禽产业的发展速度也得到了很大的提高，南方地区水禽饲养规模大幅增加，北方的水禽饲养数量也大幅提升，例如，山东、河南、河北、东北地区等，目前都已成为我国水禽的主产省区。20 世纪 90 年代以后，我国农业产业化经营组织开始大量涌现，得益于不断提高的农业产业化经营水平，我国水禽产业的发展开始迈入更高的一个层次，进入一个崭新的快速发展期（图 2-1）。同时，加入 WTO 与国际化以及我国城市与农业农村经济的大发展，给水禽产业带来了发展的春天，使水禽产业有了更大、更广阔的发展空间，规模化水禽企业大量涌现，例如，河南华英集团、安徽太阳禽业、内蒙古塞飞亚集团、广西桂柳集团、山东六和集团、北京金星鸭业、江苏桂花鸭集团等。

在 20 世纪 90 年代，对水禽产业影响很大的禽流感疫情在欧洲国家开始出现，随后蔓延到我国香港，但国内水禽产业并没有受其影响。而且我国水禽产业由此开始由重视生产与养殖环节向重视产品加工与销售环节转变，一大批水禽产品深加工企业开始出现并迅速发展，如湖北周黑鸭食品有限公司、湖南绝味食品股份有限公司、四川绵樱食品有限公司等。

根据历史与经济变革的时代特征，我国水禽产业的发展与布局的形成及演

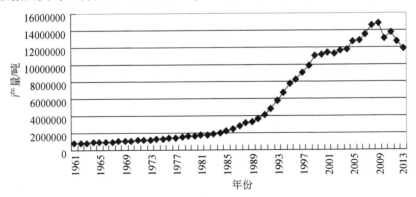

图 2-1　1961～2013 年我国水禽肉蛋总量时序图

资料来源：联合国粮食及农业组织和国家水禽产业技术体系统计资料汇总整理所得

变，大体上可分为四个时期：新中国成立至 1978 年——计划经济背景下的缓慢增长期，1979～1989 年——改革开放背景下的积累与快速发展期，1990～2005 年——农业产业化背景下的快速发展期，2006 年以来深化改革与开放背景下的稳步增长与动荡期。

2.2.3 水禽产业演变特征

目前，随着社会市场经济的发展，水禽生产的专业化、规模化、集约化经营的推进，水禽产业的生产分布格局正逐步变化，水禽产业发展所依托的竞争优势正在由传统的自然资源、环境资源优势向资本优势、人才优势、技术优势转变，展现出哪里有大型产业化经营龙头企业、先进技术和雄厚资本，哪里的水禽产业发展就比较迅速且集中的趋势，水禽产业的区域分布格局正是在这样的大背景下悄然改变的。具体表现出以下两个特点。

2.2.3.1 水禽产业资源要素优势向主产区集中，区域化生产格局比较明显

水禽产业发展的资源要素除了传统的水面、水生植物、水禽品种、劳动力、资本外，市场经济条件下的资本、技术、市场都在水禽产业布局中起到重要的作用。改革开放以来，我国的珠三角、长三角、环渤海湾经济区，由于率先开放资本和技术聚集吸引和催生了水禽产业的发展，使我国水禽饲养区域主要集中分布在东北三省、长江流域、西南地区、华北、华东及沿海地区，该地区除水资源、水生动植物资源丰富外，技术、资本雄厚，加工能力及规模快速扩张，市场活跃，为水禽养殖提供了优越的环境，从而带动了水禽产业的集中分布，使之呈现出区域化发展的特征。据水禽产业经济团队对全国 21 个水禽主产区 2014 年调查统计，山东、广东、江苏三省肉鸭产业规模占全国肉鸭产业总量的 50.1%；广东、江苏、黑龙江、山东四省的鹅出栏量占全国出栏总量的 72%；湖南、湖北、广东、山东四省的蛋鸭规模达到了全国规模的 62.3%。

2.2.3.2 水禽产业的区域分布格局正在逐步改变，西进东移、北进南移的区域化走向趋势更加明显

通过近几年各省水禽产业发展状况的分析发现，目前水资源条件已经不再是促进水禽产业发展的有利因素，相反，由于不科学的水禽饲养和超负荷的水禽生产布局所造成的河流、湖泊污染，已经开始反过来制约当地水禽产业的发展。这种情况表明，我国水禽产业布局，并不局限于在传统的河流、湖泊多，水资源丰富的地区，而是更加注重地区经济总量与特色、产业的市场规模、技术与政策投

入、产业化经营水平等因素。例如，由于六和集团和乐港公司的出现并快速发展，山东省一跃成为肉鸭出栏量占全国市场 1/10 的水禽养殖大省，出现了年屠宰规模达 5 亿只鸭子的巨型企业；内蒙古塞飞亚集团的快速发展，使干旱、少雨、缺水的内蒙古赤峰市成为了养鸭重地，所创建的"草原鸭"品牌已经世界闻名。四川绵樱集团大力发展水禽产业一体化经营，不断完善与延伸水禽产业链条，使四川省成为了名副其实的水禽主产大省；广西桂柳集团利用技术优势和先进灵活的融资发展模式及组织模式，大力发展肉鸭种苗，每年销售鸭苗 30 亿只以上，几乎控制了整个南方地区禽苗市场，并且对北方市场也产生了很大的影响。

2.3

布局中存在的问题

我国整个水禽产业起步晚，发展基础薄弱。长期以来只看重产品的生产，忽视产业的培育，造成生产总量虽然较大，但是水禽产品的同质化现象非常普遍，区域布局状况比较模糊，区域产业发展很不平衡以及区域差异性非常显著。在全国消费市场几近饱和的情况下，还存在规模与投资、资源消耗与环境保护、产品开发与市场消费、利益驱使下的规模扩张与宏观调控等不协调问题。具体表现在以下几个方面。

2.3.1 地方文化、政策引导与产业布局的矛盾

我国水禽生产遍布全国，水禽产品深受各地人民的喜爱。但是甘肃、宁夏、陕西、新疆、青海、西藏地区水禽养殖量很少，一方面是由于这些地方自然条件不太适宜水禽饲养；另一方面是受地方消费文化的制约，以及当地政策引导不力所致。这些地区虽然自然气候、地理位置、水源条件较差，但是，由于目前水禽旱养技术的发展与提高，水源条件已经不是影响水禽产业发展的主导因素，水禽产业发展在地域上止步于甘肃、宁夏、陕西、新疆、青海、西藏等地区，主要是产业发展与地方消费理念及文化差异的矛盾所致。但是这些地区是否需要发展水禽，能否成功发展水禽本身是一个很复杂的问题。例如，西北地区气候偏凉、干旱，水禽蛋类产品消费颇受青睐，但是我国水禽蛋产品生产多集中在东南沿海、长江流域及川渝等地区，若把大量禽蛋产品输送到西北市场，会造成人力、物力、财力的大量浪费。若让当地政府进行水禽产业培育或发展引导，首先就要解

决水禽生产所需的资金与技术问题，没有资金引入与技术的引进，在这些经济相对落后和环境条件欠优的地方发展水禽产业就无从谈起；其次就是要解决产业发展与地方文化的协调，解决当地水禽产品消费的文化差异。到目前为止，在一个地区不顾资源条件和经济文化基础而直接空降一个产业的做法是欠妥当的，这是我国水禽产业布局策略需要深思的问题。

2.3.2 区域产业发展不平衡与现有产业分布的矛盾

我国的水禽布局很不平衡，区域差异很大。水禽产业布局一方面会选择接近市场消费的地区，另一方面选择接近生产资源丰裕的地区及产业资本、技术的优势地区，或产业规模集聚区和产业链条完善的地区，因此往往会顾此失彼，不能协调发展及充分考虑各方面的优势。同时，区域产业发展不平衡的一个重要表现就是区域间有差异的生产经营效益问题。产业化、专业化水平高的地区，水禽产业经营效益就好，产业利润就大；相反，产业化、专业化水平低的地区，水禽产业效益就差。而产业化、专业化水平高的地区水禽发展的空间却是有限的，往往会受到土地资源和环境保护的制约；产业化、专业化水平低的地区水禽发展虽然效益较差，但可收资源环境低成本之利，因而不能直接剔除掉这一产业，这就造成了产业发展的低水平地区与产业过于集中而导致的环境污染问题严重的地区并行布局的局面。以东北地区与南方地区的鹅的饲养为例，东北地区有着广阔的土地与草原，自然、气候条件比较适宜于鹅的饲养，但是我国鹅产品的消费市场主要集中在南方地区，东北地区的鹅产品大部分用于外销，极少部分自我消费；从消费角度考虑，该地区不应该有鹅的生产布局，鹅的布局应集中于南方，但南方地区由于经济发展的需要与环保压力，鹅的生产规模扩大及所需土地受到诸多的限制，造成南方鹅产业难以大规模布局，市场供不应求，只得从北方输入鹅产品，以满足不断扩大的市场需求，进而造成了地区间的产需不平衡和发展布局的不平衡。

2.3.3 产品种类、结构与市场消费不协调的矛盾

目前，我国水禽市场细分水平较低，肉蛋类产品同质化现象严重，产品档次差异较小，消费需求的规模扩张较难。其他禽肉类产品对其具有很强的替代性，加上我国居民对水禽产品消费具有很强的地域性，水禽产品很容易受到替代品的影响和冲击。虽然市场上有众多水禽知名品牌，如北京烤鸭、江苏盐水鸭、汉味鸭脖、高邮双黄鸭蛋、广东卤鹅等，但它们大多属于地方区域性品牌，对消费市

场覆盖的能力较弱。消费生活中的活禽现宰现食，禽蛋以消费皮蛋、咸蛋为主的方式，更使得产品区分度低、市场同质性强、产业扩张困难。另一方面，水禽产业的良种繁育及推广与多元化的市场需求很难配套，影响着产业的布局和市场竞争力。随着人们追求水禽肉蛋类产品质量与特色时代的到来，地方性风味水禽产品和特色产品逐渐受到消费者的青睐，但是其所依赖的原料主要是产业优势较弱的地方性、本土化的品种。近几年来，地方性、本土化的品种由于受到外来水禽品种的侵入和以追求市场利润为目标的规模化生产经营企业的排斥，它们无论是品种繁育还是应用推广都受到了极大的制约，要扩大布局十分困难，以致不能满足当前消费需求转型背景下的生产结构调整换代对地方性优质良种的需要。

2.3.4 规模扩张与环境保护的矛盾

近年来，水禽产业快速发展，各地产业规模迅速增加，导致了严重的环境污染问题，特别是水禽产业发达的南方地区。地方经济发展一方面要考虑经济效益的增加，另一方面要考虑生态效益的影响。长期以来，水禽产业的发展布局与水资源息息相关，区域内水流、湖泊资源是有限的，其所能承载的水禽规模数量一般都会受到水资源的约束，若无限制地在水源区布局水禽生产、增大水禽养殖规模，会造成巨大的环境污染，威胁地方的生态环境，同时也会增加水禽疾病，加大水禽养殖的风险。因此，近年来，我国南方的水禽产业有向北方转移的趋势，东部沿海地区的水禽也逐渐开始向西部迁移。随着水禽旱养技术的出现与提高，虽然北方地区加大了水禽产业的承接，但是随着城市化进程的加快，可供扩大规模用来发展水禽产业的土地越来越少，产业规模增加的空间也越来越小。同时，环境污染问题已经是全国各级政府日益重视的问题，北方地区在发展水禽与加强环境保护之间进行选择时，水禽产业经济的重要性也大打折扣。

2.4
水禽产业布局优化的对策建议

2.4.1 水禽产业布局优化方略

（1）合理进行全国的产业布局，避免低水平、无效率的重复建设

环渤海水禽经济圈、长三角水禽经济圈与珠三角水禽经济圈的产业竞争力优

势较为明显，规模较大，布局集中，占据全国较高的市场份额。因此，一方面应该强化市场风险防范意识，保持市场规模，维护市场领先地位，继续发挥规模效益；另一方面，应加大科研力度，大力发展产品深加工业，调整产品结构，重视产品质量安全，塑造优势品牌，以长远利益为目标，占据市场制高点，提高并维护产业领先地位。其次是以重庆、四川为首的西南水禽产业经济圈与以辽宁、黑龙江为首的东北水禽产业经济圈，与其他产业相比，水禽具有自身独特的发展优势与潜力，该区域政府应加大扶持政策，加大资本、科技投入等，以水禽全产业链布局为切入点，以高科技为主要手段，着力发展产品精加工和深加工，不断提高其生产效率，以品牌和特质产品创市场，争取更高的市场份额，提升水禽产业的地位和布局集中度。同时要密切关注产业发展动态，寻找产业空白点，及时抓住机遇，加快发展步伐。也可以考虑与其他相邻区域进行优势互补，开展产业合作，共同开发，促进水禽产业发展。

(2) 突出区域优势和特色，因地制宜，发展水禽产业

山东、江苏、广东三省分别位于我国北部、中部、南部，恰好呈三足鼎立，同时也是环渤海水禽经济圈、长江三角水禽经济圈、珠三角水禽经济圈等三大水禽经济圈的核心，已经以三省为核心初步形成了三大水禽核心产业圈。环渤海水禽经济圈与东北水禽经济圈应以山东省、辽宁省为核心，以黑龙江、内蒙古、河北为骨干，科学布局水禽的种苗供应及加工基地，辐射带动东北、华北、西北地区。应侧重规模养殖，继续发挥规模效应，同时兼顾地方特色水禽养殖业发展，培养市场核心竞争力。例如，可不断强化黑龙江的草原鹅和内蒙古的草原鸭等绿色产品及品牌。长江三角洲水禽经济圈应以江苏、浙江为核心，以湖北、河南、安徽为骨干，科学布局肉鸭、蛋鸭和鹅的地域分布，辐射带动华东、华中地区。应侧重产品深加工，加大科研投入，提高单位生产效率，同时发展特色加工业，形成地方产品加工的特色竞争力。例如，积极打造以风味著称的南京桂花鸭、湖北周黑鸭、浙东酱鹅等卤制加工产品为核心的现代水禽产业链。珠江三角洲水禽经济圈以广东、福建为核心，以四川、广西、重庆为骨干，应科学布局鹅、番鸭及半番鸭、肉鸭、蛋鸭，辐射带动华南、西南地区。应侧重产品深加工，加大科技投入力度，争取在产品创新、市场营销方面独树一帜。例如，积极借鉴广东的模范企业——温氏禽业的经验，把水禽产业做大做强，塑造知名品牌。各产业圈一定要树立先有市场后有禽场的概念，细分市场，瞄准自己的目标区域市场，来确定自己的专业化生产方向，营造自己的产业优势。

（3）尊重区域经济发展特色，在水禽产业布局中既要善于利用工业化发展的优势，又要注重环境保护，做到合理布局

在工业化发展与环境保护的取舍中，一方面东部沿海及长江三角洲水禽主产区应积极利用工业化带来的资金、技术优势，加快水禽产业结构调整，注重水禽产业链末端的布局，大力发展水禽"高、精、深"加工；另一方面中西部及东北水禽发展较为落后的地区，应摒弃先污染后治理的观念，提前预防，在水禽产业布局、规模化饲养、技术引进等方面要注意环保问题，保证当地水禽产业的可持续发展。同时应积极加强与先进地区的资源优势互补，培养地区核心竞争力；加强对新饲养模式及新技术开发与应用的扶持与引导，发展低碳经济，加强对水禽生产造成的废弃物的综合利用。在产业发展中注重环境保护，走低碳、环保、经济、高效的可持续发展之路。

2.4.2 肉鸭产业布局优化

按照产业分布的地区集中度与市场份额，利用水禽产业经济团队调查统计的数据，计算分析我国肉鸭产业 21 个主产省区的肉鸭养殖情况，可以将其划分为三大核心产业圈和四大类型区域。第一核心产业圈以山东为核心，以辽宁、内蒙古、河北为骨干，以东北、华北、西北为重点辐射区域；第二核心产业圈以江苏为核心，以河南、安徽、湖北为骨干，以华东、华中为重点辐射区域；第三核心产业圈以广东为核心，以四川、广西、重庆为骨干，以华南、西南为重点辐射区域。在全国 21 个水禽主产省份中，江苏、山东、广东、广西为肉鸭高产业集中度、高市场份额的 A 型类型区；海南、重庆、北京为肉鸭高产业集中度、低市场份额的 B 型类型区；四川、湖南、河南、辽宁为肉鸭低产业集中度、高市场份额的 C 型类型区；河北、内蒙古、吉林、黑龙江、浙江、安徽、福建、江西、湖北为肉鸭低产业集中度、低市场份额的 D 型类型区。

（1）肉鸭核心产业圈的布局与发展建议

第一，应站在全局的角度，以系统化的战略眼光，着手对三大核心圈的肉鸭产业发展进行布局和规划。其中，山东核心产业圈应侧重规模养殖，继续发挥规模效应，同时兼顾地方特色鹅养殖业发展，培养市场核心竞争力。例如，像内蒙古那样积极创建草原鸭等绿色产品及品牌。江苏核心产业圈应侧重产品深加工，加大科研投入，提高生产效率，同时发展特色加工业，形成地方产品加工的特色竞争力。例如，积极打造以风味著称的南京桂花鸭、湖北周黑鸭等卤制加工产品为核心的现代肉鸭产业链。广东核心产业圈应侧重产品深加工，加大科技投入力

度，争取在产品创新、市场营销方面独树一帜。例如，积极借鉴广东的模范企业——温氏禽业的经验，把肉鸭产业做大做强，塑造知名品牌。

第二，继续发挥肉鸭核心产业圈中核心点的增长极效应，扩大山东、江苏、广东三大核心点的辐射力与影响力，使之迅速成为所在产业圈发展的原动力，促使其在自身不断壮大的同时，利用外溢效应，带动更多的周边区域的产业经济发展，提升水禽产业就业率，为增加农民收入和产业发展作出贡献。

第三，积极促进肉鸭核心产业圈系统的产业化经营，加快产业链条的延伸与拓展。肉鸭产业的发展越来越依赖于产业化经营水平的提高，原始的重视产前发展的模式早已不适应肉鸭产业的发展，必须提升核心产业圈系统的产业化经营水平，加快产业链条的延伸与拓展。同时，发展新型民、企合作模式，例如，"公司+农户""公司+合作组织+农户"或"公司+基地+农户"的合作模式，通过协调产业链条上各环节的利益关系，促进肉鸭产业的大发展。

第四，不断加大科技政策投入，增强规模效益并促进产业向高、精、深方向发展。科技是第一生产力，肉鸭产业的发展同样离不开科技投入。只有不断加强科技与政策投入，才能控制与统筹肉鸭产业的制高点，不断增加产业规模效益，为产业向高、精、深方向发展奠定坚实的基础。

第五，既要注重核心产业圈自身市场系统的培育，也要积极促进各核心产业圈的区域分工与配合。产业的发展首先离不开庞大的市场基础，产业圈自身市场系统的培育就显得尤为重要。山东、江苏、广东之所以能成为我国肉鸭产业的核心产业圈的核心和领头羊，这与它们自身雄厚的市场基础是分不开的。另外，产业圈是一个复杂的系统，由于气候、光照、土壤、温度等自然条件差异以及风俗文化的不同，会造成各核心产业圈的市场供给与市场需求间的较大差异，这既为核心产业圈建设及发展产品市场带来了困难，也为各核心产业圈进行合理分工与密切合作带来了机遇，各核心产业圈要抓住这一机遇，认真搞好产业布局，促进肉鸭产业市场的发育和壮大。

(2) 肉鸭四大类区域的合理布局与发展建议

A类区域：继续保持规模，加强科技与政策投入。山东、广东、江苏、广西四省的肉鸭产业区域产业集中度高，占有市场份额大，优势明显高于其他省区，一方面在规模上，因为已经具有了较大的市场规模，产业易受市场、生态自然条件影响，应该强化市场风险防范意识，保持市场规模，维护市场领先地位，继续发挥规模效益；另一方面，应加强科技与政策投入，大力发展产品深加工业，调整产品结构，重视产品质量安全，塑造优势品牌，以长远利益为目标，占据市场制高点，提高并维护产业领先地位。

B 类区域：加强产业化经营水平，积极促进产业向"精、深、特"发展。该类区域肉鸭产业有着较高的产业集中度和专业化水平，与其他产业相比具有自身独特的发展优势与潜力，但是由于受自身土地面积、水资源条件等基础条件限制，所占全国市场份额较低，扩大规模难度较大。该区域政府应加大扶持政策力度，促进肉鸭产业布局的优化和调整，在已有规模基础上加大资本、科技投入等，以高科技为主要手段，发展产品精加工和深加工，不断提高其生产效率，以品牌和特质产品创市场，争取更高的市场份额，提升产业地位。

C 类区域：不断扩大规模与加快产业链的延伸和拓展。该区域有着较高的市场份额，但产业集中度和专业化水平较低。针对这一状况，产业发展应该继续巩固现有市场地位，认真布局，不断扩大规模，加大资本、科技投入，在产业化经营上下功夫，不断提升肉鸭产业在该地区的产业地位，促使其成为优势产业。应积极借鉴河南省大力扶持龙头企业华英集团的有益经验，不断扩大产业规模及拓展和延伸产业链条，使肉鸭产业在发展的同时，能够带动和促进当地经济发展，并在提高农民收入与就业水平方面发挥重要作用。

D 类区域：积极培养自身的特色竞争优势与加强区域间合作。该区域肉鸭产业无论是产业的专业化程度还是所占有的市场份额均无明显优势或潜力，应该密切关注市场动态，寻找市场空白点，及时抓住市场机遇，也可以考虑与其他相邻区域优势互补，合作发展。例如，可以借鉴内蒙古塞飞亚的草原鸭、湖北的周黑鸭的卤制特色风味鸭、吉林正方的鸭肥肝生产等经验，以企业特色品牌带动产业发展的模式进行产业布局与发展。浙江、上海、福建、江西、河北还可尝试与其他优势省区加强产业合作，使其成为肉鸭生产优势省区产业链中的重要环节，以推动当地产业发展。

2.4.3　鹅产业布局优化

按照产业分布的地区集中度与市场份额，利用水禽产业经济团队调查统计的数据计算分析，我国鹅产业 21 个主产省区的发展情况可以将鹅产业的发展划分为三大核心产业圈和四大类型区域。第一核心产业圈以辽宁为核心，以黑龙江、吉林、内蒙古、山东为骨干，以东北、华北、西北为重点辐射区域；第二核心产业圈以江苏为核心，以上海、江西、安徽、湖南为骨干，以华东、华中为重点辐射区域；第三核心产业圈以广东为核心，以四川、海南、重庆为骨干，以华南、西南为重点辐射区域。在全国 21 个水禽主产省份中，广东、江苏、辽宁、黑龙江为鹅高产业集中度、高市场份额的 A 型类型区；江西、山东、海南、重庆为鹅高产业集中度、低市场份额的 B 型类型区；四川、湖南、吉林为鹅低产业集中度、高市场份额的 C 型类型区；北京、河北、内蒙古、浙江、福建、河南、湖北、广西为鹅低产业集中度、低市场份额的 D 型类型区。

(1) 三大核心产业圈的产业布局与发展建议

首先，鹅产业的布局应着力强化广东、江苏、辽宁三大核心增长极的区域带动效应。由于产业专业化水平高、比较优势大的特点，广东核心产业圈应侧重产品深加工，加大科技投入力度，争取在产品创新、市场营销方面独树一帜。江苏核心产业圈应侧重产品深加工，加大科研投入，提高单位生产效率，同时发展特色加工业，形成地方产品加工的特色竞争力。例如，积极打造以风味卤制加工产品为核心的现代鹅产业链。辽宁核心产业圈应侧重规模养殖，继续发挥规模效应，同时兼顾地方特色鹅养殖业发展，培养市场核心竞争力。例如，积极创建东北草原鹅等绿色产品及品牌。

其次，加快各核心产业圈产业化经营步伐。虽然各产业圈鹅产业发展规模已经较为可观，但是相对肉鸭来说还有一定的差距。辽宁产业圈适宜养鹅的牧草资源丰富，便于规模化发展，适合特色、高质量产品的培育，但是由于历史文化等原因，肉鹅产品的消费市场狭小，大部分产品只是屠宰后销往南方地区，这决定了辽宁产业圈肉鹅发展的规模与产业化大大受到限制；广东产业圈肉鹅产品消费市场庞大，本地鹅产品供不应求，多从外地进口，运输成本提高，效益受损；江苏产业圈具有较强的加工优势，但由于全国鹅产品消费市场过于单一，使其优势很难发挥出来。因此，该核心产业圈应加快产业化经营步伐，不断拓展、延伸鹅产业链条，以扩大市场为导向，以提高经济效益为中心，以科技进步为支撑，优化生产要素，实行专业化生产、一体化经营、企业化管理，形成以市场带动龙头企业，以龙头企业带动基地，以基地联结农户，实现产前、产中、产后的一体化管理的格局。

再者，加大科技投入，增强自主创新。各核心产业圈应以科技促规模，以规模促效益，引导鹅产业向高、精、深方向发展。同时，积极引进人才，搭建高科技平台，整合产业圈系统资源，建立产学研联盟，加快推进产业转型，改变落后的生产模式与经验思维，促使产业布局合理化。广东核心产业圈的消费市场规模庞大，经济发展水平高，可作为发展鹅产业有力的支撑，但消费者随着生活水平的提高、消费结构的改善，对鹅产品消费的要求更高，这就加大了对鹅产业科技创新的诉求；辽宁核心产业圈市场基础较差，但生产优势明显，要摆脱低水平、低效益的恶性竞争模式，凭借先天资源优势，在绿色、健康、有机、无污染产品生产上下工夫，铸造名牌产品取胜之路；江苏核心产业圈应继续加强鹅制品加工优势，加大科技研发投入，积极自主创新，走在市场前端，力争在三大核心产业圈中持续谋得自己的一席之地。

最后，要加强区域间分工协作，培育核心竞争力。鹅产业包括饲料、禽苗、养殖、屠宰、加工、销售等环节，每个地区若想在各个环节都建立起强大的优势，就需为此付出高额的资金与复杂的管理成本，同时也很难维持这一优势。因此，各区域间应该加强分工与协作，找出市场空白点或者自己的比较优势，有意识地去培育、发展这一比较优势，建立起属于自己的核心竞争力。例如，辽宁核心产业圈内的山东可以作为辽宁鹅产业的市场出口，同时也可以为其提供大量的鹅苗，内蒙古可以利用草原牧草优势，发展草原鹅产业品牌等；广东核心产业圈内的广西具有禽苗孵化优势，可以以此建立起规模竞争力，长期保证在广东核心产业圈的禽苗供应优势地位；江苏产业圈内安徽可以凭借其市场优势，联结辽宁产业圈与广东产业圈，促进三大产业圈的市场对接，增大产业圈的经济联系与合作。

（2）四大类区域发展建议

根据鹅产业专业化水平等级高低划分的四大区域类型，应依据各区域的优势与缺点，因地制宜地分别制定相应的产业布局与发展策略。

A 类区域：继续扩大规模，保持市场领先。广东、江苏、辽宁、黑龙江四省的鹅产业区域优势明显，在规模养殖、技术研发、科技投入、市场营销等方面在产业中起着领导作用，为了保持这一领先地位，应继续保持规模并加强科技与政策投入，通过不断扩大规模，实现规模效益，促进产业化经营；通过加大产品科技投入，不断创新，实现对市场走向引导与调控，从根本上强化在产业链条的最前端与最后端的战略控制权。

B 类区域：积极培育龙头企业，实施品牌战略。山东、江西鹅产业可以借鉴肉鸭产业发展的经验，积极引进大型鹅养殖企业，建立起规模生产优势，提高产业化经营水平，实现规模效益。上海、重庆、海南市场消费基础较好，但受自身土地面积、水资源条件等基础条件限制，所占全国市场份额较低，扩大规模难度较大，可以凭借较高的产业集中度和专业化水平，利用科技、资本、人才优势，发展鹅制品深加工，培育优势品牌，以优质取胜。

C 类区域：继续扩大规模，提升产业化经营水平。四川、湖南、吉林三省鹅产业在全国有着较高的市场份额，均占 5%以上，但产业集中度和专业化水平较低，属于低区位商地区。该类区域应通过产业化经营水平的提高，积极扶持龙头企业，发展订单农业模式，推广"企业+基地+农户"的组织模式，不断增强生产规模优势，提高规模效益水平。

D 类区域：培育核心优势与加强区域间分工协作。浙江、福建、内蒙古、安徽、湖北、河南、广西七省份的鹅产业具有较低的产业集中度和市场份额，既没有地理优势，又没有市场优势。该区域的当务之急就是找准产业切入点，寻找产业薄弱点，培育自己的产业优势，通过加强与优势地区的产业链条整合与合作，积累自己的优势，在合作中不断壮大。例如，浙江、福建、广西可尝试与广东、江苏地区加强产业合作，使其成为鹅生产优势省区产业链中的重要环节，以推动当地鹅产业发展。

2.4.4 蛋鸭产业布局优化

按照产业分布的地区集中度与市场份额，利用水禽产业经济团队调查统计的数据计算分析，我国蛋鸭产业 21 个主产省区可以划分为两大核心产业圈和四大类型区域。第一核心产业圈以湖北、湖南为核心，以江苏、安徽、山东、上海、江西为骨干，以东北、华北、华中、西北为重点辐射区域；第二核心产业圈以浙江、福建为核心，以四川、重庆、广东、广西为骨干，以华南、西南为重点辐射区域。在全国 21 个水禽主产省份中，浙江、福建、湖北、湖南为蛋鸭高产业集中度、高市场份额的 A 型类型区；上海、重庆为蛋鸭高产业集中度、低市场份额的 B 型类型区；四川、安徽为蛋鸭低产业集中度、高市场份额的 C 型类型区；北京、河北、内蒙古、辽宁、吉林、黑龙江、江苏、江西、山东、河南、广东、广西、海南为蛋鸭低产业集中度、低市场份额的 D 型类型区。

(1) 蛋鸭两大核心产业圈的产业布局与发展建议

湖南、湖北地区与浙江、福建地区蛋鸭产业具有较高的产业集中度和市场份额，产业专业化水平远高于周边区域，形成了我国蛋鸭产业的两大核心产业圈和发展增长极，分别主宰我国蛋鸭产业中北部市场与南部市场。在两大核心产业圈的发展中，应一方面继续发挥湖南、湖北地区与浙江、福建地区在蛋鸭核心产业圈中的产业核心点增长极效应，不断扩大其产业辐射力与影响力。我国蛋鸭饲养大部分地区以圈养、散养为主，集约化程度低，在新技术应用、生产管理方面与肉鸭、鹅相比较为落后。湖南、湖北地区与浙江、福建是蛋鸭产业的标杆，应该继续强化与发挥区域优势效应，扩大规模，增强产业带动能力。另一方面应提高产业圈系统内部的产业化经营水平，积极延伸与拓展蛋鸭产业链，实现从饲料投入、良种选育、鸭苗供应到产品加工、流通、销售、终端餐桌的一体化经营。例如，积极实施蛋鸭产业的统一饲料、统一鸭苗、统一生产、统一加工、统一品牌、统一销售产业化经营模式，以便实现大规模标准化生产。同时，蛋鸭核心产业圈作为我国水禽产业中蛋鸭产业的集中优势产区,既要注意自身比较优势要素的培育,也要积极促进产业圈内部不同区域间的分工与合作。

(2) 蛋鸭四大类区域的产业布局与发展建议

A 类区域:扩大产品加工规模及羽绒开发利用。浙江、福建、湖北、湖南的蛋鸭产业属于高产业集中度、高市场份额区,无论在生产规模上还是产业化水平上都具有很大的优势,但在产品深加工与羽绒开发领域还需加强。目前,蛋鸭生产普遍存在规模小、水平低、加工能力弱、科研投入低、污染环境等问题,浙江、福建、湖北、湖南四省应该珍惜现有的蛋鸭产品高市场份额,重视保洁蛋和羽绒的加工利用,推进笼养养殖新技术,抓住时机,扩大规模,提高深加工水平,用产业优势引导和占领市场。

B 类区域:积极促进产业化经营,实现产业链条环节的良性循环。上海、重庆属于高产业集中度、低市场份额区,均是我国的直辖市,经济基础好、资金实力雄厚、消费市场大,与国际市场联系紧密,但由于生产条件的限制,适宜发展蛋鸭的土地、人力受到制约,导致生产能力不足,产业规模较小。该区域应该走出先扩大生产,再扩大消费的误区,积极促进产业化经营,扩大产品订单生产规模,做好产品的深加工,加大对市场终端的控制,以消费促加工,以加工促生产,以生产促规模,实现产业链条环节的良性循环。

C 类区域:提高产业集中度与专业化水平。四川、安徽均是农业大省、畜牧大省,其蛋鸭产业属于低区位商、高市场份额区。目前该区蛋鸭生产具有较大的规模水平,但是产业集中度与专业化水平较低。蛋鸭产业发展不能仅靠重视生产环节,生产水平低、技术含量低、规模效益低、产业链条狭隘等影响着产业的集中度与专业化水平,最终会影响产业的效益水平,制约产业的发展。该区域应以实现产业集中度与专业化水平的提高为目标,加大龙头企业的扶持力度,增加科研投入,提高规模效益,提升品牌影响力。

D 类区域:加强与优势区域合作,促进产业互补。江苏、江西、山东、河南、广东、广西、海南七省份蛋鸭产业的专业化水平低,市场份额低,在规模、科技等方面远落后于其他地区。但该区域水禽生产的基础较好,区域水禽龙头企业多,区域自身经济基础较好,劳动力资源比较丰富,可以以区域合作为切入点,通过在育种及种苗供应、养殖、蛋产品加工各个环节的合作,来促进蛋鸭产业的发展。江苏、江西、山东、河南四省可以考虑加强与湖北、浙江的合作,广东、广西、海南可以考虑与湖南、浙江的产业合作,做好蛋鸭产业链条上某个环节,以此建立起基础优势,不断扩展,扩大规模,促进本区域蛋鸭产业的资源节约型、环境友好型两型发展。

第 **3** 章
中国水禽养殖模式发展与革新

　　水禽产业是人们利用水禽的生理机能，通过人类劳动投入和自然界进行物质能量交换，而获得人们所需要的肉、蛋、羽绒等生活消费品的产业，在这一产业的运行中，一个重要的环节就是对水禽生命活动的维持和对水禽生理机能的利用，也就是对水禽的健康养殖。然而受制于社会经济条件和资源环境的制约，受人们在生产经营活动中趋利动机和行为的佐使，长期以来我国的养殖模式并不健康，并不能与资源环境相协调。因此，必须对现有养殖模式认真分析，去其糟粕，选其精华，继承发扬，科学发展，打造和实施健康养殖新模式。

3.1

我国水禽养殖的基本模式

3.1.1 地面平养模式

地面平养模式是在平地上搭棚围栏、人工挖掘小水池或者提供饮水槽，为水禽提供活动和洗浴场所的养殖方式。养殖用水可通过回收沉淀发酵方式处理，减少水体污染。英国樱桃谷农场通过 5 年研究推出了舍饲加水浴的养殖方式，饮用水线与饲料线一起在鸭舍内供应，洗浴水在舍外水槽内供应，使肉鸭既可以享受阳光和新鲜空气，又避免其他食肉动物和疾病的威胁。朱国法等（2004）对用该方式饲养蛋鸭做了相关实验，认为蛋鸭旱养具有受自然界制约因素较少、对环境污染较小的优点。2006～2008 年间，对樱桃谷父母代肉种鸭无水旱养模式技术进行多次研究，认为肉种鸭无水旱养模式可行，可节约大量用水，技术开发应用前景广阔，在生物安全方面又能减少因水污染而感染疾病的可能性。旱养对樱桃谷种鸭繁殖性能的影响研究证实旱养模式在疫病防控、土地利用效率、面源污染控制等方面有明显优势，并且樱桃谷种鸭经旱养后的产蛋率、受精率和孵化率与水域放养相比并无明显差异。浙江湖州南浔区众旺禽业有限公司实验表明，运用水禽旱养模式，能节省饲料 20% 左右，提高产蛋率 10% 左右。

地面平养模式还可以结合间歇喷淋的饲养方式。采用水禽喷淋养殖技术不仅能实现生产稳定安全、外部环境清洁，而且产品质量安全，为养殖户带来明显的经济效益。江宵兵（2006）将传统水面圈养作为对照组，将无水面旱地圈养结合间歇喷淋和笼养分别作为实验组 1 和实验组 2，进行对比实验，结果表明旱地平养模式结合间歇喷淋等新兴饲养技术，不仅不会影响蛋鸭的产蛋效率，而且能够显著降低饲料的消耗量。钟志新等（2008）进行的实验表明，旱养模式对金定鸭种蛋的受精率和孵化率无不良影响。江宵兵等（2010）又对不同喷淋模式对旱地圈养蛋鸭生产性能的影响进行了实验，经过对照发现，管道喷淋技术作为新技术，生产性能较佳并且节水效果明显。

采用地面平养模式也存在一些不足，如环境卫生差，鸭排泄的粪便会直接污染鸭体和鸭蛋，增加了各种病原污染以及发病机会，发病率和死亡率升高；同时地面平养存在耗料多、生长缓慢等问题。

3.1.2 网上平养模式

网上平养模式是在禽舍内利用塑料、竹板等材料架起离地面高出 1 米左右的网床，进行水禽养殖的方式，它对季节、气候、环境的要求较少，养殖期很长。网上饲养方式极大地提高了水禽的饲养效益，同时方便打扫禽舍卫生和消毒，有十分明显的经济效益和社会效益。肉鸭采用网上旱养可有效预防外界传播的各种寄生虫病，育肥性好，经济效益和社会效益十分显著，尤其是值得受水域限制而不能放养的地区推广。有人对种番鸭网上平养和网上地面混合饲养效果进行了研究，结果表明网上平养的种番鸭存活率和产蛋率均高于网上地面混合饲养模式。

采用网上平养模式时，可提高养鸭环境卫生水平，降低发病率，可以适当提高养殖密度。但是采用网上平养模式需要向饲料中以及饮水中添加有益微生物，以遏制环境中有害菌的生长，降低对水源环境的污染。网上平养模式从目前来看将是今后水禽养殖的一个发展方向。它使水禽脱离粪便、定期清理网下粪便，施用于周围农田或进入沼气池发酵能有效地实现养禽与环境的协调。鸭舍内供应清洁水源，可放上栅栏防止污染饮水，有利于疫病防治，采食区和产蛋区分离，有效防止了蛋的污染。可结合使用洗澡池以防止热应激发生，网上平养模式提高了鸭的成活率，提高了肉鸭的出栏重量，降低了饲料消耗，显著提高了鸭的饲料利用率，对经济效益有明显的提高。

3.1.3 旱地圈养模式

旱地圈养是近年来为了适应水禽规模化、集约化养殖而普遍兴起的一种养殖方式，一般都建有鸭舍，鸭舍或采取平地垫料的生物发酵床养殖，或采取网床养殖，一般没有鸭的洗浴游水设施和运动场。生物发酵床实际上就是鸭舍垫料加发酵微生物用来分解鸭粪便而形成鸭舍的铺垫场。旱地圈养若采用生物发酵床养殖，主要是为了减少鸭粪便对环境的污染和节约垫料，为了使微生物能够在鸭粪便和垫料混合中良好地完成生物发酵过程，以除掉鸭舍内的粪臭和氨气，保持鸭舍干燥和鸭体卫生，一般都辅助以一定的人工或简单的机械对生物发酵床定期进行翻耕、松土和整平。其优点是节约垫料，鸭粪经过发酵直接变成了有机肥，防止了环境污染；缺点是由于鸭粪便直接排泄在垫料中，鸭都有洗浴的偏好，在没有洗浴场时也会把饮水用嘴洒在身上洗浴，使得垫料湿度大，鸭舍卫生较差，鸭体较脏，极易发生细菌性疾病。网上养殖主要是在鸭舍中架设离地面 8.0~1.2 厘米高的网床，网床采用的材料有铁丝、塑料、竹片等。网上养殖主要是为了避免鸭体与粪便的接触，优点是鸭活动的环境干燥舒适，鸭体卫生；缺点是网床投资大，如吉林方正集团所建的全封闭、自动化供应水和饲料、自动化清粪式鸭舍，每栋每年 6 批次可养 18 万只鸭子的鸭舍，投资在 18 万元以上。同时为保证鸭舍空气质量和温度，在设备投入方面的成本也较高。

3.1.4　立体笼养模式

为了有效解决规模化集中养殖的节约用地问题，蛋鸭圈养其蛋面易受粪便污染而不易储存、上市和孵化问题，以及养殖过程中的粪便不易清理及污染环境的问题，目前在一些蛋鸭场和种鸭场，开始引进和借鉴笼养鸡的技术和经验，实行蛋鸭、种鸭立体笼养。在封闭的鸭舍内充分利用鸭舍内空间，实行立体分层笼养或错层笼养。这种养殖模式的优点是能充分利用鸭舍的空间，有效节约土地和鸭舍内的照明、通风、保温等设施；由于鸭笼设计有斜坡蛋槽用于收集鸭蛋，防止了鸭蛋的污染，使鸭蛋不用清洗、打蜡就可以直接上市或孵化；此外鸭笼使鸭的活动空间受到了限制，排粪点相对集中，易于清理。该模式缺点是鸭笼投资较高，对制笼材料要求严格；不符合动物福利的要求，人为强行剥夺了鸭的自由活动与嬉水的权利；鸭的生活、生长环境狭小受限，所产的鸭蛋内在品质下降。同时，受精蛋和孵化比例也比不上游走鸭、稻田赶鸭等模式所养的鸭。此外，从节能减排的角度看，笼养设施的建设、笼具的制造，都无形地增加了能耗，而生产过程中的污染排放并没有减少。

3.1.5　生物发酵床模式

在养猪、养鸡使用生物发酵床以后，生物发酵床养殖技术开始出现在水禽饲养领域，这是传统水禽养殖模式的一次转型，属于一种生态养殖新技术。生物发酵床养殖技术不但可以解决水禽饲养对环境的压力，同时也保障了农业生产的经济效益及农牧结合问题，取得了难得的双赢局面。生物发酵床养鸭是一项值得广泛推广发展的新技术，该技术能减少药品、饲料、人工投入，获得高经济效益、高社会效益和高生态环境效益。刘蒙恩等（2010）认为发酵床养肉鸭，可以增强肉鸭的抗病力、改善养殖环境，提高鸭肉的综合效益。

生物发酵床养殖技术为北方缺水地区水禽养殖业的发展开拓了新的思路。其饲养要点有以下几个方面。①温度控制：在冬季做好防寒工作，控制发酵垫料的温度；夏季要注意通风。②湿度管理：夏季要特别注意防水，防止垫料变质，不能让垫料过于潮湿。高温时打开窗帘通风，冬季则要防止垫料干燥，地面适当洒水。防止不利因素影响鸭的健康。发酵床养殖的优点在于可以不用清粪，排出的粪便被垫料中有益微生物分解利用，节省人工，不需要每天清理鸭舍。③节省饲料：鸭的粪便在发酵床上一般只需三天就会被微生物分解，粪便给微生物提供了丰富营养，促使有益菌不断繁殖，形成菌体蛋白，鸭吃了这些菌体蛋白不但补充了营养，还能提高免疫力。另外，由于鸭的饲料和饮水中也配套添加微生物制剂，在胃肠道内存在大量有益菌，这些有益菌中的一些纤维素酶、半纤维素酶类能够分解秸秆中的纤维素、半纤维素等，采用这种方法养殖，可以增加粗饲料的比例，减少精料用量，从而降低饲养成本。据生产实践，节省饲料一般都在10%以上。④降低药费成本：鸭在发酵床上生活，不易生病，提高生长速度。⑤鸭舍清洁卫生：不用清粪、无异味、营造良好的生态鸭舍，特别是在种鸭饲养中，可以做到一年只需清粪一次。⑥节约成本：垫料中有益微生物发酵分解粪便和垫料，产生的热量升高舍内气温，在冬季可以减少部分人工取暖费用。此外，垫料和鸭的粪混合发酵后，直接变成优质的有机肥。

采用这种养殖方式，肉鸭可以提早4~7天出栏，种鸭饲养中能够通过提高种蛋的质量、提高雏鸭质量和生长速度、提高饲料转化率和营养吸收率，显著节省饲料。通过减少有害菌的毒害、有毒物质的残留，可以提高鸭肉和鸭蛋品质，生产绿色蛋鸭和肉鸭。在垫料中添加有益细菌，能减少发酵垫料中有害菌的生成，有益微生物可以除去臭味，营造良好的清新微生态鸭舍。

3.1.6 稻鸭共作模式

稻鸭共作起源于我国的稻田养鸭，完善于日本，在亚洲各国都得到广泛推广，在我国也有很多地区在探索推广。稻鸭共作的方法是在田边建一个围网和小棚，按每亩①地15~20只鸭子的标准，将出壳7~10天的雏鸭放入稻田，每天喂食一次。鸭子的其他饲料来自稻田杂草和害虫，如青蛙、田螺、龙虾之类，农民不需要再花钱买化肥、农药。不施用农药和除草剂，靠鸭子在稻田除草，吃虫而收获无污染、附加值高的有机稻米，而鸭子在水田中放养的成活率达到98%。这种模式生态环保，减少稻田对农药和化肥的依赖，保证良好的土壤质量和水体环境。稻鸭共作模式是典型的农牧结合和生态养殖模式，稻鸭共作技术改传统稻田散养方式为围养，它将抽穗以前的稻田围栏以后，将雏鸭全天候地放养于稻田之中，一方面利用鸭觅食稻田内的杂草和害虫；另一方面通过鸭在稻田中不间断的活动，促进稻田内水体增氧及养分循环，减少甲烷的排放量，刺激水稻生长。

---

① 1 亩≈666.7m²。

同时，鸭觅食田间小鱼小虾、害虫杂草及浮游微生物，一方面节约了饲养成本，降低了养鸭的能耗；另一方面鸭的粪便还可作为肥料，减少水稻无机化肥和农药的施用，鸭排泄的粪便被稻田吸收利用，增强水稻的健康营养性。这样，稻田和鸭形成一个相互促进、共同生长的复合农业生态体系，既节约了种稻的成本，又可以不用或少用化肥、农药，保护稻田的生态环境，还能增加养殖的效益，降低养殖成本，实现稻鸭双丰收。可见该模式在保护生态环境的同时产生经济效益，产出有机稻和有机肉制品，产品绿色安全，市场潜力大。

据目前国内文献资料整理所得的稻鸭共作技术前期研究成果显示，这种养殖方式有以下几个优点：①鸭子在田间活动，能有效除去杂草和害虫，控制病虫害的发生；②鸭子在田间不间断地活动，提高了土壤养分和肥力；③稻鸭共作养殖方式，由于以鸭粪作为水稻生长的一部分肥料，减少了化肥使用量，因此减少了温室气体甲烷的排放量；④从经济效益来讲，节省了养鸭饲料，降低了成本，同时农户按照一定的技术指导种植水稻，稻鸭共作会提高水稻的产量和质量。自从我国 2000 年引进稻鸭共作技术以后，结合不同地区实际的生态环境和生产实践，对该技术内容进行了不断完善，其应用范围也不断扩大。截至 2010 年，稻鸭共作技术在我国推广范围达 300 万亩，主要集中在浙江、江西、江苏、湖南、安徽、云南、四川和广东等地，其中推广面积最为广泛的是浙江和江西两省，目前有向新疆等边远地区发展的趋势。稻鸭共作技术利用水稻和鸭成长特性的互补合作，实现了优质水稻和鸭子的双重利益，减少了农田肥料使用和化学药品投入，在一定程度上对生态环境起了改善作用，促进经济效益与生态效益的协调发展，是提高水禽产业质量竞争力的较优养殖模式。但是由于稻鸭共作技术在各个不同地区使用模式不尽相同，其技术使用方法也各有差别，例如，模式结构、养殖密度、品种选择、田间管理、配套措施等方面仍缺乏合理标准。因此，关于稻鸭共作技术的统一操作流程和最合理技术模式仍需要展开深入系统的研究，以进一步实现生态养殖要求下经济效益和生态效益的双赢。

同时，稻鸭共养模式也存在缺陷：其一，鸭在稻田活动的时间十分有限，在水稻的育苗期和插秧初期以及抽穗成熟期，鸭都不能进入稻田，这对一年内养鸭批次的增加形成了严重的制约和影响；其二，作为一种生态型养殖模式，稻鸭共作模式受到条件的限制，仅适用于南方水田多的地区。稻田养鸭不能太多，数量严格受到稻田面积和单位面积承载力的影响。这实际上是一种适应自给自足经济方式的养殖模式，规模的扩大和专业化生产、产业化经营都无从谈起。

3.1.7 季节性 "稻田赶鸭" 模式

圈养与放养结合的稻田赶鸭养殖模式，是我国传统农业的精华，它很好地实现了农牧结合。据说久负盛名的南京桂花鸭在加工制作前的原料选取主要是这种稻田赶鸭。历史上湖北、湖南、江西一带的农民在早稻或中稻收割前一个月孵化出雏鸭，待水稻收获后赶着鸭在收割后的稻田里放牧，让鸭在运动中自由觅食遗留的稻穗，沿着长江两岸一路直下，当桂花盛开之时，鸭也长大长肥，然后将其卖给南京加工制作盐水鸭的作坊，被制作加工成著名的桂花鸭。这种养殖模式巧妙地利用鸭成长期与水稻生长收割期的时间重合点，水稻收割前鸭弱小，饲料消耗少，进行集中圈养和耐心照料，水稻收割后鸭进入体壮成长的青年期，让鸭在收割后的稻田里觅食收获遗留的稻谷，既节约了饲料，又把粪便直接排入稻田之中，被土壤吸收利用而转化成了肥料，对环境的危害程度小；并且鸭在运动中成长育肥，肉质鲜美。同时，稻田中遗落的稻粒被鸭觅食后，又防止了重生稻的产生而有利于稻田肥力的恢复。所以，它是一种节能减排较好的水禽饲养模式。但这种模式也有缺陷：其一，鸭在稻田赶放，流动性强，不利于疫病防控；其二，养殖规模受到稻田面积和单位面积承载力以及收获季节的制约，一个地区的养殖规模不可能太大，一年内可养殖的批次也极为有限。

季节性"稻田赶鸭"模式主要针对青年鸭的养殖，利用鸭成长和水稻收割时间上的重合点，将鸭放养于收割后的稻田中，以遗落的稻谷作为养鸭饲料，节约饲料成本。同时，由于直接以稻谷为饲料，鸭的排泄物对环境的危害较小，并且鸭的大部分活动时间在稻田里，排泄物直接排放于稻田，被土壤吸收利用，对环境的危害程度较小。这种养殖模式的养殖周期较长，大概分为两个阶段，首先以散养或者圈养的方式喂养 30~40 天，然后在稻谷收割后，主要于稻田中放养，以稻田收割后遗落的稻谷作为鸭子的饲料，在鸭重量达到一定的标准后，由订单公司进行收购。这种季节性的饲养模式，有利有弊。首先，肉鸭的部分饲料来源可在自然水面、草滩和刚收割后的水稻田中获得，这不仅实现了农牧结合、消耗了稻田中遗落的稻谷，防止了重生稻的产生，而且节约了饲料，优化了鸭肉的品质，同时也不受场地限制，几乎没有场地租金成本，所以农户的养殖成本相应较低；其次，由于该方式采取季节性的放养方式，养殖户的管理成本相对降低；再者，这种放养的肉鸭品质要比集中规模化饲养的"快大型"肉鸭品质高。但是，这种饲养方式无法很好地控制饲养环境和疫病流行，疫病风险较大，一旦发生疫情，影响面大，养殖户损失惨重。而且由于稻田面积有限，这种模式的养殖规模有限，而且受季节性限制严重。因此，这种季节性"稻田赶鸭"模式是一个经济效益和生态效益博弈的过程，在一定规模以内，这种养殖模式可以在环境接受的程度下，以较低的成本带来较大的经济效益，这是符合低碳经济要求的；但是一旦养殖规模增大，就会规模不经济。

3.1.8　鱼鸭混养模式

鱼鸭联合养殖模式是我国南方水源充足、渔业生产相对发达地区所采取的一种水禽养殖模式。一般在鱼塘、河流、湖泊、水库岸边建造一个结构比较简单的开放式或半开放式鸭舍，在鸭舍与水面之间建一个运动场，在水面围栏一定的区域供鸭进行水上运动。这种养殖模式一方面充分利用了水资源，使水资源供鸭和鱼双重利用；另一方面在鸭和鱼之间建立了互生共养的关系，符合生态规律。但这种养殖模式也有缺陷：一是养鸭规模必须控制在水资源的承载能力范围内，如果每平方公里水面的养殖密度超过4500只，就会造成水资源的污染和水体富营养化，污染环境，在污染的水域饲养水禽不利于水禽的健康，也危害鱼的生长环境，从而降低水禽产品和鱼的品质，食品不再安全，对消费者的健康造成威胁；二是水体中致病菌易感染鸭群，影响鸭的生长发育和繁殖能力；三是鸭鱼联生共养，鸭下水的时间常常会受到鱼的生长期的限制，在鱼苗投放入水的初期和小鱼极易被鸭吃掉的时期，不能让鸭下水，否则鱼就无法生存，这就限制了鸭的生产发展。

鱼鸭混养模式是以鱼塘作为承载养鸭带来的污水和排泄物的载体，以养鸭排泄物中未消化完的饲料残渣作为鱼的饵料，两者相互取利，增加了鱼鸭混养的生产力，属于农业生态模式。鱼鸭混养模式在中国及其他亚洲国家推行多年，对粗放型、半集约或集约型的养鸭场均有适用性，其主要方式有三种：一是放牧式混养，即将鸭群散养于池塘或湖泊水面。这种方式在节省一部分鸭饲料的同时，有利于鱼类养殖，但由于没有集中管理，增产效果不明显。二是圈养式混养，即在与鱼塘相连的一块空地上建立圆形鸭棚，并配套相应的鸭子活动场地，每天将活动场地上残留的鸭粪和饲料冲到鱼塘中。这种方式便于对鸭群进行集中管理，但由于没有对鸭的排泄物进行处理，不能充分提高鱼鸭混养的生态效益。且一片固定水域若养鸭过多，则水域和鱼不能完全消化鸭群的排泄物，会造成鱼塘缺氧，鱼种死亡，若养鸭过少，则造成浪费，实现不了养鸭养鱼利益双赢。三是搭架式混养，即在鱼塘一角隔成半圆形鸭棚，作为鸭群的运动场地，同时，将鸭直接放养在鱼塘内，这种方式便于养殖户清洁场地和鸭群活动，能产生较好的生态效益，也是目前国内常见的鱼鸭混养方式。整体来讲，在鱼鸭混养模式下，若鱼塘水体及淤泥对养鸭的污水和排泄物不超过承载力，使鱼塘水质不会受到损害，并且鸭的排泄物中所含未消化完全的饲料残渣，可以用来作为鱼饵料，促进鱼的生长发育，则是一个牧渔结合、生态良性的养殖模式。据水禽产业工作人员在四川的实地调研，从年初下鱼种到年底起鱼，每亩鱼塘每年可以节约500元的饲料，具有明显的生态效益和经济效益，符合低碳经济发展的要求。在实际养殖过程中，针对鱼鸭混养模式是否适用于规模化养殖及如何加强鱼鸭饲养管理问题，还需要更深入的研究，完善现有鱼鸭混养模式，扩大其适用范围，协调养殖经济效益和生态效益，以适应生态养殖发展要求。

3.1.9　生态循环模式

生态循环模式中畜牧养殖与农作物种植相结合，并利用禽畜排泄物和农田剩余秸秆生产沼气的方式称为综合利用生态模式。这种农业种养模式一方面减轻了禽畜排泄物造成的环境污染，减少了燃烧农田秸秆带来的大气污染；另一方面节约了农家用电等能源成本，将经济效益和生态效益有效结合在一起。农户将鸭粪或鹅粪的一部分用来养鱼，另一部分投入沼气池与其他农作物秸秆一起发酵，生产沼气。生产的沼气用来煮饭、烧水、照明，以节约家用燃煤和用电，沼液、沼渣可用作水稻、牧草及其他种植物的有机肥料，增强土壤肥力，各个环节有机结合，紧密相扣，实现生态循环。这种"草-鹅-鱼-沼气-草""鸭-鱼-沼气-水稻"高效生态农业种养模式是对稻鸭共作、鱼鸭混养、种草养鹅模式进行的改良，在原有模式上增加了沼气环节，加强了经济效益和生态效益的结合。其优势主要为：第一，节省饲料，饲料可循环多次利用，一部分用于饲养水禽，另一小部分用于喂鱼，水禽食用过的饲料在不完全吸收后排出，可被鱼再次吸收，形成饲料循环利用；第二，保留了鱼鸭混养、种草养鹅模式的优点，即水禽在水面的活动可以增加水体含氧量，刺激鱼的生长，减少饲料投入，降低成本，促进养殖户增加收益；第三，水禽排泄物一小部分排入鱼塘，作为鱼饵料，另一部分和秸秆等一起进入沼气池，发酵之后生产沼气，节约农民日常家用能源，在这种综合循环模式中，水禽排泄物不仅不会造成环境污染，而且可以被有效利用，生产清洁能源；第四，沼化后的粪水可以用以浇灌种植物，不仅保护了生态环境，还降低了农田化肥使用量，促进了农业的种养生态循环。综合利用生态循环模式因其具有污染小、节约成本多、经济回报大、操作便利等优点，农民较易接受。

畜牧养殖、农作物种植及沼气结合在一起的生态循环模式目前在我国农村比较受欢迎。它利用禽畜粪便和农田秸秆生产沼气，然后利用沼气为农民提供所需的电能，沼液、沼渣用于喂鱼、肥田。这种方式既减轻了禽畜粪便对环境的污染及燃烧农田秸秆引起的大气污染，又节约了农民的生产、生活成本，是一种统筹经济利益和生态利益的农业种养结合模式。

3.2

我国水禽养殖模式转型：健康养殖与生态养殖

水禽养殖是利用水禽的生理机能，通过与资源环境系统进行物质能量交换获得人类所需要的肉、蛋、羽绒、羽毛等产品的过程。水禽生产与资源环境之间有着深刻的相互依存关系。不适当的水禽养殖模式会对环境产生破坏并造成严重污染。据有关实验统计，一只鸭一生需要消耗 6 千克饲料与 24 千克的水，产生 28 千克的粪便排泄物，也就是说水禽养殖在为人类提供食品、羽绒等生活消费必需品的同时，也必然会产生不可忽视的环境污染问题。和其他产业一样，节能减排是水禽产业持续发展必须面对和解决的问题。

3.2.1 水禽健康养殖是实现"低碳经济"的重要组成部分

畜禽养殖与大自然息息相关，养殖过程在很大程度上依赖于自然资源和生态环境，而畜禽养殖活动反过来也直接或间接地作用于大自然，对自然生态环境影响较大，两者相互依存、相互影响。随着畜牧业的发展及生产规模的扩大，养殖集约化程度不断提高，在满足市场对畜禽产品需求的同时也因其排泄物和养殖污水的大量集中排放，对生态环境造成了恶劣影响。据联合国粮食及农业组织统计，规模化、集约化畜禽养殖生产活动产生的温室气体，占全球温室气体排放总量的18%，其中氧化亚氮（N_2O）约占全球排放量的65%，甲烷（CH_4）约占全球排放量的37%，而 N_2O 和 CH_4 的"增温效率"分别是 CO_2 的310倍和21倍。另外，中国畜禽养殖业每年的废水排放量超过 100 亿吨，这一数据远远超过全国工业废水与生活废水排放量的总和。据调查，国内大部分养殖场没有建立相应的环境处理设施，因此养殖污染物排放到自然界中，直接由大气、土壤和周围水域来承担，不仅不能实现良性的循环养殖，而且一旦污染物排放量超过自然界的自净能力，便会产生新的污染源，形成恶性循环，由畜禽养殖带来的环境危害也将不断扩大，这一发展模式严重阻碍了畜牧业的低碳发展和可持续发展。水禽产业近年来发展势头正劲，是我国畜牧业发展中增长速度最快的产业之一，伴随着水禽产业的快速发展，其生产方式也在逐步转变，逐渐由传统的分散饲养方式向现代的集约化饲养方式转变，新的饲养方式也带来了污水和污染物的集中排放，造成新的环境污染问题。另外，相较于其他涉农产业，水禽养殖模式落后，没有统一规范的饲养方式，环境脏乱，饲料转化效率低，与"低碳"养殖理念相去甚远。鉴于水禽养殖业存在的问题及其在畜牧业中日益重要的地位，选择低碳发展模式，是水禽产业实现可持续发展的唯一出路，也是水禽产业顺应低碳经济理念所应做的选择。

3.2.2 从低碳角度看我国水禽养殖业发展现状

（1）总体现状堪忧，养殖者污染防治意识模糊

首先，规模化、集约化是水禽养殖产业结构调整的重要手段，但由于产业规模扩大，分布区域集中，水禽养殖污染物排放集中，排放量增大，这些污染物不经处理直接排放到环境中，对水域、土壤和大气造成严重的污染，破坏生态环境平衡。据调查，我国水禽养殖场一般分布在人口相对集中的大城市近郊，另外，为养殖工作方便，养殖场一般都距离水源地很近，这对水源环境和居民用水安全构成了威胁。其次，养殖场环境管理水平低下，水禽养殖者环境保护意识薄弱。据统计，目前大部分养殖工作人员都没有为养殖场进行环境影响评价的意识，全国90%以上的规模化养殖场缺乏必要的固体废物处理和污水处理设施。再次，政府大力发展畜禽养殖业，以规模化、集约化作为结构调整和实现产业增长的重要途径，重经济发展的同时，却忽视了环境问题，始终未将养殖污染防治细则纳入政府规划之中；另外，相对农业污染问题，政府和社会目前更重视工业污染问题，将更多的人力、物力和财力投入在工业污染的防治工作之中；包括水禽养殖在内的农业污染，虽然对环境影响日益增大，但尚未受到政府和社会的重视，管理防治工作严重滞后。

（2）水禽养殖对水体、土壤和大气污染严重，不符合低碳经济内涵

水禽养殖过程中所产生的污染物主要是水禽粪便、尿液、饲料残余物、冲洗养殖场地的污水、雨水冲刷后的污水、青贮饲料的流失以及水禽动物的死尸等。其中对环境影响最大的是水禽排泄物。通过一定的加工处理，可将水禽排泄物作为饲料营养成分再次使用或投入农田中提高土壤有机质含量，提高农作物产量。但目前大部分水禽养殖场并未对这些排泄物进行有机处理，而是将它们直接排放于环境之中，导致其所含的营养成分不仅没有被有效利用，反而对环境造成巨大破坏。一是污染周围水域，使水质恶化。目前水禽养殖所产生的含有大量污染物质的排泄物大多没有经过处理就直接排放于周围水域之中，造成水域中有机生物逐渐死亡，水质不断恶化。这些受污染的水体一旦进入地下水系统，其中所含有害成分会污染地下水，降低水体自净能力，使原有水体水

质恶化，形成持久性污染，难以恢复和治理。二是降低土壤质量，危害农田生态。养殖场粪便等污染物含有的一部分有机物可以被种植的植物吸收利用，但如果含量过高，超出土壤自净能力，便会出现有机物不完全降解或腐败情况，改变土壤原有成分，破坏土壤的基本功能，严重影响农作物生长发育。另外，当前对水禽死尸采取的主要处理措施仍是焚化或者深埋，没有经过任何无公害等基本措施处理，掩埋的尸体腐烂之后，容易造成病菌蔓延，破坏生态环境，危害人类健康。三是产生温室气体，危害人体健康。水禽集中养殖过程中产生的大量温室气体，以及水禽排泄物分解产生的甲烷、氨气和硫化氢等 200 多种有毒气体，加剧了温室效应。扩散到大气中的有害气体，一旦超出大气的自净能力，则会影响养殖场周围的大气环境，如果动物吸收到体内，会间接威胁食品安全及人类健康。如果人类直接吸入体内，会损伤人体代谢功能和免疫机能，损害人体肝脏、肾脏，危害人体健康。

（3）养殖过程中产生的污染对水禽自身健康构成危害

一方面，水禽污染物破坏了水禽自身的生活环境，恶劣的水环境、大气环境会使水禽的发病率、死亡率上升，水禽生产性能降低，水禽产品质量安全受到威胁。例如，大气环境中的氨气含量过高，会使水禽呼吸道受到伤害，机体免疫力下降，生产性能下降，并有可能感染其他并发症，从而使其后代的生产和培育品质受到影响。另一方面，直接排放到环境中的污染物含有大量的有毒有害物质，其中包括病原菌、寄生虫等容易引起传染病蔓延的物质，一旦这些病原繁殖蔓延，扩大成流行病疫情，将直接影响水禽存活率。经过国际案例研究，某些病菌是可以直接由畜禽传染给人体的，水禽发生传染病或疫情蔓延，也会严重威胁到人类的健康。

3.2.3 从质量竞争力看生态养殖模式

（1）生态养殖模式是提高水禽产业质量竞争力的基本要求

近年来，国内食品安全事件频发，为全社会广泛关注。2008 年的三鹿"毒奶粉"事件掀起民生问题风波，随后又陆续爆出瘦肉精、染色馒头、地沟油等一系列重大事故，让食品安全的阴霾挥之不去，"食品安全"已成为我国十大民生问题之一。我们不禁要问，明天我们还能吃什么？而水禽产品质量安全问题从最初的苏丹红鸭蛋到禽流感事件，一直是食品安全问题的焦点关注，消费者对产品信心不足，整个水禽产业一直处于低迷状态。前不久曝光的"速生鸡"事件，一时间，将水禽产品质量安全问题再次推上了风口浪尖。在社会关注和消费者要消费质量安全的消费品的诉求之下，建立健全产品质量安全体系至关重要。保证产品质量安全，找准源头是关键，按产业链从下到上追溯，水禽产品的质量安全，养殖环节是源头。养殖从业者在养殖过程中药品投入、饲料使用、疫病防治等行为是否科学合理直接影响着下游环节的生产基础，最终决定了终端产品的质量安全水平。水禽产业质量竞争力主要包括三个方面：质量安全竞争力、品质竞争力和特色竞争力。要提高水禽产业质量竞争力，必须保证水禽产品质量安全和有可靠的品质，并进一步追求产品特色。生态养殖是提高水禽产业质量竞争力的核心与关键。

2012 年以来国内肉鸭市场价格下跌，白条鸭价格每吨从 2011 年的 1.0 万 ~ 1.1 万元下降至 7000 ~ 8000 元，但与此同时，出口的鸭产品价格下跌却很少，如内蒙古某公司 2012 年出口吉尔吉斯斯坦的冰冻鸭胸肉每吨价格仍为 14950 元，比 2011 年的 15500 元仅下跌不到 1000 元。这是因为该公司为了保证出口产品质量，自建了高质量的标准化鸭舍，鸭舍有自动饮水、自动喂料、自动清粪和自动调温设备，由公司统一网上高床养殖，统一自主经营，并有专职技术监督员，负责各养殖小区的防疫、喂料、清粪等，保证产品的质量安全，规避了市场价格风险，具有了质量竞争力。同样，2012 年上半年湖北鸭蛋价格普遍下跌，但是一些利用湖泊、河流的水面进行放养的养鸭户的鸭蛋价格下跌却很少，每 0.5 千克鸭蛋价格要比圈养、养殖小区内集中饲养的鸭蛋价格高 1 ~ 1.5 元，而且市场零售销路很好。这是因为，人们对产品品质要求越来越高，产品品质已成为当前人们消费考虑的重要因素，消费者愿意为这种天然饲养方式下生产的绿色、天然、有品质保证的商品支付较高的价格，即宁愿出高价买安全优质的产品也不愿低价买不安全或品质低劣的产品。随着消费者需求多样化的发展和消费结构不断变化，消费者不但对产品质量安全和品质有了更高的要求，而且在追求产品多样化过程中更趋向于消费特色产品。因此，特色产品在市场中也具有了更加广泛的需求和稳定的价格。据调研，在 2012 年水禽市场行情普遍不景气的条件下，黑龙江齐齐哈尔水禽综合试验站用当地仔鹅和莱茵鹅进行杂交，因莱茵鹅生产性能好，长得快，仔鹅繁殖力强，年可产 90 枚蛋，在山东甚至可产 120 枚蛋，杂交以后两种鹅的优势得到保留，与其他普通的种质均有所不同，饲养一只杂交鹅 2011 年毛鹅价格高时能赚 25 ~ 30 元，2012 年虽然价格走低，但还可赚 10 元。而仔鹅和莱茵鹅产的杂交小鹅因为特色优势受市场欢迎，2012 年的鹅苗价格仍保持了 2011 年同期水平，仍为 8 ~ 9 元，因技术进步所形成的特色优势为其赢得了稳定的市场价格和需求。目前，食品质量安全与特色是当前最受关注的社会议题，消费者对产品质量安全与特色优质的要求越来越高,直接影响产品市场需求。生态养殖是实现水禽产品质量安全与特色优质的首要源头,是提高水禽产业质量竞争力的基本要求。

(2) 生态养殖模式是提高水禽产业质量竞争力的重要组成部分

我国水禽产业发展迅速,其中水禽因其饲养方便、生产性能高、适应性强、产品营养均衡、安全性高、符合现代社会对健康食品需求等特点,生产规模迅速扩大,成为我国畜禽业中发展最快的产业之一,成为农民增收的支柱产业。然而,伴随着产业的快速发展,其生产方式也在逐步转变,逐渐由传统的分散饲养方式向现代的集约化饲养方式转变,新的饲养方式也带来了污水和粪便等污染物的集中排放,使之对土壤、水体造成污染,对生态环境的破坏日益加剧。目前我国的水禽养殖产业,分散的小规模养殖农户仍占一定比例,其养殖水平普遍偏低,养殖环节脏、乱、差现象一直没有得到有效改善。规模化集中养殖由于没有进行相应的污染物处理措施,养殖过程中产生的粪便、污水直接排放于生态系统,再经过雨水冲刷进入水循环系统,产生水体污染,与分散养殖的脏、乱、差一并形成了环境污染,直接影响着居民生活环境。据2011年对湖北省水禽养殖农户的调查数据显示,大多数养殖户对养殖会造成环境污染没有认识,只有33.83%的养殖农户认为水禽养殖会对周围环境产生影响,其中,28.4%的养殖农户认为水禽养殖主要带来水污染,64.8%的养殖农户认为主要是空气污染。可见,从改善养殖习惯,防止环境污染,再到提高水禽产品的质量和竞争力任重而道远。

(3) 生态养殖模式是水禽产业可持续发展的必然趋势

过去几十年,为适应经济快速发展的需要,人类以牺牲自然为代价,采取粗放式经济发展模式,对自然资源进行席卷式的开采利用,世界经济在这个时代出现了空前的繁荣。然而,伴随而来的是酸雨、沙漠化、温室效应、臭氧层空洞、森林退化、物种灭绝等一系列环境灾难,人类开始深刻反思,并寻求改革之路。在这样的时代背景之下,可持续发展应运而生。2009年11月25日,时任国务院总理的温家宝在国务院常务会议上,承诺到2020年我国单位GDP二氧化碳排放比2005年下降40%～45%,并将这一承诺作为约束指标纳入社会发展和国民经济中长期规划。同年12月7～18日,在哥本哈根全球气候变化大会上,中国政府公开宣布了这一承诺和目标。作为发展中国家,我国虽然没有被纳入强制减排计划中,但仍然以这一目标表明了中国政府在气候变化问题上的原则和立场,显示了中国政府对气候变化问题高度负责任的态度。

2011年《国民经济和社会发展"十二五"规划纲要》也明确指出,今后五年，要确保转变经济发展方式取得实质性进展，其基本要求包括坚持把建设资源节约型、环境友好型社会作为加快转变经济发展方式的重要着力点，积极应对气候变化、走可持续发展道路。这些政策、目标和发展规划都表明了中国政府针对环境保护和生态平衡问题的积极态度，坚持可持续发展，走生态环境友好道路，将产业发展与生态平衡作为经济社会发展的重要考察因素，是符合当前国际经济社会可持续发展要求的做法，也是我国政府为满足人民群众日益增长的物质文化需求及实现人类与自然和谐发展目标所做的实际努力。

3.3

典型地区的水禽养殖模式

我国水禽品种资源丰富，水禽养殖产地主要集中于水源充沛的地区，如长江流域、珠江流域，以及东北、河北、山东等省。这些地区江河纵横、湖泊众多、水生动植物资源丰富，为水禽产业发展提供了优越的自然地理条件，使水禽产业发展呈明显的区域性分布特征。为了使选取的样本具有代表性，故选取水禽产业发展相对集中的中部、东部地区六省，包括湖北、河北、安徽、浙江、江苏、山东。这些省份养殖户众多，分布广泛，且均有国家水禽产业体系综合试验站，给调研数据的取得及可靠性提供了方便和有力的保障。

3.3.1 湖北省水禽养殖业的发展现状及存在的问题

水禽产业在湖北省畜牧业中占据重要地位，2014 年全省肉鸭出栏 4800 万只，肉鸭存栏 772 万只，肉鸭出栏有上升空间，商品蛋鸭存栏稳定在 2300 万只左右，鹅 2014 年出栏 856 万只左右，全省水禽总产值达到 68684 万元。湖北省水禽业生产总值占畜牧业生产总值的 30% 左右，水禽养殖及加工是农民增收的主要来源之一。

湖北肉鸭的养殖起步较晚，近几年的发展与全国肉鸭的发展紧密相连，有起有落。养殖模式有地面平养、网上养殖、生物发酵床养殖，以地面平养为主，其中武汉市以生物发酵床养殖为主。肉鸭养殖与加工相对集中，以龙头企业+基地+农户形式为主，主要集中在武汉、孝感、襄樊、黄冈、咸宁、黄石等地。蛋鸭养殖与加工企业紧密相连，集中在江汉平原地区的荆州（7 个县市区）、仙桃、天门、潜江、荆门（2 县市区）、孝感（3 个县市区）以及黄冈、浠水、咸宁、赤壁等县市。白羽肉鹅以荆门鹅王等公司为龙头，集中在襄樊、孝感、荆门等汉水流域县市。

湖北的水禽相关产品有久远的加工生产历史，皮蛋、板鸭、腊鸭等是具有地方特色的水禽加工产品。肉鸭养殖与加工紧密相连，以加工龙头企业带动农户养殖为主。加工龙头企业的形成，使加工数量稳定上升，品牌效应逐步显现。蛋鸭养殖业在国内优势十分明显，具有一定的地方特色；肉鸭加工企业的发展给肉鸭养殖业的发展注入了强大的发展动力。

湖北省水禽养殖存在的主要问题如下。

1）养殖水平仍有待提高。调研中发现，肉鸭养殖的水平仍较低，绝大多数肉鸭养殖仍采用简易鸭棚、网上平养，鸭舍的环境卫生较差，防疫条件也较差，存在受重大疫情威胁的风险，特别是要重点防范禽流感等。

2）环境污染问题严重。由于采用的养殖模式仍较落后，粪污几乎未经任何处理，直接排放或还田，且对水体的污染比较严重。

3）几乎所有养殖户都是农民，养殖技术水平低，防疫观念差，需要进行大量培训，提高技术水平。

4）湖北省肉鸭养殖品种单一，仍然是樱桃谷鸭占据绝对市场，但该品种属于大众化品种，市场前景并不乐观，养殖利润较低。经过对瘦肉型北京鸭和樱桃谷鸭对比实验，根据统计分析显示瘦肉型北京鸭生产性能在生长速度、料肉比、腿肌成长率等方面优于樱桃谷鸭，为瘦肉型北京鸭在南方的推广提供了科学依据。因此，樱桃谷鸭在湖北肉鸭养殖中一统天下的局面有待改善。此外，以地方麻鸭为原料的周黑鸭、小胡鸭不断走俏市场，也从侧面反映了肉鸭养殖单纯选择樱桃谷鸭所存在的问题。

5）蛋鸭良种培育科研体系不完善。原种场规模小，科技投入不足，选种和育种手段落后，品种改良的科学技术含量不高，处于较低级的窝窝繁育和混乱杂交状态。种鸭场少，规模小，设施落后，质量参差不齐。目前荆州麻鸭的选育虽有进展，但良种的推广度和覆盖率还相对较低。

3.3.2　河北省水禽养殖业的发展现状及存在的问题

河北省地势北高南低，复杂多样，存在河北平原、坝上高原、燕山山地三大地质单元。河北省地处欧亚大陆东岸，维度中等，属于典型的大陆性季风气候，具有四季分明，雨量集中，冬季寒冷干旱；春季冷暖多变；夏季炎热潮湿，雨量集中；秋季凉爽少雨的气候特点。

根据国家产业技术体系水禽产业经济研究团队统计数据，2014 年，河北省商品肉鸭出栏 2183 万只，存栏 456 万只，肉鸭总产值约为 5.42 亿元。随着社会经济的快速发展，人民生活需求呈现多元化特征，促使养鸭业在河北省得到了较快的发展。目前，有规模化企业 12 家，这些企业有的饲养一定量的种鸭，靠卖种蛋盈利，有的办起了一定规模的屠宰厂，靠收毛鸭、屠宰生存。产业化企业 5 家，这些企业大都具备了基础产业链，从种鸭放养、饲料供给、技术跟踪到毛鸭回收、屠宰加工、冷链配送等，实现了全产业链一体化经营。

河北省水禽养殖存在的主要问题如下。

1）我国鸭的营养标准没有制定。现在普遍使用的鸭饲料是参照鸡的规模养殖营养标准数据得来的。但是，鸭与鸡不同，鸭有更发达的胃部，基本饲料中蛋白需要量较低。因此，通过实验研究，尽快制定肉鸭营养标准具有十分紧迫的现实意义。

2）产业化程度不高。很多企业只是简单地放养和屠宰，抗风险能力很差。一旦市场有波动，出现雏苗卖不出去、屠宰加工的初级产品滞销等问题，企业往往表现为束手无策。如果能在深加工上、在终端产品技术含量上做文章，不但可以延伸产业链，也提高了产业链条每个链环的附加值，同时也大大增强了企业的抗风险能力。

3）技术力量太薄弱。由于企业规模较小，舍不得花钱培养技术人才，更舍不得花重金聘请技术专家。硬件和软件都很差，导致管理和服务跟不上去，制约产业的发展。

4）饲养方式落后，对新技术的敏感性太差。多年来，河北养鸭基本上采用简易棚舍地面平养，疾病较多、成本较高、管理较差、效益较低。导致农户养殖积极性不高，这也是制约水禽产业发展的一个重要因素。

3.3.3　安徽省水禽养殖业的发展现状及存在的问题

安徽省位于中国东部，是跨江近海的内陆省份，地貌以平原、丘陵和低山为主。其中平原与丘陵相间排列。地形地貌多种多样，水源充足，长江横贯全境，流域面积为 6.6 万平方公里。全省分布有淮北平原、江淮丘陵和皖南山区等特色分明的地形。境内山河秀丽、江河密布。全国五大淡水湖中的巢湖就在安徽省，历史上为"鱼米之乡"。淮河面积广阔，贯穿安徽，流域面积为 6.7 万平方公里。

近年来，水禽养殖持续发展，2014 年商品肉鸭出栏 5126 万只，存栏 866 万只，肉鸭总产值 13.59 亿元，商品蛋鸭存栏约为 588 万只，商品鹅出栏 287 万只，产值为 3.8 亿元，全省水禽总产值约为 28.88 亿元。安徽省水禽养殖存在的主要问题如下：①产业信息不对称，生产、加工、流通环节信息不对称。②育种体系不够完善，科技投入不足；蛋鸭、鹅的乱配现象严重。③水禽产品单一，深加工少，难以抵御市场风险。④常见疫病难以控制，水禽产品安全难以保证。⑤生产环境逐年恶化，人的生活环境及养殖自身发展环境遭到破坏。⑥优质地方种质资源保护与开发利用力度不够。

3.3.4 浙江省水禽养殖业的发展现状及存在的问题

浙江省是我国水禽生产与消费大省之一，水禽产业是浙江省的特色产业。水禽为当地人民提供了大量的肉食、蛋产品，同时也为服装产业以及羽绒加工业的发展提供了条件，鹅肝作为一项国际知名的产品远销世界各地。当地的自然资源和进行水禽养殖的优良传统为现代水禽产业发展和产业体系建设奠定了基础并起到积极的支撑作用。水禽养殖是发展浙江经济、丰富百姓餐桌、增加农民收入、开展对外贸易的重要途径，水禽养殖业的发展直接关系到水禽产业的发展，也关系到浙江省的经济、社会、生态的发展。

2014 年浙江省蛋鸭存栏量为 1540 万只，年产值为 37.87 亿元；肉鸭存栏量为 720 万只，肉鸭出栏量为 4600 万只，年产值为 12.8 亿元，商品鹅出栏量为 496 万只，产值为 5.1 亿元。水禽养殖业是浙江省优势特色产业：绍兴原产的绍兴鸭是国内最大的蛋鸭饲养品种；羽毛铸就了萧山"中国羽绒之都"；特种肉鸭，各显特色；肥肝产业，异军突起；孵化产业，一枝独秀；四万鸭农，四海为家；产业化发展趋势明显；水禽品种资源丰富；消费市场潜力巨大。

浙江省水禽养殖存在的主要问题如下。

1) 养殖设施过于陈旧、简陋，养殖效果受环境、季节影响大。一些养殖户为节省投资成本采用陈旧、简陋的设施养殖水禽。由于陈旧、简陋的设施难以维持禽舍内相对稳定的小气候环境，水禽生产性能的稳定也受到影响。

2) 养殖密度过高，疫病防控难。养殖户之间间隔距离近，疫病防控难度大。一些水禽养殖的传统产区，已形成了相对稳定的养殖户群体，养殖户之间距离过近，缺乏严格的防疫措施，容易造成疫病的扩散与传播，且会造成巨大的经济损失。

3) 标准化养殖存在一定难度。由于政策、资源、技术、资金等因素的影响，目前的水禽养殖模式与标准化养殖之间还有较大的差距，需要从各方面着力以促进标准化养殖的形成。

4) 严重破坏水资源环境。许多水禽养殖户依水而养，利用河道、池塘等水面养殖水禽，为了追求经济效益，一般养殖密度过大，水禽饲养排放出的粪便超过了水面的自净能力，从而导致水质恶化，污染环境。

5）饲养员队伍的素质偏低，急需培训以提高其养殖技能。水禽饲养员文化程度、管理水平、经济能力较低，属于弱势群体。饲养员队伍素质的好坏，直接影响到企业的生产业绩和经济效益。

6）组织化程度低。由于缺乏政策上和经济上的支持，一些水禽专业合作社的运作存在一定困难。另外，合作社成员间的联系紧密程度不够，合作社也难以发挥其应有的促进作用，这也影响了水禽行业的稳定与发展。

3.3.5 江苏省水禽养殖业的发展现状及存在的问题

江苏省位于我国东部沿海，处在长江三角洲下游，以地势低平、河湖水系众多为特点。水资源丰富，水面所占全省面积比例为国内最大。全省水网密布，长江横穿东西，大运河纵贯南北，西有秦淮河，北有苏北灌溉总渠等，全国五大淡水湖中的太湖和洪泽湖均在江苏境内。全省海岸线长954公里。江苏省气候为典型的暖温带季风特征，气候温和、四季分明、雨量适中。

改革开放以来，江苏省养鸭业呈现了蓬勃发展的良好势头，从肉鸭养殖到加工销售、从品牌创立到产品研发，鸭产业已超越传统，实现了新的突破，形成了一条良好的产业链。

1）养殖规模稳步提高。2014年，全省肉鸭年存栏量为9750万只，年出栏量为36150万只，产值为82.96亿；蛋鸭年存栏量为1612万只，产值为21.5亿元；鹅存栏量为1521万只，产值为46.87亿元。近年来，随着城市化进程的加快和土地成本的上升，江苏省鸭业养殖区域逐步外移，总体呈现郊区化、规模化、集约化、优质化发展态势；养殖品种改良更新较快，鸭业良种覆盖率达到85%以上；高床旱养、循环养殖等技术日趋完善，产业化水平不断提高。

2）加工能力日益扩大、加工技术不断升级。通过市场自身调节功能以及国家各项政策的支持，江苏省肉鸭加工企业已由传统的小型加工作坊，发展成为具有较强市场竞争力和品牌影响力的规模化生产企业，并形成了以盐水鸭为主的鸭产业集群，极大地推动了江苏省的经济发展。近年来，巴氏杀菌和微波杀菌的低温技术在江苏省鸭加工企业普遍推广应用，推动了鸭加工业的发展。

江苏省水禽养殖存在的主要问题如下：①产品类型单一，鸭餐服务滞后。②产业规划空缺，产销发展脱节。③政策支持不足，产业发展失衡。④质量监管分散，市场执法短板。⑤科技支撑不够，发展后劲不足。

3.3.6 山东省水禽养殖业的发展现状及存在的问题

山东是我国肉鸭产业大省，存栏量、出栏量居全国前列。随着我国加入WTO，山东水禽饲养业发展迅猛，大部分出口日韩，生产规模迅速扩大。2014年，山东省鸭的存栏已达 3.65 亿只，出栏 10.4 亿只，肉鸭产值为 220 亿元，蛋鸭存栏 3000 万只，商品鹅出栏 4300 万只，全省水禽总产值达到 305 亿元。

山东省水禽饲养业区域化分工布局明显。肉鸭饲养主要集中于潍坊、临沂、滨州、济宁、菏泽。蛋鸭主要集中于泰安、济宁、枣庄、德州、菏泽。鹅的饲养主要集中于潍坊、青岛、烟台、威海等地。

山东现在已经逐步成为我国新的大型肉鸭饲养基地，水禽产业已成为该省家禽业发展的重要支柱产业。山东的肉鸭养殖从过去的简棚加运动场饲养，快速向舍内网床饲养、地面铺垫料饲养的新模式转变；特别是胶东地区、鲁北和鲁西北地区转换的速度更快，采用新模式的比例明显高于其他地区。网上饲养成为主要的养殖模式，地面饲养逐渐被淘汰。自动化程度也快速提高，自动上料、自动饮水、自动清理粪便、自动温控系统已广泛使用。

随着养殖模式的不断发展，养殖规模扩大了，养殖效率提高了，饲养成本降低了，劳动强度降低了，防疫、消毒等饲养程序规范了，产品安全性也更加可靠。

山东省水禽养殖存在的主要问题如下。

1）水禽品种研发体系不完善。山东省具有丰富的良种鸭、鹅等水禽育种资源，但长期以来，各地方品种多处于自我繁殖状态，科技投入少、良种选育和配套系杂交研发滞后，良好的生物遗传潜力尚未发挥。多数水禽原种场规模小、选育和繁育手段落后，没有形成科学的选育制度和培育方法，投入资金少而且分散，传统的饲养品种不能够满足现代规模化生产的需要，阻碍了山东水禽业产业化发展进程。

2）生产方式相对落后。与发展相对成熟的鸡饲养方式相比，水禽饲养方式相对落后、粗放。大多数的一条龙企业，肉鸭的饲养采用标准化饲养模式，条件较好。而个体养殖场，多采用塑料大棚、简易房舍，地面散养，条件简陋。鸭舍卫生条件差，鸭的发病率高，死亡率高，养殖效益低下，不符合现代化规模化饲养模式的发展要求。

3）技术研发力度不够。全省专门从事水禽育种研究的农业技术人员较少，与水禽饲养大省的称号不相匹配。在水禽的营养需要、疫病防治等方面缺乏深入系统的研究，家庭饲养管理水平与现代化规模集约化的要求不相适应，制约了水禽业的快速发展。

4）疫病的发生始终威胁水禽业的健康发展。随着水禽饲养业的蓬勃发展，不同规模的水禽养殖场星罗棋布，饲养水平参差不齐，饲养环境不能得到有效控制，而且饲养密度过大，为各种疾病的滋生创造了条件。同时，药品的使用，尤其是抗生素或抗菌药物的盲目使用，使得目前水禽传染性疾病的状况十分复杂。

3.3.7 典型地区水禽养殖模式存在的主要问题

目前，我国主要采用传统的饲养方式和粗放式的经营模式，规模化、规范化的工厂化养殖小区比例较小，散养比重大，这种小规模大群体的生产模式不能满足现代水禽产业发展的要求，不利于疫病的防控和产品质量的监控与提升，饲养管理水平不高，抵御风险能力差，经济效益相对较低，同时也严重地影响着自然环境和养殖区周边居民的生活质量。

总体来说，我国目前采用的水禽养殖模式普遍存在以下问题。

1）粪便的随意排放，污染了空气、土壤和水，破坏了周围居民的生活环境的同时也破坏了水禽健康生长的环境。

2）养殖污水的任意排放或者水禽直接在河道等水源地活动与发展，使得水环境破坏，影响水域质量，并将有害细菌病毒等带到养殖场之外。

3）疫病难以有效防控。

4）部分养殖场为了片面追求利润，以促进生长、控制疫病为目的，超量或者违禁使用抗生素和类激素等药品，违规使用饲料添加剂，残留的药物影响到畜禽产品的质量，进而影响食品安全。

5）死禽一般都是深坑掩埋或者消化堆肥，这种处理方式不能有效防止疫病的传播，且会污染掩埋地的土壤。

由此，我们提出健康养殖的观念，力求使得经济效益、社会和生态效益的统一，即要求在追求经济效益的同时，要注重社会效益和生态效益。

3.4

我国水禽养殖模式的选建与优化

3.4.1 水禽养殖模式优化的必要性

我国传统的大水面放养、逐水而居的水禽养殖模式，不仅会给水资源环境造成严重的污染和破坏，同时也使水禽产业自身的发展受到水资源承载力、食品安全、环境保护的压力和约束。据此，推进水禽旱养技术、实现规模化集约化经营，并辅之以较为适宜的经营组织模式，成为水禽产业发展的必然趋势。20 世纪 80 年代以来，随着经济体制改革的不断深入，水禽养殖逐步从农户自繁自养自食的传统经营模式向专业化、规模化、产业化的方向发展，目前已经演变成为农业中的一个重要产业。据国家水禽产业技术体系产业经济研究团队对全国 21 个水禽主产省份的水禽生产情况调查统计，2014 年肉鸭存栏量为 8.53 亿只，年产肉 931.43 万吨，产值为 817.21 亿元；蛋鸭存栏量为 1.84 亿只，产蛋 269.65 万吨，产值为 359.11 亿元，鹅存栏量为 1.55 亿只，出栏 4.15 亿只，产值达到 330 亿元，全国水禽总产值约为 1506 亿元。我国水禽养殖量占全世界的 80% 以上，是世界名副其实的水禽养殖大国。改革开放以来，随着国外水禽品种和规模化集中养殖方式的引入，以及水禽养殖数量、养殖密度、养殖规模的增加，农民以家庭小规模分散经营方式所经营的水禽产业在绝大多数地区已经被快速发展的经济挤压得处于副业化、边缘化、兼业化状态。逐水而养、水面放养、稻田赶鸭放养等传统的养殖经营方式随着农村产业的扩展、劳动力流动性的增强，以及劳动力机会成本的增加和劳动收入水平的提高，日益受到来自劳动力外流、环境保护约束、资源成本增加、同类产业利润提升等的冲击和挤压，开始向组织化程度相对较高的"公司+农户""公司+基地+农户"、专业化合作社经营过渡，相应的养殖模式也开始向规模化、专业化、标准化转变，水禽旱养、工厂化生产开始在全国推广普及。目前全国已出现了年屠宰 5 亿只鸭的巨型水禽经营企业，融种禽饲养、鸭苗繁殖孵化、饲料生产、屠宰加工、包装运销为一体的水禽全产业链经营的产业化龙头企业或专业生产合作社以及年收入 100 万元以上的水禽养殖专业户。全国在水禽养殖业直接就业的劳动力有 800 万人以上，加上间接为水禽产业服务的劳动力和在水禽辅助产业（饲料加工、屠宰加工、笼具、蛋筐制造等）从业的劳动力，约有 1500 万的劳动力在从事水禽产业生产经营及相关活动。同时，随着水禽产业的发展和市场竞争的加剧，水禽产业链开始逐步整合，产业聚集的态势逐步呈现。然而，水禽产业组织和经营模式的变化，也带来了一系列新的环境问题，特别是养殖密度和养殖量的增加，使得局部地区的水资源污染加剧、环境恶化，直接影响到水禽产业的发展和经济社会对水禽产业的选择，为此，有必要对水禽产业的经营模式进行审视、分析和选择、优化。

3.4.2　水禽养殖模式选建的基本原则

随着社会需求的增加，生产经营者对利润的追求，使得如大水面放养、稻田赶养、稻鸭共作等传统养殖方式的延续既不现实也不可能。水禽产业作为社会经济产业部门的重要组成部分，必须顺应社会发展的需要，遵循生产经济的演进趋势和规律，必须走规模化集约经营之路，选择适宜的养殖模式，即实现旱养、圈养、笼养等。只是在实现旱养、圈养、笼养模式的过程中，应该充分考虑当前利益与长远利益、生产经营者利益与社会公众利益的两个平衡，按照因地制宜、因需制宜、质量安全优先、环境保护为要、适度规模经营的原则，对水禽养殖模式进行科学选择和优化。

3.4.2.1 因地制宜

各个地区由于资源禀赋不同、社会经济发展的阶段水平不同，对水禽产品的商品需求量也不一样，因而在水禽养殖模式的选择时也应该有所差异。例如，在水资源充足，水面宽广的大江、大河、大湖泊、大水库分布区和一些山区溪流穿径区，由于目前交通条件相对落后，商品经济还不发达，特别是肉、蛋类食品的供给仍然主要依赖于区域内自给，可以充分利用水资源实现水禽水养，选择水面放养的方式，其养殖规模和密度要适宜，不能超过环境资源的负荷，要保证资源环境对水禽排泄物的消纳和净化。在农牧结合、以农为主的水稻种植区，由于养殖水禽只是家庭经营中的一个项目，可以充分利用水稻种植资源，进行稻田赶鸭，以节约养殖成本、降低能耗、保护环境。而在专业化的水禽养殖小区和基地，一定要坚持旱养，并尽量建立融环境保护、规模养殖为一体的标准化养殖场和圈舍。

3.4.2.2 因需制宜

近年来，人们对高能量、高蛋白质类食品的追求，更多的是注重质量安全和风味特色，这一需求理念和信息传导到水禽养殖和生产经营中，就是要求水禽的生产经营和养殖方式能够满足生产风味特色产品的需要。水禽生产经营及养殖方式的选择，一定要坚持因需制宜的原则，把满足市场需求和消费者偏好作为生产模式选择的标准，改进其生产经营模式，以适应市场需求，如有充足水源条件的地方可选择水养、旱养结合，圈养和放养结合，而无水源条件的地方，实行旱养、圈养、笼养，但是不管何种养殖方式，都要以消费者愿意选择该产品消费为标准。

3.4.2.3 质量安全优先

食品质量安全是目前社会经济中的热议话题。水禽产品属于同质化程度高、消费替代品多的产品，因而生产经营及养殖模式的选择，一定要坚持质量安全优先的原则，选择中首先考虑该生产经营方式和养殖模式对产品质量安全的影响以及产品质量安全的可控性问题。如果一种生产经营方式和养殖模式本身生产环境条件很差并受到了严重污染，也就很难保障其生产出来的产品质量安全且不受污染，对于这样的生产经营方式和养殖模式，不管其生产效益多高，都应该改造或放弃；如果一种生产经营方式和养殖模式有利于产品质量安全的控制，尽管目前的生产效率和成本收益还不理想，也要坚持选择使用。

3.4.2.4　环境保护为要

水禽产业是人们利用水禽的生理机能，通过与自然资源环境进行物质能量交换而取得人类所需要的肉、蛋、羽绒等生活必需品的过程，本身与资源环境间存在着很强的相互依存关系，如果因水禽产业的发展而对环境造成了破坏和污染，就需要对水禽产业的生产经营及养殖模式进行必要的优化和改造。根据目前的生产技术水平只有两条途径，一是实现水禽旱养，让水禽远离水资源；二是把水禽的养殖规模控制在水资源环境可以承载和自净消纳水禽排泄物的范围之内。实现水禽旱养目前在学术理论界有争议，争议的焦点是：第一，损害了动物福利；第二，长期迭代的水禽旱养是否会使水禽的自然习性丢失。据此，笔者认为，在社会各种养殖业普遍发展和动物类食品供求矛盾日益得到有效缓解的情况下，面对资源环境压力的水禽生产经营和模式的优化和选择，最可行的方式是把水禽养殖规模控制在水资源环境可以承载的范围之内，实现适度发展，绝对不能因为过度发展和一味地追求利润最大化而破坏资源环境。

3.4.2.5　适度规模

水禽产品归根到底属于动物产品，一方面它与其他畜禽产品有极强的替代性；另一方面它受到自身特征和产品消费缺陷的制约，消费需求有很强的地域性和时令性，因此，社会需求量不可能无限制地扩张。未来的水禽产业一定要适度扩大规模，稳步向前发展。一是国内的总体发展规模要适度，根据 2010～2012 年 3 年的水禽产业运行、发展规模及产品市场价格波动情况分析，笔者认为全国 21 个水禽主产省区年肉鸭的出栏量控制在 40 亿只，蛋鸭的存栏量控制在 5 亿只，鹅的存栏量控制在 3 亿只，出栏量控制在 5 亿只比较适宜。二是企业经营规模，由于水禽养殖中饲料是主要的消耗品，同时饲料既是失重产品（体积大、重量大、价格低），又是集中加工、分散使用的产品，如果企业或合作组织的水禽生产经营规模过大，势必造成饲料远距离运输和运送成本上升。再次，规模过大要么养殖生产区域覆盖面积很大，要么养殖集中度很高，无论哪一种情况都极易导致传染病的流行发生。根据全国目前的养殖企业和养殖基地调查，笔者认为肉鸭企业和合作经营组织年出栏量不超过 1 亿只，蛋鸭年存栏量不超过 2000 万只的规模集中度为宜。三是养殖场的规模和一个禽舍的规模，从生产经营管理、产品质量控制、疫情疫病防控的角度考虑，据我们多点调查，其喂料、饮水、清理粪便自动化程度相对较高的肉鸭养殖场每场以 20 个禽舍、每个禽舍以每批次养殖 1.2 万~1.5 万只鸭为宜，如果供料清粪以人工作业为主的鸭舍，每舍以 5000~6000 只的规模为宜。蛋鸭养殖和种鸭养殖的禽舍规模大体以肉鸭规模的 1/3 为宜。四是"公司+农户"或"合作经济组织+基地+农户"中农户的养殖规模，根据成本核算，养殖户的规模为每批出栏 1 万只左右鸭的利润回报最高。

3.4.3 水禽养殖模式的优化对策

水禽养殖模式的选择关系到经济效益、社会效益、生态效益等诸多方面，对我国水禽产业的可持续发展具有极重要的现实意义。同时人们也应当意识到水禽健康养殖模式的倡导和推广，需要政府、水禽产业技术体系、专业化合作社和养殖户等多方面的共同努力，为水禽健康养殖模式的推广和发展创造良好的环境。

3.4.3.1 提高认识，加强引导，促进水禽健康养殖模式发展与完善

生产经营是水禽养殖的核心环节，需要大力改进水禽养殖方式和管理水平，加强水禽养殖生产经营管理，促进水禽健康养殖的有序发展。要按照"因地制宜、政策扶持、科学引导"的发展原则，提倡适度的养殖规模，向健康养殖示范小区建设过渡，促进水禽产品生产的区域化、规模化和专业化。而且要积极探寻适合水禽规模化生产的饲养管理，选择便利、生产效率高、效益好的养殖模式。

（1）科学进行养殖场选址，为健康养殖模式的实施奠定基础

水禽养殖场场址的选择需要具体养殖模式作为参考。一般情况下，养殖场应选择在离交通主干道、居民区和屠宰厂、垃圾站等较远的地方。在场外同时需要有一定的隔离缓冲区，在养殖场内要严把生产规范质量关。场内应划分生产区、管理区和生活区。几个大区之间要有一定的隔离，防止污染及疫病的传播。

（2）注意养殖场用水卫生，防止水源污染

养殖场建设应优先考虑水源的质量、数量以及养殖场周边的生态环境。建议

养殖场用水的水井必须建在远离畜禽舍的地方，最好是与排污流向相反的方向。水源处应添加消毒剂以净化水质，以符合生活饮用水卫生标准为目标。可以根据当地实际情况建设污水处理设施，做好养殖场粪便、污水的处理工作，对污水进行集中净化处理；也可建立低成本的污水沉淀池，或者将粪便用于生态沼气池进行回收利用。

（3）加强农户管理，切断引入性病源

管理人员应宏观控制养殖场的生物安全体系，制订严格的场区制度，进入生产区必须换洗和消毒。生产工具以及清理出的各种废弃物如鸭粪要进行消毒处理。严格实施消毒相关规定，消灭病原、切断疫病传播源。禁止外来人员将任何有可能对场内生产造成威胁的物品带入养殖场，如果来访人员之前到过其他养殖场，则必须隔离 72 小时后方可进入场区。要对运输车辆进行必要的安全检查和消毒，防止疾病的传播，保障水禽的健康。

（4）认真搞好养殖场区的卫生消毒和防疫

消毒工作是日常管理工作非常重要的一部分，应贯彻"预防为主"的指导方针。养殖场必须定期进行卫生清理、禽舍的清洗与消毒、环境的消毒以及饮水与饲料的消毒等。这些都是各种水禽传染病可能携带与传播的途径，为了杜绝疫病的发生，就要有效地切断这些疾病传播的途径，只有切实搞好养殖场环境的综合治理，勤打扫勤消毒，防止疾病传播，减少蚊蝇滋生，才能奠定健康养殖的基础。因此，养殖场一定要严格消毒，建立完善的环境卫生制度，争取通过以上措施减少养殖对生态环境的污染并遏制疾病的传播流行。

（5）科学饲养、科学合理使用饲料添加剂

各级部门应做好畜禽相关专用饲料以及添加剂的监管，杜绝假饲料、合理使用兽药以及生物添加剂，杜绝危害人体健康的苏丹红等危险化学试剂的添加与使用，保障水禽产品健康、安全、优质，无过量、有害的添加剂。在生产中不使用来源不明、存在安全隐患、腐败变质的饲料。添加剂的使用应符合国家规定的标准，并结合法制建设、完善规程、改良设备、优化配方、开发新饲料、综合防治等多种手段实现健康养殖。可研发绿色添加剂以替代抗生素，提倡使用绿色饲料添加剂和免疫增强类饲料添加剂及无公害饲料。严格水禽免疫程序，实行重大疫情实时上报机制，积极推进水禽防疫疫苗的研发工作，让疫病远离水禽，对生态环境进行必要的监控，推广水禽生产、加工等方面新技术的使用。

（6）选择科学合理的免疫程序，严格执行疫苗、兽药的使用规定

严格执行国家关于休药期的有关规定。建立完善的疫病监测系统。养殖场要定期对水禽进行疫病监测，选择适合的疫苗，选择科学合理的免疫程序。兽药的使用在一定条件下可以增强水禽身体抵抗力，从而减少疫病发生。程序化执行防疫程序，严格控制使用抗生素、兽药，注意用法规定和用量，禁用违禁添加剂药品。严格执行疫病防控、水禽产品检验检疫、兽药残留监测等相关规定和监督办法，促进水禽产品整体质量的提高。

（7）严格执行死禽处理相关规定，确保环境安全和生物安全

应本着保护环境、维护生物安全的目的来处理养殖场的死禽。病死禽尸体带有大量的病菌，会形成疾病的传播源，必须进行无害化处理，防止人为地造成疾病传播。从环境保护的角度出发，病死禽的掩埋法和焚烧法不提倡使用，而具有成本低廉优势的堆肥法由于病原微生物能在发酵过程中被有效地杀死，因而提倡使用，但要注意一定要发酵处理彻底，同时要注意运输病死禽时的病源传播，可在有效杀灭死禽体内的病原微生物之后再进行运输和发酵。

（8）科学处理粪便，提倡循环利用

提倡使用生物处理法处理粪便。利用微生物的生理活动，把粪便、废水中的有机物转化为生命能量和简单无机物的形式，从而去除有机物对环境的危害。鸭子粪便经过一定的处理如发酵、干燥、杀菌后可以直接喂养鱼类；由于粪便中含有大量以非蛋白氮形式存在的粗蛋白，可将粪便与牛羊饲料合理搭配，可获得营养平衡、价格低廉的混合饲料。另外，可将粪便放入沼气池发酵处理，沼气可以作为农家生活用能，沼气发电可供养殖户日常生产、生活所需，沼液、沼渣也可以用来喂鱼、肥田，进而实行多次循环利用。

3.4.3.2 激励养殖户参与水禽健康养殖模式的对策建议

（1）加强宣传力度，营造水禽健康养殖模式发展的良好环境

要提高养殖户对水禽健康养殖模式的认知水平和参与意愿，必须加强开展水禽健康养殖模式的宣传教育活动。充分利用电视、广播、网络等多种媒体，通过多种渠道，大力宣传水禽健康养殖模式的重要意义，正确处理养殖致富与环境保护之间的关系，增强养殖户的环保意识，提高其维护环保的积极性和自觉性。同时，要有效地促进养殖户自身综合素质的提高，激励和吸引优秀的青壮年劳动力

参与到水禽健康养殖的队伍中来，壮大水禽健康养殖的队伍，开始从根本上建立健康养殖模式，为我国水禽健康养殖的发展作出贡献。

（2）加强先进养殖技术的推广，为水禽健康养殖提供科技支撑

科学技术是第一生产力。先进的技术有助于改善养殖条件，提高水禽产品质量，为消费者提供更为安全和放心的产品。例如，自动化技术在养殖场中的运用：自动温控系统可改善人工测量与调控禽舍温度的不足，能更好地适应建设现代化环境安全型养殖场的需要，自动化的斜塔装置有自动可升降的喂料系统、饮水系统、加药系统，能有效地减少养殖劳动强度，从而可降低养殖生产成本，以提高水禽的市场竞争力。自动环境控制系统在封闭型畜禽舍中的运用能够有效隔离人与禽的接触，减少输入性疾病，并有效控制疫病，为水禽健康养殖模式提供有力的技术支撑。因此，一定要加强科学技术的应用与推广，真正建立起水禽养殖的科技支撑体系。

（3）搞好水禽养殖专业合作组织建设，为水禽健康养殖的推广提供可靠的保证

水禽养殖业的发展涉及经济效益、社会效益、生态效益等诸多方面，因此，发展水禽健康养殖模式是一项系统工程，需要各方面的共同努力。建设专业合作社，可以维护养殖户的共同利益，保证养殖户的收益，还能为健康养殖的推广、发展提供支持。在技术培训和宣传、寻求政府和专家帮助方面，合作社也可发挥重要作用，合作社组织可以督促和促进养殖户采用新技术，贯彻落实健康养殖模式，因此，要积极引导和扶持水禽养殖专业合作社的发展。

3.4.3.3　完善产业支持政策，加大对养殖户的扶持力度

目前，水禽养殖模式仍处于初创、探索、过渡的初级阶段，要促进其向健康养殖模式发展，提高水禽养殖的竞争力，促进产业升级，就需要提高养殖户的积极性，吸收更多的资本投入到水禽健康养殖中来。我国的水禽养殖水平低，养殖模式较落后，距离健康养殖有差距，需要政府支持、养殖户努力、产业组织引导，只有这样，才能真正实现持续发展。因此，必须建设有力的政策支撑体系，加大对养殖户和水禽产业的扶持力度。

1）实施行业准入制度，提高水禽养殖业的入门门槛。为解决我国水禽养殖小区内品种繁多、规模过小和规划不尽合理的局面，可设立养殖行业准入行标准，对不达标的养殖户和养殖小区予以严格限制；对规模适度、设施条件较好的养殖场给予扶持，积极推广资源节约型、环境友好型养殖方式。

2）制定水禽养殖废弃物排放标准和配套处理技术，为我国水禽健康养殖模

式提供准绳。例如，制定"畜禽养殖业污染物排放标准"和"畜禽养殖业污染物排放的配套处理技术规程"，使养殖场对废弃物处理有标可依、有法可循。提倡使用先进的粪便处理方法，减少粪便对生态环境的破坏，在增强肥效的同时也增加养殖户的收入。

3）完善资金支撑政策。由于缺乏资金，水禽养殖处于低水平阶段，养殖规模普遍较小，水禽养殖业的发展速度受到严重制约。因此，要建立面向水禽健康养殖的金融机构、完善融资渠道，为水禽健康养殖模式的推广提供稳定的资金支撑。同时也可以效仿生猪养殖的政策支持，给予财政补贴和政府支持。

第 **4** 章

中国水禽产业组织结构优化

产业经营组织在产业发展中起着主导作用，不同的产业经营组织形式及内部结构，会对产业带来不同的经营效果。产业经营组织内部不同利益主体的博弈、合作与协调，能够佐使产业发展的方向与规则，驱动产业的转型、升级与换代。为此，认真分析我国水禽产业经营组织的现状、特征与问题，以及组织内部的结构、各主体之间的相互关系、不同组织形式的优缺点，推动其结构优化和变革，对于水禽产业的发展无疑具有重要的理论和现实意义。

4.1

我国水禽产业组织现状分析

4.1.1 我国水禽产业的基本组织形式及特点

我国水禽产业的发展，目前其基本组织形式可以概括归纳为六种类型："龙头企业+合作社+养殖户""龙头企业+经销大户（中间商）+养殖户""龙头企业+养殖基地+养殖户""合作社+养殖户""饲料加工企业+经销大户+养殖户"和农户个体兼业化散养。

从各种组织形式所占的比重及对产业的覆盖面可以看出，我国水禽产业目前正处在从传统小规模分户分散养殖向规模化、集中饲养、现代化经营的过渡阶段。据产业经济研究团队调研统计，龙头企业带动合作社及养殖户的产业组织形式已经占整个产业发展的70%以上，龙头企业与养殖合作社及经销大户合作生产，已成为我国水禽产业发展的重要组织方式，并最终串联起了包括农户养殖在内的产业链条上的各个产业发展环节，形成了较为完整的产业链和新的生产经营组织。例如，在蛋鸭养殖方面，单打独干，或是从种鸭养殖、鸭苗孵化、商品蛋鸭养殖到蛋品加工的全产业链生产由一个企业完成的产业经营组织形式，当前在我国水禽产业发展中已不多见，而多经营主体合作，各事一环节的产业化经营组织正在兴起与发展。

农民专业合作经济组织及相关的中间组织在我国水禽产业组织发展中起到了中介作用。它把分散的农户组织起来上接龙头企业，下连农户，用合同、契约约定龙头企业与农户之间的关系，填充了农户与企业之间的断层。基于专业分工和规模经营的农民专业合作社及相关的中间性组织已经成为我国水禽产业生产的重要组织载体之一。目前有研究认为，在合作社内部存在成员异质性和资源禀赋不同的情况，核心成员将拥有主要的剩余控制权和索取权，并存在聚集生产要素上的绝对优势（张雪莲等，2008；黄胜忠，2007），从而影响了合作社内部的相互协作与公平。其实，农户需求是合作社发展的根本动力，通过合作社农户以集体的形式对抗市场风险，在市场中的地位得到了提高（孟秋菊，2009）；合作社的发展与产品流通、金融支持、区域环境存在相互依赖、相互制约的关系，良性的互动可以推动合作社的发展、促进农民增收（郑有贵等，2008），资源禀赋的异质性和生产方式的独特性，驱使了合作社发展的必要性，使得我国水禽产业组织的发展呈现出它独特的运行形式。

水禽产业在这种以产业链条上的各环节合作经营为主的组织形式中，企业成了水禽产业发展的引擎，合作社成了水禽产业发展的载体和产品生产的前车间。龙头企业依靠自身的资本优势、技术优势、市场运作优势，组织合作社生产，在市场竞争中带动和辅助合作社的发展，从而使自己的原料有保证，利润得以实现；合作社通过上联企业，下联农户，发挥了自己的职能；农户依靠合作社的纽带作用，完成了自己的养殖生产，规避了自己的养殖经营风险。可以说这一组织形式下的各经营主体各得其所，共同推动了水禽产业的发展。目前，水禽养殖合作社在龙头企业的扶植和推动下，逐步发展壮大，并吸引广大的农户参与到水禽产业中来，使得产业的区域性集中程度日益提高。同时，这种产业发展组织形式能够在较短时间内促成企业形成一定的生产规模，进而迅速形成产业集聚，使得我国的水禽产业能够在激烈的市场竞争中，扩张市场、逐步走向稳定。因此，企业带动合作社和农户参与养殖生产的产业组织形式，是我国水禽产业当前的主要组织形式，它将驱使那些小规模、兼业化、分散养殖的组织形式走向衰退和消亡。

4.1.2 我国水禽产业的组织结构剖析

4.1.2.1 龙头企业为组织的中心

在以"龙头企业+合作社+养殖户"的产业组织形式中，龙头企业为组织的中心，也是生产经营合作社中最核心的社员。在蛋鸭或肉鸭产业中，龙头企业一般从事从种鸭养殖、商品代鸭苗孵化到蛋品鸭肉制品初加工、深加工的部分甚至是全部的环节，蛋品、鸭肉制品的深加工利润和营销利润是企业主要的盈利点。蛋品、鸭肉的营销环节也是连接水禽产业和市场、决定产业兴衰的关键环节。由核心成员掌握产业的关键环节，有利于产业的稳定和发展。目前，由于土地、劳动力等生产要素的制约，我国的水禽蛋品、鸭肉加工产业化龙头企业还无法实现产业各个环节内化和全部的原料自给。因此，由龙头企业联系区域内的其他的水禽养殖户成立合作社。其他社员依附龙头企业周围，借助龙头企业强大的资本优势和技术优势，以达到降低生产营销的风险、实现利益最大化的目的。龙头企业借助合作社扩大自己的生产经营规模，形成一定规模的商品量和区域竞争优势，从而增强了市场的谈判能力和在产业组织中的地位，降低了交易费用，有效地抵御了市场风险。同时，通过组建合作社，龙头企业扩大了生产经营规模，增加了市场份额，提高了产品质量标准，实现了品牌营销和加工增值。

4.1.2.2 经销大户为合作社的骨干社员

在以"龙头企业+经销大户（中间商）+养殖户"的产业组织中，经销大户为合作社的骨干社员，也是合作社的管理节点。经销大户上游连接蛋品、鸭肉加工企业，下游连接水禽养殖户。他们既是合作社的骨干成员，也是合作社管理的节点。经销大户一般不直接从事水禽的养殖生产，而是借助灵通的市场信息和资本优势，通过贩运鸭蛋或屠宰、加工而获取利润。水禽养殖户加入这种合作社，分享经销大户的市场信息和资金优势，以集体的形式和联合而成的规模面对企业和市场，以此来降低自身的交易费用和生产经营风险，保障养殖利润。

4.1.2.3 养殖户为风险的承担者

养殖户依然是生产风险和市场风险的承担者。无论是在"龙头企业+合作社+养殖户"的产业组织中，还是"龙头企业+经销大户（中间商）+养殖户"的产业组织中，还是养殖生产合作社的产业组织中，养殖户都是风险的主要承担者。水禽养殖户以自己全部的资金、土地、劳力等生产要素加入合作社或规模化生产基地，成为社员或基地成员。但由于在产业链条的联结中，他们与其他组织成员是一种松散的利益连接关系，并不是利益共同体，因而他们承担了几乎除却市场以外的全部生产经营风险。经销大户无条件收购他们的鲜蛋产品或者成品毛鸭，资金结算方式一般为不定期结算或事后结算。他们并不承担生产过程中重点疫病风险、成本风险，加上产品价格如果实现随行就市，连市场风险也转嫁给了养殖户。

4.1.2.4 资金借贷方式为合作纽带

资金借贷方式是养殖户和龙头企业及合作社之间的纽带和连接点。在市场经济条件下，资金既是产业发展的关键要素和产业运作的血液，也会通过对劳动等生产要素的替代从而推动技术进步。在水禽产业发展中，一般稍具规模的养殖户都会遇到发展的资金瓶颈约束。为了解决生产经营过程重点资金约束问题，一般养殖户都会和龙头企业或合作经济组织之间发生资金借贷关系。这样一来，养殖户和龙头企业及合作社之间通过资金借贷的方式自然联系在一起，形成了合作社下的"子合作"。养殖户在养殖水禽的过程中，如果他们的生产资金没有和某一个企业、合作经济组织及经销大户发生资金借贷或相互的赊欠行为，那么该养殖户可以自由地选择产品的收购企业、合作组织及经销大户。一旦养殖户和某一个企业、合作组织或经销大户发生了资金借贷方面的联系，那么该养殖户的产品一般就会全部销售给这个企业、合作组织及经销大户，双方自然形成了合作关系。

这种以资金为纽带的合作方式，既是企业、合作组织及经销大户稳定和扩大产品收购量的途径，也是养殖户解决生产资金问题的主要渠道之一，有利于产业的发展与稳定。

4.1.2.5 松散型合作仍存在

松散型的合作仍然在水禽产业组织中占有一定的比重。据统计分析，目前在水禽产业组织中，龙头企业一般只和经销大户发生交易行为，经销大户按照企业要求分级产品，或是为产品找到合适的销路。养殖户通过经销大户与企业和市场产生间接联系。养殖户、企业、经销大户三方并无规范的合同约束，三方的联系是松散的。企业和养殖户通过经销大户与市场联结，市场风险通过经销大户传导给企业与养殖户，一旦任何一方退出，则产业组织链条立即断裂，产业发展出现波动。

水禽养殖户参与到企业组织的养殖合作社里来的产业组织形式，一般社员的生产规模可大可小，不受约束。社员生产的产品一般都会销售给合作社，但销售多少，合作社一般无约束力，合作仍然比较松散。但是，社员一旦和企业产生资金的往来借贷关系，那么养殖户一般都要将鲜蛋、毛鸭直接交给企业。这样一来，企业借助资金优势稳定了自己的加工原料和产品质量，社员借助企业的资金优势和稳定的产品销售渠道，扩大了生产经营规模，取得了更好的收益，整体的收益要好于没有加入合作社时期。因此，在这种合作形式下的养殖户一般还存在"搭便车"扩大生产经营规模的现象。笔者认为，无论是松散合作，还是养殖户"搭便车"扩大规模，都是有利于产业发展的。

水禽产业组织中这种松散的合作形式，在维持养殖户作为生产基本单元的同时，又发挥了企业从事农副产品加工和销售，引领产业发展的优势，并实现了农户直接进入市场的风险规避，给企业和农户双方均带来了利益。据水禽产业经济研究团队 2012 年的调查，在鸭蛋市场价格下跌，饲料、人工等养殖成本上升的情况下，加入合作社的水禽养殖户一般能保证的利润至少是淘汰鸭销售的全部收入。

4.1.3 我国水禽产业组织结构的演变

4.1.3.1 20 世纪 90 年代以前的无组织无序发展阶段

20 世纪 90 年代以前，水禽产业一直是以单个水禽养殖户的生产养殖和加工型小作坊为主的发展形式。第一，在农户养殖行为上，从事水禽养殖生产一般是农户的副业经营行为，生产经营的目的是用以补贴家庭生活的一般开支，其养殖规模非常小，一般在500只以下。养殖户的生产活动一般是单个和自主发生的行为，生产的偶发性很强，他们选择进入和退出水禽产业经营的生产行为是非常随意的。他们从事水禽养殖的饲料和种苗供给也以自给自足为主，产业内分工还没有十分明确的区分，常常是养殖户既要保种育种，也要养殖商品水禽，更要自己筹措水禽饲料，过程十分繁琐，客观上也限制了养殖户的养殖规模。第二，在加工企业的生产行为上，鸭蛋、禽肉的加工也一直都是以传统的加工型的小作坊为主的，基本没有成规模的大型厂商的加入。他们的产品收购范围局限在由亲缘关系和地缘关系缔结的关系网中。既不会主动去联系更多的养殖户，也不会主动去开发地缘、亲缘以外的市场份额，区域间的流通很少，基本上没有鸭蛋和水禽副产品的深加工和衍生产业。第三，在产品性能上，鸭蛋及鸭蛋制品和禽肉的消息始终呈现的是时令、节令产品等土特产的商品属性，市场需求的时令性特征明显。而且，鸭蛋制品和淘汰的鸭肉等产品本身存在易破损、不耐储存、需要冷藏等产品属性上的弱势。在交通、物流等不发达的历史时期，这些都是水禽产业发展无法克服的短板。因此，这一时期的水禽养殖户和蛋品、禽肉加工企业等都是在相互之间信息不对称的情况下独自面对市场风险和组织生产的。他们生产的原材料的获得主要依靠自给自足，产品市场也主要局限在养殖生产周边地区，养殖量和加工量长期处于极低的发展水平，产业扩展十分缓慢。依据相关的统计测算，1990年我国水禽的出栏量仅在5000万只左右。足见，这一时期我国水禽的养殖规模极小，没有形成完整的产业链，水禽产业处于无组织形式、自给自足的粗放型发展阶段。

4.1.3.2 20世纪90年代以来的产业内分工协作，纵向、横向联合发展阶段

20世纪90年代以来，随着市场的繁荣、居民消费水平的提升、居民肉食消费结构的变化，居民对肉食产品的消费需求变得旺盛起来，这些都促使我国畜牧产业及其相关产业的发展。在市场这只"看不见的手"的搅动之下，水禽产业内分工越来越细化，产业间纵向、横向的合作与兼并也变得频繁。例如，一直由养殖户自己保种繁殖的种禽繁育工作由专门的种禽繁育企业来替代完成。水禽饲料也不再由养殖户自配来实现了，对水禽饲料的需求也给饲料加工厂的生存与发展带来了新的增长契机。伴随着经济体制改革的进一步深化，市场竞争中的优胜劣汰机制开始发挥作用，也在一定程度上导致了产业集中度的上升。产业与产业之间的边界变得模糊起来，客观上也降低了其他产业和部门进入水禽产业的壁垒。有实力的企业开始进入种禽繁育业、蛋品加工产业、活禽屠宰业、禽肉加工业、兽药制造等行业。它们的出现在细化了产业分工的同时，也补充和完善了水

禽产业链，促使我国水禽产业朝着规模化、标准化、集约化、现代化发展。2000年的相关统计显示，我国水禽的出栏量突破了 1.2 亿只，专营的水禽养殖户的养殖规模平均扩大为 2000 只/批/年，这个规模比 10 年前的 1990 年已经是翻了一番。水禽养殖区域也逐步开始由长江流域向北、向西、向南扩张发展，我国水禽产业迎来了发展的春天。

那些通过准确的市场定位，借助自身的资金优势、技术优势、市场优势，在竞争中取得了龙头老大地位的多元化发展的企业，也顺理成章地成为了水禽产业组织的核心和最重要的发展引擎。围绕在龙头企业周围，出现了一批专门进行蛋品和活禽收购的中间商和组织水禽养殖户从事专业化养殖的水禽养殖专业合作社。合作社和中间商联系广大的水禽养殖户，能组织更多的原料提供给企业，成为企业与水禽养殖户之间联系的桥梁。水禽养殖户通过加入合作社获得稳定的销售渠道，从而使他们有精力扩大养殖规模，专业经营水禽养殖。龙头企业通过合作社和中间商获得稳定的原料来源，在节约了水禽养殖的相关成本和费用后，这些企业将发展重心放在产品生产和市场开发上，通过技术改进和研发，谋求产品的深加工和产业链的延伸，以获得更大的市场份额。与水禽生产加工相关的产业环节也逐渐朝着水禽养殖、加工等环节发生纵向、横向的产业集聚经济行为。我国水禽产业在这一时期真正进入了产业化生产经营时期。

4.1.3.3 2000 年以来我国水禽产业规模化、产业化大发展阶段

进入 2000 年，市场进一步繁荣，完成了产业链布局的水禽产业在克服了地域、资源、技术等的发展瓶颈后，逐渐进入了规模化、产业化发展的"幸福"时期。我国水禽产业面临的竞争从来都不是行业间的竞争和倾轧，而是水禽产业和其他替代产业、互补产业间的竞争。水禽产业龙头企业如何在风云变幻的市场中更加紧密地联系养殖户组织产业化的生产；养殖户如何适应产业化生产的要求，实现生产的规模化、标准化以及达到企业对食品安全的要求，是水禽产业应对其他产业竞争所必须解决的问题。单个养殖户的生产供给弹性非常小，不利于市场的发展和产业利润的累积。经历了市场洗礼的养殖户一般能从效用的最大化和风险的最小化的角度出发来安排他们的生产。因为经济实力决定养殖户首先考虑的是风险防范和产业安全，稍有风险就会退缩到维持生存的位置。理性的水禽养殖户，在对自己的生产进行收益成本分析后，一旦发现加入产业组织有利于降低经营成本和抵御市场风险，加入这种组织就是他们的理性选择。龙头企业借助合作社等组织获得产业上游直接提供的生产原料，降低了生产成本的同时也有效地降低了交易费用。依靠强有力的产业组织，实行有计划的生产和发展，企业、养殖户、合作社三方均获得了产业合作带来的多渠道利润。我国水禽产业已经进

入组织化生产、规模化养殖的产业稳定发展时期，我国水禽产业组织形式示意简图如图4-1所示。

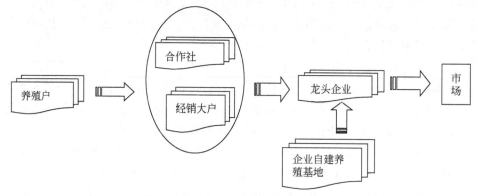

图4-1 我国水禽产业组织形式示意简图

水禽产业组织中各主体的博弈分析

4.2.1 合作社发展及其与养殖户之间的动态博弈

养殖农户对合作社对于水禽产业的倾斜政策、支持力度及补贴方式极其敏感，合作社针对养殖的专项扶持资金及补贴政策可直接影响农户的水禽养殖意愿及养殖规模决策。据2012年国家水禽产业技术体系产业经济研究团队对全国范围的调查数据显示，接受调查的近1500户水禽养殖户中，在加入合作社和产业化组织方面，目前三分之一的农户参加的农民经济合作组织的形式为"龙头企业+基地+养殖户"，参加"龙头企业+合作组织+养殖户"的形式占21.6%，"养殖专业合作社+养殖户"的形式占13.8%，只有15.6%的农户未参加任何经济合作组织，主要是一些养殖规模较小的个体养殖户。水禽养殖户所在的养殖基地计算收益的方式主要是按照市场价格除去饲料等投入后给付报酬，占54.2%，35.8%按照养殖数量每只鸭给固定报酬，8.3%随行就市。合作组织一般按照市场价格付给产品实际价格，在一定程度上帮助养殖户规避了市场风险。

为了正确分析水禽产业组织中各利益主体的相互关系，构建适当的博弈模型，对合作社与养殖户之间的动态博弈进行合理分析，首先进行以下假设。

1）参与博弈的双方分别为合作社和水禽养殖户。根据博弈论中的理性人假设原理，即假定合作社和养殖户都是理性的，他们在面临既定的约束条件下追求自身效用或利益最大化。因此，假设合作社和养殖户均符合经济学理论中的理性人假定。经济学原理中，养殖户和合作社都是经济人，适用于理性人假定。而在博弈论中，任一方效用函数不仅依赖其自身选择，同时还依赖对方的选择，即个人的最优选择是他方选择的函数。书中构建的博弈模型，水禽养殖户具有基本的行为选择能力，并可以合理权衡其利弊得失。

2）合作社与养殖户的博弈具有信息不对称特征。由于合作社自身规模的发展，可以广泛而全面地收集各种市场信息，而养殖户处于弱势地位，无法知道合作社真实的成本和收益函数，也不能确定合作社提供的支持是否可以帮助他们抵御养殖风险或者获取更高的养殖收益，养殖户处于信息不完全的劣势地位。此外，合作社和养殖户的博弈互动是一个有限次重复的博弈过程，即合作社和养殖户在进行行为决策时会把对方前几次的决策选择作为参考依据，并且由于双方经过多次互动，双方均对对方的行为选择有初步印象。

3）养殖户在与合作社进行博弈时，其决策行为是独立的，即除了针对合作社决策作出下一步行动外，不考虑博弈第三方的行为决策或策略选择对养殖户本身的后续行为和决策带来的影响。

4）合作社与养殖户的博弈互动将以养殖户与合作社的相互妥协让步而实现统一，结束博弈过程。养殖户与合作社在博弈进行的过程中，都会有时间上的拖延，付出一定的沉没成本，造成不必要的损失。因此，合作社与养殖户之间博弈的最终结果将是双方的相互妥协。

基于对模型的合理假设，水禽养殖业中合作社和养殖户各自行为决策，所构成的双方进行的不完全信息动态博弈主要经历四个过程。首先，合作社先进行行为决策，选择是否对养殖户的水禽养殖给予支持，其决策依据是在对水禽养殖业的整体发展现状把握的基础上，通过对养殖规模、生产成本、市场行情等各因素的利弊权衡。其次，在对合作社行为决策进行比较考虑之后，水禽养殖户在自身利益最大化的驱使和对合作社上一步行为决策反应的基础上，决定自己当年是否参与合作组织。然后，合作社根据水禽产业利润、市场供需情况、未来发展预测等产业信息，决定合作社组织对成员的支持方式、相关利益分配及风险承担方式，表现为较往年支持力度更强还是更弱，利益分配更均匀或是不如往年合理。最后，在对合作社的政策把握和支持力度的衡量之后，养殖户确定自己的养殖规模及参与合作组织的形式等具体养殖计划。两者在策略选择过程中，都是根据自身代表的利益进行讨价还价的博弈互动。据此，建立一个合作社与养殖户的不完全信息动态博弈树，如图4-2所示，图中R表示合作社，P表示养殖户。

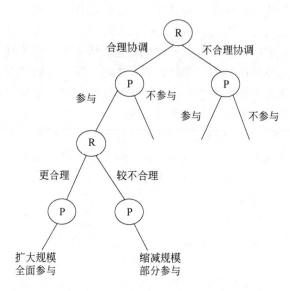

图 4-2　合作社与养殖户的不完全信息动态博弈树

　　从图 4-2 中可知合作社与水禽养殖户的不完全信息动态博弈存在 5 种可能的选择：①合作社对合作组织成员进行合理支持和利益分配，则养殖户选择当年参与合作组织，随后由合作社提供详细规范的组织结构要求和支持条件，如养殖户认为合作社对养殖行为支持效益较往年更合理，于是再进一步决定扩大当年参与合作组织力度；②合作社支持农户进行水禽养殖，养殖户决定当年进行养殖，但是合作社根据目前实际情况，决定缩减支持力度，支持力度不足，于是养殖户认为合作社对其有所抑制，选择减少参与合作社程度；③合作社制订了合理合作组织规则，促进成员水禽养殖利益提升，但是养殖户当年选择不参加合作组织；④合作社的组织规则不尽合理，但是养殖户还是参与了合作组织，主要是一些养殖年限长且具有养殖惯性的养殖户或者是专业化的水禽养殖大户；⑤合作社的组织规则不尽合理，于是养殖户选择当年不参加合作组织，这一类型的养殖户主要为一些养殖效益不太明显的小规模养殖户，他们可以灵活地选择自身养殖方式。

　　通过以上分析可以得出，养殖户在选择③和选择⑤中决定不参加合作组织，则水禽产业合作社因为成员逐渐缺少，效益越来越小，而不会继续存在。在选择④中，养殖户会选择参与合作社，但由于合作社的相关规则并不合理，养殖户的具体养殖规模等决策均不能实现整个水禽产业的整体效益。在选择①和选择②中，养殖户会选择参与合作社，且通过判断合作社当年具体合作规则和对农户的支持方式选择自己的参与方式及养殖规模，此时养殖户考虑了自身的养殖风险和效益，合作社的规则达到了相应的效果，同时整个水禽产业的发展也得到优化。

4.2.2 企业与养殖户之间的动态博弈

我国目前存在的水禽养殖组织形式中，"公司+农户"形式较为普遍。从2012年国家水禽产业技术体系产业经济学团队的调查数据统计得出，配合调查的全国近1500户水禽养殖户中，有47.72%的养殖户目前参加的农民经济合作组织形式为"企业+养殖户"形式。该种组织形式下，企业通过与养殖户签订合同，将养殖户纳入企业的生产经营中。养殖户在缴纳一定的养殖保险金（养殖户称为押金）之后，企业向其提供从种苗供应到成品回收的一切养殖生产服务。养殖户的收益依据合同或者口头承诺在扣除相关的生产成本后，与企业按批次结算。在企业和养殖户的生产中，养殖户承担水禽养殖的生产风险，企业承担产业发展的市场风险。然而由于市场行情的频繁波动，企业和养殖户的预期收益都会随着水禽产品市场价格的波动而变化，履行合约时水禽产品的市场价格可能高于之前的合约价格，也有可能低于合约价格，因此，若从"理性经济人"假设出发，双方均存在违约风险，即利益受损一方可能存在违约行为。

事实上，在农业产业化经营方式下的"公司+农户"组织形式中，双方违约事件屡有发生，而其中公司违约比例更高，占70%，农户违约比例占30%（牛若峰，2006）。公司违约比例较高通常有两个方面的原因，一方面，农户在生产过程中为追求更高的产量或者降低生产成本，可能会自行操作，而不按公司标准进行生产，导致最终的产品质量不完全符合公司要求，但龙头企业为保证公司名誉及终端产品质量安全，利用其自身资产和规模上的强势地位，对农户产品质量水平进行严格界定，欺压农户，变相违约。另一方面，当合同产品市场价格高于当时双方签订合同价格时，企业受高额利润驱使，倾向于违约，即放弃与养殖户合约，转而从市场上收购产品，或者收购签约农户产品时故意降级压低价格。企业的趋利性和相对农户的强势地位，使其利用农户社会地位弱势及资金薄弱的劣势，撕毁购销合同，直接违约。农户对于企业的违约行为进行反击的方式一为通过法律诉讼请求赔偿，但这种方式农户的沉没成本较高，而对企业影响却不大；二为退出与违约的合作关系，但这两种方式，对企业的制约力都不足，因为对企业自身而言，它只有因为违约而获得的收益，但是违约成本却较低，因此企业的违约比例较高。而对于农户来讲，当市场价格高于企业与农户之间事先签订的价格时，受利益驱使，农户产生了将产品转售给价格较高的市场的动机，其违约收益可能是短期的额外收益，但是其付出的违约成本是企业拒绝与其合作，这就意味着农户会因此受到一定的经济惩罚，包括前期风险抵押、后期降低或拒绝收购，甚至取消合作，以及企业可能会对农户提起的诉讼赔偿。这对农户的影响较大，但是违约成本是否发生取决于企业监督行为的最终有效性，因此，农户仍然会存在一定比例的违约行为，但远远低于企业的违约比例。

4.2.3　政府与养殖户之间的动态博弈

在水禽产业发展过程中，政府、企业与养殖户是重要的主体，三者在水禽产品生产和销售中具有不同的利益出发点，他们在博弈中为实现利益最大化的最终目标而进行策略选择。

政府是水禽产业的引导者、调控者以及相关产业政策的制定者，是我国水禽产业持续、稳定、快速发展的保障。政府在水禽养殖中的行为决策是从整个产业发展的高度出发的，并根据产业现状采取相应的调节措施，政府往往将养殖规模、养殖成本、市场供求、市场价格等作为依据对水禽的养殖进行管理和控制。实现整个产业效益最大化是政府决策的最终出发点。在政府和养殖户的不完全信息动态博弈模型中，养殖户根据政府的支持政策以及对其支持力度的感知来决定当年是否参与水禽养殖及确定扩大或缩小养殖规模。

政府对水禽产业的支持政策如养殖专项资金的扶持以及补贴政策与潜在水禽养殖农户的选择意愿及其养殖规模的决策息息相关。尤其是养殖户对于政府补贴政策是极其敏感的，根据2012年国家水禽产业体系经济学团队对全国25个水禽养殖综合试验站的调查数据显示，接受调查的近1500户肉鸭养殖户中，约有44.5%希望政府进行价格补贴，实行最低保护价，对肉鸭销售价格进行补贴，另外有51.2%的肉鸭养殖户希望政府进行成本补贴，按照规模养殖，对鸭舍等固定投入进行补贴。由此可见，政府对于水禽养殖业的支持政策对养殖户的决策产生重要影响。这里将博弈参与方政府设定为广义的且其制定的政策措施能对养殖户养殖意愿选择和行为决策产生作用的相关主体，可以是各级政府部门，可以是农业生产管理部门、畜牧管理部门或财政部门。总之，政府制定的畜牧行业方针政策和采取的措施及其下达执行力度都是养殖户行为选择最为直观、最为重要的影响因素。

为了简化分析，在此以水禽产品中的主要品种——肉鸭为例，对政府与养殖户之间的动态博弈模型进行合理的假设，主要有以下四条：①参与博弈的双方分别为政府和肉鸭养殖户，根据博弈论的理性假设原理，假定政府和养殖户都是理性的，依据经济学原理，肉鸭养殖户与政府都属于经济人，符合理性人的假定；

②政府和养殖户之间存在信息不对称，即养殖户对政府拥有的信息不完全，养殖户无法知道政府真实的成本和收益函数，不能确定政府的支持政策是否足以让他们抵御养殖风险或者获得预期的养殖收益，因此，他们之间的博弈是有限完美信息博弈；③不考虑除了政府之外的博弈第三方的策略选择对于养殖户后续行为和决策的影响，即政府在与养殖户进行博弈时，养殖户的决策行为是独立的，只针对政府的决策来选择自己的下一步行动；④政府首先选择是否支持肉鸭产业的发展，政府的支持可以通过设立专项基金、出台财政补贴政策或者制定宏观的产业发展规划等方式来体现。然后，养殖户根据自身对政府政策的预期和评价再决定当年是否进行肉鸭养殖。作出养殖意愿选择之后再根据政府对于产业的政策支持力度来决定其养殖规模，决策的依据可以是政府的补贴力度以及对于不同养殖规模的补贴情况。

基于对模型的合理假设，对于肉鸭养殖业中政府和养殖户的行为决策，双方所进行的不完全信息动态博弈主要经历以下四个过程：首先，由政府先进行决策，可以选择是否支持肉鸭养殖业的发展。支持与否主要是指当年政府及其各级相关管理部门基于整个肉鸭养殖业的发展现状，权衡养殖规模、养殖成本、市场行情等诸因素的利弊，决定对该产业是否作出重点政策倾斜及其对肉鸭养殖户是否给予比往年较为明显的扶持。

其次，肉鸭养殖户在对政府的决策作出考虑之后，决定自己该年是否选择肉鸭养殖。此时不考虑农户养殖肉鸭的机会成本，其决策行为只是基于自身利益对政府上一步决策的反应。

然后，政府决定该年对于肉鸭产业的支持力度较以往年份是更强还是更弱，体现在对养殖户的补贴力度、新政策制定以及列入产业规划当中。政府的决策依据包括肉鸭存栏和出栏总量、农户养殖规模以及产品供给情况等产业信息。

最后，养殖户在考虑政府的政策支持力度的强弱之后来确定当年是扩大养殖规模还是缩减养殖规模。由于养殖户对于整个肉鸭市场的供求情况没有全面的认识，而政府却掌握充分的行业信息，即养殖户了解到的政府所掌握的产业信息是不完备的，双方存在信息不对称。因此对于养殖规模的选择，养殖户会根据当年政府对于肉鸭产业出台的方针政策来衡量该产业是否产能过剩或者存在超额需求，政府的调控措施间接反映其对于肉鸭产业的持加速发展态度或者保持平稳发展的态度。

由此可以建立起政府与养殖户的不完全信息动态博弈树，如图4-3所示，图中G表示政府，P表示养殖户。从图4-3中可以清晰地看到，政府与肉鸭养殖户的不完全信息动态博弈存在5种可能的选择。

选择1：政府支持和促进肉鸭产业发展，则养殖户选择当年进行肉鸭养殖，随后由政府出台强力扶持该产业发展的政策，养殖户认为政府对肉鸭养殖支持力度够大，于是再进一步决定扩大当年的肉鸭养殖规模。

选择2：政府支持肉鸭产业发展，养殖户决定当年进行养殖，但是政府根据目前产业发展实际，决定选择放缓产业增长，支持力度不足，于是养殖户认为政府对该产业有所抑制，选择缩减当年的肉鸭养殖规模。

选择3：政府支持产业发展，但是养殖户当年选择不养殖肉鸭。

选择4：政府不支持肉鸭产业发展，但是养殖户还是愿意进行养殖，主要是一些养殖年限长且具有养殖惯性的养殖户或者是专业化的肉鸭养殖大户。

选择5：政府不支持产业发展，于是养殖户选择当年不进行肉鸭养殖。这类型的养殖户主要为一些养殖效益不太明显的小规模养殖户，他们可以灵活地选择养殖或者不养殖。

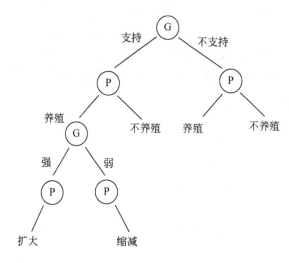

图4-3　政府与养殖户的不完全信息动态博弈树

通过以上分析可以得出，养殖户在选择3和选择5中决定不养殖肉鸭，则肉鸭产业会因为缺少产品供给者而不会继续存在。在选择4中，养殖户会选择养殖，但由于政府不支持肉鸭产业发展，养殖户对于养殖规模的选择均不能实现整个肉鸭产业的整体效益。在选择1和选择2中，养殖户会选择养殖，且通过判断政府当年对于该产业的支持力度来选择自己的养殖规模，此时养殖户既考虑了自身的养殖风险和效益，政府的政策达到了相应的效果，同时整个肉鸭产业的发展也得到了优化。

4.3

典型组织模式分析

4.3.1 组织结构优化的理论依据

组织创新过程是一个系统工程，组织内部因素、组织外部环境的任何变动等都将会影响、制约组织创新的特性及发展方向。影响组织创新的因素很多，其中市场、政府政策、技术进步的水平等是影响和促进组织创新发展的最重要的外部因素。同时，组织创新也能对组织绩效带来影响，进而影响市场竞争、技术进步、产业绩效等。例如，随着市场竞争的强化，生产要素必然会在养殖户、专业大户、中间性组织、龙头企业之间重新配置与组合，从而促使组织创新发展；政府的政策支持，保障了市场的有效供给，政府政策的有力保障也将促进产业组织的创新发展。组织创新发展了，往往也表现在技术的改进、绩效的增长、市场竞争能力的提升、组织内部结构变化等方面。因此，组织创新是一个渐进的、相互激励的过程。

罗纳德·波特在他的结构洞理论（structural holes）中提出，供求双方不一定直接见面，行为主体可以通过占据其他未联结节点之间被称为结构洞的位置在网络中获得稀缺资源。例如，企业 A 与中间性组织 B 及养殖户 C 组成的网络 A—B—C 中，企业 A 与养殖户 C 之间存在结构洞，为企业 B（中间性组织）提供了保持信息和控制信息的优势。结构洞的存在使得一些组织更具有信息或资源优势。彼此之间存在结构洞的两个关系人向网络贡献的利益是可累加的，而非重叠。当然，双方之间一旦发生交易行为，就会产生成本。科斯对交易成本的界定是：购买者和出售者将彼此寻找。购买者想知道供应商所提供的，而供应商想知道购买者想购买的，双方都想知道另一方的价格。为此要谈判、签订契约，确定他们观察到的条款是否无误，这些活动的成本就是称为交易成本的东西。如果交易成本为零，那么参与交易的当事人肯定是最优人选并且交易当事人能够获得最大化的收益。反之，如果交易成本不为零，那么选择节约交易成本的方式就是当事人的最佳选择。

在交易活动中，双方达成协议的前提是基于信息不完全对称的"委托—代理"关系。新制度经济学认为："委托—代理"关系中的交易双方目标一致时，内部交易成本降低，组织效率提高。不仅如此，在水禽产业中交易双方更是嵌入在地缘、血缘、亲缘关系的社会网络中，交易当事人之间的信任水平还会随着相互预期的增加、推行更加便利和方便的合作而提高，相互之间的约束机制也会随着这种关系契约的深入而变得更加灵活。因此，社会关系嵌入性的引入，可以更好地弥补交易费用理论、"委托—代理"理论对"口头"关系契约所隐含的不确定因素进行修复和弥补，可自我实施契约对农户生产行为鞭策与约束解释的弥补。在水禽产业中间性组织的存在与生产中，这种解释似乎更有说服力。

在水禽产业组织中，养殖合作社、养殖大户、企业集群等中间性组织的出现，填补了企业与养殖户之间的这个结构洞，并最大限度地节约了双方的交易成本。市场经济中信息不仅是一种生产要素，而且是极其重要的生产要素。中间性组织参与产业生产所拥有的生产要素就是他们掌握的养殖户很难获取的信息资源。因此，在养殖户的信息获取能力有限、主要专注生产环节、参与市场的能力较脆弱的时期，水禽产业中间性组织的存在，填补了养殖户与企业及市场的结构洞，给养殖户的壮大发展争取了必要的时间，对养殖户和整个产业的发展都是有利的。目前我国水禽产业主要的中间性组织为水禽养殖合作社、养殖大户等。

4.3.2　合作经营组织及其特征

自党的十八届三中全会决议提出"坚持家庭经营在农业中的基础地位，推进家庭经营、集体经营、合作经营、企业经营等共同发展的农业经营方式创新，加快构建新型农业经营体系"之后，农业合作经营进一步发展，到 2013 年 9 月，全国专业性农业合作社达到 91.1 万家，入社成员达到 6838 万户。随之，一批水禽养殖经营专业合作社也应运而生，特别是在蛋鸭养殖经营领域，合作化经营已经成为一种重要的经营方式。

目前，水禽养殖专业合作社主要有以下几种类型：一是农村能人牵头型，主要由农村水禽养殖专业大户或产品经销专业大户牵头组建，如湖北省宜城市玉保蛋鸭专业合作社；二是村干部牵头型，主要由乡村干部、大学生村官牵头组建，如湖北省当阳市蛋鸭养殖合作社；三是龙头企业牵头型，主要由龙头企业利用加工、孵化、品牌、营销等优势牵头兴办，如湖北监利离湖禽蛋生产合作社；四是政府机关部门、社会团体组织牵头型，主要由共青团、妇联、农业技术、畜牧等部门利用技术、信誉等优势牵头创办，如湖北仙桃市三伏潭蛋鸭养殖合作社。

各类型的水禽专业合作社目前的发展主要呈现出以下几个特点：一是合作内容不断增加，逐步由初期的信息合作、产中技术服务向生产资料（饲料、笼具、药品）购销、产品加工、运销、储存等产前产后各环节全方位合作发展；二是合作层次不断提升，越来越多的水禽养殖专业合作社向产品营销、品牌经营、精深加工方向发展，通过产前、产中、产后配套服务，提高了市场竞争力；三是合作机制不断完善，多数合作社能注重组织制度和治理结构建设，做到有牌子、有章程、有组织结构层次、有管理制度、有经营手段和规模、有效益。

水禽养殖经营合作社的发展，是水禽产业传统的从千家万户分散经营向现代化规模经营过渡的产物，它对水禽产业发展起到了积极的推动作用。一是有效地实现了市场与小农的对接，可以帮助农户解决一家一户办不了、办不好的事情，克服小规模经营带来的困难，提高农户的市场谈判能力，降低交易成本；可以有效克服小生产与大市场的矛盾，防止因市场信息不对称、不完全而引发的羊群效应及市场剧烈波动的产生。二是有利于技术的推广传播，提高产业的技术进步水平。在原有的政府为主导的计划经济体制为基础的农技推广体系解体以后，广大养殖户获得技术的途径主要靠自学或者亲朋邻里间的效仿传授，以致技术传播慢而无序，而合作社组建后一般首先作为一种技术推广传播的组织载体而存在，使得新技术得以迅速传播，产业技术进步水平迅速提高。三是有利于产品质量的提高和品牌的创造。合作社在面对市场及与外部相关组织发生关系时，实际表现的是一种组织联动机制，这种组织联动机制常常以连带责任的形式表现出来，使得合作社成员之间会产生一种相互约束与监督机制，表现出一荣俱荣、一损俱损的特征，从而有利于产品质量的提高和品牌、信誉的创立。

能人牵头型合作社，一般由当地有经验的养殖大户牵头联合区域内的其他养殖户组成合作社，合作生产。合作社的发起人一般具有资金、信息和"威望"上的优势，是当地公认的能人。发起人可以是一个人，也可以是多人组合。他们通过自己的水禽养殖示范行为，带动和帮助合作社其他成员共同养殖。因此，合作社在成立之初就存在合作社成员资源禀赋差异化的特点，并且这种差异会在合作生产中进一步分化，出现强者愈强的特征。合作社的发展动力是能够实现成员利益帕雷托改进，成员资源禀赋的差异会增加利益帕雷托改进的成本。利益帕雷托改进体现在共有利益和个人利益实现两个部分，成员间的合作方式是实现它的保障。合作社成员之间一般各自独立地进行生产，相互之间处于平等的地位，合作社成员之间的关系是网络多元的关系（图4-4）。成员之间可以相互联系，互通有无，分享一切生产资料和信息。养殖户也并不直接面对企业和市场，而是由合作社这个整体参与市场谈判，通过其规模上的优势获得与市场其他主体的谈判优势，降低合作社全体成员的交易成本。合作社成员因其资源禀赋差异产生不同的合作分配效果，资源禀赋高的其收益就会好于资源禀赋不高的合作社社员，从合作社中获取的帮助也会有区别。如果能充分认识资源禀赋差异对成员利益获取选择的影响，努力使资源禀赋优越的农户参与合作养殖生产，将大大巩固合作社的成员基础和促进合作社持续发展，提高社会资源的利用效率和社会要素收益的公平性。而合作社本身则可能通过分红或获得市场价差带来利润，并使之成为合作社发展的基金。

企业干预型合作社，一般由企业借助其强大的资金优势、市场优势或产业链优势，吸纳养殖户进入合作社中来。企业成为最大的社员，它可以左右其他成员的生产规模、饲养规范，并最终收购其他社员的商品鸭蛋、活禽等。这种合作形式下，养殖户需要拿出的养殖流动资本更少，对市场的关注程度也更低。在企业强大的优势下，很多养殖户不自觉地变成了企业养殖基地的成员，他们会在完全没有要素投入的情况下，仅以自己的土地参与到企业的资源流转中，最终成为企业养殖基地的雇用员工，与企业成为雇佣关系。

目前，我国的蛋鸭产业合作社已经形成了比较成型的盈利形式。双方互有责权利。龙头企业、合作社和养殖户之间各取所需，形成两种养殖收益计费方式：其一，依据产量计算，一般能按合同保证最低收益；其二，在扣除相关费用后，按市场行情计算养殖总收益。根据调查问卷，一般参加合作社的养殖户能确保的利润至少是淘汰鸭销售所得的全部收入。调查显示，最近 5 年来，淘汰蛋鸭的销售价格最低为 11 元/只，最高为 45 元/只。而且，淘汰鸭价格高的年份，其蛋品收购的价格也高。足见，近几年来，养殖户、合作社、企业三方合作的效率是显著而有利的。

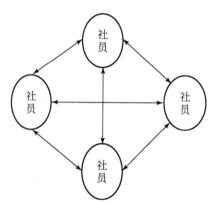

图 4-4　合作社成员关系图（网格多元关系）

4.3.3　一体化全产业链经营组织及其特征

在水禽产业市场竞争日益激烈、生产的对外依存度日益增强、产品质量要求日益提高的背景下，许多水禽生产经营企业改变了经营方式，从原来的公司加农户一体化经营改变为企业一体化全产业链独立经营。

水禽产业企业一体化全产业链独立经营的好处是：把若干个生产要素所有者和产品所有者以经营者的形式参与的市场交易转化为企业内部交易，使交易费用降低，管理成本下降；企业对整个生产过程的控制力和质量的控制力增强，使企业的产品在进入市场特别是进入国际市场时不用担心因产品来源于多个生产经营者而质量标准不一和产生质量安全问题；催生水禽饲养走向现代化，实现高密度、封闭式的工厂化生产和笼养及自动化控制式饲养。

但是，水禽产业企业一体化全产业链独立经营也有一定的风险和弊端。一是由于实现从种鸭养殖、雏鸭孵化、育雏饲养、成鸭养殖、屠宰加工、熟食制作、产品销售的全产业链一体化经营，冗长的产业链条被掌控在一个经营主体手中，任何一个链条环节上的风险都极易传导给整个产业，容易出现"千里长堤，溃于蚁穴"的风险。二是由于实现全产业链一体化经营，在后续的屠宰加工环节现代化程度相对较高的今天，所需要的产品和原料也相对较多，容易产生倒逼现象，要求养殖环节也要有相对较大的生产规模和产品集中度，致使养殖生产环节的风险增大。三是科学合理的社会分工变成了企业内部的生产环节分工，经营者的众筹效应和集体智慧变成了精英独战，生产单位的专业化程度降低，生产效率的提高会受到阻碍。

实现了一体化全产业链独立经营的水禽企业，应做好以下几个方面的工作：一是搞好内部管理，特别是要针对不同的生产环节制定合理的生产定额和标准，包括技术标准、质量标准等，做到定额生产、定额交易、标准化管理；二是注意风险的分散和转移，每一个生产环节都要有相应的风险防控措施和应急预案，以保证全产业链的正常运行与安全；三是要充分利用现代信息技术，建立信息化、智能化的企业，尽量减少人为因素对企业经营管理的干扰和信息不对称因素对企业经营的损害，把信息化、智能化、现代化融入一体化全产业链独立经营之中。

4.3.4 "公司+农户"组织模式及其特征

近年来，除了合作经营和全产业链一体化经营模式，"公司+农户"的生产经营组织形式在水禽产业经营中仍具有较强的生命力。国家现代农业技术体系水禽产业经济团队于 2015 年 7 月中旬深入桂林试验站，对桂柳家禽有限责任公司、力源粮油实业有限责任公司、实隆禽业有限责任公司的水禽养殖经营情况进行了调研。所调研的这三家公司主要采取"公司+农户"的生产经营组织形式，进行父母代种鸭养殖和商品代鸭苗的孵化、销售。目前这三家公司越做越强，特别是桂柳家禽有限责任公司，十多年来经营经久不衰，与农户之间所建立的诚信、依存关系已达到了其他公司不可替代、无法复制的程度，呈现出较强的生命力。

分析这三家公司采取"公司+农户"生产经营组织形式的优势和特点，主要表现在以下几个方面。

1）较好地实现了资本优势和资源优势的融合。公司的资本优势和农户的土地、劳动力资源通过水禽养殖结合在一起，公司的资本有了实现盈利的载体，农户的资源有了活化催生的媒介，特别是劳动力资源在单纯进行种植业经营会产生大量季节性剩余的情况下，进行水禽养殖经营，可以得到充分利用。同时资本、资源投入水禽产业以后的资产专用性有力地促进了双方合作的积极性和相互依存性，从而有效地实现了双方的互惠共赢。

2）降低了养殖风险和管理成本。水禽养殖经营实质上是对多个生命体的关怀、照顾及生命、生殖过程的维护，这其中经营者的责任心往往比技术水平和能力更为重要。农户经营水禽养殖，一般都是由夫妻二人承担鸭舍的管理和种鸭的饲养，这种"鸳鸯鸟"式的组合其责任心是任何组织形式无法比拟的，他们的劳动过程更是不需要监管的，使得管理成本降低到了极点。同时责任心的增强，使之对水禽的照料更加精心，有利于卫生环境的改善和疾病的防控，从而也有效地降低了养殖风险。十几年来桂柳、力源旗下的水禽养殖户的水禽几乎没有疾病发生，特别是没有细菌性疾病的发生。

3）有利于市场风险的防范。"公司+农户"的生产经营组织形式，实现了生产环节的专业化和产业发展的规模化的有机结合。在专业化方面，公司主要从事鸭蛋收、储、运和鸭苗孵化、销售，农户主要从事种鸭养殖，各自专心于产业的某个生产环节，专业化水平和技术水平都相对较高。在规模化方面，一方面公司、农户双方各自资产的专用性使之退出产业经营的成本很高，双方一旦结合，都不会轻易退出，使产业规模相对稳定；另一方面农户由于不用担心产品交易的不确定性，不承担市场风险，因而经营利益的保证程度高，不仅自身会受到这一组织制度激励而潜心经营，而且还会带动更多的农户加入水禽产业经营，使规模极易扩张。同时公司方面也因具有一定的规模和市场份额，会在市场竞争中获得较多的话语权和谈判力，使产品价格相对稳定，产业规模波动较小。

4）有利于环境控制和污染防治。当前，水禽养殖能否实现环境友好，已经成为水禽产业生死存亡的关键。在"公司+农户"生产经营组织形式中，把水禽养殖环节交给农户实行小规模分散经营，大大降低了水禽养殖对环境的压力。其中大部分农户实行农牧结合，用自家经营的农田种植作物来消纳处理水禽粪便、污染，几乎不再需要环境保护和污染治理投入。在此情况下，就可以有效地解决水禽养殖中的粪便、污水对环境的污染问题，这不仅不会造成环境压力，同时还降低了农田种植经营中肥料成本投入。而公司一体化经营所实施的大规模集中养殖，由于环境负荷重、环保压力大，公司一方面要装备清粪排污处理设备，付出较高的治污成本；另一方面要处理与周边的环境纠纷关系，付出较高的社会成本。同时，由于大规模集中养殖，单位面积载畜过高，养殖密度过大，防疫任务相当艰巨，公司还要付出相对较多的防疫成本。

当然，"公司+农户"的生产经营组织形式也有一定的缺陷：其一，由于在经营组织系统中公司的强势性和农户的分散性，使得公司与农户在组织系统中地位不对等，公司一般都掌握着生产资料和产品的定价权，如果公司方出现短视近利行为，往往会通过调节生产资料价格和产品来控制农户的经营利润，进而发生组织内部的价格垄断，制约技术进步和农户生产经营的积极性；其二，由于农户实行分户分散经营，生产过程公司一方难以监控，一旦农户出现逐利败德行为，如在生产过程中随意使用药物、激素、添加剂，把产品不按合同约定交售给公司而外卖等，就会给经营组织带来损失和破坏。但是，我们认为，上述问题都可以通过"公司+农户"生产经营组织制度自身的完善得到有效的解决，它并不影响"公司+农户"生产经营组织形式目前存在的必要性和合理性。在农户独立经营闯市场的小生产与大市场的矛盾得不到有效解决，水禽旱养、高密度、规模化、工厂化养殖生产技术还不成熟的情况下，在水禽产业发展中，"公司+农户"的生产经营组织形式仍然是一种不可替代的好形式。

4.4
水禽产业组织创新与结构优化

4.4.1 水禽产业组织创新

目前，我国水禽产业所面临的产业效益问题、市场波动问题、环境污染问题、食品安全问题等一系列影响产业稳定发展的问题是水禽产业可持续发展及产业水平提升中必须面对和解决的问题。小规模分散经营、一盘散沙式的盲目竞争，对我国水禽产业而言显然是不合时宜的。市场竞争的压力已经迫使水禽产业经营企业、专业生产合作社、水禽养殖户通过利益链环而紧密地结合起来。我国水禽产业在市场驱动下，通过组织创新与技术改进向规模化、专业化、集约化、现代化方向发展是其未来应选择的主要发展路径。经济社会学认为，开放市场条件下存在的这种制度变迁引发的路径，具备报酬递增的发展优势，并且一旦其进入某一种路径，它的既定方向会在以后的发展中不断地自我强化，并最终形成机制、制度，被固化并纷纷效仿。在水禽产业中，这种"自我强化"的水禽产业组织形式演进与发展的路径必然是以龙头企业、合作社为主带动农户生产的组织演进路径，企业化、产业化、规模化、合作化、家庭农场化将是主要的产业组织形式。水禽生产经营企业和合作社将是区域性的、综合性的，它不仅为农户提供生产资料、产品收购、市场销售三方面的服务，还将在市场竞争中承担起技术服务、金融服务等目前还需要不断强化的组织服务功能，以及在行业协会、合作社组织下依据市场需求所进行的定额生产和计划生产的功能。

1）以政府为主导，以产业化龙头企业和专业合作经济组织为依托，以政府的产业扶植政策和产业结构优化调整为契机，构建产业发展的目标体系、行业约束体系、市场应急体系等全局性的产业发展体系，规避产业风险，阻滞产业无序扩张和内耗，促进产业规范有序的合理扩张和发展。

2）通过专业合作社和产业化经营龙头企业来组织生产，逐渐驱使个体散养方式的消亡和淘汰，避免低水平小规模养殖户的盲目进入和退出，以及防止在产业内部形成无序竞争，防止产业波动，稳定产业规模。

3）充分发挥合作社、中间商等中间性组织连接产业链生产的积极作用，发挥他们联系产业上下游生产及产业组织的能力和优势，使整个产业链条不断完善，产业链各环节的交易进一步内化，从而使交易成本降低、产业经营风险降低。

4）要注意维护养殖户的利益。我国水禽产业正好处在向专业化、规模化经营的转变阶段，养殖户的存在，有效地解决了产业发展对土地的需求、对固定资产投入的需求问题，养殖户信心的树立和利益的保护是产业稳定持续发展的基础。区域性的产业扩张和兼并行为不仅要充分顾及合理的产业布局、产业发展的各个环节的合理分工和分布，还要充分顾及养殖户的利益，实现区域化、基地化的规模生产，有效地把养殖户组织起来，实现规范有序生产。

5）鼓励全行业通过资本运作的方式来推动产业发展。在水禽产业向规模化经营的转型期，资本对于经营者扩大规模和提高养殖技术水平、改善养殖条件、实现标准化养殖方式，具有十分重要的作用，同时资金也是产业扩展和技术升级换代的瓶颈，全行业都应通过养殖户联保贷款、企业资助、替农户担保等方式来解决资金约束问题，使产业沿着资金支持、技术进步的路径发展。

4.4.2 水禽产业组织创新的路径选择

现行的水禽产业组织生产方式中"龙头企业+基地+养殖户""龙头企业+合作社+养殖户""合作社（大户）+养殖户"等产业组织方式仅仅是基于"委托—代理"关系的散户的简单集中。这种形式下，养殖户无论是在成本投入还是在市场商机的寻找上均处于被动甚至是从属的位置。合作社的生产效率也自然不会因为这种"合作",而具备明显的养殖绩效优势。这种形式下,合作社的目标是攫取节约的交易费用,只要有交易就会产生费用的节约;社员的合作目标是获取合作生产带来的信息和集中生产优势的"抱团"生产。一旦这种不一致的目标在合作中出现矛盾,其内部交易的成本就会显著增加,导致组织效率减低,一旦超出了社员能承受的成本极限,这种组织形式必然会解散。相关的实证研究也证明了这一点。因此,依据已有的研究结论,结合水禽产业发展的生产实际,在此笔者提出未来水禽产业组织创新发展的具体路径。

4.4.2.1 培养现代农场主,建立适合水禽产业的现代养殖农场主制度

今年中央"一号文件"首次提出"家庭农场"新概念:以家庭成员为主要劳动力,从事农业规模化、集约化、商品化生产经营,并以农业收入为家庭主要收入来源的新型农业经营主体。水禽的集约化、标准化养殖对土地的占用、养殖者技术的达标门槛要求较低,一般具备一定的资金基础的养殖户都能达到基本的准入要求。因此,当水禽产业发展进入高投入、高成本、高风险发展时期时,农户单纯依靠企业或者合作社带动生产的发展形式,已经被证实无法实现绩效水平提升的现实下,建议在水禽产业中推行现代企业经营制度,培育现代化的养殖业主,培植和建立现代农场主制度。

其一,我国水禽产业组织形式中已有的大户(中间商)、合作社、个体规模化养殖者等中间性组织,在生产中已经积累了较为坚实的发展资本,如果条件具备,在水禽产业这种相对较小的畜牧产业生产类型中,是能够迅速实现传统农业向现代农业转型的。其二,转型中,仍然还有一些需要注意和协调的关系。①注意与当地产业规划的契合。水禽产业现代农场主制度的推行,产业链的完整是基本的保证,能够与当地的产业规划相契合,能事半功倍地实现水禽产业组织利益的最大化。②加强农场主管理技能的培养、建立现代管理制度。农场主的管理技能是决定能否顺利实现养殖大户向农场主过渡的关键。③明确非法人的农场主的主体地位,确定农场主的法律主体地位,理性对待农场主的市场地位。④鼓励首先推行大中型农业企业主导带动、农户参与生产管理、地方政府配合支持的股份制水禽养殖企业的发展,并把其作为养殖大户、专业养殖户向现代农场主制发展的过渡措施,为逐步实现现代农场主制度奠定基础。

专业大户向家庭农场过渡的过程中,他们所积累起来的作为职业农民、农场主必须具备的科技意识、市场意识和经营管理能力等,是现代农场主推行的前提。尽快建立家庭农场的登记和确权制度,应尽快确立农场主的市场主体地位,以便促进农场主的发育和水禽产业的发展。同时国家要在政策层面尽快出

台对农场主和家庭农场的认定标准，以便鼓励和支持有志于从事水禽养殖生产的农户向专业大户、家庭农场、农民合作社等生产形式逐级过渡和发展。

4.4.2.2 依据水禽的特性及产业链的不同发展优势，分区设置不同的养殖方式及适宜的产业组织形式

农产品的生产具有极强的地域性特征。区域间产品的生产管理方式在生产时间、生产形式、产品性能上存在较大的差距。不同的地域之间产业配套设施的发展也不尽相同。我国水禽产业组织生产的现实已经显示出明显的区域性发展的特性。因此，建议鼓励水禽产业依据生产性能、当地的产业发展基础及经济社会发展的程度，采取分区设置的方式，分区域适度发展符合地域特性的水禽产业组织模式。

依据水禽产业经济研究团队的调查分析，特提出如下分区设置的水禽产业组织模式构建设想：①华东、东部沿海地区，经济优势和产业链优势明显，产业发展基础好，建议直接推行以家庭农场为主和水禽产业合作社发展为主的水禽产业组织模式；②华中和华南地区，水禽养殖的群众基础好，自然资源丰富，鸭蛋加工和水禽熟食加工业处于产业翘楚的地位，建议推行以大中型企业带动为主导的农业股份制合作发展形式，鼓励家庭农场主的发展，逐步实现股份公司和农场主相结合的生产组织模式；③我国西南、西部及北方地区，水禽产业发展的历史不长，产业链本身发展也不尽理想，产业链环发展不平衡。建议首先鼓励和支持水禽生产大中型企业的发展，通过企业的带动和引导，扶植和鼓励养殖户进入水禽养殖基地，推行企业带动型的产业组织形式，同时在有条件的区域也推行和鼓励水禽专业生产经营合作社组织模式的发展。

4.4.2.3 建立适度联合经营的产业组织

水禽产品的市场需求弹性较小，产业本身国内的市场容量相对有限。因此，水禽产业需要不断和其他相关产业合作与联合，通过产业深加工和产业链的延长来赚取产业增值利润和实现产业发展。市场条件下，单纯依靠产业的初级加工和生产，无论是企业还是养殖户能获取的利润十分有限，一旦市场波动大，极容易造成全行业的亏损。这种以鸭蛋产品及水禽熟食加工为主的产品相对单一的产业组织模式，其发展的空间也将十分有限。因此建议，通过产业深加工链的延伸，拓宽水禽产业的产业发展边界，促使水禽深加工产业带动型产业发展，建立适度的产业联动发展形式。例如，在有条件的区域（如浙江、安徽等地）建立水禽养殖业和羽绒制品及服装加工业等的产业联动发展。通过产品深加工和延伸加工企业反哺养殖及初级加工企业的生产组织模式，促进和驱动水禽产业发展。随着市场的不断成熟，产业与产业间的边界将会变得更加模

糊，这为产业的融合和市场进入壁垒的降低，提供了良好的市场环境。也为水禽产业与其相关产业的联合和发展提供了契机，建议水禽产业充分利用这一契机，联合、强化、走向发达。

4.4.2.4 完善产权制度，鼓励养殖户增加投入，强化养殖户的市场主体地位

水禽产业中养殖户少投入、不投入的行为方式，使得养殖户在市场中远离了市场中心，丧失了市场主体地位，客观上抑制了养殖户整体收益水平的提高。在激烈的市场竞争中，这种单纯依附于龙头企业或者合作社的组织方式，将会进一步减损养殖户的养殖利润，最近两年来养殖户效益的持续下滑，也证实了这一点。因此，水禽产业组织创新发展，养殖户的市场主体地位必须提高。那么，鼓励并支持养殖户增加投入，扩大养殖规模，走专业化、规模化、产业化发展道路，将是必然的。建议进一步完善产权制度，鼓励养殖户增加投入，保护养殖户的产权，增强养殖户市场话语权地位，促进其收入的增加。

当前我国农业经济发展中出现的一些矛盾和问题，都和产权的确定有直接或者间接的关系。建立能顺畅流转、权力和利益对称的产权制度是市场提出的迫切要求。合理的产权制度在降低交易费用、提高资源配置效率方面，显示的优势已经得到市场的印证。因此，政府应通过制定配套的法律保障体系，解决好产权归属问题，从而提高整个社会经济运行质量。在水禽产业中，顺畅的土地流转条件、便利的银行信贷环境等在帮助养殖户增加投入和实现增收上作用很大。拥有产权的养殖户和养殖大户直接参与市场交易的愿望很强，一旦拥有了市场主体地位和市场话语权，其利益必然会在竞争中得到保护，这也会对水禽产业现有的组织方式形成一种主动创新的推动力，进一步促使现有水禽产业组织方式的革新和变化。

4.4.2.5 鼓励独创性、特色的生产经营组织方式，利用经济社会资本优势，规避产业发展的劣势和不利因素

市场毕竟是多变的，也不存在放之四海皆行的发展形式，因此，鼓励独创性、特殊性的水禽产业经营组织，利用经济社会的资本优势，合理规避产业发展的劣势和不利因素。2013年以来，我国水禽产业进入新一轮的产业利润低谷期，水禽产业呈现全行业亏损的态势，这既是一种挑战，也为我国水禽产业实现战略性结构调整带来了契机。①有实力的企业通过减产和企业技术、装备升级改造来应对市场，没有实力的企业或者退出市场或者被收购和兼并。落后的产能被淘汰，企业的市场竞争实力得到提升，产业组织得以优化。②部分企业通过资本运作等多种方式应对市场，改变"常规养""一直养""死养"的生产习惯，通过

调整养殖时机，灵活多变地抢抓市场机遇，从而有效地规避了市场风险，实现了稳定发展。因此，应积极鼓励和扶持具有独创性、有特色的水禽产业经营组织的发展。这是因为经历了市场的洗礼，我国水禽产业反而进入了养殖环节规模化、合作化、标准化重组，蛋品加工环节技术升级改造，整个产业的产业链融合、市场开发能力增强等产业结构升级换代与调整的新时期。单纯依靠养殖收入来维持基本经营的生产经营方式在市场环境的挤压下逐步走向衰亡，养殖户与合作社与产业化经营结合已经成为水禽产业发展生产经营组织形式的必然选择。随着市场发育和生产成本的不断攀升，具有独创性和特色的水禽养殖户、蛋品加工、销售产业化经营、龙头企业、专业化的生产合作社相互之间的联系还将进一步紧密。依靠产业化、规模化、产业链利润合理分配的优势，所形成的水禽产业合作组织模式势必成为未来我国水禽产业发展的主流形式，从而促使我国水禽产业的发展进入集约化、市场化及依靠技术进步推动产业发展的新阶段，所以，鼓励和扶持新型产业组织的创建与发展、优化水禽产业的组织结构体系，是未来推动水禽产业发展的必然任务和使命。

4.4.3　水禽产业组织结构优化

4.4.3.1　大力培育和发展水禽产业化经营龙头企业，不断增强其对养殖户的带动能力

水禽生产对水资源的依赖性和大规模、高密度集中养殖的疫病风险性，以及水禽产品消费进入市场必须是加工制成品的特征，决定了水禽产业在今后相当长的一段时期内仍然将采取"公司+农户"的经营形式或"龙头企业+合作社+农户"的经营形式，发展和培育产业化经营龙头企业，已成为水禽产业走向兴旺和发达的内在需求。在水禽养殖大省和优势集中产区，应积极培育和发展融生产、加工、销售为一体的产业化经营龙头企业，使之形成企业联基地、基地带农户的产业发展新格局，各地要围绕水禽养殖生产基地，扶持专业化生产经营大户和产业化经营龙头企业，积极推进产加销一体化经营，驱动水禽产业向规模化、集约化养殖方向发展。当前，虽然在水禽产品中有一些优质品牌和特色品种，但这些品牌在国内外的知名度并不高，市场占有率和覆盖面还不高。因此，在今后相当长的一段时期内，培育和扶持产业化经营龙头企业、培育名特优品牌、发挥产业化龙头企业的辐射带动功能和名优品牌占领市场及驱动产业发展的效应将是水禽产业发展的重点内容。培育名特优品牌，要依靠市场和龙头企业，打造和建设真正意义上的产业化经营龙头企业，要重视对现有企业进行股份制改造，同时，通过兼并重组、促进转产或改制等方式，使现有企业向产业化、一体化的方向发

展，进而形成对产业促进、对基地与农户带动能力更强的产业化经营龙头企业。要充分利用市场机制作用，促进资本重组和资源共享，以增加产业化经营龙头企业的核心竞争力。

4.4.3.2　积极推进养殖户饲养方式的根本性转变，全面实现科学饲养

当前，在不少地方，水禽养殖依然采用简易棚舍饲养和水面放养结合、简单围栏圈养等粗放型传统饲养方式，环境污染重、疾病防治困难、消费市场开拓不力。各地应积极采取有效措施，推动"公司＋农户""公司＋基地＋农户"的生产经营形式扩大发展，充分利用龙头企业统一供应禽苗、统一供应饲料、统一防疫、统一收购水禽产品、统一加工和销售的内在运作机理，带动水禽产业在良种选用、饲料选用、养殖技术进步和饲养方式转变方面全面实现科技进步，以促进产业水平提升。国家和各级政府要鼓励和扶持养殖业向规模化、专业化、标准化、现代化养殖方向发展，有条件的地区要逐步从专业化生产基地向生态型养殖小区过渡，提升养殖档次。各地要积极探寻和创造适合水禽规模化生产的科学饲养方式，并推广和应用成功的饲养方式，按照"因地制宜、政策扶持、科学引导"的原则，建立规范化的生态养殖小区和养殖基地。在规范化的生态养殖小区和养殖基地内，不仅要实行科学饲养、标准化饲养，而且要提倡适度规模、完善管理制度、强化技术服务、提高水禽生产水平和产品质量。

此外，近年来随着经济的发展和人民生活水平的提高，消费者对水禽产品的需求正朝着安全、保健的方面转变。同时水禽产品也是市场替代性很强的产品，因此，水禽产业要高度重视采用科学、先进、生态的饲养方式和加工方法，以满足消费者对安全、优质产品的需要。通过优质产品占领消费市场，扩充市场份额，让市场驱动产业发展。

4.4.3.3　整合水禽产业经营组织，推进和发展适度规模化养殖

在市场经济背景下，规模化是水禽产业的发展方向，而目前水禽产业中普遍存在的兼业化现象显然是与这一方向相违背的，因此政府需要大力整合水禽产业。第一，要大力发展水禽产业化经营龙头企业，以龙头企业为核心带动当地水禽养殖业的规模化经营。一方面，产业化经营龙头企业要充分利用其资金、技术和市场方面的优势，发挥自身辐射带动作用，积极促进和建立初级产品生产基地，保证企业自身的产品供应。同时，产业化经营龙头企业要对合同养殖户实行统一供苗、统一供料、统一供药、统一技术指导，保证企业的产品质量。另一方面，产业化经营龙头企业要带动广大农户从事水禽生产，通过合约形式保证养殖户的水禽销售渠道，减少农户养殖水禽的风险，增加农民收

入，解决农业剩余劳动力问题。第二，要大力加强专业合作社建设。专业合作社把龙头企业和养殖户有效地连接起来，可以更好地与市场对接，增强水禽产业的市场竞争力，降低交易费用，有效抵御水禽产业的经营风险，因此要积极组建与发展。

4.4.3.4 合理引导和规范兼业化经营，促进生产经营方式的变革与进化

兼业化经营是我国转型期的一种必然和合理的现象，它对水禽产业经济发展有好的一面，如有利于实现农牧结合、有利于季节性农业剩余劳动力的充分利用、有利于降低生产经营成本等；也有不好的一面，如不利于技术投入和技术水平的提高、不利于专业化和规模化发展。因此，对于水禽产业中的兼业化经营，要合理引导和规范，对不同类型的养殖户采取不同的措施。对于纯养殖户，要大力培育，使其成为专业养殖户和水禽产业中的主力军；对于一兼、二兼养殖户，要合理引导，引导其加入合作社和养殖基地的生产经营，同时积极创造条件，使其逐步增加对水禽养殖的投资，从而促进水禽养殖的规模化、专业化。

4.4.3.5 建立基本生产者联网信息系统，实现水禽产业信息化管理

关于建立水禽基本生产者联网信息系统，可以借鉴浙江省的能繁母猪信息预警系统的做法。浙江省的能繁母猪信息预警系统由两部分构成：一是能繁母猪信息预警系统软件及网络平台，可发挥能繁母猪档案信息登记、查询、统计以及能繁母猪配种产仔等日常生产信息管理功能；二是能繁母猪信息预警系统硬件，为每头能繁母猪建立电子档案。

浙江省的这套系统的建设采用"企业出资，政府和用户单位购买服务"的方式，网络平台等建设由企业投入，能繁母猪专用的电子耳标由企业提供，所需阅读器由各级畜牧兽医部门和规模养殖场等购置，政府每年支付能繁母猪信息费，保险部门依据耳标进行保险与理赔，并向企业支付信息服务费，省级财政每年安排投入500万资金用于政府购买信息服务。

从2013年开始，浙江平湖开发建设了"生猪信息化管理系统"，动态管理、实时监管一头猪的一生——从防疫、养殖、交易、污染物处置、病死猪处理等环节，牢牢把控各类变化。当地96个行政村，村村都有1名专职管理人员，负责基础信息的收集、更新。通过将缴费信息录入系统，对照养殖户的生猪存栏数等基本情况，掌握和了解能繁母猪的产仔、病死等信息，为调控市场仔猪供应、养猪规模提供依据。一旦出现疫病疫情、实际存栏数与信息平台存储数字对不上的情况都能及时发现和实施有效监控，可杜绝村民随意处置病死猪和畜禽废弃物等行为。此外，该系统已与农业部动物追溯系统联网，能更大程度地保证猪肉来源

的可靠，一旦出现问题，也能更准确、迅速地追溯到源头。

对于水禽产业，也可以采用类似的做法。对于水禽的生产主产区，在其所在的每个村安排一名专职管理人员，负责水禽基础信息的收集、更新。对养殖水禽的每家农户都建立了一个档案，方便管理。如果这一信息系统建成，则可以对水禽产业的发展动态、市场动态、生产过程和产品质量进行全方位监控，实行科学管理，促使水禽产业稳定持续发展。

4.4.3.6 实行农牧结合，促进水禽产业组织形式创新发展

经济发展进入新常态以后，企业间的竞争不仅是成本效益的竞争，更重要的是生产过程中对环境污染控制程度和产品质量安全的竞争，水禽产业也不例外。目前我国的水禽养殖企业，大部分涵盖了饲料生产与供应、种禽养殖与禽苗孵化和供应、屠宰加工和食品熟制等水禽产业链的各个重要环节。在各个环节如何保证产品质量安全、有效地控制生产过程对环境的污染，已经成为水禽企业能否永续发展和影响其竞争实力高低的关键。特别是养殖环节的粪便处理，除了采取"公司+农户"形式，把养殖环节交给农户经营的企业外，几乎成了影响企业能否在某地布局与存在，企业是选取笼养、铺垫料圈养、网床饲养，还是选取发酵床饲养、网床+发酵床饲养等不同饲养方式的决定因素和影响饲养成本高低的关键因素。

据产业经济团队对全国多个水禽集中养殖的饲养场调查，目前水禽养殖环节的粪便处理主要有以下几种：一是以安徽宁国太阳禽业为代表，把养殖中产生的粪污集中清理，运送到有机肥厂进行集中堆沤发酵，沤制成有机肥的方式；二是以吉林正方为代表，对养殖场冲洗清理出的粪便进行干湿分离，然后经过多级净化处理，分别制作成饲料、肥料和清洁用水而再利用的方式；三是以福建莆田广东温氏禽业有限公司为代表，在养殖场直接采取发酵床加微生物菌，制成有机肥的方式。但是，不论采取哪一种粪便处理方式，最后都有一个肥料由谁来接纳、到哪里去的问题。在市场经济背景下，肥料生产方的养殖企业与肥料消纳方的种植经营者之间的关系，往往表现为一种市场交易关系。当交易费用过高和任何一方的成本利润受到影响时，都会发生交易过程障碍和停滞，以致出现肥料在养殖场堆积如山而无种植经营者接纳应用的现象。

为此，笔者建议，水禽企业从产业经营组织形式改革入手，继续巩固和完善"企业+农户"的经营组织形式，对农户进行必要的培育和扶持，将其打造成新型农业经营主体——规模化的家庭农场。然后在家庭农场中实行种养结合、农牧结合，用家庭农场的土地和农作物来消纳水禽粪便。同时，让家庭农场依据自己的农田种植规模和可消纳的粪肥量来确定自己的养殖规模。这样既可以以较简单

的技术和较低的成本来处理水禽粪便，以实现对养殖环境的有效控制，又可以使养殖经营者与种植经营者之间的粪肥交易环节内化，降低交易费用，彻底有效地解决粪肥消纳和对环境的污染问题。

农牧结合是中国传统农业的精华，长期的生产实践证明，它既可以有效地降低养殖、种植成本，实现农牧经营双赢，又可实现畜禽生产与环境之间的友好协调，防止畜禽粪便对环境的污染破坏，促进畜禽养殖业的可持续发展。因此，水禽养殖企业一定要认真对待农户经营，积极培育新型农业经营主体——规模化的家庭农场，切实实现农牧结合，促进水禽大发展。

第 5 章

中国水禽产业技术发展分析

在社会经济环境相同、自然资源环境相当的情况下，同类产业间的竞争力，最终体现为技术竞争力。谁的产业技术进步快、产品技术含量高，谁就会占据竞争优势，技术竞争力已成为产业竞争力的重要影响因素。水禽产业技术竞争力包括饲料、育种、养殖防疫、加工、流通、环保等技术的发展水平，要推进水禽产业发展，必须以市场为导向，积极开展水禽产业技术的升级换代，提高技术水平，推动技术进步，全面提升水禽产业竞争力。技术竞争力对水禽产业发展尤为重要，因此，需要认真分析水禽产业的技术发展现状，以及技术的应用推广，特别是养殖农户的技术需求及应用情况，提出技术提升的措施，将新技术推广应用于千家万户的生产之中，真正将技术转化为直接的生产力。

5.1

水禽产业技术发展现状

5.1.1 当前水禽产业的主要技术成就

从 2008 年起，我国农业部科教司根据长期以来我国农业科教工作的现状和问题，在我国农业部门选择了 50 个农业产业，组建了现代农业技术体系，水禽产业作为 50 个产业技术体系之一，自组建以来在技术进步方面取得了重要进展。

1）北京鸭新品种培育与养殖技术研究应用，研究创建了利用多元回归模型准确估测北京鸭活体不可度量性状的技术；建立了北京鸭体重、饲料效率、胸肉率、繁殖率、皮脂率等性状的选种技术；首次将剩余饲料采食量（RNI）用于北京鸭育种；创立了超声波活体快速测定北京鸭胸肉厚度的技术，显著提高了育种效率，研究中将分子标记技术用于确定北京鸭各品系的遗传距离、杂交配套组合，提高了杂交优势。将北京鸭新品种转让给国内两个大型企业，建立了产学研联合育种模式，促进了北京鸭养殖育种技术的进步。

2）地方鸭种遗传资源的评价与创新利用。首次建立了我国地方鸭种 DNA 资源库，系统评价了我国地方鸭种自由度遗传多样性和种质特性；突破传统养殖模式、实施蛋鸭笼养，并在蛋鸭笼养的鸭笼装置和可调节家禽项用标识圈于蛋鸭无水标准化育种测定中进行改进，创制了蛋鸭配套系高效选育技术；采用经典结合分子辅助育种技术，培育出了国内第一个蛋鸭新品种（配套系）——苏邮 1 号蛋鸭，其生产性能优异，市场竞争力强，为我国蛋鸭产业发展提供了优质种源，取得了较好的经济社会效益。

3）鹅肥肝生产与质量调控关键技术，解决了鹅肥肝生产中的死淘率、血肝率和残肝率等肝品质差等行业发展瓶颈问题；建立了鹅肥肝脂肪酸检测方法和分级标准，为产业质量监管提供了科学依据。

4）坦布苏病毒（TMUV）抗体检测技术、疫苗研发与流行病学研究，为理解 TMUV 感染的流行病学特点，制定 TMUV 感染综合防治策略提供了依据；水禽星状病毒感染、变异与流行规律的研究，有助于理解我国水禽星状病毒的遗传多样性，为分析禽类星状病毒的遗传变异规律和生态学、制定合理的星状病毒分类标准提供了科学数据。

5）"蛋鸭生态网床圈养技术研究"研究了蛋鸭网上运动场方式，研发了网上运动场构造，并将网上运动场与栏舍、游泳池联为一体，提出了"蛋鸭生态网床圈养技术"新模式，使每只蛋鸭经济效益提高 27.7 元/年。规模蛋鸭饲养场防疫水平提高，减少了发病率和死亡率；提出了"障碍式"蛋窝方式，有效提高了鸭蛋外观清洁度，节约了垫料。提出网床"水泥砖+镀锌铁丝网+塑料小孔网"工程技术，极大地降低了蛋鸭养殖设备实施，特别是网床的建造成本。

6）"豁眼鹅遗传资源评价与高效养殖技术研究"以地方特有的品种——豁眼鹅为基础，在多年试验研究与示范推广的基础上，围绕肉鹅产业生产技术需求，开展了豁眼鹅性能测定、肉鹅规模化高效养殖生产、豁眼性状伴性遗传等系列技术研究，较为全面、系统地评价豁眼鹅的遗传特性，挖掘其适应强、高产、优质等优良遗传资源，并广泛应用于生产，为肉鹅产业发展提供了理论依据和技术保障。

7）"产蛋异常种（蛋）禽 H9 亚型禽流感研究与应用"首次明确产蛋异常种（蛋）鸭亚型禽流感病毒（AIV）的感染状况，并通过人工感染揭示了 H9 亚型 AIV 为我国种（蛋）鸭产蛋异常的主要病原之一，为我国种（蛋）鸭进行 H9 亚型禽流感疫苗的免疫预防提供了决策依据；明确了流行于种（蛋）鸭的 H9 亚型 AIV 的生物学特征、抗原性和基因组特征，为我国科学防控 H9 亚型禽流感疫苗的选择提供了科学依据和技术支撑；建立了快速、特异的实时荧光定量 RT-PCR，并首次应用于鸭源 H9 亚型 AIV 的检测，为 H9 亚型禽流感的快速诊断和分子流行病学研究提供了新的有效手段。制定了种（蛋）鸭 H9N2 亚型禽流感疫苗的免疫方案，并在闽、浙、赣三省推广应用，减少直接经济损失 1.42 亿元。

8）"江汉平原蛋鸭笼养技术研究"改进优化了蛋鸭笼养设施设备，提出了笼养蛋鸭的生活习性、笼养应激反应预防控制、洁蛋生产技术、笼养蛋鸭饲养管理技术规程等，使笼养蛋鸭降低了环境污染，社会经济和生态效益显著提高。

9）"南方肉用型鸭健康养殖技术集成与应用"针对我国肉鸭饲养条件简陋、规模化与规范化程度较低、环境污染严重、疫病防控与药物使用不科学等影响肉鸭健康与生产效益、制约产业可持续发展的关键问题，通过产学研密切结合，持续研发，形成了"南方肉用型鸭健康养殖技术集成与应用"技术，并研发推广了适宜肉鸭健康养殖的全网床及网床结合发酵床饲养模式，实现了鸭的旱养；显著降低了发病率，提高了鸭肉品质。结合鸭舍内发酵床，对粪污直接进行发酵处理，形成有机肥，可减少舍内有害气体、病菌及污染物排放。研发推广了减少鸭舍夏季热应激的"湿帘+风机"的温湿度调控系统，使种鸭繁殖性能提高。研发并推广了无公害经济饲料配方：在杂粮日粮中添加特定复合酶，减少抗营养因子的影响，降低饲料成本。在饲料中添加糖萜素、益生素等保障了鸭的健康，使鸭产品达到无公害要求。

10)《临武鸭营养需要》通过饲料试验、代谢试验、屠宰试验和相关血液生化指标测定，研究确定了临武鸭各生长阶段能量、粗蛋白质、赖氨酸、钙磷等主要营养素需要量；并通过禁食排空强饲法评价了玉米、稻谷等 29 种能量饲料以及豆粕、棉粕等 16 种蛋白质饲料对临武鸭的营养价值及添加非淀粉多糖复合酶的营养改进值，并以此为基础制定了湖南省地方标准《临武鸭营养需要》（DB/T898—2014）。

11）江南白鹅配套系的育成与应用，该配套系是三系配套的中型白鹅配套系，已通过农业部家禽监督检测中心（扬州）生产性能测定，且遗传性能稳定。经测定，江南白鹅配套系父母代种鹅羽毛均为白色、颈细长、体型紧凑、肉瘤突出。适合不同区域和季节的饲料，在反季节技术下，同样可保持较高的生产水平。已成为我国四川等西南地区优质的鹅品系。

5.1.2 我国水禽产业技术发展存在的问题

尽管经过改革开放 30 年来的努力和发展，我国水禽产业技术水平有了很大的提高，新技术在产业发展中起到了巨大的积极作用，但是，目前我国水禽养殖技术存在多种问题，如良种繁育体系不健全、养殖方式落后、饲料转换率低下、疫病防控不力、养殖环境污染严重等，制约着水禽产业的进一步发展。

1）良种繁育技术落后。我国水禽品种资源非常丰富，但保护和利用程度均不高，截至目前，我国水禽良种繁育体系仍然不完善，种禽代次低，结构不合理，原种场少且规模小，互不配套。例如，我国自有肉鸭育种与推广受技术发展水平限制，一直局限于仅能提供生长速度相对较慢、饲料转化利用率相对较低、可适应传统饲养方式的地方性品种，当生产方式转型，进行规模化、工厂化生产时，原有地方性品种很难适应生产需要，使得英国樱桃谷公司运用先进繁育技术育成的快大型樱桃谷鸭品种，近乎垄断我国肉鸭品种市场，而一只樱桃谷祖代鸭价格 450 元（2011 年），这相当于农户养 200 只商品鸭的利润，可见技术竞争力在产业发展中的效用多么巨大。

我国原有的地方品种，由于育种、繁育体系不健全，技术水平低，缺乏定向选育措施，导致遗传潜力不能发挥，许多品种的优良性状开始出现退化，原有特征开始不明显，体型变小，体重和蛋重减轻。有的品种甚至濒临灭绝，目前仅有为数较少的资源场和保种场，主要用作资源保护，开发利用程度非常低。虽然有多家企业已经瞄准了地方品种的质量优势，希望腾笼换鸟，饲养和推广应用地方性优良品种，但都还处于初始阶段，因缺乏政策扶持，技术力量薄弱，发展过程困难重重。无法充分发挥和利用良种资源优势。保护区和保种场建设水平低、品种选育和配套技术滞后，个体生产性能的测定及利用不够，无法发挥遗传潜力，对良种繁育起不到应有的品种资源支持作用，由于缺乏地方性良种养殖基地及供应，大部分禽苗靠从外地市场引入，这不仅大大增加了疾病的风险，也不利于我国水禽业的发展。多数水禽场只注重当前效益，限于自繁自养及杂交滥配的状态，不利于本品种、品系选育以及配套系杂交优势的开发利用，严重阻碍了水禽产业产业化、规模化发展。在水禽产业发展不稳定、产品市场低迷的状况下，应通过技术进步，加速水禽新品种选育，以良种取胜。

2）养殖方式粗放落后。我国水禽养殖方式多样，饲养技术良莠不齐，整体水平较低。除少数大型养殖企业和种禽场采用较为规范化的养殖方式外，部分水禽养殖仍是传统的水域放养或开放式围栏圈养和简单的棚舍饲养，饲养条件简陋，相关配套技术落后。鸭舍建设不规范，一般采用依水而建的方式，对地势、风向等未进行认真考虑，选址随意性较大，保温、通风设备基本没有；饲料使用不合理，用鸡饲料喂鸭的现象仍然存在，有些使用专用鸭饲料的养殖户也并未完全按照各个阶段来饲喂；排泄物和废弃物未经处理，任由排放或随意丢弃，环境污染严重。这种粗放式的养殖模式非常不利于疫病和产品质量的控制，抗风险能力差，不符合现代农业生产的要求，也不能满足消费需求，不仅影响养殖效益，对水资源和环境构成严重威胁，也与现有水禽养殖规模和技术规范相悖，严重制约和阻碍了我国水禽产业的健康可持续发展。

水禽养殖过程中所产生的污染物主要是水禽粪便、尿液、饲料残余物、冲洗养殖场地的污水、雨水冲刷后的污水、青储饲料的流失以及水禽动物的死尸等。其中对环境影响最大的是水禽排泄物。通过一定的加工处理，水禽排泄物可以作为饲料营养成分再次使用或投入农田中提高土壤有机质含量，提高农作物产量。但目前大部分水禽养殖场并未对这些排泄物进行有机处理，而是将它们直接排放于环境之中，导致其所含的营养成分不仅没有被有效利用，反而对环境造成巨大破坏。一是污染周围水域，使水质恶化。目前水禽养殖所产生的含有大量污染物质的排泄物大多没有经过处理就直接排放于周围水域之中，造成水域中有机生物逐渐死亡，水质不断恶化。这些受污染的水体一旦进入地下水系统，其中所含的有害成分会污染地下水，降低水体自净能力，使原有水体水质恶化，形成持久性污染，难以恢复和治理。二是降低土壤质量，危害农田生态。养殖场粪便等污染物含有的一部分有机物可以被种植的植物吸收利用，但如果含量过高，超过土壤自净能力，便会出现有机物不完全降解或腐败情况，改变土壤原有成分，破坏土壤的基本功能，严重影响农作物生长发育。另外，当前对水禽死尸采取的主要处理措施仍是焚化或者深埋，没有经过任何无公害等基本措施处理，掩埋的尸体一旦发生恶变，容易造成病菌蔓延，破坏生态环境，危害人类健康。三是产生温室气体，危害人体健康。水禽集中养殖过程中产生的大量温室气体，以及水禽排泄物分解产生的甲烷、氨气和硫化氢等二百多种有毒气体，加剧了温室效应。扩散到大气中的有害气体，降低了大气的自净能力，影响养殖场周围的大气环境，如果动物吸收到体内，会间接威胁食品安全及人类健康。如果人类直接吸入体内，会降低人体代谢功能和免疫机能，损害人体肝脏、肾脏，危害人体健康。

3）水禽产品深加工技术不足。分析水禽产业结构，水禽产业链一般集中在养殖生产农户和初加工企业，而从事水禽产品深加工的企业，以及具备一体化完整产业链的大企业数目则很少，因此，反映在市场上的水禽产品也多为活禽或白条类原料型产品和初级加工半成品，这类初级产品在价格和需求、市场竞争力方面都相对较低、抵抗风险能力薄弱，一旦同类产品市场发生变化，便会引起该类产品供求不平衡及价格剧烈波动。目前水禽产品加工企业数量也较多，肉蛋加工数量庞大，技术成熟，但对加工副产物，如咸蛋黄加工后的蛋清、蛋壳；肉鸭和肉鹅屠宰后的血液、羽毛；种蛋孵化后产生的蛋壳、无精蛋、死精蛋、死胚蛋等的利用程度均不高。在面对水禽产业发展遇到的瓶颈时，应通过技术进步，加大对水禽产品深加工研究的开发力度，提高产品的科技含量，增加产品种类，提高产品的档次，通过发展水禽产品多样化、优质化、安全化和营养化等破解市场瓶颈，在各级细分市场中找到定位，满足多元化的市场需求，以发掘国内市场更大的消费潜力和推出高技术含量的产品取胜。而研究水禽产品加工副产品的利用技术，对于提高水禽养殖和加工效益有着重要意义，对降低环境污染和提高公共安全也有很大帮助。

笔者 2012 年 8 月在东北调查发现，面对鸭肉、鹅肉价格低迷等现象，一些大型企业通过开拓新技术，用半番鸭生产肥肝，把屠宰后的肉鸭做成熟食，延长了产业链，增加了产品的附加值，增加新产品类型，填补了市场空白。同时，生产肥肝的专用半番鸭是采用法国巴巴里番鸭和奥白星鸭育成的大型白羽半番鸭，也有一定的技术含量，每只鸭子的肝重 550～570 克，一千克的肥肝价格 200 元，所以可以用肥肝收益填补鸭肉生产的亏损，冲抵一些市场价格波动损失，在 2012 年水禽产品市场不景气的环境下，企业做到平衡不亏本。再如我国东北养鹅产业，如果按照传统方式养鹅食肉则效益并不高，而如果扩展技术，用新技术和产业链延伸增值项目，取代传统方式的养鹅食肉的低效益方式，增加鹅毛、鹅绒加工技术环节，则会带来较高的经济效益，2012 年一只成年鹅的毛售价约 15 元，一般的鹅养殖户的利润主要来自鹅毛的销售，而其他方面的利润较低，并且鹅羽绒深加工产品市场无替代品，市场价格稳定，竞争力强。

水禽产品深加工充分利用新技术和新工艺，是刺激水禽产品消费增长、拉动产业发展的重要措施，也是水禽产业化发展的原动力。我国水禽加工业起步较晚，受公共食品安全影响，食品安全检验检疫制度越来越严格，活禽在市场上的流通量将会逐步减少，开展精深加工是水禽产品占领市场、提高竞争力的唯一选择。水禽浑身是宝，几乎每一部分都可以进行深加工。水禽肉风味独特，营养性高，含有对人体健康有益的不饱和脂肪酸，为高蛋白、低脂肪和低胆固醇食品，开发水禽肉深加工产品，制成特色水禽制品如半成品肉以及熟制肉，必将受到市场的追捧。例如，武汉精武鸭脖、武汉周黑鸭、南京桂花鸭等水禽肉深加工制品在市场上销量很好，禽蛋除了以传统加工手法制成皮蛋、咸蛋外，还可以添加技术含量，进行精深加工，制成营养保鲜蛋、蛋品饮料等，增加其附加值，提高其经济效益。鸭毛和鹅毛制成羽绒制品，既轻便又保暖，具有不可替代性，进行精深加工，将会获得更大的利润，大大增加水禽的附加值，提升水禽产业的整体竞争力。因此，一定要积极开展水禽产品深加工和特色加工，以市场为导向，积极进行水禽产品深加工技术开发，增加产品附加值，提升水禽产业竞争力。

4）产品质量受国外技术贸易壁垒挑战。由于水禽科技投入较少，我国水禽科研平台建设严重滞后和缺乏，目前还没有专门的国家级水禽研究重点实验室，没有专门的水禽科研基地，水禽品种保种场、原种场、良种繁育场地也相对较缺和不足，水禽科研经费也极少，致使我国水禽科研水平低；水禽育种技术及产品加工技术处于弱势状态，不如发达国家。水禽流通产品多数为鲜活和初级产品，加工能力低、附加值低、竞争力差，难以达到国际市场要求。因此在国际对产品质量安全等方面要求越来越高的今天，我国水禽产品出口开始受到越来越严重的技术贸易壁垒，在水禽的主要贸易地区分布逐步从亚洲市场向欧盟市场扩大的背景下，我国水禽产品出口贸易日益受到技术水平的制约和其他水禽主产国的挑战。目前参与国际贸易的水禽产品逐渐趋向多样化，如颇受欧洲人喜爱的鹅肝酱和产品附加值较高的鸭绒，鹅绒近年来贸易量逐渐攀升。山东乐港公司为应对国外技术贸易壁垒，在严格控制质量安全的前提下，针对各个国家的饮食需求，分别将肉鸭加工分割出口，他们以去骨后包装好的整只鸭出口欧盟，以鸭胸肉出口韩国、新加坡，鸭腿出口保加利亚，鸭绒制成品羽绒及羽绒制品占领国内外各大市场。这样既保证浑身是宝的鸭体每一处都不会浪费，又可以按照各国消费需求打入其市场，建立完善的营销网络。该公司完整的生产链和质量过关的深加工技术为其带来了利润效益保证，提高了该公司在国际市场上的竞争力。再如，我国水禽产品主要出口企业河南华英集团经过技术攻关，于2011年敲开了欧盟市场的大门，出口目标市场已从原先的日本、韩国，转向欧盟。2011年1~11月，华英集团水禽产品出口创汇 9642 万美元，其中，日、韩共计 3671 万美元，英、德、比利时共计 4939 万美元，超过日、韩。因此，国内其他公司也应该学习、借鉴这种生产经营模式，通过加强产业技术研究和应用推广，适应市场需求特点和多样性变化，依托技术进步，提高产业深加工程度，增强产品质量，不断开发适应市场需求的新产品，提高水禽产品技术竞争力，当越来越多的企业通过技术竞争提升企业竞争力以后，整个产业的竞争力也就得到了提升。同时，我们也应该清醒地看到，目前国外的产业技术仍然领先于我国，在技术含量较高的种鸭进出口贸易方面，发达国家仍然占据优势和保持贸易主导地位。美国枫叶公司 2011 年向中国山东永惠公司以每只一日龄雏鸭价值 135 美元出口枫叶祖代鸭 1.7 万只，其贸易额为 1600 万元人民币，可以说依靠技术优势从我国吸取了大量超额利润。

5.2

蛋鸭产业技术应用现状及对技术创新的要求

目前，我国水禽产业品种主要包括肉鸭、蛋鸭、鹅、番鸭和半番鸭，但从技术进步的角度考虑，肉鸭由于国外适应用规模化、工厂化生产的樱桃谷品种的导入，相应的现代养殖技术也有了很大的发展，而蛋鸭由于目前仍然以国产地方品种为主，因而无论是育种技术还是养殖技术，最能代表国内技术水平，所以在此专门就蛋鸭产业的技术现状和创新予以讨论。

5.2.1 品种研发、推广现状

我国自有的蛋用型鸭品种包括绍兴鸭、攸县麻鸭、荆江麻鸭、山麻鸭、微山麻鸭、连城白鸭、三穗鸭、缙云麻鸭等，目前为广大蛋鸭养殖户所广泛采用的饲养品种主要有绍兴鸭及其配套系，约占 60%；龙岩麻鸭、缙云麻鸭约占 30%；其他地方品种占 10%。目前兼用型鸭品种有高邮鸭、大余鸭、建昌鸭、巢湖鸭等。我国蛋鸭品种市场上占绝大多数的是大批优秀的地方良种体系，如绍兴鸭（青壳Ⅱ号）、金定鸭、高邮鸭（苏邮Ⅱ号）、福建山麻鸭等蛋鸭。我国蛋鸭品种的生产性能处于世界领先水平，养殖户蛋鸭品种的选择也以我国自有的鸭品系为主。但是就全国总体看，蛋鸭的育种和良种繁育体系发展极不均衡和完善，除浙江、江苏、广东、北京、四川有正规育成的配套系和良种繁育体系外，其他省区正规和上规模的数量还较少，满足不了产业快速发展的需要。纯种的品系资源保护和研发力度的缺乏，严重地影响了产业的快速发展和经济效益。统计显示，品系杂乱带来的成本增加占总成本增加的 5% 左右。这种情况如果得不到较好的遏制将会进一步影响产业的市场竞争力。

5.2.2 养殖技术模式的现状分析

据调查，我国蛋鸭养殖目前采用的主要养殖模式是地面平养、网上平养、发酵床圈养、循环混养、笼养等 5 种设施养殖（表 5-1）。各种养殖模式占的比例为：以地面平养（占 32%）和网上平养（占 30%）为主；循环混养（20%）和发酵床养殖（占 10%）为次；现代化的笼养等设施养殖采用很少（占 5%）。经营起步投入少、进入门槛低、养殖成本也相对较低的地面平养与网上平养等粗放型的圈养模式和传统的循环养殖模式实际采用比例为 70% 以上，依旧是我国蛋鸭养殖的主要养殖方式。蛋鸭养殖中暴露的环境污染、资源约束、食品安全等问题仍然得不到较好的控制。事实上，粗放型的逐水而居、圈舍放养模式已经难以适应产业和市场发展的需要，不断攀升的成本和环境压力已经使得最近两年我国蛋鸭养殖户的养殖利润持续出现亏损。随着市场对低碳、环保、高品质产品消费理念的追逐，探索发展低成本、高效益、土地占用少、环境友好型的健康养殖模式，已经成为我国蛋鸭产业发展亟待解决的问题之一。

表 5-1 我国蛋鸭采用不同养殖模式统计

养殖技术模式	利	弊	采用比例/%
地面平养	投入少，门槛低	养殖水平低，占地广，污染严重	32
网上平养	便于清洁，卫生	成本相对较高，对养殖环境要求高	30
发酵床圈养	产品质量高，环境友好	成本较高、技术难度大	10
循环混养	产品质量高，环境友好	养殖规模受水面限制和环境承载能力限制	20
笼养等设施养殖	产业链长，食品安全性高	成本高，技术难度大	5

注：数据依据国家水禽产业技术体系产业调查整理得到

5.2.3 饲料加工与防疫现状

我国蛋鸭养殖一直没有国家级别的饲料标准，饲料生产地区间差异化明显。调查中发现 30% 的养殖户采用自配料生产，这在一定程度上对蛋鸭养殖效益和生物质量造成不利的影响。调查中还发现我国南北饲料价格差异较大，在养殖户养殖投入中占的比重也不一致。其中北方饲料价格最高，平均 1.45 元/斤①；南方次之，平均 1.4 元/斤；长江流域等传统的蛋鸭养殖区域饲料价格最低，平均 1.16 元/斤。其原因是传统养殖区域养殖户有稻田赶鸭、放养等习惯，养殖所在地域谷物、鱼虾等主要的饲料原料获得较容易，因此养殖户就地取材，饲料成本较低。而最近 10 年来新发展起来的养殖区域存在原料获取难、市场化程度高等多重原因，其饲料价格较高。可见，如果不对蛋鸭养殖饲料标准和饲养原料、饲养方式等进行规范，势必影响我国蛋鸭产业养殖区域的扩展和产业的安全。

蛋鸭的疾病防疫是蛋鸭产业能否稳定发展的关键，我国蛋鸭养殖户对疫病防治长期认识不足，总以为鸭子耐粗食、抗病能力强。直到 21 世纪初，禽流感的流行、2010 年蛋鸭不产蛋症的发生，蛋鸭养殖户才对疫病防治的认识有所增强。据调查，目前 70% 的养殖户都认识到由于养殖密度的增大，鸭苗及鸭蛋的区域性流动提高，蛋鸭的疫病传播也随之增多，养鸭必须进行疫病防治。目前，我国蛋鸭养殖的年防疫成本平均为每只 0.32 元。由于各级政府的重视和养殖户的配合，我国蛋鸭大规模的疫病爆发已经得到了有效遏制，养殖户的疫病防治意识也逐步提高了。特别是近年来我国鸭蛋市场的走俏，促使养殖户更加注重蛋鸭养殖的各个技术环节的技术进步，养殖更加精细，防疫措施更加得力。这将会促使我国蛋鸭养殖户进一步向规模化、标准化方向发展。

5.2.4 产品加工和深加工技术现状

随着技术的改进与升级发展和企业市场竞争的日益激烈，鸭蛋产品加工和深加工能力显著提升。当前蛋鸭产业产品加工主要是以皮蛋、咸鸭蛋及淘汰老鸭的屠宰、分割鸭肉、鸭肉熟食和各种类型的再制蛋加工为主。超过 95% 的蛋鸭产品都是通过一定的产业加工后销售的（在我国的广西和广东的部分地区，蛋鸭是以活禽的形式销售除外）。近几年，在加工食品的方便性和休闲性功能上的改进是蛋鸭产品加工方式最重大的突破，蛋鸭产品时令、节令和农副土特产的商品属性正逐渐淡化，蛋鸭产品逐步成为消费者日常食品消费的选择对象之一。在副产品的深加工上，以鸭血等为原材料的生物制药产品的深加工技术异军突起，它在蛋鸭产业深加工能力和防治污染等方面意义重大。传统的如羽绒加工和现代的生物技术及相关产业的交叉与联系变得紧密，产业间的壁垒和界限变得模糊，跨产业的发展和合作更加频繁，如皮蛋加工与餐饮业的合作、羽绒加工与服装加工的合作，这一切都对蛋鸭产业蓬勃发展起到了积极作用。

---

① 1 斤 = 0.5 千克。

5.2.5 蛋鸭产业组织发展对技术创新的要求

技术进步会导致产业发展影响因素的变化，也会影响到产业组织方式的变化和不同产业部门之间竞争行为竞争优势的差异。表 5-2 归纳总结了蛋鸭产业技术进步引发的蛋鸭产业组织变迁。不同的产业环节，技术进步的方向明显存在差异，如蛋鸭产业产前环节主要以高新技术、生物技术为主，导致产业组织形态向专业化、模块化及适度集中方向发展，获得了技术支持的产业部门及环节，凭借其成本优势、高效能配合饲料和专用饲料的生产效率优势、专业化生产的市场进入优势等，能够在较短的时期内集聚产业内种质资源开发的优势、生产的优势，具有技术核心竞争力的优势，最终使得种禽繁育等产前生产环节向规模化、专业化及技术化变迁和发展，促使产前生产各环节部门的资源优势集中向某些企业集团集中。产中环节技术的渗透主要体现在养殖生产方式的进步与变迁上，在产后环节则以差别化产品加工和深加工技术的研发和市场推广为主。由此，技术进步促使产业组织结构变迁，并最终促使产业整体经济效益的提升。

表 5-2　技术进步诱致蛋鸭产业组织结构变迁

	技术进步方向	产业组织形态	产业竞争优势	发展方向
产前	高新技术、生物技术	专业化、模块化、适度集中	成本优势、生产效率优势、专业化	技术研发
产中	标准化、规模化、机械化、产业化技术	纵向一体化、专业化	规模效应、成本优势	专业化生产、规模化养殖
产后	深加工技术、产品研发	企业集团、横向一体	市场开拓优势、产品研发优势	多元化、差别化、深加工化

因此，蛋鸭产业升级对技术创新发展提出的发展要求原则应该是：①谋求产业规模的扩大的原则；②谋求产业核心竞争力增强的原则；③谋求产业结构的调整与集聚原则；④谋求产业的可持续发展原则。蛋鸭产业未来的技术创新与发展的方向是：必须要注重资源节约与环境友好；注重产业核心技术和自有知识产权的研发与创新（R&D）；注重产业不同生产环节的技术需求的差别，特别是产业链下游产业的技术需求与创新；注重适应适度规模扩张的发展需求；注重劳动力偏向型的技术创新。

5.3

农户行为与水禽产业技术竞争力

5.3.1 养殖户养殖技术情况

目前，农村水禽养殖场环境管理水平低下，水禽养殖者环境保护意识薄弱，污染防治意识模糊。据统计，目前大部分水禽养殖从业人员都没有为养殖场进行环境影响评价的意识，全国90%以上的规模化养殖场缺乏必要的固体废物处理和污水处理设施。政府管理部门为了推动当地的 GDP 增长和经济发展，采取各种措施大力发展水禽养殖业，以规模化、集约化作为结构调整和实现产业增长的重要途径，一味重经济发展，忽视环境问题，始终未将养殖污染防治细则纳入政府规划之中。另外，相对农业污染问题，政府和社会更加重视工业污染问题，将更多的人力、物力和财力投入到工业污染的防治工作之中。而包括水禽养殖在内的农业污染，虽然对环境影响日益增大，但一直没有受到政府和社会的重视，管理防治工作滞后。水禽养殖投入不足，导致大部分禽舍为不规范、不科学禽舍，设备设施简陋，防暑降温等硬件设施薄弱，抗风险能力差，甚至人禽混居的现象也较为普遍。这种情况下，人禽相互传染，污染物处理能力不足，对周围人群的身体健康和生活质量构成影响，环境保护和畜禽疫病防控的形势进一步严峻。与提高产品质量及健康养殖的要求相去甚远。且目前很多水禽养殖场使用的饲料仍然以自配饲料为主，这样饲喂不能满足水禽的营养需要，在一定程度上制约了其生产性能的发挥，使得水禽专用饲料、专用生物制品的开发速度也跟不上产业的发展要求。

面对水禽养殖技术受到的阻碍，水禽养殖农户作为生产者，其是否采用新技术以改善现有状况关系着水禽产业技术竞争力的整体改善。水禽产业技术竞争力是水禽产业竞争力的重要组成部分，提升水禽产业技术竞争力是提升水禽产业竞争力的有效途径，而水禽养殖技术是水禽产业技术中的首要环节，因此农户养殖过程中的技术状况与水禽产业技术竞争力息息相关。进行水禽养殖技术改革，首先需要从农户入手，从养殖环节研究养殖户对养殖新技术的需求，并为其提供先进实用的新技术，真正把科学技术推广应用于千家万户的生产中，真正将技术转化为直接的生产力，以推动水禽产业竞争力的提升。

5.3.2　水禽养殖户新技术采纳意愿分析

国家水禽产业技术体系产业经济研究团队部分成员于 2011 年 5 ~ 9 月对山东、安徽、湖北、浙江、江苏、河北等水禽主产区的养殖户进行了入户采访与问卷调查。调查对象为以上六省区每批次养殖水禽 500 只以上的水禽养殖户。为确保调研信息的全面性和完整性，问卷设计包含了养殖户个人基本特征、家庭特征、经营特征、心理特征、外部环境等内容。调查区域及调查对象选择基本原则为，位于我国水禽主产省内，所在县市皆为该省水禽产业综合试验站辐射带动地，为该省水禽主产县市，各省问卷数为 30 ~ 60 份。通过调研，我们获得了关于水禽养殖户的第一手资料数据，获得问卷 313 份，经剔除缺失问卷及笔者对问卷过滤筛选和信息可靠性评估后，最后有效问卷为 269 份（表 5-3），问卷有效率为 85.94%。

表 5-3　受访水禽养殖户行政区域分布

调研省份	有效问卷数/份	比例/%	养殖户具体地域分布
山东省	52	19.33	平度市、高邮市
安徽省	57	21.19	宁国市、郎溪县、广德县
河北省	39	14.50	肃宁县、滦平县
湖北省	48	17.84	仙桃市、京山县、监利县
江苏省	35	13.01	金坛市
浙江省	38	14.13	诸暨市、象山县
合计（有效问卷）	269	—	—

注：数据根据国家水禽产业技术体系产业经济团队 2011 年养殖户调查问卷整理得到

1）养殖户个人基本特征（见表 5-4）。对水禽养殖户个人基本特征调查结果初步分析：包括是否户主、年龄、社会身份、文化程度、兼业情况五个因素。①采访对象多为养殖户家庭户主，其中有 232 位是户主，占总户数的 86.25%，非户主 37 人，占 13.75%。②受访养殖户年龄结构多集中在中老年，平均年龄为 46.78 岁，其中 40 岁及以上的受访户共 205 户，占总数的 76.21%。③受访养殖户中为党员、村民代表或者村干部户数较少，为 60 户，占总数的 22.30%。④受访者文化程度普遍较低，其中初中、小学及小学以下三个层次一共 233 人，占总数的 86.62%，另外，269 户采访对象中大专及以上学历者仅为 1 人。⑤采访者中在养殖水禽以外还从事其他社会活动以获得收入的养殖户为 74 人，占总数 27.51%，其他 72.49%（195 户）养殖户则专职养殖水禽。

表5-4　受访养殖户个人基本特征

调查指标	选项	样本数/户	比例/%
是否户主	是	232	86.25
	否	37	13.75
年龄	30 岁以下	8	2.97
	30~40 岁	56	20.82
	40~50 岁	109	40.52
	50 岁及以上	96	35.69
社会身份	党员或干部	60	22.30
	群众	209	77.70
文化程度	小学以下	31	11.52
	小学	57	21.19
	初中	145	53.91
	高中及中专	35	13.01
	大专及以上	1	0.37%
是否兼业	是	74	27.51
	否	195	72.49

注：数据根据国家水禽产业技术体系产业经济团队 2011 年养殖户调查问卷整理得到

2）养殖户家庭特征（表5-5）。对水禽养殖户家庭特征调查结果初步分析：包括家庭参与水禽养殖劳动力数量、去年家庭纯收入、养殖总投入、养殖目的四个因素。①受访户一般投入两个劳动力于水禽养殖，过半数的养殖户参与水禽养殖劳动力数量为 2 人，为 199 户，占总数的 73.98%。②养殖户年纯收入分布较为平衡，但 8 万元及以上比例略高，为 105 户，占总数的 39.03%，6 万~8 万元的有 29 户，占 10.78%；4 万~6 万元的有 55 户，占 20.45%，2 万~4 万元的 62 户，占 23.05%，而在 2 万元以下的仅有 18 户，占 6.69%。③养殖户对水禽养殖的总投入分布规则性不强烈。总投入在 5 万元以下的共有 92 户，占总数的 34.20%，5 万~10 万元的共有 85 户，占总数的 31.60%，10 万~15 万元的共有 28 户，占总数的 10.41%，15 万~20 万元的户数较少，共有 13 户，占总数的 4.83%，在 20 万元及以上的共有 51 户，占总数的 18.96%。④采访对象中共有 213 户养殖水禽为家庭主要收入来源，占总数的 79.18%，其余 56 户养殖水禽一般作为补贴家用，占总数的 20.82%。

表 5-5　受访养殖户家庭特征

调查指标	选项	样本数/户	比例/%
参与水禽养殖劳动力数量	1 人	15	5.58
	2 人	199	73.98
	3 人	30	11.15
	4 人	19	7.06
	5 人及以上	6	2.23
家庭年纯收入	2 万元以下	18	6.69
	2 万~4 万元	62	23.05
	3 万~6 万元	55	20.45
	6 万~8 万元	29	10.78
	8 万元及以上	105	39.03
养殖总投入	5 万元以下	92	34.20
	5 万~10 万元	85	31.60
	10 万~15 万元	28	10.41
	15 万~20 万元	13	4.83
	20 万元及以上	51	18.96
养殖目的	养殖水禽为家庭主要收入	213	79.18
	养殖水禽为补贴家用	56	20.82

注：数据根据国家水禽产业技术体系产业经济团队 2011 年养殖户调查问卷整理得到

3）养殖户经营特征（表 5-6）。对水禽养殖户经营特征调查结果初步分析：包括养殖规模、饲养方式、组织形式、销售方式四个因素。①养殖户养殖规模普遍偏小，年养殖规模 1 万只以下的共 133 户，占总数的 49.44%，1 万~2 万只的共 63 户，占 23.42%，2 万~3 万只的共 31 户，占 11.52%，3 万~4 万只的比例最小，共 15 户，占总数的 5.58%，4 万只及以上的共 27 户，占总数的 10.04%。②水禽养殖户采用圈养方式的最多，共有 173 户，占总数的 64.31%，笼养则最少，仅为 3 户，占总数的 1.12%。散养和网上平养分布则差不多，分别为 19 户和 24 户，占总数的 7.06% 和 8.92%，另外还有一些养殖户选择其他饲养方式，包括稻鸭共养、鱼鸭混养、林下种养结合等方式，共 50 户，占总数的 18.59%。③总体来讲，养殖是否参与农业经济合作组织较为平衡，但已参加的养殖户略多，为164户，占总数的60.97%，截至采访时间，未参加农业经济合作组织的为105户，占总数的39.03%。④养殖户水禽销售方式主要为商贩上门收购和通过订单企业两种方式，分别为128户和118户，各占总数的47.58%、43.87%。养殖户自行直接在市场销售仅14户，占总数的5.20%，通过农业经济合作组织的为9户，占总数的3.35%。

表5-6　受访养殖户经营特征

调查指标	选项	样本数/户	比例/%
养殖规模	1万只以下	133	49.44
	1万~2万只	63	23.42
	2万~3万只	31	11.52
	3万~4万只	15	5.58
	4万只及以上	27	10.04
饲养方式	散养	19	7.06
	圈养	173	64.31
	笼养	3	1.12
	网上平养	24	8.92
	其他	50	18.59
组织形式	参加农业经济合作组织	164	60.97
	未参加农业经济合作组织	105	39.03
销售方式	直接销售	14	5.20
	商贩收购	128	47.58
	订单企业	118	43.87
	合作社	10	3.72

注：数据根据国家水禽产业技术体系产业经济团队2011年养殖户调查问卷整理得到

4）养殖户心理特征（表5-7）。对水禽养殖户心理特征调查结果初步分析：包括如何看待水禽养殖业前景和养殖户风险偏好两个因素。①采访中养殖户对水禽养殖前景还是比较有信心的，共有164户养殖户认为水禽产业前景还不错，占总数的60.97%，认为前景一般的共97位，占总数的36.06%，而认为没有前景的则不到10位，共9位，占总数的2.97%。②养殖户风险偏好情况主要集中在风险中性，共134户，占总数的49.81%，风险偏好者共70户，占总数的26.02%，风险厌恶者共65户，占总数的24.16%。

表 5-7 受访养殖户心理特征

如何看到水禽养殖前景	前景还不错	前景一般	没前景
户数/户	164	97	8
比例/%	60.97	36.06	2.97
养殖户风险偏好	风险偏好	风险中性	风险厌恶
户数/户	70	134	65
比例/%	26.02	49.81	24.16

注：数据根据国家水禽产业技术体系产业经济团队2011年养殖户调查问卷整理得到

5）养殖户水禽养殖外部环境（见表5-8）。对水禽养殖户水禽养殖外部环境调查结果初步分析：包括附近是否有水禽销售市场、是否参加养殖技术培训、政府是否对水禽进行一定的补贴三个因素。①调查对象中附近有水禽销售市场的共83户，占总数的30.86%，而大多数附近则没有水禽销售市场，共186户，占总数的69.14%。②养殖户是否参加养殖技术培训分布均匀，二者相差1户。参加户数为135户，占总数的50.19%，没有参加培训的为134户，占总数的49.81%。③政府对水禽养殖补贴的极少，只有14户回答为由政府补贴，占总数的5.20%，而其他255户均否认政府对其水禽养殖有补贴，占总数的94.80%。

表 5-8 受访养殖户水禽养殖外部环境

调查指标	选项	样本数/户	比例/%
附近是否有水禽销售市场	有	83	30.86
	没有	186	69.14
是否参加养殖技术培训	是	135	50.19
	否	134	49.81
政府是否对水禽有的补贴	是	14	5.20
	否	255	94.80

注：数据根据国家水禽产业技术体系产业经济团队2011年养殖户调查问卷整理得到

养殖户社会身份、家庭水禽养殖总投入、养殖目的、组织形式、销售方式、养殖户如何看待水禽养殖前景、附近是否有水禽销售市场、是否参与养殖培训及政府是否对水禽有补贴9个因素对养殖户新技术采纳意愿具有显著影响。

1）市场导向对养殖户新技术采纳意愿的影响分析。反映市场导向的两个变量，即销售方式、附近是否有水禽销售市场均对养殖户新技术采纳意愿具有负向影响，这是因为一方面在生产经营中水禽养殖户一旦与订单企业签订合同，或者参与农业经济合作组织，因双方合同长时间保持固定不变，且订单企业或合作组织对水禽养殖过程要求较为固定，因此养殖户每年养殖行为变化也不大，对新技术采纳意愿较弱，而自行在市场销售或由商贩上门收购，养殖户为改良现有养殖水平、应对变化的市场需求和追求更高的效益，反而在一定程度上会有强烈的新技术采纳意愿。另一方面，附近有水禽销售市场，养殖户从心理上觉得水禽产品销售较为方便，水禽养殖压力较小，改变现状的需求较弱，因此养殖技术改善需求和新技术采纳意愿较弱。反之，附近没有销售市场的养殖户面对的市场竞争更为强烈，因此需要不断更新技术，更加期望新技术带来的养殖状况改善，提高其养殖竞争力，以更优的养殖水平应对较为严峻的市场竞争，增强其水禽养殖产品市场竞争力，其新技术采纳意愿将会更强烈。这说明在市场导向情况较为恶劣的环境下，养殖户由于销售更为困难，更加需要进行新技术改革，以提高其竞争优势，增强抵抗市场风险的能力。而拥有较方便的销售方式和便利的销售市场的养殖户，由于不存在销售困难，对现状改革需求不强烈，其新技术采纳意愿也较弱。因此，当市场导向环境更恶劣、竞争更激烈时，养殖户采纳新技术的意愿反而更加强烈。

2）反映政府倾斜的变量为政府是否对水禽有补贴，这一变量对养殖户新技术采纳意愿具有正向影响。一般情况下，如果政府对水禽养殖有补贴，会带动农民养殖水禽的积极性，使他们对与水禽养殖相关的行为积极性也更高，采纳新技术意愿也更加强烈。政府是否对水禽养殖有补贴在接近 10% 的水平上显著，在实际情况中，这个政府倾斜支持政策对养殖户新技术采纳意愿的影响应该更为强烈，因为，在 269 户养殖户中，只有 14 户养殖户收到过政府补贴，且这些补贴仍具有不稳定性和不完善性。而其他没有政府补贴的养殖户，通过调研采访发现，他们对政府补贴具有强烈的愿望，并认为如果由政府补贴，对水禽养殖会有更大的积极性和热情。

3）养殖户的社会身份对养殖户新技术采纳意愿具有正向影响。养殖户如果具有党员、村民代表及村干部身份，会有更多的机会接触外界信息，对新事物的接受能力较强，对新技术的认知也会比较客观，因此更愿意采纳水禽养殖新技术；反之，则更倾向于固守现状，对新技术持观望保守态度。

4）养殖户水禽养殖总投入对养殖户新技术采纳意愿具有正向影响。对水禽养殖投入较大的养殖户，也更愿意采纳新技术，以期获得较好的收益。同时，总投入较大的养殖户，一般有较丰厚的资本基础，因此从心理上比较不惧怕新事物带来的改变，即更能接纳技术改善行为。

5）养殖目的对养殖户新技术采纳意愿具有负向影响。这是因为如果养殖户以水禽养殖为家庭的主要收入来源，会更加重视水禽养殖带来的效益，更关注新技术改革，也更愿意尝试新技术以获得更多的经济效益。但是，由于水禽养殖的前期成本较高，一般家庭如果将水禽养殖作为家庭主要收入来源，会在投入时选择一种稳定的收益模式和技术模式，并对于这种前期已基本形成固定养殖模式，在收益稳定的情况，一般不愿意更改。而对于不以水禽养殖作为家庭主要收入来源的养殖户来说，因为水禽养殖没有提供家庭主要收入的压力，则会对技术改革较为随意，即采纳新技术的意愿反而较为强烈。

6）组织形式对养殖户新技术采纳意愿具有负向影响，这是因为养殖户参与农业经济合作组织会形成较为统一固定的养殖体系，包括养殖方式、管理方式和销售渠道，因此个人改善养殖技术的需求不大，对新技术采纳意愿也不够强烈。相反，如果养殖户没有参与任何农业经济合作组织，在了解新技术可能带来的效益之后，会根据自身情况自由改善技术，通常对新技术采纳意愿较为强烈。当然，如果一种新技术能影响到一个合作经济组织，让其接受采纳，那么一旦被应用，影响就不是一户，而是一片。

7）养殖户如何看待水禽养殖前景对养殖户新技术采纳意愿具有正向影响。在通常情况下，养殖户对水禽养殖前景较有信心是建立在对现实比较满意的基础之上的，同时因其对养殖现状较为满意，技术改善需求相对较弱。反之，如果养殖户对水禽养殖前景没有信心，说明其养殖现状不甚理想，对新技术带来的养殖效益改善更有需求，因此新技术采纳意愿也相对强烈。

8）是否参与养殖培训对养殖户新技术采纳意愿具有正向影响，这是因为养殖户在参与养殖培训的过程中，会接受一定的技术指导和养殖程序培训，因此对新技术和新技术的优势形成更加客观的认识，也更倾向于尝试用新技术改善现有养殖状况。

5.3.3 水禽养殖户技术需求及影响因素分析

2014 年，国家水禽产业技术经济研究团队对全国南方十个水禽主产省、自治区、直辖市进行了水禽养殖户调查，共进行入户走访调查 120 户，发放问卷 120 份，回收问卷 110 份，其中有效问卷 106 份。

1）在养殖技术的需求方面。其中有 55 户受访养殖户表示他们缺乏养殖技术，对养殖技术有需求，占总调查户数的 51.89%，如表 5-9 所示。

表 5-9 受访养殖户养殖技术需求情况

项目	有养殖技术需求	无养殖技术需求	合计
样本数/户	55	51	106
所占比例/%	51.89	48.11	100

注：数据根据国家水禽产业技术体系产业经济团队 2014 年养殖户调查问卷整理得到

通过对这 55 户有养殖技术需求的农户的进一步调查，发现当前水禽养殖户最需要的养殖技术是疫病防治技术，有 35 户，占有技术需求的养殖户的 63.6%；其次需求的是饲料营养技术，有 10 户，占有技术需求的养殖户的 18.2%，如表 5-10 所示。

表 5-10 受访养殖户所需养殖技术种类

养殖技术	养殖模式	饲料营养技术	疫病防治技术	其他	合计
样本数/户	5	10	35	5	55
所占比例/%	9.1	18.2	63.6	9.1	100

注：数据根据国家水禽产业技术体系产业经济团队 2014 年养殖户调查问卷整理得到

2）影响养殖户新技术需求的因素分析。在调查走访过程中我们发现，一个养殖户对于一项新技术是否采用，会受到多种因素的影响，首先是对这项新技术的认可，也就是说受其技术本身是否先进和实际应用难易程度及应用效果优劣的影响。然后是根据自家的实际情况及资源禀赋，也就是养殖户对成本收益的权衡。如果投入少、见效快、易实施，必然就会选择。一般来说，养殖户会综合各种影响因素，进行反复权衡比较，才会决定是否采用一项新技术。据调查，影响养殖户采用新技术的因素主要有家庭经济实力、技术投入成本、对技术和具体操作是否熟悉。

根据我们与养殖户的访谈，发现"对技术不了解、具体操作不熟悉"对水禽养殖户技术采用的影响最大，在有技术需求的 55 户中有 43 户认为因对技术本身不了解、操作不熟悉而不选择新技术，占样本总量的 40.57%；其次是技术投入成本，有 41 户认为因投入成本高而不选择新技术，占样本总量的 38.68%，如表 5-11 所示。

表 5-11 影响养殖技术采用的因素

影响养殖技术 采用的因素	家庭经济实力	技术投入成本	对技术和具体操作 规程不熟悉	其他	合计
样本数/户	21	41	43	1	55
所占比例/%	19.81	38.68	40.57	0.94	100

注：数据根据国家水禽产业技术体系产业经济团队 2014 年养殖户调查问卷整理得到

3）养殖户技术获得的渠道分析。从图 5-1 可以看出，受访养殖户的水禽养殖技术主要是通过自己获得产品销售订单的组织培训而得到的，在受访的 106 户中共有 51 户，由此而获得占样本总量的 48%；其次是通过书籍、电视自学，有 16 户，占样本总量的 15%；合作社培训、乡镇农技站技术指导、培训以及向同村其他养殖户学习也是获得养殖技术的一种重要的渠道。

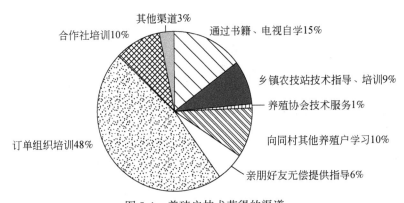

图 5-1　养殖户技术获得的渠道

资料来源：根据国家水禽产业技术体系产业经济团队 2014 年养殖户调查问卷整理

4）养殖户新品种需求情况分析。从调查中发现，水禽养殖户对新的水禽品种的需求严重不足，只有两户表示他们有新的水禽品种的需求，占样本总量的 1.9%。由此也可看出，当前养殖户对现有的水禽品种满意度很高，现有的水禽品种已经足以满足大部分养殖户的需要。

一种水禽品种能否得到推广，关键要看养殖户对水禽品种的确定方式，所以了解水禽养殖户当前的水禽品种确定的方式是很有必要的。图 5-2 中的字母分别代表：A 为根据市场行情；B 为根据生产经营是否费时费力和技术难易程度；C 为根据订单企业规定；D 为根据合作社对养殖户的要求；E 为参考亲戚、邻居的养殖情况；F 为该品种优质与否（生长快、饲料转化率高、抗病能力强）；G 为其他。

从问卷调查中发现，养殖户主要是根据订单企业的规定（C）来确定水禽养殖品种的，在受访的 106 户中共有 60 户，占样本总量的 56.6%；其次是根据合作社对养殖户的要求来确定（D），共有 15 户，占样本总量的 14.2%。由此也可以看出，水禽产业化经营龙头企业对水禽养殖户的影响很大，养殖户对企业的依赖性很强，如图 5-2 所示。

5）养殖户新品种选择的主要影响因素分析。养殖业相比于种植业，不确定性更大、风险性更高，如果养殖一种新品种，不确定性和风险性将进一步增高。从表 5-12 中可以看到，在新品种的选择风险中，认为"不懂新品种的养殖技术"

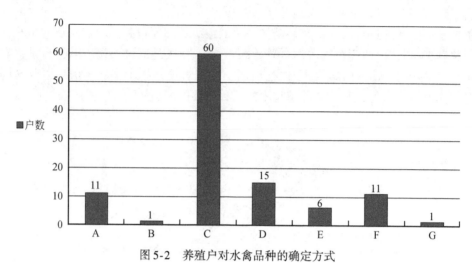

图 5-2　养殖户对水禽品种的确定方式

数据来源：根据国家水禽产业技术体系产业经济团队 2014 年养殖户调查问卷整理

是其最大风险的有 28 户，占样本总量的 26.42%；其次是认为"市场价格难预测""销售渠道不畅"的各有 24 户，分别占样本总量的 22.64%；再次是认为存在"疫病风险"的有 17 户，占样本总量的 16.04%。因此，搞好新品种的宣传是推广的关键。

表 5-12　养殖新品种的风险因素

项目	不懂新品种的养殖技术	市场价格难预测	销售渠道不畅	疫病风险	其他	合计
样本数/户	28	24	24	17	13	106
所占比例/%	26.42	22.64	22.64	16.04	12.26	100

注：数据根据国家水禽产业技术体系产业经济团队 2014 年养殖户调查问卷整理得到

根据养殖户技术需求及影响因素分析，影响技术需求的主要因素是对技术和操作规程不熟悉，所以在未来的水禽产业发展中一定要搞好技术培训和推广。影响养殖户水禽品种选择的主要因素是养殖户产品订单企业的规定，所以水禽产业化龙头企业一定要重视新品种的选育和推介。影响养殖户养殖方式的主要因素是养殖设施投入成本及疫病防控效果，以及场地及资源条件的可获得性。随着收入的增加和经济实力的增强，养殖户会逐步提升养殖水平，使养殖方式不断升级。

对于一项产业发展，无论资源要素投入产出比，还是劳动生产效率，科技进步是其发展的原动力，要推动产业发展、提高产业产品质量、增加产品多样化、适应市场需要，更需要科技发展、技术更新作为支撑。例如，我国自有肉鸭品种受技术水平的限制，长期局限于繁殖和生长速度相对较慢、饲料转化利用率相对较低的地方性品种，当生产方式转型，规模化、工厂化生产兴起之时，原有传统品种很难适应生产需要，使得英国樱桃谷公司运用先进繁育技术育成的快大型樱桃谷鸭品种近乎垄断了我国肉鸭品种市场。所以，在水禽产业未来的发展中一定要重视技术进步因素，不断提高技术向产业的导入程度，力争产业在技术进步的推动下进一步发展。

5.3.4 蛋鸭养殖户技术发展类型选择

速水佑次郎（Yujiro Hayami）和弗农·拉坦（Vernon W·Ruttan）在其农业发展的诱致技术变迁理论中认为，农业生产的增长受其资源条件的制约，但这种制约可以通过农业技术进步来突破。土地、劳力、自然资源等资源禀赋的稀缺程度及其供给弹性的不同，将导致在要素市场上使它们呈现出不同的相对价格的差异。这种差别和不足将会诱导出资源相对稀缺而价格相对高昂的资源技术变迁，以缓解供给缺乏弹性的稀缺资源给生产带来的制约。不同的稀缺资源虽然可以替代，但是不可能完全被替代。例如，劳动供给缺乏弹性或劳动相对于土地价格昂贵，会导致节约劳动的技术偏向型技术进步，如机械化的运用、生物技术进步等。

技术进步类型一般分为三种：技术偏向型技术进步、资本偏向型技术进步、劳动力偏向型技术进步。不同的技术进步类型对生产者自身资源禀赋的要求不同。其中，技术偏向型技术进步能节约劳动力，提升产业机械化、现代化、标准化水平；资本偏向型技术进步对资本和投入的要求较高；劳动力偏向型技术进步则要求劳动者知识水准和技术能力的提高。

在蛋鸭产业中，根据国家水禽产业技术体系产业经济团队2011年养殖户调查调查显示：87%的养殖户最近3年没有换过养殖品种，85%的养殖户不愿意更换新品种。主要顾虑是担心不懂养殖新品种的技术，同时担心新品种在当地的适应性。48%的养殖户的养殖技术是"自学成才"，50%的养殖户自认为缺少疫病防治和养殖方式等技术。32%的养殖户认为影响技术选择和改进的制约因素是技术投入的成本，24%的养殖户认为家庭经济实力决定是否选择新技术，25%的养殖户认为是技术的难易程度，3%的养殖户会考虑劳动力的使用情况等。由此可见，技术投入的成本、技术掌握的难易、家庭经济条件是决定我国蛋鸭产业技术提升的关键，超过81%的养殖户愿意接受的是技术投入成本相对低廉而又容易掌握的新技术，其中家庭经济实力成为养殖户是否最终采用新技术的"瓶颈"，影响农户技术改进的制约因素如图5-3所示。

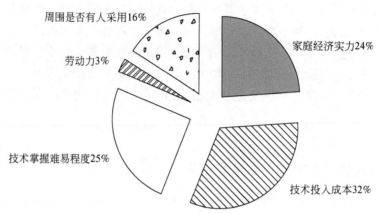

图 5-3　影响农户技术改进的制约因素

资料来源：根据国家水禽产业技术体系产业经济团队 2011 年养殖户调查问卷整理

综上所述，笔者认为，养殖户在技术的选择上，一般趋向选择投入较低、技术掌握较容易、能以家庭现有劳动力的最大节约为主的技术。因此，依据蛋鸭产业养殖户的生产生活实际，蛋鸭产业技术进步的类型选择应该是在产中环节选择劳动力偏向型的技术进步，即引导养殖户通过对养殖过程的精细化管理和养殖技术的提升与培训，来实现成本的降低和收益的增加，其中技术升级改造的成本越低越好、改进的技术越容易掌握越好。在产前和产后环节则依据企业产品的差异和消费需求的差别适度采取多重技术，选择农户共同推进的方式。企业依据自身的发展需要，选择技术和资本的投入，增强产业的进步门槛，同时降低产业的生产成本，其中，应更加重视资本偏向型的技术研发和创新，因为这是未来市场对企业的必然要求。在开放的市场背景下，企业要更加在意技术升级改造和通过资本运作来达到产业技术创新和规避产业风险的目的，蛋鸭产业技术进步发展类型选择结构图如图 5-4 所示。

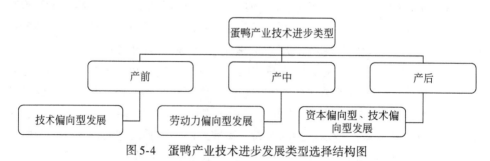

图 5-4　蛋鸭产业技术进步发展类型选择结构图

5.4

水禽产业技术提升策略

5.4.1 加强水禽产业的科技投入，引导产业发展的技术进步与更新

政府强有力的科技支撑和指导，是水禽产业健康、持续快速发展的重要动力，政府对水禽产业科技方面的投入，带动着整个产业的发展。例如，农业部2006 年在现代农业产业技术体系中组建水禽产业技术体系，并在全国范围内设立水禽综合试验站和岗位科学家，使得水禽产业相关技术创新有了平台支撑，技术服务有了依托主体，水禽产业技术体系覆盖了全国 21 个水禽主产省区，促进了水禽产业发展信息和技术的研发和推广。政府为水禽产业技术进步与更新提供的支持主要有以下几个方面：一是大力支持水禽自有品种育种及良种繁育，鼓励科研单位与企业加强技术攻关协作，全面提高水禽产业保种技术水平，支持地方建立水禽保种场、育种场及良种繁育场，保证水禽地方性良种得到有效的繁育和应用；二是严格进行疫病防治技术研发，建立完善的水禽疫病防疫监控体系，各级畜牧兽医部门为辖区水禽养殖户（场）免费提供禽病防治疫苗，指派专业技术人员进行疫病防治督导，定期对水禽养殖户（场）进行抽查，检查其疫病防疫设施条件、免疫程序和措施；三是政府免费对水禽产业参与者进行技术培训，为农户提供知识和技术服务，促进先进技术的推广和应用，加强产业参与者对先进技术的了解和掌握，提高企业员工和农民素质，提升劳动力投入使用效率，依靠科技进步全面提升产业竞争力。

5.4.2 引导和提高养殖户新技术采纳意愿以提升产业技术竞争力

产业的高科技含量已成为衡量产业发展水平的重要因素。水禽产业技术竞争力包括养殖、加工、流通等技术，以市场为导向，积极开展各类技术在产业中的推广和应用，对增加产品附加值、提升水禽产业竞争力、对水禽产业发展尤为重要。但是，在水禽新技术进步的养殖环节方面，将新技术推广应用于千家万户的生产中，才可以将技术转化为直接的生产力。因此，建议相关管理部门应在新农村、新经济的大环境下重视养殖户素质问题，进行职业教育与培训，提高养殖户对新型养殖技术的认知度和信任度；应继续加大对水禽养殖区交通等基础设施的建设，拓宽养殖户获取新信息的渠道，增强养殖户对水禽养

殖的信心和关注度；加大水禽养殖新技术的研发力度和宣传推广，保证水禽养殖中的新技术能扩散；政府应完善水禽产业相关政策法规，加大对水禽养殖业的补贴与支持力度，整合分散性养殖，促进养殖户新技术采纳意愿，全面提升水禽产业技术竞争力。

5.4.3 通过产业组织创新推动水禽产业技术进步

小规模分散经营、一盘散沙式的盲目竞争，对我国水禽产业而言显然是不合时宜的。市场竞争的压力已经迫使蛋鸭产业经营企业、专业生产合作社、水禽养殖户通过利益链环而紧密地结合起来。我国水禽产业在市场驱动下，通过组织创新与技术改进向规模化、专业化、集约化、现代化方向发展是其将来要选择的主要发展路径。未来的水禽产业组织形式演进与发展的路径必然是以龙头企业、合作社为主带动农户生产的组织演进路径，企业化、产业化、规模化、合作化将是主要的产业组织形式。水禽生产经营企业和合作社将是区域性的、综合性的，它不仅要为农户提供生产资料、产品收购、市场销售三方面的服务，还将在市场竞争中承担起技术服务、金融服务等还需要不断强化的组织服务功能。同时，还需要在行业协会、合作社组织的指导下，依据市场需求进行定额生产和计划生产，确立养殖户、合作社、龙头企业等不同经营者的市场地位，充分发挥政府在市场竞争中创造公平的竞争环境、对产业发展进行宏观控制和扶持的功能，使水禽产业组织结构更加合理、服务功能更加全面，技术进步得到组织保障。为此，第一，要以政府为主导，以产业化龙头企业和专业合作经济组织为依托，以政府的产业扶植政策和产业结构优化调整为契机，构建产业发展的目标体系、行业约束体系、市场应急体系等全局性的产业发展体系，规避产业风险，阻滞产业无序扩张和内耗，促进产业规范有序的扩张和发展。第二，要通过专业合作社和产业化经营龙头企业来组织生产，逐渐驱使个体散养方式的消亡和淘汰，避免低水平小规模养殖户的盲目进入和退出，以及在产业内部构成的无序竞争，防止产业波动，稳定产业规模。第三，要充分发挥合作社、中间商等连接性产业组织的积极作用，进一步发挥他们联系产业上下游生产及产业组织的能力和优势，使整个产业链条不断完善，产业链各环节的交易进一步内化，从而使交易成本降低、产业经营风险降低。第四，要注意维护养殖户的利益。我国水禽产业正好处在向专业化、规模化经营的转变阶段，养殖户的存在，有效地解决了产业发展对土地的需求、对固定资产投入的需求问题，养殖户信心和利益的保护是产业稳定持续发展的基础，也是技术进步的基础。

5.4.4 加强和完善水禽良种繁育体系建设，带动和促进水禽产业的技术进步

积极选育和推广水禽优良品种，是水禽产业发展的重要方面。建立和完善我国水禽的良种繁育体系，是今后一段时期我国水禽业发展的重点。以提高水禽生产能力、产品质量水平，增强市场竞争力为目标，建立与水禽产业结构优化调整、区域合理布局及不同生产方式相适应的水禽良种繁育体系，是促进水禽品种更新换代、全面带动产业技术进步、促使产业水平提升的关键，各地要以地方品种为主，在对地方品种资源进行保护和利用的基础上，根据市场需求，有针对性地引入外来品种或积极引入优秀外血，对地方性传统优质良种进行遗传改良，加大优良品种在品种选育和杂交配套等开发利用中的作用，形成具有我国水禽产品特色的良种及繁育推广体系，带动和促进整个产业的技术进步和发展。

5.4.5 努力提高水禽产品的精深加工技术，促进产品市场竞争力的提升

随着人们对食品多样性和健康化要求的提出，我国水禽必须提高产品的标准化、健康化程度，努力开展精深加工，提高加工水平，以促进整个产业市场的扩展和竞争力的提升。要以企业为主体、政府为指导、产学研有机结合为依托，积极研发水禽产品加工的新工艺和新产品，大力发展水禽产品的精深加工，带动国内外水禽市场，促进水禽产品的综合开发效益提升。目前，除传统的加工产品需要进一步提高产品质量和扩大市场份额外，涉农企业和政府要进一步加强水禽新产品的研究试验示范和推广应用，把产品精深加工作为刺激产品消费增长、带动产业发展及竞争力提升的重要措施，以及促进水禽产业化经营的核心。要不断改进加工工艺，改善生产设施和质量检测条件，提高加工产品的卫生质量，不断增加新的花色品种和产品中的技术含量，形成必要的产业发展门槛，增强产品的市场竞争力。积极开发快餐食品、加工半成品、鸭蛋的分级和包装处理等，充分挖掘水禽产业的生产潜力。

5.4.6 借鉴国际经验，制定行业技术标准和规范，保证产业发展有章可循

由于目前我国关于水禽产品质量安全的相关法律法规较少，一些大企业为适应国际市场需求，自行制定各类质量安全规范与标准，开展行业自律，实现产品安全。例如，北京金星鸭业制定了水禽产品质量安全标准及规范近百项，在北京

鸭的生产流程中设立了 120 多个关键控制点；其针对各环节均有详细记录，针对每一批鸭建立健康档案，并在生产流程中交接记录；从源头环节到终端销售，实行全员重视、严格把关、严密检测，监控产品质量安全；积极认真地组建了"食品安全疫病、药残控制体系，产品质量保障体系和化验检测体系等三大质量保障体系"，加强了产业链监管，实现了从源头到餐桌全程质量监控。但是，从整个水禽产业来看，目前尚无全国统一的产品质量安全标准，应积极组织制定与完善。在制定中国行业生产技术规范、严格操作流程和产品质量安全标准时，应与国际标准接轨，借鉴国际先进技术、法规和标准，形成统一行业标准，提升产品质量安全，为水禽产品外贸和消费市场扩展奠定基础。只有制定合理统一的、与国际接轨的行业标准和规范，加强产业自身对生产、加工、销售的监测工作，保证各个环节有章可循，有据可依，生产优质、安全、无疾病、低（无）残留的食品，真正实现我国水禽生产过程的标准化和无公害化，保证水禽食品安全，才能促进水禽产业持续健康发展。

为此，各个水禽产业组织一定要加深与国际机构的合作交流，制定行业标准和规范，进一步完善我国水禽产业产品质量安全控制和监督体系，提高国内质量控制水平，尽快与国际化水平接轨，以便用标准化、国际化的准则提升水禽产业竞争力。

第 **6** 章

　　水禽产业从市场内部可以细分为肉鸭、蛋鸭、鹅三类，在任何产业发展以市场为导向的背景下，明确产业的市场分布及在市场中的地位，认真研究产业发展中的生产、流通、消费、分配四大环节中的流通问题，特别是企业的物流模式选择问题，对于产业在市场经济中稳步发展、更好地适应"互联网+"时代的到来，具有十分重要的意义。

6.1

水禽产品市场分布概况

市场分布从某种意义上讲，主要研究市场上所进行交换的产品从哪儿来、生产供给到什么地方、哪些地方和群体在消费。消费量及与供给的吻合程度，以及该产品的市场前景、市场地位等。

6.1.1 肉鸭的市场分布状况及前景

中国是世界水禽第一生产与消费大国，在国内市场上，肉鸭占有十分重要的地位。据国家水禽产业技术体系产业经济研究团队对全国 21 个水禽主产省区统计，2010～2014 年全国水禽主产区水禽产业总产值一直保持在 1500 亿元左右，其中 2014 年肉鸭出栏量达 31.05 亿只，产肉量达 930 万吨，年总产值约为 829 亿元。同时在国际贸易中，中国依然是世界肉鸭产品第一出口大国，2012 年出口鸭肉制品 17200 吨，出口额约为 1.0 亿美元，出口量占世界的 1/4，鸭绒、鹅绒及其制品的贸易额约为 20 亿美元，出口占 90% 以上。水禽产业从内部细分，可以分为肉鸭、蛋鸭、鹅三类，三大类产品既具有生产条件要求、市场供求、经营方式方面的共性，也具有相对独立的个性，其市场分布主要是国内市场及国内的长江沿线及长江以南地区的区域性市场。目前我国肉鸭产品人均占有量居世界第一位，高达人均 5 千克，而欧盟国家等的人均消费量仅为 0.6 千克，是中国人均的 12%，在一定程度上反映出国际市场前景无比广阔，国际市场的开发非常重要而且必要。另外，据国家水禽产业体系经济学研究团队调查统计，受 2013 年媒体报导人患 H7N9 禽流感事件风波平静后，2014 年全国水禽市场的行情回暖，市场需求量在不断增加。在水禽产品需求增加的影响下，水禽产品平均批发价格也恢复到正常水平。同时，在受 2013 年媒体报导人患 H7N9 禽流感事件冲击后，多数不成规模的散户养殖被市场所淘汰，具有规模的养殖户生产积极性被保留而且仍然较高，多数企业已经扭转了因媒体报导人患 H7N9 禽流感事件冲击带来的不利局面，逐步实现转亏为盈。总体来说，目前水禽产品市场行情处于比较好的市场态势，未来的水禽产业发展市场行情比较乐观。

6.1.2 蛋鸭的市场分布状况

我国水禽养殖历史悠久，其中蛋鸭养殖历史可以追溯到公元前 500 年，是世界上蛋鸭养殖历史最悠久、养殖量最大的区域。根据联合国粮食及农业组织统计，2010 年我国蛋鸭的存栏量占世界总量的 85% 以上，年存栏蛋鸭在 3.5 亿只以上，鸭蛋产量超过 550 万吨。据水禽产业经济研究团队依托国家水禽产业技术体系的各个综合试验站对全国 21 个水禽主产省（市、区）的调查统计，我国蛋鸭养殖主要分布在湖北、湖南、江西、江苏、浙江、安徽、山东、广东、广西、重庆、四川、河北、云南、贵州、陕西等，而蛋品消费市场几乎遍及全国。2011 年，我国蛋鸭存栏 2.4 亿只，产蛋 278 万吨；2012 年蛋鸭存栏 3.16 亿只，产蛋 258 万吨。2014 年蛋鸭存栏 1.94 亿只，产蛋 269.7 万吨，产值达到 359.11 亿元。蛋鸭养殖作为农户一项传统的投资相对较少、进入门槛相对较低，而见效却相对较快、投入产出比较高的产业，一直为广大的养殖户所青睐，成为养殖户现金收入的重要途径之一。然而，我国目前的蛋鸭养殖现状是蛋鸭育种、饲料配置、疫病防控技术落后；蛋鸭产品加工工艺陈旧、工业化程度低、品牌建设滞后；饲养设施简陋、饲养方式落后，不仅影响了蛋鸭养殖的经济效益，还带来了严重的环境污染和食品安全隐患。特别是一直以来蛋鸭养殖业的周期性市场波动，使得蛋鸭养殖市场长期处于不稳定状态，造成蛋鸭养殖企业和农户收益不稳定，严重制约了蛋鸭养殖规模的扩张。

6.1.3 鹅产业的市场分布状况

鹅产业是我国重要的水禽养殖产业之一，年出栏量占世界总出栏量的 90% 以上，总产值超过 400 亿元。然而，我国鹅产业分布狭窄，养殖主要以农户散养和小规模圈养为主，大型的养殖企业较少，规模化、标准化、设施化生产水平较低，导致产业经济效益偏低、技术更新换代缓慢、防疫抗灾水平落后，加之市场需求的强地域性和生产区域与消费区域的错位，以及鹅本身相对较低的繁殖能力，严重制约了鹅产业的进一步发展。亟待通过鹅产业的发展现状分析、国内外市场竞争态势分析、产业综合竞争力评价、重点企业发展潜能分析、产业竞争力提升的配套政策体系构建，系统开展鹅产业竞争力提升与配套政策研究，为政府培育和壮大养鹅龙头企业，提升产业的整体市场竞争力，提供决策依据和政策建议。近年来，世界家禽业稳步发展，无论是家禽的饲养量，还是禽蛋、肉产量及人均占有量都呈明显上升趋势。但是据联合国粮食及农业组织数据，目前世界家禽饲养中鸡占 85% 以上，鸭、鹅占 10% 左右，而其中鹅的饲养量绝大部分在中国，占到世界饲养量的 90%，根据中国畜牧业协会的报告，全球 2009 年肉鹅出栏量为 6.47 亿只。其中我国出栏 6.05 亿只，占世界总出栏量的 93.5%，占亚洲出栏量的 99.2%。我国 2009 年鹅肉产量约为 148 万吨，产值约为 350 亿元，鹅肉产量占全球的 94.36%，而欧盟占 2.56%，非洲占 2.18%。据国家水禽产业技术体系产业经济学团队对全国 21 个水禽主产省（市、区）统计，2010 年全国肉鹅存栏 1.52 亿只，出栏 4.20 亿只，产肉 124.8 万吨，产值为 280 亿元；2014 年存栏 1.47 亿只，出栏 3.95 亿只，产肉 158.0 万吨，产值为 330.12 亿元。根据以上数据，很多学者认为，我国是养鹅大国，是世界上养鹅数量最多的国家，但我国并不是养鹅强国，尽管近几年来存栏、出栏数量减少，产肉产量和产值有所增加，生产水平有所提高，但还未能达到世界先进水平，在国内市场占有率方面鹅产业也远低于同类其他家禽产业。我国鹅产业主要以农户散养为主，产业化规模化程度低，千家万户的小农户散养加起来可以达到世界第一的养殖数量，但是却无法提高产业竞争力，无法保证产业持续健康发展。从国际贸易方面看，我国肉鹅产品国际贸易的比例也非常小，远不是国际贸易的强国。

6.1.4　世界水禽市场分布及中国在世界水禽市场上的重要地位

依据中国畜牧业协会与联合国粮食及农业组织提供的数据分析及对我国水禽产业市场供求关系推算，2014 年世界肉鸭出栏量约为 44 亿只，亚洲约占 90.23%，欧洲约占 6.8%，美洲与非洲约占 3%。2014 年中国肉鸭出栏量为 31.05 亿只，约占世界总出栏量的 70.6%。全世界肉鸭出栏量排名前 10 位的国家是中国、越南、法国、缅甸、泰国、马来西亚、印度尼西亚、印度、韩国和德国。2014 年世界肉鹅出栏量维持在 5.1 亿只左右，与 2013 年相比相对稳定。其中，亚洲占 92.6%，欧洲占 5.1%，美洲与非洲占 2.3%。中国依然是世界上肉鹅出栏量最多的国家，占世界出栏量的 80% 以上，其后是埃及、意大利、马达加斯加、波兰、匈牙利、以色列和法国。

从世界水禽总出栏量的格局来看，中国水禽总出栏量是亚洲地区及世界水禽总出栏量的主要构成部分，而欧洲和美洲水禽总出栏量也在中国之后，从 1980 ~ 2013 年世界水禽总出栏量的平均值来看，中国水禽总出栏量平均占世界水禽总出栏量的 66.28%，平均占亚洲水禽总出栏量的 75.42%，就 2013 年世界水禽总出栏量的情况来看，中国水禽总出栏量占世界水禽总出栏量的 67.43%，占亚洲水禽总出栏量的 75.43%，如图 6-1 所示。从世界水禽产肉量的格局来看，世界鸭肉、鹅肉与中国鸭肉、鹅肉产量都保持了相对稳定的增长趋势；从 1980 ~ 2012 年世界水禽产肉量的平均值来看，中国鸭肉产量平均占世界鸭肉产量的 60.77%，中国鹅肉产量平均占世界鹅肉产量的 91.26%，这也说明了中国鹅肉量长期占世界鹅肉产量的 90% 以上，就 2012 年世界鸭肉、鹅肉产量来看，中国鸭肉产量占世界鸭肉产量的 68.57%，中国鹅肉产量占世界鹅肉产量的 95.54%，如图 6-2 所示。中国水禽生产及产量在世界水禽产业及市场中占有重要的地位。

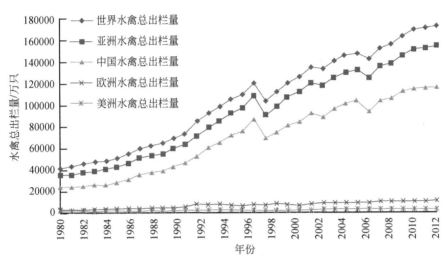

图6-1 1980~2013年中国水禽出栏量与世界、亚洲、欧洲、美洲总出栏量对比图
数据来源：联合国粮食及农业组织

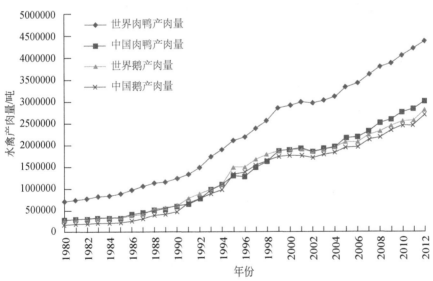

图6-2 1980~2012年中国水禽产肉量与世界总量对比图
数据来源：联合国粮食及农业组织

6.2

水禽产品物流模式分析

水禽产品物流事关水禽产品的市场流通，是水禽产品接受市场调节、更好地参与市场竞争不可或缺的环节，良好的物流模式不仅有利于企业经营效益的提高，也有利于推动产业更广泛的分布和发展，所以，有必要针对水禽产业和水禽经营企业的实际对水禽物流模式进行分析与选择。

6.2.1 水禽企业物流模式选择的重要性和必要性

21世纪水禽企业之间竞争不仅包括价格或成本的竞争，而且包括物流的竞争，先进的物流管理和合适的物流模式成为现代水禽企业发展战略的重要内容。

1）有利于降低水禽企业的物流成本。水禽企业选择适合于本企业发展的物流模式，有利于降低物流成本，提高水禽企业竞争力。物流活动贯穿水禽企业经营活动的始终，物流费用的高低直接影响水禽企业利润的多少。

2）有利于提升水禽企业的核心竞争力。现代物流已经成为水禽企业生产营销活动的重要支撑力量，有利于水禽企业发挥核心竞争力，是水禽企业进入市场、实现市场导向、适应市场调节强有力的后盾，市场经济对水禽企业物流的新要求，迫使水禽企业积极调整本企业的物流及其模式。

3）可有效促进水禽产业物流业的发展。水禽企业现代物流的开展，不仅降低了本企业的物流成本、提高了物流效率，而且促进了整个水禽产业物流业和社会物流业的发展，有利于提升水禽产业链的效益。

高效合理的物流模式是保证水禽企业物流发挥效用的重要推动力，因此水禽企业选择适宜的物流模式是必然趋势，对促进水禽产业的发展具有重要的作用。

6.2.2 水禽企业物流现有模式概述与利弊分析

根据物流与水禽企业所属关系的不同，水禽企业的物流模式分为自营物流模式、第三方物流模式和物流联盟模式三种，三种物流模式的利弊对比如表6-1所示。

表6-1 三种物流模式的利弊对比

项目	自营物流模式	第三方物流模式	物流联盟模式
优势	充分利用企业现有物流资源；有利于控制业务和防止商业机密泄露；管理方便，信息沟通顺畅	有利于增强企业核心竞争力；有利于提高客户服务水平；提高物流效率，降低物流成本；巨大的社会效益	降低经营风险和不确定性；减少不必要的投资；获得物流技术和管理技术
劣势	增加企业投资负担和风险；物流专业化程度低，运作成本高；需要专业的物流管理人才	第三方物流不够成熟，物流服务能力水平有限；容易泄露商业机密；依赖性大，受制于人	选择、更换物流伙伴比较困难；合作伙伴之间的关系脆弱不稳定；运作不灵活
适用范围	水禽企业规模大，具备较强物流服务能力；水禽企业要求稳定，避免波动	水禽企业自身经营能力有限；物流并非水禽企业的核心业务；水禽企业对物流的控制要求较低	水禽企业之间具有可共享的物流资源；本地区各水禽企业有共同的物流服务需求

6.2.2.1 自营物流模式

自营物流模式是指水禽企业自身建立一套物流体系，经营物流业务，成立全资或控股的物流子公司。自营物流有两种表现形式，一种是水禽企业通过资源和功能的整合，成立对本企业物流进行一体化管理的物流部门；另一种是水禽企业根据专业化分工，将水禽企业的物流资源从主体中剥离出来，成立物流子公司，为水禽企业提供专业的物流服务。

自营物流模式的优点是水禽企业直接控制物流环节和客户，盘活水禽企业原有的资产，避免商业机密的泄露，降低交易成本，有利于推进客户关系管理，提高水禽企业的品牌价值，针对性和稳定性强，如果物流服务形成规模，还可以参加到社会物流的竞争中，成为水禽企业发展的新的经济增长点。

自营物流模式的缺点是投资多，风险大，水禽企业内部管理成本高，资产利用率的波动幅度大，降低了水禽物流的专业化水平，管理机制约束，存在跨行业经营的风险，容易造成成本沉没，需要专业的物流管理人才入驻。

对于规模较大、资金实力较强、要求稳定的水禽企业，可以选择自营物流模式，有利于水禽企业掌握对客户和物流的控制权，确保本企业能获取长期稳定的利润，但受专业化水平的限制，物流效率不高，且存在成本沉没的风险。

6.2.2.2 第三方物流模式

第三方物流模式是水禽企业通过合同或契约的形式，在一定的期限内，将部分或全部的物流活动委托给专业的物流公司。第三方物流公司是水禽企业的战略同盟者，它既不拥有水禽产品，也不参加水禽产品的买卖，旨在为水禽企业提供专业化、标准化、信息化的物流服务。该模式有助于水禽企业合理配置内外资源，供应链上的任何一方都能专注发展核心业务，增强核心竞争力，换言之，水禽企业降低了物流成本，第三方物流企业保证了稳定的业务量，避免了设备闲置，获得了规模效益带来的成本降低，水禽企业跟第三方物流之间的合作，是一种长期的合作伙伴和双赢的互惠互利关系。

第三方物流模式的优点是可以使水禽企业精简部门，集中精力发展核心业务，减少固定资产投资，降低水禽企业运营成本和库存成本，甚至达到"零库存"，加速资本周转，使水禽企业能灵活运用新技术，降低资产专用性，增加水禽企业的柔性，改善水禽产业链，提供灵活多样的顾客服务，提高企业竞争力。

第三方物流模式的缺点是水禽企业的经营受制于第三方物流，对信用体系要求较高，容易造成商业机密的泄露，当前我国第三方物流还不够成熟，物流服务能力水平有限，服务形式过于单一，服务质量不高。

对于自身物流管理能力和资源有限的水禽企业，物流对水禽企业的发展至关重要，但不是水禽企业的核心业务，为减少固定资产投资、加速资本周转、提升水禽企业形象、提高水禽物流服务水平和效率、增强竞争力、水禽企业可采用第三方物流模式，获得更多的效用价值。

6.2.2.3 物流联盟模式

物流联盟模式是指为了实现既定的物流目标，两个或多个经济组织通过合同或契约的形式，形成优势互补、相互信任、共担风险的物流合作伙伴关系，目的是实现联盟参与方的共赢，具有相互依赖和强调合作等特点。该模式使分散的物流资源获得规模经济和物流效率，从企业效益上看，该模式减少了相关交易费用，集约化的运作降低了水禽企业的物流成本，从社会效益来看，由于两个或多个有共同物流需求的企业结成同盟，相互协调、统筹规划物流活动，有效减少了物流过程的重复劳动。

物流联盟模式的优点是降低水禽企业的物流成本，减少物流设施投入，降低水禽物流的风险和不确定性，获得一定的水禽物流技术及相应的管理技术，有利于发挥渠道优势和拓展经营领域。

物流联盟模式的缺点是冲击水禽企业主业的发展，降低物流专业化水平，较难选择或更换物流伙伴，物流联盟合作伙伴间的关系非常脆弱、容易解体，该模式运作过程缺乏灵活，适用于区域配送系统完善、物流规模较稳定的水禽企业。

自身物流技术有限的中小型水禽企业可采用物流联盟模式，与当地有共同物流需求的企业合作，获得规模效益和物流效率，如水禽企业在装运本企业禽肉时，也可装运猪肉、牛肉等有相同装运方式且范围相近的产品。

6.3

水禽典型企业六和集团物流模式选择

山东省六和集团有限公司成立于 1995 年，总部位于著名的海滨城市山东省青岛市，公司主营业务涉及饲料生产、食品加工、种禽繁育、进出口贸易、养殖担保等产业，产业结构以肉鸡、肉鸭两大产业链为主要构架，从原料—饲料—养殖—屠宰—深加工—分销—消费者的全过程不断优化产业链，致力于构建可追溯的全产业链以保证食品安全和产业安全。六和集团 2010 年销售收入 507 亿元，在青岛排名第三，六和集团近 4 年销售收入，保持了 25% 以上的年增长率，其中2010 年六和集团肉鸭年存栏 19116 万只，年出栏 95580 万只，年产肉量 230850万千克，年产值 1949830 万元。

六和集团现有 300 多家分（子）公司，5.6 万名员工（其中博士 40 人、硕士 360 人），2010 年生产饲料 1063 万吨，加工禽肉 156 万吨，孵化禽苗 2.4 亿只，宰鸭 3.6 亿只，水禽养殖方面有 11 家分公司，一个祖代鸭场 400 个单元（1个单元为 30 只公鸭、110 只母鸭），10 个父母代鸭场，养 1.9 万单元的父母代鸭，2011 年提供 1.5 亿只鸭苗，在水禽行业中排全国第 2 位。

2010 年六和集团在中国企业 500 强排行榜中名列第 157 位、中国制造业 500强的第 72 位、中国民营企业 500 强的第 16 位，先后荣获农业产业化国家重点龙头企业、中国肉类工业最具影响力品牌、中国肉类产业最具价值品牌等诸多荣誉称号。2005 年六和商标荣获"中国驰名商标"，2009 年六和集团技术中心通过"国家认定企业技术中心"评审，2011 年集团质量安全检测中心也通过了国家实验室的认可。

"为耕者谋利，为食者造福"是六和集团的发展愿景，公司坚持"善、干、学、和"的核心价值理念，以"打造世界级农牧企业"为发展目标，六和产业链以养殖户为中心，养殖担保公司与种鸭厂、饲料厂、兽药厂、冷藏厂紧密配合，为养殖户提供"一站式"服务，促进产业链各环节价值的最大化，六和集团与养殖户联动的产业经营模式，实现了企业与养殖户的互惠互利，推动了水禽的标准化养殖进程，产品质量可靠有保障，有效推动了水禽产业的稳定持续发展，提供了更加安全、健康的平民化水禽产品。

6.3.1　水禽企业物流模式选择的影响因素

国外针对企业物流模式选择的分析研究较多，最有影响力的是美国物流专家 Ballow 提出的 Ballow 模型：物流对于企业成功的重要程度和企业管理物流的能力是决定物流模式选择的两个重要影响因素，Ballow 模型在水禽企业物流模式选择中的应用如图 6-3 所示。

图 6-3　Ballow 模型

如图 6-3 所示，按照物流对于水禽企业成功的重要程度和水禽企业管理物流的能力这两个因素的大小，分为四个象限：第 I 象限，物流对水禽企业重要性和水禽企业物流管理能力都高，适合采用自营物流模式；第 II 象限，物流对水禽企业重要性高，水禽企业物流管理能力低，适合选择第三方物流模式；第 III 象限，物流对水禽企业重要性和水禽企业物流管理能力都低，应该采用物流联盟模式；第 IV 象限，物流对水禽企业重要性低，水禽企业物流管理能力高，应该选择物流联盟模式，且充当物流伙伴的领导者。

水禽企业在进行物流模式决策时，除考虑以上两个主要因素外，还应根据自身需要和资源条件，综合考虑水禽企业的规模和实力、水禽企业的核心竞争力、水禽产品自身的物流特点、社会第三方物流的客户服务能力等因素。

1）水禽企业的规模和实力。水禽企业规模的大小意味着水禽企业资金实力的强弱，资金实力雄厚的水禽企业有能力建立自己的物流公司，可考虑采用自营物流模式，但水禽产品物流的特殊性，使得自营物流的水禽企业必然投入很大的精力和成本，风险较大。对于大多数的水禽企业，资金、设备、人员和管理水平等资源有限，可采用第三方物流模式，此时，水禽企业把资源用于核心业务上，将物流管理交给专业的第三方物流企业，可获得专业化、高水平的物流服务，可有效解决运输工具及仓储等问题，降低物流成本，提高企业竞争力，有利于社会物流资源的优化配置。

2）水禽企业的核心竞争力。物流对水禽企业生产经营各项活动的正常进行有很重要的影响，但物流环节不是水禽企业的核心竞争力。例如，山东省六和集团，主营业务是饲料生产、食品加工、种禽繁育、进出口贸易等，而不是物流，如果自建物流系统，势必会冲击主营业务，因此，最好的选择是实施第三方物流，将水禽物流交给专业的第三方物流企业管理，这样既不必担心物流冲击企业自身的主营业务，也不必担心物流系统影响企业发展，而且第三方物流由于实际上实行了物流服务外包，物流公司自身的利益驱动会对物流服务不断升级，从而促进水禽企业的整体发展。

3）水禽产品自身的物流特点。水禽产品的鲜活程度是决定其价值的重要指标，这大大增加了水禽运输、仓储、包装、装卸等环节的技术难度和物流成本，水禽物流对运输时间和交易环节的高要求，限制了运输半径和交易时间，必须尽量缩短流通时间，减少交易环节，降低损耗，与此同时，禽肉对物流空间和设备的要求也较高，要求冷藏车运输、冷库低温储存等，因此，对于水禽产品的物流，应采用专业的物流服务和短距离运输，可结合实际情况采用地区性的专业物流。

4）社会及第三方物流的客户服务能力。在选择物流模式时，第三方物流服务提供商能否为水禽企业提供所需要的物流服务至关重要，第三方物流的实力主要体现在物流服务的水平和价格上，包括物流设施和设备（尤其是冷藏车和冷库），信息化程度，物流技术，管理水平，员工素质，产品配送质量、到货时间、对客户需求的及时响应，客户满意度，配送准确率，服务可靠性等，这些都是衡量第三方物流企业服务能力的评价指标。与自营物流相比，在相同的价格水平下，第三方物流能够提供更好的物流服务，对水禽企业的生产运作过程起到明显的改善作用，降低水禽企业生产经营的综合成本，在相同的物流服务水平下，第三方物流能够大幅度地降低水禽企业物流成本。

6.3.2 决策流程法与物流模式选择

决策流程法的思路是，根据物流模式选择影响因素，首先针对各影响因素对需要选择物流模式的企业进行分析，然后进行现有三种物流模式的适用性对比，综合考虑，最后确定出合适的物流模式。其决策流程图如图6-4所示。

根据以上物流决策流程，这里仍以典型企业六和集团为对象，对其物流模式进行选择和决策。由于受到缺乏专业物流设施和物流人才的限制，六和集团自身对物流的管理能力一般，但是物流对整个六和集团的发展非常重要；六和集团是一家规模大、实力强的农业产业化大型龙头企业，有能力自己组建物流公司；六和集团主营业务是饲料生产、食品加工、种禽繁育、进出口贸易等产业，物流不

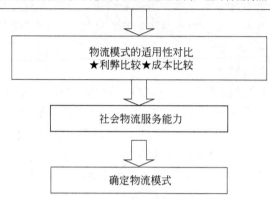

图 6-4　物流模式决策流程图

是六和集团的核心竞争力，其水禽产品对物流水平的要求高。

　　现阶段六和集团虽然有能力实现自营物流和组建自己的物流子公司，但为此付出的资金和人员投入成本较高，风险较大，故自营物流模式应谨慎采用；物流联盟的合作伙伴多为中小型规模企业，选择或更换物流联盟伙伴较难，故六和集团实行物流联盟模式的难度较大；水禽产品的鲜活特性对物流储运工具、到货时间、交易环节、运输半径、信息化的要求都较高，需要专业化的物流服务，且采用第三方物流模式时企业的投入成本不高。

　　目前山东省的第三方物流蓬勃发展，出现了多家实力较强的第三方物流企业，如山东济南佳怡物流有限公司，作为"中国物流百强企业""国家 AAAA 级综合物流企业"，佳怡物流拥有覆盖全省的无盲点配送体系、储运一体化的项目管理体系，车辆及运输管理控制能力强，具备高效配送的信息化保障等。由此可见，社会上具备了提供第三方物流服务的能力。

　　综上所述，六和集团适宜采用第三方物流模式。

6.3.3　基于层次分析法的水禽典型企业六和集团物流模式选择分析

6.3.3.1　层次分析法简介

　　层次分析法是一种将定性与定量分析结合起来的决策分析方法，由美国运筹学家 Saaty 在 20 世纪 70 年代提出，应用这种方法，复杂的问题被决策者分解成若干个层次和若干个因素，然后简单地比较和计算各因素，根据不同方案的权重，提供选择最佳方案的依据。

水禽企业物流模式选择要考虑的影响因素很多，涉及许多定性的分析，层次分析法将这些定性评价指标转化为层次模型中的比较因素，形成判断矩阵，将模糊定性的问题进行定量化处理，辅助水禽企业进行决策。另外，如需增加评价指标，则增加矩阵的阶数，若需调整评价指标的权重，则调整相关的系数矩阵，且考核结果以图表形式显示，一目了然。因此，将层次分析法应用在物流模式的选择中具有一定的实用性和科学性。

应用层次分析法的过程中，定量地描述任意两个方案对某一准则的相对优越程度是判断定量化的关键，一般来说，将两个方案相对于单一准则进行比较，其优劣总是能够判断出来的。层次分析法采用 1~9 标度方法，不同情况的比较有不同的数量标度，判断矩阵标度及含义如表 6-2 所示。

表 6-2 判断矩阵标度及含义

标度	定义与说明
1	两个元素对某个属性具有同样的重要性
3	两个元素比较，一元素比另一元素稍微重要
5	两个元素比较，一元素比另一元素明显重要
7	两个元素比较，一元素比另一元素重要得多
9	两个元素比较，一元素比另一元素极端重要
2，4，6，8	表示需要在上述两个标准之间拆中时的标度
$1/b_{ij}$	两个元素的反比较

判断矩阵具有如下特征，即

$$b_{ii}=1, \qquad b_{ji}=1/b_{ij}, \qquad b_{ij}=b_{ik}/b_{jk}, \quad i，j，k=1，2，\cdots，n$$

判断矩阵中的 b_{ij} 根据资料数据、专家意见和系统分析人员的经验反复研究后确定。层次分析法的实际决策中，判断思维保持一致性十分重要，只有矩阵中的 b_{ij} 满足上述三个关系式时，才能说明判断矩阵具有完全的一致性。

判断矩阵一致性指标（Consistency Index，CI）为

$$CI = \frac{\lambda_{max} - n}{n - 1}$$

CI 的值越大，表示判断矩阵偏离完全一致性的程度越大，CI 的值越小，表示判断矩阵越接近于完全一致性。一般情况下，判断矩阵的阶数 n 越大，人为因

素造成的偏离 CI 的值越大，n 越小，人为因素造成的偏离 CI 的值越小。

对于多阶判断矩阵，本书引入平均随机一致性指标（random index，RI），表 6-3 提供了 1-11 阶正互反矩阵计算 1000 次得到的平均随机一致性指标。

表 6-3 随机一致性指标 RI

n	1	2	3	4	5	6	7	8	9	10	11
RI	0	0	0.58	0.90	1.12	1.24	1.32	1.41	1.46	1.49	1.52

当 $n < 3$ 时，判断矩阵始终具有完全一致性。

判断矩阵一致性指标 CI 与同阶平均随机一致性指标 RI 之比称为随机一致性比率（consistency ratio，CR）

$$CR = \frac{CI}{RI}$$

当 CR<0.10 时，判断矩阵具有可以接受的一致性，当 CR≥0.10 时，表明判断矩阵是不一致的，需要调整和修正判断矩阵，重新进行各因素的重要性对比，产生新的判断矩阵，使其满足 CR<0.10，达到具有满意的一致性。

6.3.3.2 利用层次分析法选择典型水禽企业六和集团的物流模式

（1）确定物流模式选择的评价指标

立足于优化水禽产业链，提高六和集团物流运作效率、市场竞争力和经营收益，降低物流运营成本，提升水禽产品物流水平等，选择适宜物流模式所要达到的目标，在此从经济、技术、社会三个维度构建了水禽企业选择不同物流模式的评价指标。

1）经济性指标，即物流成本收益，主要包括运输费用、仓储费用、人员及管理费用、交易费用、资金周转、投资回报等。

2）技术性指标，即物流服务质量，主要包括产品配送质量、到货时间、对客户需求的及时响应、客户满意度、配送准确率、信息化水平、服务可靠性、经营风险等。

3）社会性指标，即物流社会效益，主要包括社会物流资源的优化配置与信息的共享等。

（2）构建递阶层次结构模型

根据层次分析法的基本原理，构建水禽企业物流模式选择的递阶层次模型，如图 6-5 所示。

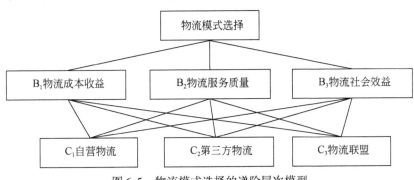

图 6-5　物流模式选择的递阶层次模型

（3）形成判断层次矩阵，进行一致性检验

将每一层中各因子对上一层因子的重要性影响程度进行两两比较判断，形成层次判断矩阵后进行一致性检验，应用的软件是 yaahp 0.5.2。

为了利用层次分析法能更好地进行水禽企业适合的物流模式的选择，水禽产业经济研究团队曾邀请了六和集团从事物流管理的多位专家依据判断矩阵标度及其含义进行打分评测，专家按照"三三制"原则，包括养殖事业部、肉食事业部、物流事业部的 9 位高、中、低层领导，且这些领导大都在六和工作满 3 年以上。

1）把物流专家对经济性指标（物流成本收益 B_1）、技术性指标（物流服务质量 B_2）、社会性指标（物流社会效益 B_3）相对于总目标（物流模式选择）重要性的打分结果进行平均处理和调整，计算得到评价指标相对于总目标的层次分析矩阵，如表 6-4 所示，进行一致性检验。

表 6-4　评价指标的层次矩阵

A	B_1	B_3	B_2	权重
B_1	1	3	1	0.4286
B_3	1/3	1	1/3	0.1429
B_2	1	3	1	0.4286

评价指标的层次分析矩阵中，$\lambda_{max} = 3.0000$，$CI = 0$，$RI = 0.58$，$CR = \dfrac{CI}{RI} = 0$ <0.10，该判断矩阵具有满意的一致性。

2）对各个物流模式进行层次分析。

①物流专家对自营物流模式 C_1、第三方物流模式 C_2、物流联盟模式 C_3 相对

于物流成本收益指标 B_1 的重要性进行打分评测所得到的结果，进行平均处理和调整，计算得到物流成本收益的层次分析矩阵，如表 6-5 所示，进行一致性检验。

表 6-5　物流成本收益的层次矩阵

B_1	C_2	C_1	C_3	权重
C_2	1	5	2	0.5816
C_1	1/5	1	1/3	0.1095
C_3	1/2	3	1	0.3090

物流成本收益的层次分析矩阵中，$\lambda_{max} = 3.0037$，$CI = 0.0036$，$RI = 0.58$，$CR = \dfrac{CI}{RI} = 0.006 < 0.10$，该判断矩阵具有满意的一致性。

②物流专家对自营物流模式 C_1、第三方物流模式 C_2、物流联盟模式 C_3 相对于物流社会效益指标 B_3 的重要性进行打分评测所得到的结果，进行平均处理和调整，计算得到物流社会效益的层次分析矩阵，如表 6-6 所示，进行一致性检验。

表 6-6　物流社会效益的层次矩阵

B_3	C_2	C_3	C_1	权重
C_2	1	2	6	0.5876
C_3	1/2	1	4	0.3234
C_1	1/6	1/4	1	0.0890

物流社会效益的层次分析矩阵中，$\lambda_{max} = 3.0092$，$CI = 0.0088$，$RI = 0.58$，$CR = \dfrac{CI}{RI} = 0.016 < 0.10$，该判断矩阵具有满意的一致性。

物流专家对自营物流模式 C_1、第三方物流模式 C_2、物流联盟模式 C_3 相对于物流服务质量指标 B_2 的重要性进行打分评测所得到的结果，进行平均处理和调整，计算得到物流服务质量的层次分析矩阵，如表 6-7 所示，进行一致性检验。

表 6-7 物流服务质量的层次矩阵

B_2	C_2	C_1	C_3	权重
C_2	1	3	2	0.5396
C_1	1/3	1	1/2	0.1634
C_3	1/2	2	1	0.2970

物流服务质量的层次分析矩阵中，$\lambda_{max} = 3.0092$，CI = 0.0088，RI = 0.58，$CR = \dfrac{CI}{RI} = 0.016 < 0.10$，该判断矩阵具有满意的一致性。

3）对表 6-4～表 6-7 的数据进行汇总，得到物流模式总层次排序表，见表 6-8。

表 6-8 物流模式总层次排序表

层次 C	B_1	B_2	B_3	层次 C 总	方案排序
	0.4286	0.4286	0.1429	排序权值	
C_1	0.1095	0.1634	0.0890	0.1297	3
C_2	0.5816	0.5396	0.5876	0.5644	1
C_3	0.3090	0.2970	0.3234	0.3059	2

4）对总排序进行一致性检验。

设层次 C 对于 B_j 的单排序一致性指标为 CI_j、平均随机一致性值指标为 RI_j，总排序随机一致性比率计算公式如下

$$CR = \frac{\sum_{j=1}^{3} B_j CI_j}{\sum_{j=1}^{3} B_j RI_j} = 0.011 < 0.10$$

显然，物流模式总排序具有满意的一致性。

经上述分析计算，六和集团选择自营物流模式的权重为 0.1297，选择第三方物流模式的权重为 0.5644，选择物流联盟模式的权重为 0.3059，因此，六和集团适宜采用的物流模式是第三方物流模式。

6.4
研究结论及对策建议

本节介绍了水禽企业现有的三种物流模式：自营物流模式、第三方物流模式和物流联盟模式，并依次进行了利弊分析，然后应用决策流程法和层次分析法，对水禽典型企业六和集团的水禽物流模式进行了选择优化，得出一致结论，六和集团适宜采用的物流模式是第三方物流模式，即与专业的第三方物流企业合作，联盟发展。

据水禽产业经济研究团队调查，在 2012 年以前六和集团采用的主要是传统外包型物流模式，这种模式与传统的运输、仓储业相比没有多少差别，运输、仓储企业管理过程简单，没有增加业务培训和专门添置设备，物流服务形式单一，存在一个很大的弊端是六和集团与运输、仓储企业之间缺乏协作，缺少沟通交流的信息平台，没有实现资源更大范围的优化配置和协调，从而造成了运力的浪费或不足、库存结构不合理等方方面面的问题。

面对水禽产业压力增大、物流成本相对较高的局势，六和集团选择了第三方物流模式，与专业第三方物流企业进行合作，通过合作，六和集团获得了专业第三方物流企业为其提供的标准化、信息化、系列化的物流服务，打通了产业链环节的"软阻塞"，实现了商流、物流、信息流、资金流的四流合一。

第三方物流模式使六和集团克服了原有模式的缺陷，物流信息高度共享和充分交流，六和集团与第三方物流企业之间相互协作、互惠互利共同发展，优化提升了水禽产品物流运作的整体操作和服务能力，大幅度降低了物流成本，提升了产业链效益，也有利于六和集团的品牌建设，提高了社会影响力，增加了水禽产品品牌的附加值。

6.4.1 建立健全的水禽产业技术服务和推广体系，用科技夯实产业基础，提升产业品质，保障水禽产业稳定发展和市场有效供给

1）建立完整、高效的水禽产业科研体系。注重科研理论性和生产应用性两者的结合，针对水禽养殖的各个环节创建技术标准，尤其是水禽良种繁育、疫病防治、生态养殖等方面的标准和模式创建，努力打造水禽健康养殖模式，保证水禽产品的市场稳定供给及产品的质量安全。除此之外，还要不断提升水禽产品的深加工技术，促进水禽产业链延伸，加大水禽生产者的收益空间，提升水禽产业

链整体的稳固性。

2）建立健全的水禽生产技术服务推广体系。健全的技术推广体系能够促进科技成果快速转化，是技术高效产出的有力保障。一方面，政府要联合水禽相关科研机构成立专门的生产技术推广部门，切实将技术送到养殖户手中，实现技术的纵向有效传播；另一方面，政府要努力提高养殖人员的综合素质，包括养殖技术水平、防御疫病水平、对低碳养殖的认知等，鼓励养殖户之间互相交流学习，实现技术的横向有效传播。通过技术进步，稳定市场供给。

6.4.2　提高水禽养殖的规模化程度，增强抗击市场风险的能力，防止市场的剧烈波动

目前，我国水禽产业发展初具规模，在全国范围内形成了较多典型的规模化养殖基地，但以家庭为单位的小规模养殖仍然在该产业中占一定的地位，特别是蛋鸭生产呈现出"小规模、大群体"的态势。相比规模化养殖模式，家庭式的经营生产模式由于缺乏规模效应所带来的成本优势而缺乏市场竞争力，利润空间狭小且抵御市场风险的能力十分薄弱。要真正能让广大养殖户成为市场经营主体，真正使水禽产业能有效地利用第三方物流等社会化服务体系，就必须加快水禽产业规模化发展，实现产业的标准化和市场化。第一，要加大对水禽龙头企业的扶持力度，作为实现水禽产业化的主力军，龙头企业有着强大的资金、生产加工能力以及市场优势，利用多种方式如建立合作社等能够在很大程度上吸引小农生产聚集，有效促进水禽生产实现规模化；第二，要利用政策激励机制，对水禽生产者进行相应鼓动，促进生产合作社等合作组织的有效形成，并充分发挥其在龙头企业和养殖户之间的桥梁作用，将"小规模、大群体"变成"大规模、无群体"、以龙头企业和养殖户为主要成员的独立的多样化合作组织；第三，加大对已形成的水禽生产合作组织的监管力度，运用法律工具切实保障水禽生产者的利益，保证合作组织的有效运行。

6.4.3　优化产业链建设，规范销售渠道，建立良好的利益分配机制，确保生产稳定和市场供需平衡

协调好企业与农户之间的利益关系、增强企业对农户的辐射带动能力，是水禽产业发展对产业组织的基本要求。为此，一方面要防止企业的垄断经营，另一方面要提高农户的养殖水平及诚信度，使水禽产业在走向市场化、规模化、现代化、产加销一体化的同时能够有效地带动地方经济发展和农民就业致富。目前，

大多数水禽生产加工企业最主要的目的是追求利润最大化，在出现市场风险时很少考虑养殖户利益，导致养殖户成为风险的主要承担者，这在很大程度上削弱了水禽养殖户的积极性，从而也动摇了市场稳定供给和进一步广泛分布的基础。水禽产业化经营和在市场经济背景下发展的重点应是建立一条高效合理的产业链，并确保产业环节的合理衔接以及利益的良好分配。所以，一要积极培育协会、合作社等行业组织，提高水禽生产经营的组织化程度；二要努力引导水禽养殖户与龙头企业之间建立稳定的合作关系，形成"风险共担、利益共享"的合作局面，促进企业对养殖者提供产前、产中、产后全方位的生产服务，这样在很大程度上既确保了农户自身的利益，又有利于生产稳定发展和市场稳定供给。另外，为了使水禽产业的生产、流通、消费各个市场环节有效对接，在水禽市场方面的建设要加大投资力度，努力打造高效规范的水禽物流体系和交易平台，降低市场交易费用，保障水禽产业的快速和稳定发展。

6.4.4 建立高效准确的产业信息平台，掌握准确的市场动态，有效规避市场风险

市场信息的不对称易于造成市场流通不畅、物流企业运作盲目和难度加大，易于导致水禽养殖户做出不符合市场态势的生产决策，很容易造成供需不平衡，加大市场价格的波动性。因此，建立高效准确的信息化平台对正确引导产业的发展、合理市场布局、产品物流畅通与市场供求平衡是极其重要的。第一，要加大对水禽价格监测系统的建设力度，增加监测点以保证信息的准确性，扩大监测范围，将水禽产业链条的生产、加工、销售等各环节的价格信息都包含其中，保证价格信息对生产及流通的有效引导；第二，利用互联网技术创建高效的信息平台，并要做好平台的维系和管理工作，确保其功能正常发挥；第三，要注重信息的有效传播和应用。通过专业人员的信息处理得出行业预报并及时发布，正确引导养殖户和加工企业安排生产活动，有效规避市场风险。

6.4.5 认真搞好国内市场细分，积极开拓国际市场

市场可以以区域性市场需求偏好而细分，也可以以不同的消费人群（年龄结构、收入结构、职业结构）而细分，要通过细分市场，的确使消费起到对产业发展的拉动作用。近几年，国内水禽市场的增速已经放缓，国内消费者对水禽产品的消费趋向多元化、时尚休闲化、绿色安全化，对水禽产品生产的要求

不断提高。水禽生产经营者需要根据消费者消费偏好的差异性细分国内水禽产品市场，并根据不同的细分市场确定不同的产品营销方式和销售策略；最大限度地减少信息不对称问题，提高消费者对水禽产品的品牌信誉和质量安全辨识度以及认可度，以期改善消费者对水禽产品的认知程度。同时要积极开发国际市场，世界其他国家水禽产业不发达，很多地方根本没有规模化的水禽生产。因此，国际市场有着广阔的发展空间，但是，国际水禽市场作为一片未开垦的处女地，有着复杂多变的国际市场环境，国内企业一方面要关注国际性的大市场，还要苦修内功，强化生产标准，积极与国际市场接轨，克服产业的质量安全问题及技术壁垒，提高产品质量，积极扩大水禽产品出口业务，走出中国，占领国际市场；另一方面要充分利用国际市场和资源，积极引进国际资源和设备，充分利用国际市场来平衡国内市场的供求和价格，使水禽产业真正走向国际化。

6.4.6　加强对相关替代品行业的市场监控，建立灵活的水禽产品市场反应体系

猪肉、鸡肉、牛羊肉产品消费仍是人们大众化生活消费的主导，对水禽产品有较强的替代作用，而水禽产品对它们的替代力相对较弱。例如，现实生活中，人们就餐时不会因为鸡肉价格高了而放弃鸡肉选择肉鸭，但当肉鸭价格相对鸡肉较高时，会选择鸡肉产品。由于水禽产业具有在猪肉、鸡肉等家畜家禽产业夹缝中生存与发展的特殊性，水禽产业相对其他家畜家禽产业的社会接受度还较小，故鸡肉、猪肉极易对鸭肉形成替代作用，但鸭肉对两者的替代作用则很小，说明肉鸭产业相对于其他畜禽产业还比较弱小。因此，水禽产业的管理及生产经营部门，应加强对相关替代品生产与供求的市场监控，建立灵活的市场反应体系，以预防相关替代品市场变化所带来的不利冲击。一是要充分利用水禽产品的成本价格优势，及时调整市场价格，提高市场价格竞争力；二是要充分利用第三方物流系统，调节产品的市场分布和市场投放；三是要充分发挥鸭肉生产周期短的优势，利用准确的市场信息调节生产规模与生产周期，与同类替代品产业错缝发展，以保证市场竞争力。

第 **7** 章

水禽市场及经营主体行为分析

市场经济活动的本质是通过对商品经营与交换来满足人们的需求，来调节社会经济资源在各产业部门的有效合理配置。在此过程中，市场经营主体的行为十分重要，它可以通过产品市场定价、向产业投资、参加产业组织、采用产业发展新技术、对产业兼并与重组、进行产品加工等一系列经营行为直接影响产业的发展。所以，对水禽产业发展研究，对其经营主体的行为分析十分必要。

蛋鸭产业是水禽中最传统的产业，历史上的水禽养殖和产品利用，都是以蛋鸭为主的，一般的水禽生产经营者都是先养鸭收蛋，再淘汰老鸭食肉，直到 20 世纪 90 年代，产业化、规模化养殖的兴起，国外适于快速长大的肉鸭品种的引入，肉鸭产业才从水禽产业中独立分离出来，可以说蛋鸭产业是水禽产业中产业链最全面、最复杂的产业，是经历市场经济影响最深刻、最长久的产业，是伴随着我国的市场经济发展而发展的产业。所以，我们研究市场经济中经营主体的行为就以蛋鸭产业中的市场经济主体为代表，进行其行为方式和影响等方面的分析。

7.1

蛋鸭产业布局及特征

生产决定市场供给，是市场经济发展的基础，生产经营是市场经济中各经营主体的主要经营对象和领域，研究水禽市场经济中各经营主体的行为，首先应对水禽产业发展的现状和特征有一个概况和了解。

7.1.1 蛋鸭产业布局与发展现状

我国是世界上蛋鸭养殖历史最悠久、养殖量最大的区域，蛋鸭养殖历史最早可以追溯到公元前500年。"竹外桃花三两枝，春江水暖鸭先知"描绘的就是我国古代春季南方万物复苏之季，鸭戏绿水的温馨画面。根据联合国粮食及农业组织统计，2010年我国蛋鸭的出栏量占世界总量的90%以上，存栏量由2000年的1.2亿只左右，发展到2010年的3.5亿只以上，较之2000年，出栏量翻了3倍，如图7-1所示，鸭蛋产量超过550万吨，蛋鸭产业的总产值突破1000亿元。带动与蛋鸭产业相关的农村劳动力就业1270万。经过多年的不懈努力，我国蛋鸭产业已经基本实现了民族化，形成了从种鸭饲养、鸭苗孵化、养殖、饲料加工、疫病防治，到蛋品加工销售、副产品深加工处理等完整的生产加工产业链。与蛋鸭产业相关的各产业生产环节全部集中在长江中下游及山东半岛地区，全世界的鸭

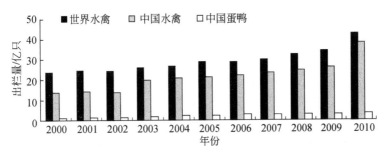

图7-1 2000~2011年中国蛋鸭与中国及世界水禽出栏量对比图

数据来源：依据FAO及水禽产业技术体系经济学统计数据整理[1]

---

[1] 本书的图表均来自国家水禽产业技术体系经济学调研统计数据及本书调研所得（特别标注出处的除外）。

蛋及其鸭蛋制品（皮蛋、咸蛋等）也基本以华人消费者为主。蛋鸭产业作为我国农村经济发展的重要产业之一，已经成为我国畜牧业发展的新的增长点，产业发展潜力巨大。蛋鸭养殖作为农户一项传统的投资相对较少、进入门槛相对较低，而见效却相对较快、投入产出比相对较高的产业，一直为广大的养殖农户所青睐，成为农民现金收入的重要来源之一。

长期以来，我国蛋鸭养殖基本是采用逐水而居的模式。因此长江流域及其以南地区的河汊湖泊、滩涂水塘集中的地域一直都是蛋鸭养殖的主要区域。近10年以来，随着产业结构的调整和技术进步，蛋鸭养殖区域呈现出"北扩南移、西进东突"的趋势（表7-1）。长江流域的浙江、安徽、湖北、湖南、江西、四川、重庆等传统养殖区，存栏常年保持在千万羽以上，依旧是我国蛋鸭养殖的重点区域，蛋鸭饲养量占全国的85%。南方蛋鸭的养殖规模也在不断地扩大，特别是福建、广东等省近年来蛋鸭养殖规模增长势头明显。而几乎不养殖蛋鸭的东北地区，从无到有，近十几年来蛋鸭的养殖量也在逐步增加。

表7-1　2011年全国蛋鸭主产区（15个省、自治区、直辖市）蛋鸭产业经济情况表

地区	年存栏量 /万羽	年出栏量 /万羽	年产肉量 /万千克	年产蛋量 /万枚	年产值 /万元
吉林	4.00	6.00	75.00	1200.00	840.00
上海	231.00			59829.00	38461.50
江苏	1923.07	1707.53		45688.25	
浙江	2450.00			650000.00	450000.00
安徽	1349.4	1155.27	1501.00	340117.00	243363.78
福建	4553.00			501455.00	431612.00
江西	2226.28	1890.96	2772.00	397057.50	20452.53
山东	2023.75	3826.23	7500.00	564500.00	
湖北	2280.00	1824	2736.00	638400.00	500636.00
湖南	2594			653285.00	539420.00
广东	3000.00			62000.00	68775.00
广西	30.00	27.00	37.80	6750.00	4725.00
海南	127.75	38.33	37.56	31938.30	20466.20
重庆	944.18	613.71	584.49	171480.29	151895.23
四川	213.70	72.50	213.70	30427.10	71655.67
小计	24000.13	11230.53	15411.77	4171377.44	3107902.91

7.1.2　蛋鸭产业布局与发展的特征

目前，我国蛋鸭养殖区域已经覆盖全国 25 个省区市，且随着产业的进一步发展，技术水平的不断提升，还将呈现出更为广泛的分布和集中分布的特点，我国蛋鸭养殖布局及 2012 年分省存栏量图如图 7-2 所示。即呈现依托资源优势、技术优势分布和区域性集中分布的特征。一是以水源地为中心的产业分布特点。蛋鸭产业对水资源的依赖性仍然较大，水资源条件相对充足的省份，产业集中度就高。例如，以长江流域充沛的水资源为依托形成的蛋鸭产业集中养殖带，养殖量占全国总量的 85% 以上。我国蛋鸭存栏量排名前 5 位的大省（湖南、湖北、安徽、江西、江苏）也分布在这一区域。二是以技术进步带动农户参与养殖的产业发展特点。我国农民历来就有发展种植、养殖等生产的习惯。随着蛋鸭养殖技术的提高，蛋鸭笼养、旱养等新型养殖方式的推广，近十年蛋鸭养殖已经在全国大部分地域迅速推广，使得我国北方、西南、西北等地区蛋鸭产业从无到有并且迅速发展，如山东、四川、海南、云南、贵州、广西、陕西、吉林等省，目前，都有蛋鸭饲养。三是以优势产业环节带动产业发展的生产带动型产业布局特征。例如，江汉平原区以蛋鸭产品加工业为中心，辐射带动蛋鸭养殖业及相关机械制

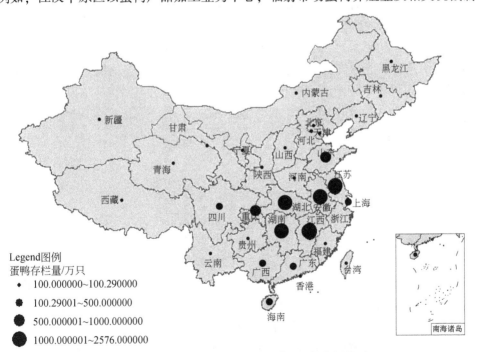

图 7-2　我国蛋鸭养殖布局及 2012 年分省存栏量图

造、饲料供给等辅助产业，并最终形成较为完整的蛋鸭养殖生产产业链；福建、浙江等地区以种鸭孵化为中心，带动蛋鸭养殖业发展的蛋鸭产业发展模式，都是以优势产业环节带动产业发展的。进入 21 世纪以来，我国蛋鸭产业所形成的以产品加工为中心，辐射带动蛋鸭养殖、机械制造、饲料加工、食品加工、种禽繁育、生物制药等多产业集聚、产业链较为完整的产业发展模式和所形成的以长江流域为中心，东部沿海和南部地区次之，西北、东北跟进并逐渐辐射全国的产业布局模式，都是我国蛋鸭产业技术进步及市场驱动的结果。

7.2

蛋鸭产业市场发育中存在的问题

2011 年，我国禽蛋市场鸭蛋消耗量突破 440 万吨，占禽蛋市场消费总量的 30% 左右，为近年来最高。这和我国居民收入及消费水平的提高、鸭蛋制品深加工技术的突破、市场占有率的提高等关系莫大。依据中国畜牧业协会的统计，2011 年我国鸭蛋产品消费已经占居民禽蛋消费总量的 1/3，并在高端定制市场、中端超市、农贸市场、批发市场等建立起较为完整的市场分级销售链。产品市场的不断拓展，为我国蛋鸭产业的发展创造了前所未有的市场机遇。但是，我国蛋鸭产业长期存在每 3~5 年为一个波动周期的周期性市场价格波动和生产规模波动。在一定程度上影响了产业的健康有序发展。2011 年，国家水禽产业体系产业经济团队调研了我国 15 个省区 600 余户养殖户和 154 家产品加工和种禽孵化企业，调研结论显示我国蛋鸭产业市场还存在一系列不利于产业发展、亟待解决的问题。

7.2.1 市场准入

市场准入门槛低，对产业发展的稳定性造成了巨大的困扰。我国蛋鸭养殖的市场准入门槛较低，一般农户有 3 万~5 万的流动资本，在湖边、河岸搭建一个简易的鸭棚，占地 1 亩以上的养殖区域就可以投入养殖了，且养殖周期也不长。因此，养殖户进入和退出蛋鸭养殖损失不大，所以进入和退出的随意性很大。加之蛋鸭产业提供给市场的产品主要是鸭蛋和淘汰蛋鸭及鸭肉，这些产品和其他农产品一样，属于需求弹性小、供给弹性大的商品，供给和需求之间不大的缺口极易导致产品价格的大幅度变化，并最终放大了市场信号，扩大市场供求矛盾。因此，我国蛋鸭市场长期存在农户随意的进入和退出行为，对蛋鸭产业的冲击很大。2011 年 10 月份以后，我国蛋鸭产业再次进入新一轮的产业低谷期，截至 2012 年 9 月，企业和农户基本处于亏损状态。依据在江汉平原的调查，截至 2012 年 8 月有持续 10 个月以上的亏损，使得蛋鸭的亏损额从最初的 3 元/只/月逐级上升到 8 元/只/月，养殖户每月平均亏损额为 5000 ~ 10000 元。农户 3 年的养殖收益顷刻间化为乌有，损失巨大，对蛋鸭养殖丧失了信心，以致超过 6 成以上的农户无奈选择空栏，退出了蛋鸭养殖业。这种现象对蛋鸭产业的打击是巨大的，既延缓了产业回暖期，也在无形中再次放大了下一轮的产业波动。

"零成本"的市场进出入门槛，在我国蛋鸭产业发展初期，对产业的发展扩张发挥了积极作用，但当市场进入成熟期，产业需要通过结构调整和升级、技术进步和规模效益等谋求更大的市场空间，获得更合理的产业利润时，这种没有代价的市场准入就会干扰产业的稳定，成为产业发展的瓶颈，是不利于产业稳定和产业水平提升的。

7.2.2 同质化

蛋鸭产品市场同质化现象严重，产业品牌推广、市场分级较差，对产业市场扩张极其不利。随着社会的进步和时代的发展，消费者对高蛋白、低脂肪、有机安全的食品越来越青睐，各种传统食品之间的相互替代竞争也越来越明显。经过近 30 年的发展，我国蛋鸭各种大小加工厂（作坊）等遍布大江南北，如江汉平原区就有大小 1217 家蛋鸭产品加工企业。在激烈的市场竞争中，我国的蛋鸭产业具备了产业布局广、知名品牌多、在居民食物消费中的增长幅度快等一些对产业发展利好的优势。但其劣势也是相当明显的，其中最大的隐患就是我国蛋鸭产业产品同质化现象严重，产品差异小。例如，湖北省虽然有"神丹""九珠""鱼米香"等诸多品牌，但它们提供给市场的不是咸鸭蛋就是皮蛋，并没有根本性或是可区别性的品牌品质差异，导致市场细分困难。更有甚者，有些经营者干脆直接依附当地地缘标识，滥用品牌。例如，湖北仙桃"沙湖咸蛋"因其独特的品质和口感、悠久的历史文化传承，一直是著名的地方特产。但是我们在调查中发现，仅沙湖镇就有大小 25 家企业生产"沙湖咸蛋"。这些企业原料来源标准不一，加工工艺各不相同，但却都使用同一个品牌——"沙湖咸蛋"。造成市场上咸蛋制品良莠不齐、包装各异、价格相近的成品到处都是，消费者难辨真伪。

我国南方和北方的居民对鸭蛋制品和鸭肉制品存在消费习惯上的差异，但全国各地以鸭肉、鸭蛋等为原材料制成的各种风味食品，并无本质差异。即使蜚声海内外的著名特产品，如"北京烤鸭""南京桂花鸭""汉味鸭脖""粤式烧鹅"、"高邮双黄蛋"等，虽然产品风味各异，各具特色，但传递给消费者的信息却是同质的鸭及其相关的熟食。并没有根据南北消费者不同的消费需求和习惯去打造区域性的品牌，也没有根据不同消费群体和消费水平拉开产品的档次，以致市场扩张受制。据产业技术体系经济学团队对市场的调查，超过45%的消费者对蛋鸭产品的认知仍然限定在土特产、节令食品上。除了时令、节令，一般不消费蛋鸭及其产品。试想而知，如果一个产业的产品不能被消费者认同为常规性消费品和必需品，其发展的空间和市场的扩展必然会受到影响。

在激烈的市场竞争中，蛋鸭产业产品的无差别化、同质化发展，必然会影响消费市场的开拓，加剧行业内部的竞争，导致产品交易成本提高，产业内耗损失巨大，从而影响产业的发展。鉴于此，我国蛋鸭产业需要提升其产品的差异化水平，提高产品的辨识度。要通过市场分级、分类的方式，开发不同层次的消费市场，进而去引领消费，创造消费理念，以此来开发和扩展蛋鸭产品市场，推动蛋鸭产业的发展。

7.2.3 市场集中度

蛋鸭产业较低的市场集中度，影响了产业的扩张。蛋鸭产品在根本上属于鲜活性农产品，生产布局有较强的区域性，因此其市场集中度不高，产业扩张困难。究其原因：①在产品性能上，鸭蛋及其鸭蛋制品存在储运成本高，消费具有一定的地域性和时令性，产品生产加工对水资源、气候环境有一定的要求，产品具有易破损、不耐储藏、需要冷链运输等产品属性上的弱势，使得产业扩展的成本高、难度大；②在业内企业的综合实力上，蛋鸭产业各企业间实力参差不齐，既有产值过亿的行业龙头老大，也有合作社经营的中小企业，还有作坊式生产的微型企业，产业市场集中度低下，产品竞争力不强，且较为分散，难以形成大的商机和与其他同类产品竞争市场份额的竞争力；③在产品的消费需求上，目前市场消费越来越呈现多样化、个性化等特征，消费市场细分越来越复杂，如果某一产业提供给消费市场的产品无差异化，不能适应市场层次细分和区位细分的需求，自然竞争力就越来越低下，发展就受阻；④在供求关系上，经过改革开放以来的快速发展，我国蛋鸭及其鸭蛋产品市场供求已经趋向饱和，市场已经进入买方市场为主的阶段，加之其产品的市场替代性和互补性强，产业发展不断受到替代产品的冲击和环境、技术、政策法规等因素的影响，外部市场竞争更加激烈；⑤在产业进入、退出壁垒上，蛋鸭产业长期存在固定资产投资少、专用性弱、产品加工技术科技含量低、养殖技术简单易学、养殖见效快等特点，使老企业较之新企业、规模化企业较之中小企业，并无明显的竞争优势，小企业、新企业易于进入，进而影响了产业的集中度和产业水平的提升。

蛋鸭产业及产品市场较低的集中度，决定了我国蛋鸭产业应该以区域性的产业发展模式为主，通过打造区域间差异化的生产结构、产品结构和消费市场结构，来形成蛋鸭产业的区域性市场，以提高蛋鸭产业及产品对替代产业和替代产品的市场竞争力，从而促进蛋鸭产业的发展。

7.3 结构变化对蛋鸭产业发展的影响

7.3.1 投资结构变化对产业发展的影响

按照畜牧业"十二五"规划的要求，到 2015 年全国畜禽规模养殖比重将提高 10%～15%，畜牧业产值占农、林、牧、渔业总产值的比重达到 36%。同时，还首次提出对畜牧业的金融支持，鼓励有条件的地方设立畜牧业贷款担保基金、担保公司，为养殖加工龙头企业融资提供服务。这将对我国蛋鸭行业集约化的发展产生利好的影响。虽然 2011 年以来，几乎所有的关于农业的政策都提及"鼓励兼并"，也就是集中度、集约化程度相对较高的大型企业才是政府和社会资本投资的重点，新的投资结构要求产业走向集约化和规范化。但是，蛋鸭养殖行业中，中小企业仍旧占据了较大比例的现实及其"一地碎片"式的行业现象和短期内将难以得到彻底改观的事实，都在告诉我们，行业寡头式的产业发展模式在蛋鸭产业发展中并不实际。因此，发展区域性的产业龙头企业，以区域性的产业龙头带动产业的发展、实现产业的规模发展、做大做强蛋鸭产业，将是我国未来蛋鸭产业的发展目标，也符合投资结构变化对产业发展的要求。

7.3.2 居民消费结构变化对产业发展的影响

随着城市化进程的加速推进、人民生活水平的提高，居民手中有了更多的可支配收入，带动了肉类消费数量的增加。强大的购买力使人们对生活的品质及食品的多样化提出了更高的要求，人民的消费结构开始发生变化。近二十年来，禽肉消费量增长幅度达到 87%，而传统的以粮食为主食的直接消费方式却呈现出1.17% 的负增长（表7-2）。市场对低脂肪、高蛋白的禽肉的需求量在不断增加，这在很大程度上促进了水禽市场的蓬勃发展，给中国蛋鸭产业提供了巨大的发展空间。

表7-2　我国城镇家庭居民人均食物消费情况表

品名	1990年/千克	2000年/千克	2010年/千克	1990~2000年变动幅度/%	2000~2010年变动幅度/%
粮食	130.72	82.31	81.35	-37.03	-1.17
蔬菜	138.70	114.74	116.11	-17.27	1.19
食用植物油	6.40	8.16	8.84	27.50	8.30
猪牛羊肉	21.74	20.06	24.51	-7.73	22.20
禽肉	3.42	5.44	10.21	59.06	87.70
蛋类	7.25	11.21	10.00	54.62	-10.80

注：数据来源为《中国统计年鉴》2010

近20年来，我国居民的消费结构变化巨大。仅在禽肉消费和禽蛋消费上，30年来持续增长，呈现直线上升的趋势，如图7-3所示。至2010年，居民禽肉消费总量较之1990年增长了近6倍，禽蛋消费总量较之1990年增长了近7倍。目前我国人均禽肉消费量已经超过10.21千克/年，禽蛋消费量超过10千克/年。随着居民对高蛋白、低脂肪食品消费需求的进一步增长，市场对禽肉、禽蛋制品的需求还将进一步增长。

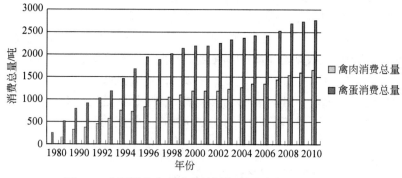

图7-3　我国居民禽肉消费总量与禽蛋消费总量对比图
数据来源：《中国畜牧业年鉴》（1980~2010）

但是，和鸡蛋产业相比，我国蛋鸭产业的增长幅度却并不理想。以1980年蛋产量为比较基数，禽蛋和鸡蛋产量增速在1996年之前几乎一致，此后鸡蛋产量增速略高于禽蛋产量。至2010年禽蛋产量是1980年的9.54倍，而鸡蛋产量是 1980 年的 10.16 倍，如图 7-4 所示。可见，我国蛋鸭产业最近 10 年以来养殖量虽然在不断攀升，但其增长幅度和速度均没有鸡蛋大。因此，蛋鸭产业的市场可开掘的空间仍然是巨大的。我国蛋鸭产业的前景应该是乐观的。

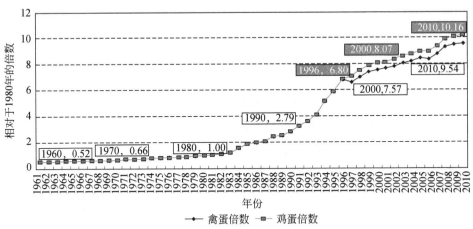

图 7-4　我国 40 年禽蛋和鸡蛋产量变化图
资料来源：中国畜牧网

7.4

蛋鸭产业及经营主体的市场行为分析

7.4.1　蛋鸭产业经营主体进入和退出市场的行为分析

一般来说，如果某一产业在较长时期内保持较高的平均利润率和市场需求增长率，即使该产业的进入壁垒很高，也会诱使新企业想方设法突破这些壁垒进入市场。与之相对，如果市场内现有企业在发现更好的盈利机会时会积极转产，若经营业绩不佳时会停产或转产，放弃生产或为该市场提供产品或服务，说明这一产业前景不佳，发展潜力不大。我国蛋鸭产业从 2000 年以来一直保持持续高增长的状态，这极大地刺激了企业加入蛋鸭养殖行业的积极性。而蛋鸭养殖一直沿用圈养模式，其养殖成本投入极低，农户养殖蛋鸭也几乎没有任何技术上的障碍，客观上促使了农户参与养殖的热情。于是，企业一般通过市场覆盖的方式积极参与到蛋鸭产业发展中，农户则以极低的养殖投入迅速地投入蛋鸭养殖行业。一旦市场有波动，这些企业选择转产其损失的沉没资本也相当有限，一部分的设备如厂房等可以迅速地投入其他行业中，如鸡产业、食品加工业等。足见，蛋鸭

171

产业的市场进入和退出的壁垒是很低的。市场竞争中，蛋鸭养殖生产加工企业为了降低该产业对潜在进入者的吸引，往往会采取相互协作，控制产业利润，形成过渡供给；增加广告投入，提高进入壁垒；控制价格，实行价格歧视等多重方式，以减少市场需求对潜在进入者的诱惑。

7.4.2 蛋鸭养殖户市场行为分析

7.4.2.1 养殖户的养殖规模及投入成本变动分析

依据国家水禽产业技术体系经济学团队对全国 15 个蛋鸭主产省 331 户规模蛋鸭养殖户的调查，显示如下基本的信息：①70% 的养殖户居住地周围没有专门的蛋鸭批发市场，30% 的养殖户居住地周围有专门的市场，距离养殖场所 5 公里之内；②养殖户销售基本依靠企业订单销售（约占 34%）、合作社联系销售（47%）和经销大户上门收购（约占 19%）3 种方式；③76% 的养殖户的销售价格在订单合同中有规定，不需要讨论价格，24% 的养殖户的销售价格是通过相互打听了解到的，养殖户从来没有过能自主决定价格的时机；④85% 的养殖户看好蛋鸭养殖的前景；⑤养殖场所固定投入为 17.04 万元，平均使用年限为 7.89 年，只均固定投入 1.54 元/年。养殖场平均占地 2.4 亩。足见，我国蛋鸭养殖户是在缺乏固定的鸭蛋等交易市场的情况下，采用订单农业或合作社销售等方式销售其产品的，养殖户基本没有接触消费市场的机会，无法直接参与终端市场的交易，这种境况下养殖户的利益是很难得到保障的，一旦市场出现波动，抗击波动能力最弱的必将是养殖户。特别是近几年来，蛋鸭养殖原材料价格持续上扬，蛋鸭养殖市场行情堪忧。

1）农户养殖规模。总体上，蛋鸭规模养殖户的养殖规模是逐年增加的，但是增加幅度并不大，稳定在 3000 只/年/批的规模。调查显示 2006 年全国规模养殖户的平均养殖规模为 2931 只/批/年，2011 年养殖量有所增加，为 3502 只/年/批，增长幅度不大，如图 7-5 所示。

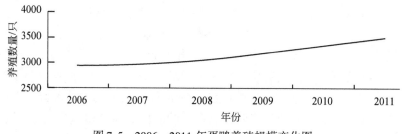

图 7-5　2006～2011 年蛋鸭养殖规模变化图

2）养殖流动资金投入变动。2006 年农户规模养殖平均养殖投入为 14.58 万元，2011 年其平均投入为 16.8 万元，投入增加 1.16 倍。2008 年是我国蛋鸭养殖行情 10 年来最火爆的一年，这一年农户的养殖投入的增长速度最快，达到 12%，如图 7-6 所示。这一年也是我国蛋鸭养殖受市场价格波动涨幅冲击最严重的一年，我国蛋鸭产业的市场转折点也是从这一年开始的。

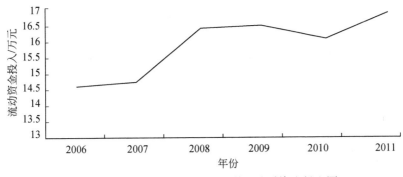

图 7-6 2006～2011 年农户蛋鸭养殖流动资金投入图

3）垫料价格变动。我国目前采用的蛋鸭养殖方式需要使用稻草、稻壳等作为垫料，其使用量为 4 千克/只。随着蛋鸭养殖规模的增长，畜牧业、农业生产的变动，稻草、稻壳的价格最近几年涨幅巨大。2006 年为 0.12 元/千克，到 2011 年为 0.70 元/千克，这样计算，一只蛋鸭每年的垫料消耗量由 0.48 元/只/年，增长到 2.8 元/只/年，上涨 5.83 倍，如图 7-7 所示。

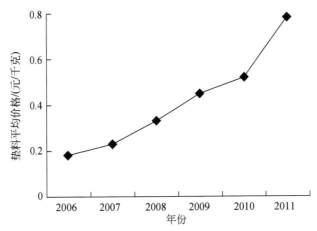

图 7-7 2006～2011 年蛋鸭养殖垫草料价格变化图

4）饲料价格变动。饲料投入占据养殖户全部流动资金的70%以上，一般养殖户很难拿出这部分资金用于生产。因此，生产过程中养殖户一般采用向合作收购鸭蛋的合作者（企业、合作社、大户等）赊欠的形式解决饲料和资金问题。即先由企业和中间组织购买饲料以赊欠的方式提供给组织内的成员，再通过企业或者中间组织收购养殖户的鸭蛋，采用定期结算的方式扣除饲料费用后，再付养殖户所得收益。这样，养殖户节约了大量的流动资金投入，能够相对便利地维持正常的生产。2006年蛋鸭饲料价格平均为2.36元/千克，2011年饲料价格涨至2.84元/千克，上涨1.2倍，如图7-8所示。一只蛋鸭每年大约消耗45千克饲料，具体而言一只鸭一年的饲料投入由2006年的106.2元，增长至127.8元，每只鸭将多投入21.6元，这样，养殖户每年的饲料投入又将会多增加近6万元。

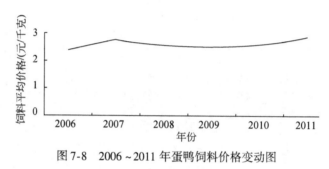

图7-8　2006~2011年蛋鸭饲料价格变动图

5）养殖场地租金投入变动。2006年，农村一亩闲置土地租金平均为400元/亩，2011年一亩地租金涨至1400元/亩，上涨3.5倍。养殖户6年间，平均养殖场所租金投入由960元/亩，增长至3360元/亩，如图7-9所示。

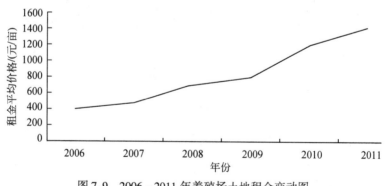

图7-9　2006~2011年养殖场土地租金变动图

6）养殖人工成本变动。调查显示当前我国规模以上养殖户平均劳动力为2.55人。2006年蛋鸭养殖劳动力价格为450元/人/月，2011年劳动力价格为

2200 元/人/月，上涨了 4.9 倍，如图 7-10 所示。

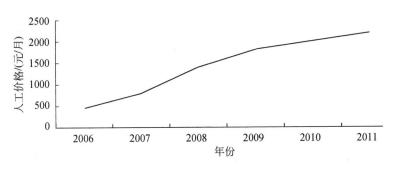

图 7-10　2006～2011 年蛋鸭养殖人工价格变动图

足见，近几年来，受原材料涨价、劳动力成本提高、市场波动等因素的影响，我国蛋鸭养殖成本逐年走高，利润率却越来越小，蛋鸭产业进入了高成本阶段。依据产业经济团队的调查，从 2005～2011 年 7 年间，圈养方式养殖蛋鸭的成本从 10 元/只增加到 55 元/只，成本增长了 5.5 倍。具体到各个基本成本构成元素：垫料等上涨了 5.83 倍；饲料价格上涨了 1.2 倍；人工上涨了 4.9 倍；土地租金上涨了 3.5 倍。而养殖收益却在震荡走低。2005 年蛋鸭养殖的投入回报率是 50%，2008 年蛋鸭养殖效益最高，其投入回报率达到了 70%。之后受多种经济因素的影响，蛋鸭养殖成本急剧增长，养殖收益不断下滑。2011 年 10 月以来，我国蛋鸭养殖进入冰点，长达一年以上的持续亏损，使得蛋鸭养殖呈现多养多亏、少养少亏的全面亏损状态。很多地方养殖户几年的利润，顷刻间化为乌有。成本的不断推高、养殖收益的持续下滑，使得我国蛋鸭养殖进入了高成本、低收益的发展抑制阶段，如图 7-11 所示。

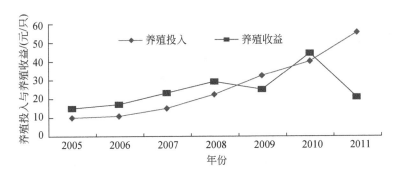

图 7-11　我国蛋鸭养殖 2005～2011 年养殖收益与养殖投入对比图

7.4.2.2　微笑曲线对养殖户市场利润分配及市场行为特征的解析

微笑曲线理论（smiling curve），是指国际分工模式由产品分工向要素分工的转变，也就是参与国际分工合作的企业，由生产最终产品转变为依据各自的要素禀赋，只完成最终产品形成过程中某个环节的工作。最终产品的生产，经过市场调研、创意形成、技术研发、模块制造与组装加工、市场营销、售后服务等环节，形成了一个微笑嘴型的完整链条曲线。在 1992 年，宏基创办人施振荣将"微笑曲线"加以修正，推出了施氏"产业微笑曲线"，以作为台湾产业中长期发展之策。在微笑嘴型曲线中，两端朝上，在产业链中，两端的研发、设计和销售行业等环节的产品附加值都高，处于中间环节的制造业的附加值相对较低甚至处于低谷。足见，中间环节都是缺少核心技术、资金、场地等的产品生产加工环节，它们是完全没有增值收益、完全依靠数量和规模的竞争获取最少的加工收益的环节。

一般来说，产业在制造加工环节付出的是以劳动力、水电等物化要素成本和简单活劳动成本为主支出，虽然也有投入，但可替代性极强。企业为争取市场，常常被迫压低制造生产环节的成本支出。而产业上、下游的研发环节和流通环节，其所投入的信息、技术、品牌、管理、人才等属知识密集要素，具备核心竞争力，具有不可替代性、难以复制、存在一定的壁垒。当然，面对复杂多变的市场，产业上、下游要承担的市场风险也会更大。处于最底层的生产环节只需要按照合同完成订单生产，即可分享利润，并不负责产品销售。它们生产的市场风险极低，所需承担的仅仅是来自生产的安全风险，而生产风险是可以通过严格的生产工序管理来规避并降至可以估算和预测的范围内的。依据成本与收益、风险与收益正相关性的原则，产业上、下游企业作为生产过程的最大投资者和最终产品销售的风险承担者，自然获得最大收益，成为收益最大者。同时，产业链上各环节创造的价值还会随着各种要素密集度的变化而变化。

蛋鸭产业链上各生产环节的生产与各经营主体的市场行为正好契合了这个"微笑曲线"。将蛋鸭产业链结构及利润分配的方式用微笑曲线来显示，如图 7-12 所示，可以发现，曲线左端（产业链上游）是种禽繁育、饲料加工等企业，随着技术、资本等的投入，逐步获得产业的核心技术研发能力和生产力。其在产业中的核心地位随之上升，产品的附加值会随着市场的变动不断增加，其产品的基本销售价格还会随着产品增值收益逐渐上升。即使市场出现波动，企业也完全有能力随时进行相应的调整。在曲线的右端（产业链下游）的产品加工和销售企业，随着品牌运作、销售渠道的建立，其产品的增值收益将牢固地附着在下游企业身上。随着品牌在消费者中认知度的不断提升，逐渐成为产品市场不可替代的龙头老大。处于弧线底部的是养殖户及其生产养殖环节，在生产中，养殖户付出的是自己的土地、劳动力等物化的成本要素，他们的收益是按照生产规模和数量的多少和与之合作的合作社及企业进行结算的。他们承受的是生产风险和与其他养殖户之间竞争的风险。承受来自上游企业和下游企业双重的价格挤压是显而易见的。即便随着产业化经营模式的调整，相当部分的养殖户已经完成了集约化生产转变成为合作社生产组织的一员，他们也只能是市场价格的被动接受者，而丝毫没有关于价格的任何发言权。因此，他们"出汗最多，拿钱最少"，生产过程技术含量低，无产品定价资格，而且相互逐渐竞争激烈，处于微笑曲线的最底层。可以预见，一旦养殖户发现无论怎样增加规模或追加投入都无法获利，那么退出蛋鸭产业就将是他们的必然选择。这会造成产业链断裂，最终受损的是蛋鸭产业。

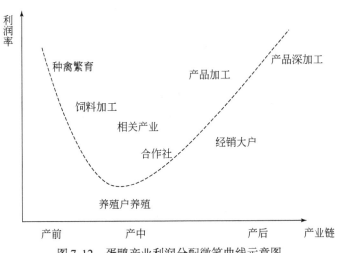

图 7-12　蛋鸭产业利润分配微笑曲线示意图

　　养殖户始终无法参与终端市场交易，在生产中又受制于其可支配的资金的限制，生产活动受企业和中间性组织的约束也较多。养殖户既没有足够的资本去参与饲料、种质等上游产业的生产活动，也无法使自己的产品成为市场交易的终极产品。从这个角度看，养殖户的生产养殖活动始终处于市场弱势地位。他们的市场参与度是较低的，几乎是被排斥在市场活动的主体之外的，处于产业市场活动的边缘地带，如图 7-13 所示。

　　因此，如何使养殖户能在产业市场交易中获得定价资格是养殖户市场参与度提高和养殖户收益得到保障的关键。最近几年，蛋鸭养殖生产的高投入和低收益现状，事实上已经表明了蛋鸭产业现有的组织生产模式使养殖户一直处于较为被动的局面。改变这种状况需要产业链各环节调整产业组织生产方式，减少产业链

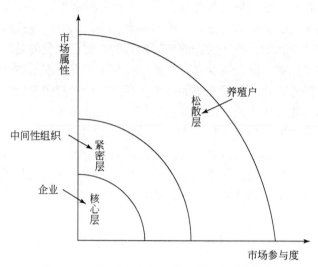

图 7-13　蛋鸭产业各组织的市场参与度层次图

分配的环节，促进下游产业利润的合理回流。同时，养殖户这种单纯依靠土地和劳动力入股组织生产的方式，也必须适当改变。可以适度地帮助养殖户提高市场参与度，增强他们的市场定价能力。如果养殖户市场主体地位得到加强，那么养殖户的市场行为能力也将获得改变和提高，这对改变养殖户现有的利益分配方式是有利的。

7.4.3　蛋鸭产业中生产、加工企业市场行为分析

企业的市场行为受市场结构的状态和特征的制约，并会反作用于市场结构，影响和改变市场的状态和特征。蛋鸭养殖生产、加工企业主要的市场行为体现在其市场竞争行为上。具体表现在价格行为和广告行为、新产品开发行为等非价格行为以及企业的横向、纵向兼并行为。

7.4.3.1　市场定价行为

在蛋鸭产业组织中加工企业一般通过企业集团或合作生产的方式组织其生产活动。在市场竞争中，具有一定市场份额和影响力的蛋鸭企业一般通过多重定价行为来实现其利润最大化的目标，同时又有效地阻止潜在竞争对手进入市场。大型的龙头企业参与蛋鸭养殖生产、加工的全产业链，获取绝对的产业优势并最终获得市场定价资格，是我国蛋鸭养殖加工企业最主要的价格行为方式。

一般情况下，企业都是以生产的某一个环节或产品为主要利润点，其价格首

先随着市场波动而变化。例如，一个生产集团通常会拥有种禽孵化和饲料加工及食品加工等多个生产环节，这样就可通过其在不同生产环节的不同利润水平调节和成本收益控制来实现对整个产业链的控制，最终实现其收益最大化，其价格由市场和企业共同决定。如果某一个生产环节的价格变动过大或其竞争特别激烈，挤压了其利润空间甚至出现亏损，企业也会在其他生产环节得利，并最终通过其他环节获得的超额利润实现产业整体利润的最大化。通过生产组织延长和占有长产业链的优势获取综合利润，是蛋鸭生产养殖及加工企业最常见的行为。一旦企业完善了产业链的建设、获得了占据全产业链的优势，凭借其开拓的市场份额和生产优势，企业将最终拥有市场价格的定价能力。它会采用限制性定价、掠夺性定价甚至价格歧视等一切的价格手段打击其他潜在的进入者，以此来遏制其他潜在的进入者。

7.4.3.2 市场竞争行为

蛋鸭产业企业主要的市场竞争行为表现在新产品开发、广告行为上。农产品是一种"经验品"，只有在消费之后才能知道其产品的味道、是否安全，以及市场接受程度。因此，在位的蛋鸭企业纷纷通过对新产品的研发，实行产品差别化措施，以吸引消费者。广告行为是企业在市场上采用的一种主要的非价格竞争的方式。在蛋鸭产业中，厂商采用广告的方式主要为了实现三个方面的目标。第一，扩大知名度，增加社会价值。现代公众的消费观中，对品牌形象、个性化差异、产品新颖性等产品非功能性的附加属性的追求会大于产品本身的价值追求。因此，面对日益激烈的市场竞争，广告宣传可以提升蛋鸭产品的知名度。例如，厂商一般会借助各种媒介对品牌的宣传，持续性地保持该品牌在消费者中的知名度。第二，诱导消费，降低搜寻成本，提升产品对市场的占有率。通过广告进行重复的信息诱导，可影响和作用消费者的消费结构。在通常情况下消费者对广告甄别能力显得非常主观，一般会认为参与广告营销的企业至少会在某些方面表现出自信和经济实力，因而通过一次广告可引发一次消费，并最终诱导重复购买行为的发生，培养一批具有一定品牌忠诚度的消费者。例如，市场上对"周黑鸭"的追逐及消费，使得该品牌迅速膨胀，成为市场上鸭肉熟食加工产品的龙头老大。第三，培育了价格竞争、抬升了进入壁垒。厂商的广告行为必然引发其生产成本的增加，对有意进入市场者形成一种进入壁垒。广告费用的投入最终变成企业的无形资产，同时，会对未做广告或广告较少的产品在市场上产生一定的排他作用。绝对优势明显的行业龙头老大甚至会拥有强制配销、决定产品价差等权限。

新产品开发是企业核心竞争力所在，也是厂商习惯采用的一种非价格的经营手段。其意义是对消费者需求造成影响，使其对某些厂商或者某些品牌产生消费偏好并为此愿意多支付现金，如此产业内的产品减少了可替代性，从而带来市场竞争的不完全性和寡占或垄断，并最终让企业具有一定的市场份额。例如，湖北神丹健康食品有限公司向市场推出的"健康蛋""保洁蛋"系列产品的产品研发市场行为。在向消费者推荐了健康消费理念的同时，也通过其开发的系列产品获得消费者的认可，在不到十年的时间里，使得"神丹"成为业界第一的蛋品加工企业。

7.4.3.3 横向、纵向兼并行为

蛋鸭产业的兼并行为促使蛋鸭产业扩张和产业链环迅速完善并不断延长，使得蛋鸭产业在不到 10 年的时间迅速占领我国禽蛋市场 30% 以上的份额。其一，是横向的兼并行为，它一般能使企业迅速地扩大生产规模，提高行业集中度，增加企业的经济效益和抗风险能力。蛋鸭养殖生产的地域性特征极强，因此厂商往往通过对蛋鸭生产某个环节的横向兼并，获得区域性的规模经济。纵向兼并行为，它一般是沿着产业链向上下游延伸，把不同生产经营环节的企业组织成一体。企业通常的做法是通过对区域内小型蛋鸭养殖饲料加工厂的兼并，获得对养殖户蛋鸭养殖饲料供给的优势，以此来扩大企业规模，实现其在蛋鸭养殖生产上的区域优势，并形成其对区域性市场份额的占有能力。例如，山东六合集团采用在每个县市建立饲料加工厂或兼并县市小型饲料加工厂的方式，迅速形成其在山东、河北、陕西等地的肉鸭养殖生产加工优势。其二，企业通过对产业内不同的产业链环的兼并实现了整个蛋鸭产业链的前向和后向的产业联系，并最终形成较为完整的区域性的产业链和产业优势。一个产业具有竞争优势的一个重要前提就是产品总成本的降低。蛋鸭产业发展中，厂商的这种纵向兼并，使得产业链各个环节形成流水线式的生产与合作，有效地减少了交易费用，减低了生产经营的成本和风险，从而使其获得了低成本比较优势。不仅如此，蛋鸭各个生产厂商通过各自主导产业的优势，还带动了区域内的其他相关的产业的发展，使得产业链不断延伸和交替。

7.4.3.4 辐射带动行为

有实力的水禽企业在某一地区发展起来以后，在自由竞争的市场背景下，会起到一种示范作用，最终这种示范作用，会变成一种辐射和带动，使产业在市场中壮大和发展。对一种产业也是如此，当产业中的某个关键环节发展起来以后，成为产业的主导。这个主导产业就会辐射、带动产业链条上的其他产业环节和相关环节，最终使产业得以壮大和发展（图7-14）。

图7-14 蛋鸭企业市场带动模式

我国水禽产业目前逐步形成了以食品加工、种禽繁育等产业发展环节为中心，带动水禽产业区域性发展的模式，其及所形成的产业间横向联系和产业集聚，正是产业中有实力的企业的市场辐射带动行为的结果。随着产业的集聚，各水禽养殖生产加工企业逐渐获得了市场发展的主体地位，并获得了来自主导产业之外的其他相关产业的利润，在使自身经济实力和市场能力强大的同时，也把对产业的辐射带动作用体现了出来。例如，以精武鸭脖、周黑鸭、小胡鸭等为主带动的水禽产品熟食加工业集聚的湖北产业市场；江苏桂花鸭加工为主带动的江苏蛋鸭产业市场；浙江种禽繁育为主的浙江种禽繁育市场；鸭产业市场相对集中的浙江、江苏所带动的羽绒加工市场、机械制造市场、包装材料市场等多种相关衍生、辐射产业的发展市场，都从各个不同的侧面体现了市场辐射带动行为促进产业发展的现实。

近十年来，我国蛋鸭产业形成了许多以优势产业为中心的产业集聚发展区域。这些地域既是我国蛋鸭产业化发展最集中的地区，也是我国蛋鸭养殖业发展最主要的地区，如以江汉平原地区为中心，形成的我国最大的蛋鸭养殖和蛋品加工区域。这一区域主要通过集聚的蛋品加工企业为中心，辐射带动区域内蛋鸭养殖产业的发展，并最终形成较为完整的蛋鸭产业链。这一区域的养殖量一直占全国蛋鸭养殖量的20%以上，总量一直保持在全国第三、第四的水平。其禽蛋制品加工也占全国总量的50%左右，而再制品出口量则占全国的1/7。在浙江、福建等省以种禽孵化为中心所形成的蛋种鸭养殖和繁育基地，已经成为我国鸭产业中不可缺少的部分，我国2/3的商品蛋种鸭由这一地域提供。再如以优质的生态环境为优势形成的江西、湖南、重庆等蛋鸭养殖生产区域，这一区域一直是我国传统的蛋鸭养殖主产区，其养殖量一直占全国总量的30%以上，目前这一区域以蛋鸭养殖为中心，逐渐辐射和带动相关产业发展，已发展成为我国南方地区最大的饲料加工、兽药品生产中心。

可见，企业的横向、纵向兼并行为和辐射带动是促使我国蛋鸭产业形成以优势产业为中心，向纵向延伸、向横向扩展的产业链完整的产业发展模式，也是促使其逐渐朝着规模化、产业化、现代化大发展的产业发展之路，在激烈的市场竞争中，我们应该引导和扶持这种市场行为。

7.5

蛋鸭市场销售行为分析

7.5.1 消费市场细分

蛋鸭产品一直都是以时令、节令农产品、地方特产的属性出现在消费市场的，因此，地理环境、人口规模、消费心理承受、消费行为习惯、消费收益因素等都会对企业的产品销售行为产生影响。除非企业有意忽略消费者彼此之间需求的差异性，不对市场进行细分。就消费者而言，消费市场细分的变量则至少包含了消费习惯、地区差异、社会文化等三方面。认真对消费市场细分，使自己的产品能良好地契合消费者习惯，这样的企业将最终获得更大的市场空间。

依据消费群体的消费特点、产品特点，蛋鸭产品的消费市场可以初步细分为经济型消费市场、潜力型消费市场。其中，经济型消费市场的对象是常态化的蛋品消费与熟食需求群体，他们对产品的价格与购买的便利性要求最大。潜力型消费市场的对象是需要产业去争取和开拓的市场群体，他们对产品的休闲功能与高品质的口感、产品的文化传承等提出更加苛刻的要求，他们要求产品具有绿色、低碳、健康、有机等特点，对食用的口感、方便性、食用方式等也提出变革性的要求。

作为身处激烈的市场竞争中的水禽企业，若能依据消费市场细分，合理地安排自己的生产，就可以有效地规避重复竞争和盲目发展，也能通过市场分级来满足消费需求的差异性，解决困扰产业发展的乱象。因此，企业一定要细分市场，以使自己能有目标地进入市场。作为在市场中起宏观调控和引导作用的政府，可以通过对养殖加工龙头企业的扶植和引导，把握产业发展的方向，引导潜力型市场消费；对于遍布在产区的作坊式加工则要通过加强工商管理、加大产品检验力度等多种方式来引导有能力的蛋鸭加工厂慢慢朝企业化、产业化发展，并能按照市场细分来规划自己的目标市场，以推动产业发展，而对于没有条件发展的企业和农户，让其逐步淘汰退出。

7.5.2　营销渠道选择行为

目前，我国从事蛋品加工生产的既有标准化的龙头企业，也有遍布的大大小小的作坊式的加工型工厂，并且这些作坊式的生产加工企业占企业总数的90%。在对蛋品加工最集中的江汉平原区的调查显示，该区共有蛋品加工企业1217家，其中产值过千万的企业仅267家，其他绝大多数是年利润在50万~100万、员工人数10人左右的作坊式加工工厂。企业的技术水准、资本能力、生产规模不同，其生产的产品品质和消费市场也会有层次的甄别，但大体上蛋品消费市场的营销渠道呈现"金字塔"型分布。处于最底层的是作坊式工厂、小型合作社、经销大户等。其营销渠道以各地的农贸批发市场或自营专卖为主，占领低端消费市场，统计显示60%的产品是通过农贸市场销售的。处于中间层的是正在蓬勃发展中的龙头企业和大型的食品加工厂，凭借标准化、规模化的生产优势，这些企业占领超市等中端销售市场，统计显示超市占领25%的市场份额。处于最顶层的是对产品品质等要求更高的高端定制市场和国际市场，统计显示这种高端市场可以以10%的市场容量获得整个蛋鸭产业市场30%以上的利润。近年来消费者对产品质量安全要求越来越高，消费者宁愿出高价买安全健康的产品也不愿出低价买不放心的产品，农产品销售高端定制服务市场日渐火爆。因此，开发高端定制服务市场，加大对蛋鸭产品绿色、有机等高端产品的研发和推广，是蛋鸭产业未来发展的方向。而产业长期以来所采取的以牺牲产品质量为代价而换取产品数量满足的生产发展模式则要逐步改革，要提倡适度规模和推崇优质产品，以赚取更大产业的利润。据此，本书构建了蛋鸭产业各不同产业规模企业营销渠道选择简图（图7-15），并分析认为合理的营销渠道的选择，能有效地规避产业市场相互倾轧的混乱现状，避免内耗造成的不必要损失，助力产业的健康发展。

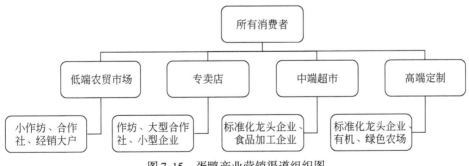

图 7-15　蛋鸭产业营销渠道组织图

第 **8** 章

水禽市场价格波动机制及其影响因素分析

水禽产品的市场价格是产业发展的晴雨表，它由产业部门内部的竞争形成，主要取决于水禽产品的价值和在市场上的供求状态。水禽产品的价格由于受到生产成本、生产技术、生产效率、生产经营环境、供求平衡状况等多种因素的影响，而经常发生波动，进而会给产业发展及生产带来影响和冲击。因而要发展水禽产业，必须正视水禽市场价格波动问题，认真分析市场价格波动产生的原因、形成机理及造成的影响，千方百计地减少价格波动，滤平风险、促进产业发展。

8.1

水禽价格运行特征与波动机制分析

8.1.1 价格运行特征

水禽产业具有饲养方便、技术壁垒低、产品安全性高等特点，近年来逐渐成为我国畜禽业中发展最迅猛的产业之一。目前，我国水禽产业已形成较有规模的产业化集群，总产值超过 1500 亿元，产业生产和经营逐步走向专业化、规模化、一体化，极大地促进了农民增收，成为我国现代农业重要的组成部分。但是近年来，水禽市场价格因受到各种因素的影响，呈现不断波动的态势，如图 8-1 所示，从 2003~2010 年，水禽价格一直处于波动状态中，价格的不稳定无论是对生产者还是消费者都会产生较大影响乃至行为变更，进而造成水禽产业的波动。因此，为促进水禽产业健康持续发展，有必要针对水禽市场价格，研究其波动的影响因素，掌握这些因素对价格的作用机理，从而提出有效的举措来避免价格波动对水禽产业发展的不利影响（注：本书所指水禽价格是指水禽活禽价格）。

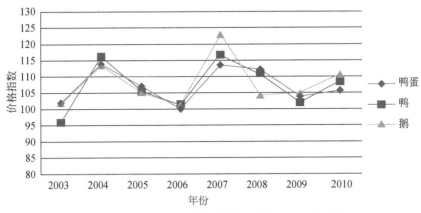

图 8-1　2003~2010 年水禽价格指数走势图（上年价格为 100）

数据来源：《中国农产品价格调查年鉴》

8.1.2 水禽价格波动机制分析

国内有学者认为农产品价格周期性波动的形成机理来自两个方面：一是内部传导机制，是指经济系统内部的结构特征，它是一种内部缓冲或者自我调节机制，反映了经济波动的"内生性"；二是外部冲击机制，是指经济系统外部导致系统发生不稳定的一种干扰变量。通过前面内容的分析可知，影响水禽价格波动的主要因素按其来源可以归类于内部传导因素和外部冲击因素，其中内部传导因素包括水禽的生产成本、生产者价格预期、生产者供给行为、产业结构等；外部冲击因素包括疫情等突发事件、替代品价格等因素，当这些因素发生变动时，会对水禽市场系统产生干扰和冲击，从而产生或加剧系统在内部传导机制作用下固有的规律性波动。市场价格的波动正是由于内外两种机制共同推动的，其作用机制如图8-2所示。

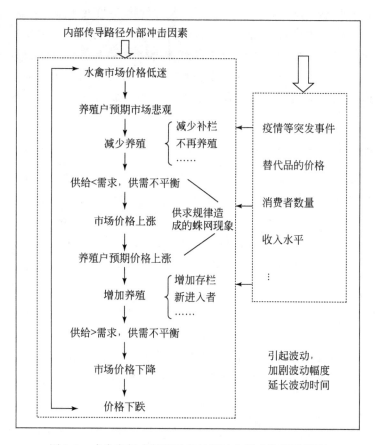

图 8-2　水禽市场内部传导和外部冲击影响作用机理图

8.2

鸭苗价格波动的周期性分析

水禽产品价格构成从成本角度分析,主要包括饲料价格、雏苗价格、圈舍等固定资产折旧价格、人工成本价格,其中雏苗价格占有重要位置,它既与种鸭数量、孵化技术有关,也与养殖生产和产品消费需求有关。2012年我国肉鸭出栏量约为40亿只,存栏量约为7亿只,按照鸭苗90%的成活率保守计算,我国2012年鸭苗产量约为53亿只,按照市场均价2.1元/只,2012年鸭苗产值约为111亿元人民币。将这53亿只鸭苗全部养成成品肉鸭出栏,若每个农户每年养7批,每批养3000只,需要近26万个农户用1年的时间辛苦完成,也就是说鸭苗价格及其供应直接关系到26万农户的生产经营及收益。此外,鸭苗作为肉鸭产业链中最底层的环节,不仅影响和支撑着全国13亿多人口的鸭产品消费,而且还关系到我国对日、韩、欧美及新加坡等地区的鸭产品出口。随着我国农业产业化的发展,随着肉鸭产业链的延伸与拓展,鸭苗作为鸭产业链的一个有效杠杆,其所支撑的产业经济范围与社会经济影响将越来越大,鸭苗价格对发展我国现代农业、提高我国农民收入、提升企业效益、增加就业岗位等有着重大的社会经济意义。

如图8-3、图8-4所示,自2003年1月~2013年10月,我国鸭苗价格波动非常频繁,波动幅度较大,鸭苗平均价格为2.80元,最高价格为6.77元,

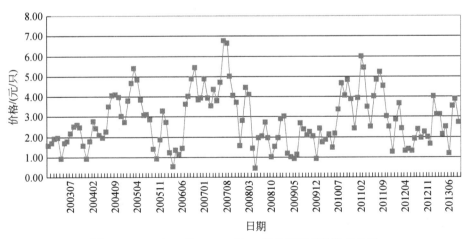

图8-3 2003年1月~2013年10月我国鸭苗价格变化图

最低价格为 0.44 元，最高价与最低价差 6.33 元，最高价高于平均价格 3.97 元，可见我国鸭苗价格波动幅度之大，而这种剧烈的价格波动必然会对我国鸭产业发展的稳定带来不良影响。因此，在此基于 HP 滤波模型的方法对我国 2003 年 1 月~2013 年 10 月鸭苗价格的周期性波动进行研究分析，希冀找出其中的价格变动周期性规律及其原因，为我国肉鸭产业经济的发展提出一些建议。

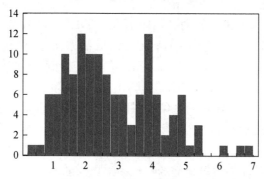

图 8-4　2003 年 1 月~2013 年 10 月我国鸭苗柱状统计图

8.2.1　数据来源与研究方法

（1）数据来源

为了分析鸭苗价格的波动情况，我们搜集与整理了 2003 年 1 月~2013 年 10 月的 140 个月度鸭苗价格数据，其主要来源两个方面，分别是中国畜牧业信息网与国家水禽产业体系经济学团队统计数据。其中 2003 年 1 月~2009 年 12 月的数据是由国家水禽产业体系经济学团队统计整理所得的，2010 年 1 月~2013 年 10 月的数据来源于中国畜牧业信息网，中国畜牧业信息网鸭苗价格月度数据是经由每月的日度价格平均计算所得的。

（2）研究方法

本书运用 HP 滤波模型对我国 2003 年 1 月~2013 年 10 月的鸭苗价格波动规律进行分析。HP 滤波法是由 Hodrick 和 Prescott 于 1980 年在分析美国战后的经济景气时首先提出的，被广泛地应用于对宏观经济趋势的研究中。HP 滤波法是一种时间序列在状态空间中的分析方法，它把经济周期看成宏观经济对某一种缓慢变动路径的一种偏离，该路径在期间内是单调增长的，HP 滤波增大了经济周期的频率，使周期波动减弱。

HP滤波的原理，可以表述如下。

假设经济时间序列为 $Y = \{y_1, y_2, \cdots, y_n\}$，趋势要素为 $G = \{g_1, g_2, \cdots, g_n\}$。其中，$n$ 为样本的容量。因此，HP滤波可以将 $y_t(t = 1, 2, \cdots, n)$ 分解为

$$y_t = g_t + c_t$$

式中，g_t 和 c_t 均为不可观测值。

一般地，时间序列 Y 中不可观测部分趋势 G 常被定义为下面（8-1）最小化问题的解，即

$$\min \left\{ \sum_{t=1}^{n} (y_t - g_t)^2 + \lambda \sum_{t=1}^{n} \left[B(L)g_t \right]^2 \right\} \tag{8-1}$$

式中，$B(L)$ 是延迟算子多项式，即

$$B(L) = (L-1-1) - (1-L) \tag{8-2}$$

将（8-2）代入（8-1）式，则HP滤波的问题就是使下面的损失函数最小，即

$$\min \left\{ \sum_{t=1}^{n} (y_t - g_t)^2 + \lambda \sum_{t=1}^{n} \left[(g_{t+1} - g_t) - (g_t - g_{t-1}) \right]^2 \right\}$$

最小化问题用 $\lambda \sum_{t=1}^{n} \left[B(L)g_t \right]^2$ 来调整趋势的变化。并且，$\lambda \sum_{t=1}^{1} \left[B(L)g_t \right]^2$ 的取值随着 λ 的增大而增大。当 $\lambda = 0$ 时，有 $g_t = y_t$，满足最小化问题的趋势等于序列 Y；随着 λ 的增加，估计的趋势越光滑；当 $\lambda \to \infty$ 时，估计的趋势也就接近于线性函数，这时，HP滤波就退化为用最小二乘法估计趋势。根据一般经验，λ 的取值为

$$\lambda = \begin{cases} 100 \\ 1600 \\ 14400 \end{cases}$$

式中，100为年度数据；1600为季度数据；14400为月度数据。

8.2.2 实证分析

（1）HP滤波模型实证

运用HP滤波模型分析之前，首先运用季节调整法剔除季节因子（SF）和不规则因素（IR）的影响，单独分析趋势循环项（TC）。并选用了较为常用的Census X12季节调整方法中的乘法模型，分析了2003年1月~2013年10月我国鸭苗价格的季节性波动，如图8-5~图8-8所示。

图8-5、图8-7分别表示我国鸭苗月度平均价格的季节调整序列与不规则系列，在这里不进行具体的分析。

图8-6显示了我国鸭苗月度平均价格的季节因子序列（SF）。从中可以看出，鸭苗价格波动存在着较强的季节性变化规律，鸭苗价格在季节性规律作用下变动

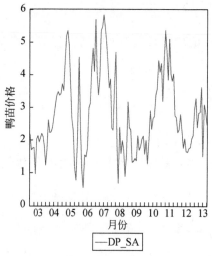

图8-5　鸭苗月度价格季节调整序列图

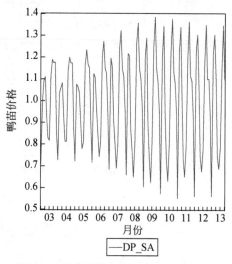

图8-6　鸭苗月度价格季节因子序列图

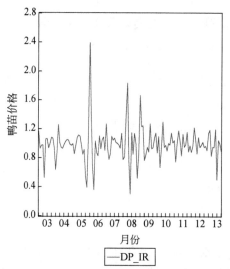

图8-7　鸭苗月度价格不规则因素系列图

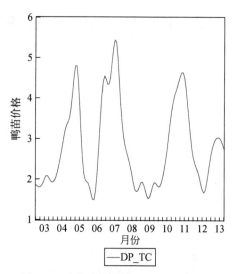

图8-8　鸭苗月度价格循环趋势序列图

呈现规律性波动，波动非常频繁。在季节性波动中，一年有两个较大的季节波动
影响，每次季节性波动影响周期约为 6 个月，一般春季（1 ~ 3 月）鸭苗价格在
季节性正影响下呈上升趋势，3 月或 4 月价格达到高峰，4 ~ 6 月夏季鸭苗价格在
季节性负影响下呈下降趋势。秋季价格在季节性趋势的正影响下呈回升趋势，在
9 月份左右达到高峰，在冬季 10 ~ 12 月份价格在季节性负影响下再次开始呈下降
趋势。该图所显示的变化规律与我国农户的饲养规律及鸭产品消费规律相符合，
季节因子序列仅反映了鸭苗价格在季节影响下所表现的发展趋势，但是鸭苗价格
也受本身行业发展、外部经济、社会气候等冲击的影响。

　　图 8-8 显示了我国鸭苗月度平均价格的循环趋势序列（DP_ TC）。为了进一
步分析鸭苗价格的周期性波动，利用 HP 滤波模型对 TC 系列进行分解，从而测
定其波动周期，结果如图 8-9 所示。

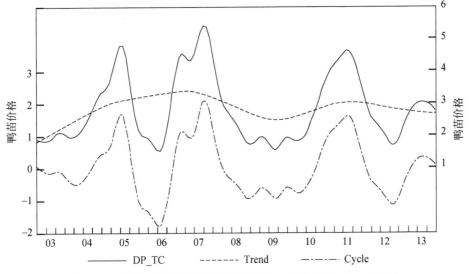

图 8-9　我国鸭苗价格趋势循环序列的 HP 滤波分解（$\lambda = 14400$）

　　如图 8-9 所示，DP_ TC 曲线为鸭苗价格的趋势和循环序列，Trend 曲线为该
序列分离出的鸭苗价格波动的长期趋势。我国鸭苗价格的长期趋势的波动变化较
为平缓，说明鸭苗价格变化受自身行业规律冲击作用的影响较小，而受季节影响
与外部经济条件的冲击影响较大。

　　Cycle 曲线为该序列分离出的循环波动，清楚地反映了鸭苗价格所呈现的周
期性波动。HP 滤波法对我国自 2003 年 1 月 ~ 2013 年 10 月鸭苗价格长期趋势的
波动周期测定可以分为 5 个波动周期，如表 8-1 所示。

表8-1　2003年1月~2013年10月我国鸭苗价格波动的周期测定

序列	周期起止时间	长度（月数：个）	波动情况
1	2003年1月~2004年6月	18	波动幅度不大
2	2004年7月~2006年8月	26	波动幅度大
3	2006年9月~2010年6月	43	波动幅度大
4	2010年7月~2013年1月	31	波动幅度大
5	2013年2月~2013年10月	—	波动幅度较大

（2）基于HP滤波的结果分析

从表8-1可以看出，我国鸭苗价格的波动大致经历了两个半周期和3个整周期，周期的平均长度约为33个月。其中序列1与序列5周期，由于周期起止时间无法确定或验证，故不能算作平均周期数。

1）序列1周期阶段（2003年1月~2004年6月）：鸭苗价格缓慢下降。该周期并不完整，2001年或2002年应该有一段时间算在该周期之中。在该周期阶段，自2003年初鸭苗价格的短期上升之后，平均上升幅度很小，约为0.5%，持续时间由于数据问题无法验证，随后进入长期缓慢下降阶段，平均下降幅度为0.24%，持续时间为16个月。在这段时间内，鸭苗价格波动幅度不大、较为平缓，基本维持在1.8元/只左右波动，最高价与最低价差为1.7元/只。此周期内鸭苗价格波动暂时可分为两个阶段：第一阶段（2001年或2002年某一时期到2003年2月），鸭苗价格处于下降阶段；第二阶段（2003年3月~2004年6月），鸭苗价格处于缓慢下降阶段，经过连续16个月的下降，最终鸭苗价格达到低谷水平。

2）序列2周期阶段（2004年7月~2006年8月）：鸭苗价格缓升陡降。序列2周期鸭苗价格持续时间为26个月，其中价格上涨时期为14个月，平均涨幅为0.84%；价格下跌时期为12个月，平均降幅为1.21%，下降幅度高于上升幅度。此周期内鸭苗价格波动可分为两个阶段：第一阶段（2004年7月~2005年8月），鸭苗价格快速上涨，增长了10.8%；第二阶段（2005年9月~2006年8月），鸭苗价格呈现陡降趋势，波动幅度较大，下降了15.8%。

3）序列3周期阶段（2006年9月~2010年6月）：鸭苗价格陡升陡降。该周期持续时间较长，为43个月，其中价格上涨时期为15个月，平均涨幅为1.17%；价格下跌时期为28个月，平均降幅为0.62%，下降幅度低于上升幅度，但是下降持续期较长。此周期内鸭苗价格波动可分为两个阶段：第一阶段（2006

年 9 月～2007 年 12 月），鸭苗价格快速上涨，增长了 18.8%；第二阶段（2008 年 1 月～2010 年 6 月），鸭苗价格呈现陡降趋势，波动幅度较大，下降了 19.9%。

4）序列 4 周期阶段（2010 年 7 月～2013 年 1 月）：鸭苗价格缓升缓降。序列 4 周期持续时间为 31 个月，其中价格上涨时期为 15 个月，平均涨幅为 1.05%；价格下跌时期为 16 个月，平均降幅为 0.68%，下降幅度低于上升幅度，下降持续期与上升期略同。此周期内鸭苗价格波动可分为两个阶段：第一阶段（2010 年 8 月～2011 年 11 月），鸭苗价格快速上涨，增长了 16.67%；第二阶段（2011 年 12 月～2013 年 1 月），鸭苗价格呈现缓慢下降趋势，波动幅度较小，下降了 9.54%。

5）序列 5 周期阶段（2013 年 2 月至今）：鸭苗价格缓慢上升。该序列周期鸭苗价格已经持续上升 9 个月，平均涨幅为 0.24%，属于缓慢增长。若根据以往周期循环的波动趋势来看，该周期鸭苗价格还有 3～5 个月的上升空间，即可能持续到 2014 年的 1 月或 3 月，随后才可能会步入价格的下降周期阶段。

通过鸭苗价格周期性结果分析可知，价格周期波动的长度不同；上涨周期与下降周期具有非对称性，每一波动周期的上涨时期的持续时间较为接近，但下降时期的持续时间有较大差异；价格周期波动幅度大小也不尽相同，但近年来波动的幅度有减缓趋势。

8.2.3 我国鸭苗价格周期性波动的原因分析

（1）国际经济形势变化

肉鸭产业是我国农业产业经济一个具有特殊优势的产业，我国是世界第一大鸭产品生产与消费国家，每年有大量肉鸭产品销往港澳台及国外市场，肉鸭产品出口占据着较大的比重，例如，山东乐港食品有限公司、河南华英集团、山东六和集团占据着国内近 45% 的肉鸭市场，其产品部分出口到欧美、新加坡、日本等，其中河南华英集团产品出口份额占集团产品总份额的 30%。不可避免地，国际行情变动会对鸭产品出口产生一定的影响，进而影响到鸭苗价格的波动。2008 年 10 月金融危机爆发，2009 年美国次贷款引起的金融危机促使国际经济形势更加恶化，导致国际经济衰退，加速了消费信心的下降，使我国产品出口遭到重大打击，肉鸭产品出口受到了牵连，国内肉鸭产业受到冲撞，国内鸭苗价格陡然下降，同期下降高达 44.5%。

（2）国内宏观经济因素的影响

居民消费水平、物价水平、通货膨胀等宏观经济因素对鸭苗价格也有间接的影响。随着经济的发展、城镇化进程的加速、居民收入水平的增加、人民生活消费水平的提高，人们的食品消费结构开始发生变化，肉类产品消费增加，肉鸭产品消费也随之增加，从而要求肉鸭产品市场供给增加，使养殖户或养殖企业受到刺激，扩大生产规模，增加鸭苗进栏量，促使鸭苗价格上涨。2010 年下半年国内居民消费价格指数总体呈不断上涨的态势，通胀压力逐步加大，农产品价格也整体大幅上涨。2010 年 11 月居民消费价格指数同比上涨 5.1%，猪、牛羊肉类、蔬菜类等周边农产品价格普遍突破历史水平，在这期间，鸭苗价格呈现稳步上涨的局面，鸭苗价格由 6 月份的 1.47 元/只上涨到 11 月份的 4.8 元/只，上涨幅度高达 226%。

（3）饲养成本的提升

肉鸭养殖所投入的成本主要是资金设备、人力资源、饲料等成本投入。其中鸭饲料主要成分是大豆、玉米等，由大豆等原料价格上涨所导致的饲料价格上涨，必然会影响鸭苗价格。2003 年国际市场大豆价格暴涨，大豆现货平均价格为 2003 元/吨，同比上涨 20.1%，11 月国际市场大豆价格达到 2430 元／吨，是此前六年以来的最高水平，这促使国内饲料价格普遍上涨，养鸭成本的提升、利润空间的下降，诱导许多养殖户减少鸭苗的进栏量，导致鸭苗价格受到影响而下降。由此，2013 年 12 月鸭苗价格由 11 月份的 2.47 元/只，下降到 1.55 元/只，下降幅度达 38%。其中福建省鸭苗价格降为 0.1 元/只，苗企亏本出售，一方面是因为鸭苗需求大幅度萎缩，另一方面是由于鸭苗的饲养成本太高，每只鸭苗平均每天的饲料成本都略高于 0.1 元，对于鸭苗经营者来说，多饲养一天鸭苗，就是多赔本一天。

（4）国内重大疫病、疫情等自然灾害的发生

一方面，肉鸭产业内部本身的禽类疫病的发生对鸭苗价格会产生不利影响。若种鸭感染疫病，会直接影响种蛋的数量与质量，进而鸭苗产量下降，由于市场供求机制发生作用，鸭苗价格会因供不应求而上涨。同时，若肉鸭饲养中受到疫病影响，会促使肉鸭产品需求减少，生产者产品价格预期下降，可能选择减少鸭苗进栏量或者放弃鸭苗的饲养，会间接导致下期市场鸭苗需求量减少，促使鸭苗价格下降。例如，2010 年 6 月发生的鸭坦布苏病毒病，鸭苗供求受到影响，鸭苗价格由上期的 2.12 元/只下降到 1.47 元/只，降幅达 30.6%。

另一方面，国内重点疫情的发生对鸭苗价格影响更大。重大疫情的发生不仅会导致消费者心理恐慌，减少肉鸭产品消费，更会促使生产者产生悲观预期，大幅度缩减生产经营规模，大量减少饲养量，致使鸭苗有价无市。2003年非典期间，鸭苗最低价格仅为0.89元/只，相对上期的1.96元/只下降了54.6%。2013年4月份发生的人患H7N9事件，导致部分省区鸭苗价格下降为0.5元/只，相对全国2月份的3.99元/只，下降了87.5%。

8.2.4 鸭苗价格波动分析结论

1）鸭苗价格波动具有周期性，周期平均长度为33个月，每个周期具有非对称性，每一周期的持续上涨时间低于持续下降时间，且周期的波动幅度呈现出越来越小的趋势。

2）影响鸭苗价格波动的因素主要有国际经济形势、国内宏观经济因素、疫病疫情因素等自然灾害及饲养成本。在鸭苗价格波动的各个周期，造成鸭苗价格波动的因素是相互联系、相互影响、相互制约的，它们共同影响着鸭苗价格的波动。其中，国内宏观经济因素是影响鸭苗价格波动的主要因素，而鸭苗供求状况是决定鸭苗价格的最本质因素，影响鸭苗价格的因素最终都是由供求关系的市场信号传递来影响各方决策者的价格预期，最终影响鸭苗价格的走势。

3）肉鸭产业正在面临的波动周期为序列5，按照本书所分析到的时间截面的鸭苗价格周期显示，鸭苗价格正处在缓慢上升时期，估计会持续到2014年的3月份，随后鸭苗价格将面临较长的价格缓慢下降期。

8.2.5 防御鸭苗价格波动的建议

鸭苗价格的剧烈波动会对肉鸭产业造成非常不利的影响，剧烈波动所带来的产业高风险，将威胁整个肉鸭产业链条的持续化经营，会严重打击肉鸭养殖企业与农户的积极性，为此应利用鸭苗价格的周期性变化规律来指导肉鸭产业发展，同时还应做好以下工作：第一，加强宏观调控，建立鸭苗生产的资格准入制度和标准许可制度，从源头上控制鸭苗市场供给，防止市场大起大落的波动变化；第二，在市场供给方面，鸭苗经营者应合理控制规模，做好企业的经营战略、财务投资战略策划，谨慎扩大投资规模，避免盲目、过度竞争；第三，在风险应对方面，应保持国际和国内肉鸭市场信息搜集的迅捷性、全面性、准确性，建立高效准确的产业信息平台与迅捷、高效的风险应对体系，并及时进行决策调整；第四，把肉鸭的疫病防治工作当成长期性重要工作来做，时刻不能松懈；第五，密切关注社会舆论影响，积极做好产业公共关系工作。例如，今年人患 H7N9 禽流感事件，鸭群并未发病，但媒体的不当报导，使国民对鸭产品消费心理受到打击，并把原因归咎于家禽身上，导致鸭苗市场价格归"零"，部分鸭苗甚至被亏本销毁，整个肉鸭产业两个月时间就损失了上百亿元。

8.3

肉鸭价格波动及影响因素探究

肉鸭产业是水禽产业的骨干和主导、我国现代农业经济的重要组成部分，在整个水禽产业中具有举足轻重的地位，对刺激地方经济（尤其是特色农业、家禽业）发展、壮大民营企业、提高就业水平、增加农民收入有着重大意义。长期以来，我国肉鸭产业虽整体呈上升趋势，但是，由于内生市场供求因素，加上其他外生影响因素，肉鸭产业价格波动频繁且幅度较大，使肉鸭产业经常出现波动震荡。

分析肉鸭价格波动的原因，究竟是宏观经济因素变化、成本消耗的降低与增加效应，还是产品（猪肉、鸡肉）替代作用和市场供求缺口导致，产业学术界一直说法不一。因此，本书利用统计数据与计量方法 VAR 模型（协整检验、格兰杰检验、脉冲响应测定等），对宏观经济因素、成本因素、产品替代因素、市场供求因素与肉鸭价格之间的关系极其影响程度，进行了实证分析。

8.3.1 肉鸭价格变化的实证分析

数据说明：对肉鸭价格变化进行实证分析，在此主要考虑了四个方面的影响因素，分别为宏观经济因素、成本消耗因素、产品替代因素、市场供求因素。为了研究方便，这里用国内生产总值（GDP）与市场利率（R）代表宏观经济因素变化，用玉米价格（CP）来代替肉鸭主要成本消耗变化因素，用鸡肉价格（CKP）与猪肉价格（PP）代表产品替代因素，用肉鸭出栏量（CL）与产肉量（CR）代表市场供求因素。研究中所用到的肉鸭价格、肉鸭出栏量、肉鸭产肉量、鸡肉价格、猪肉价格、玉米价格数据均来自联合国粮食及农业组织 1991～2012 年度统计数据，银行利率水平与国内生产总值资料均来自 1991～2012 年度中国统计年鉴统计数据。

8.3.1.1 宏观经济因素

（1）数据处理

为了减弱序列波动、消除异方差的影响，对肉鸭价格（DP）、国内生产总值（GDP）、市场利率（R）的实际数值取自然对数，分别记为 DP_1、GDP_1、R_1。

（2）稳定性检验（ADF 检验）

应用 EViews5.0 统计软件对 DP_1、GDP_1、R_1 三个序列采用 ADF 统计量对数据进行稳定检验。表 8-2 检验结果表明，在 5% 显著水平条件下，DP_1、GDP_1、R_1 三个序列的 ADF 统计量的绝对值都小于临界值的绝对值，不能拒绝单位根假设，DP_1、GDP_1、R_1 都是非平稳的时间序列；但是各自的一阶差分序列的 ADF 统计量的绝对值都大于临界值，可以拒绝单位根假设，表明三个一阶差分序列都是一阶单整序列 I（1），是平稳序列。

表 8-2　肉鸭价格与宏观经济因素变量的 ADF 单位根检验结果

变量	ADF 统计值	(C, T, K)	5% 临界值	结论
DP_1	−2.5399	$(C, 0, 0)$	−3.0207	不平稳
GDP_1	−1.7581	$(C, 0, 0)$	−3.0207	不平稳
R_1	−1.4090	$(C, 0, 0)$	−3.0300	不平稳
D（DP_1）	−4.5012	$(0, 0, 2)$	−3.6736	平稳
D（GDP_1）	−5.4094	$(0, 0, 1)$	−3.7597	平稳
D（R_1）	−2.9623	$(0, 0, 0)$	−1.9602	平稳

注：C 为常数项，T 为趋势项，K 为滞后阶数，D（　）表示各序列变量的一阶差分

（3）协整关系检验

利用 Johansen 协整检验法（迹统计量与最大特征值统计量）检验肉鸭价格 DP_1 序列与 GDP_1、R_1 序列之间的协整关系，若具有协整关系，表明它们之间具有长期均衡关系。

表 8-3 显示在迹统计量与最大特征值统计量结果中，在 5% 条件下，拒绝"None"（没有协整关系）和"At most 1"（至多有 1 个协整关系）的原假设，接受至少有 2 个协整关系的原假设，说明肉鸭价格与国内生产总值、市场利率变量之间具有长期均衡变动关系。

表 8-3　DP$_1$ 与 GDP$_1$、R$_1$ 的协整检验结果

协整向量 原假设	特征根	迹统 计量值	5% 的 临界值	概率 P 值
None *	0.847480	49.92639	29.79707	0.0001
At most 1 *	0.564657	16.07812	15.49471	0.0408
At most 2	0.059748	1.108931	3.841466	0.2923

协整向量 原假设	特征根	最大 特征根	5% 的 临界值	概率 P 值
None *	0.847480	33.84827	21.13162	0.0005
At most 1 *	0.564657	14.96919	14.26460	0.0386
At most 2	0.059748	1.108931	3.841466	0.2923

注：迹检验和最大特征根检验表明在 5% 的显著水平上有协整关系；＊表示在 5% 的显著水平上拒绝原假设

（4）格兰杰检验

协整检验结果表明肉鸭价格、国内生产总值、市场利率之间存在协整关系，反映的是一种长期的均衡变动理论关系，只能说明三者之间有格兰杰因果关系的可能性，还需要检验。

表 8-4 表明国内生产总值、市场利率均是肉鸭价格的格兰杰，是肉鸭价格变化的原因，即国内生产总值、市场利率的变化会促使肉鸭价格变化。

表 8-4　肉鸭价格与宏观经济因素系统的格兰杰因果关系检验结果

原假设	滞后期	F 统计值	相伴概率	结论
国内生产总值不是肉鸭价格的格兰杰	4	6.15686	0.01216	拒绝
肉鸭价格不是国内生产总值的格兰杰	4	0.13216	0.93870	不拒绝
市场利率不是肉鸭价格的格兰杰	4	5.18473	0.02038	拒绝
肉鸭价格不是市场利率的格兰杰	4	0.46296	0.71440	不拒绝

注：结论是指在 5% 显著水平条件下，是否拒绝或接受原假设

（5）VAR 模型与脉冲响应

根据赤弛信息准则（Akaike Information Criterion）和施瓦兹准则（Schwarz Criterion），建立滞后 1 阶 VAR（1）模型，经检验，图 8-10 表明所有向量自回归模型的特征根的模都在单位圆内，所以向量自回归模型是稳定的，可以进行脉冲

响应测定，模型如下。

VAR（1）模型中

$$D（DP_1）= -0.25D（DP_1（-1））+1.37D（GDP（-1））$$
$$+0.06D（R_1（-1））-0.32$$

$R^2 = 0.66$，　$F = 17.63$，　$P = 0.042$

首先，对于上期肉鸭价格水平来说，上期的肉鸭价格对其的影响是显著的，影响弹性系数为-0.25%，与理论相符，说明上期肉鸭价格过高将使下期肉鸭价格预期水平下降。其次，对于 GDP 来说，其对肉鸭价格的影响是显著的，影响弹性系数为1.37%，GDP 的增加会促使居民收入增加，市场消费受到刺激，肉鸭价格会上升。对市场利率 R 来说，其对肉鸭价格的影响也是显著的，影响弹性系数为0.06%，相对 GDP 的影响较弱。利率水平的增加会促使企业资金使用成本提高，企业经营规模会受到限制，无形中增加企业成本，致使肉鸭价格略有提高。

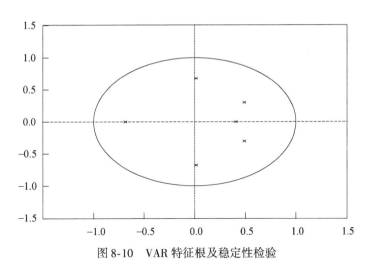

图 8-10　VAR 特征根及稳定性检验

脉冲响应如图 8-10 所示，横轴表示冲击作用的滞后期间数，纵轴表示被解释变量的变化，中间那条曲线表示脉冲响应函数，两侧曲线表示正负两倍标准差偏离带。主要看中间曲线，表示给解释变量一个标准差的冲击后，被解释变量如何变化。

如果分别给国内生产总值、市场利率一个标准差的冲击，可以使肉鸭价格分别在当时第一期、第二期达到最大反应，随后趋于 0。因此，肉鸭价格走势，在一定程度上受国内生产总值、市场利率变化的影响。其中，国内生产总值的变化对当期肉鸭价格就有很大冲击，市场利率变化会在第二期对肉鸭价格造成冲击。

可以说，只要 GDP 波动存在，肉鸭价格就会受其影响而变化。市场利率的变化对肉鸭生产企业的经营与规模扩张、设备引进所需资金贷款有较大影响，进而影响其生产成本及产品价格。

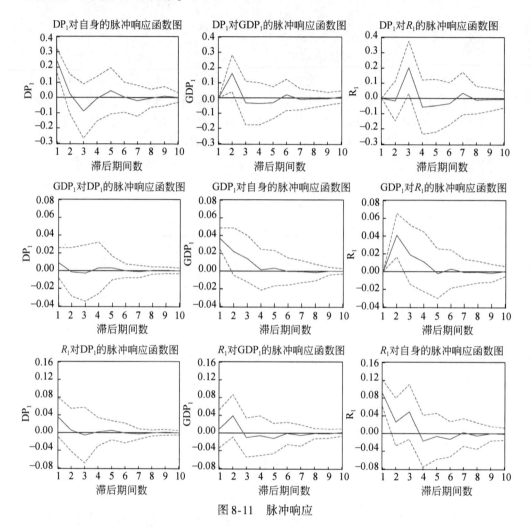

图 8-11　脉冲响应

8.3.1.2　成本消耗

肉鸭成本消耗在很大程度上取决于饲料成本，饲料的主要原料是玉米。因此，玉米价格的变化可以反映出饲料成本的变化情况，进而反映肉鸭饲养成本的变动情况。

表 8-5 说明，对 CP 取自然对数后，该序列 CP_1 在 5% 显著水平条件下，接受

单位根的假设，是非平稳序列。经过一阶差分处理后，D（CP$_1$）序列在5%显著水平条件下，拒绝单位根的假设，是一阶单整 I（1）的平稳序列。

表8-5 肉鸭价格与成本变量的 ADF 单位根检验结果

变量	ADF 统计值	（C，T，K）	5%临界值	结论
CP$_1$	−2.895852	（C，0，0）	−3.029970	不平稳
D（CP$_1$）	−4.312982	（0，0，1）	−3.690814	平稳

DP$_1$与CP1都为一阶单整 I（1）的平稳序列，可以进行下一步协整关系检验，表8-6的迹统计量与最大特征值统计量结果表明，5%条件下拒绝至少有1个协整关系，接受至少有2个协整关系的原假设。说明肉鸭价格与玉米价格量之间具有长期均衡变动关系。

表8-6 DP$_1$与CP$_1$的协整检验结果

协整向量原假设	特征根	迹统计量值	5%的临界值	概率 P 值
None*	0.623592	21.09788	15.49471	0.0064
At most 1*	0.232003	4.487492	3.841466	0.0341
协整向量原假设	特征根	最大特征根	5%的临界值	概率 P 值
None*	0.623592	16.61038	14.26460	0.0209
At most 1*	0.232003	4.487492	3.841466	0.0341

协整检验结果表明，肉鸭价格与玉米价格存在格兰杰的可能，表8-7表明在5%显著条件下，肉鸭价格是玉米价格变化的原因，但玉米价格不是肉鸭价格变化的原因。这种情况一方面可能是因为饲料产业对肉鸭价格变化比较敏感，而肉鸭价格对玉米价格变化并不敏感，几乎不受玉米价格的影响，在玉米价格、饲料价格上涨或下降的情况下，肉鸭产业不会因此而受到影响，会继续按照本有的价格规律进行变化。另一方面可能是因为肉鸭产业利润空间比较大，为了追逐更高额的利润，相对于玉米价格变化所带来的成本波动可以忽视。

表8-7 肉鸭价格与成本变量的格兰杰因果关系检验结果

原假设	滞后期	F 统计值	相伴概率	结论
玉米价格不是肉鸭价格的格兰杰	5	0.08279	0.19120	不拒绝
肉鸭价格不是玉米价格的格兰杰	5	16.2470	0.00919	拒绝

根据 AIC 和 SC 准则，建立滞后 2 阶的 VAR（2）模型，如图 8-12 所示，VAR（2）模型是稳定的，可以用来检验各个时期脉冲响应的强度。

VAR（2）模型中

$$D（DP_1）= -0.24D（DP_1（-1））-0.05D（DP_1（-2））$$
$$+0.17D（CP_1（-1））+0.03D（CP_1（-2））-0.03$$

$$R^2 = 0.68, \quad F = 8.73, \quad P = 0.043$$

可以看出，玉米价格对肉鸭价格的影响是显著为正的，即玉米价格的提升会对肉鸭价格造成正向冲击，影响弹性系数为 0.17%。

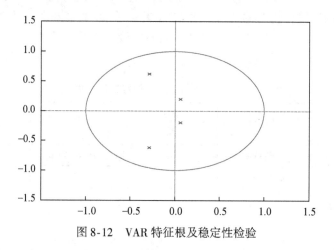

图 8-12　VAR 特征根及稳定性检验

图 8-13 表明，如果给两者一个标准差的冲击，玉米价格比肉鸭价格提前一个时期达到最大反应；即相对来说，肉鸭价格的冲击相对于玉米价格冲击对各自的影响更快更猛。因此，肉鸭价格走势，在一定程度上受上一年的影响，也说明肉鸭价格对玉米价格变化较为迟钝。

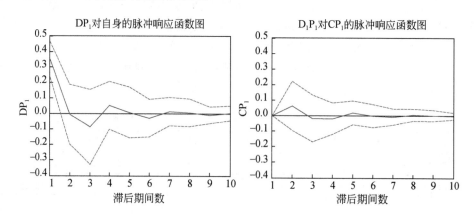

202

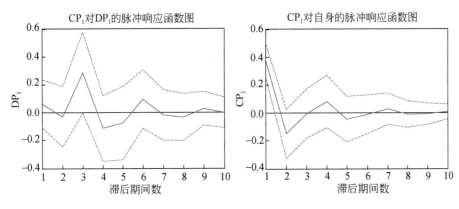

图 8-13　脉冲响应影响

8.3.1.3　产品替代

在现实生活中，家畜家禽肉类产品之间可能存在替代关系，在此，考虑鸡肉、猪肉价格对鸭肉价格的替代性影响情况。

表 8-8 说明，鸡肉价格、猪肉价格的自然对数序列在 5% 显著水平条件下仍是不平稳序列，经过一阶差分处理后，两者均为一阶单整序列 I（1）。

表 8-8　肉鸭价格与产品替代变量的 ADF 单位根检验结果

变量	ADF 统计值	(C, T, K)	5% 临界值	结论
CKP_1	−2.111332	$(C, 0, 1)$	−3.029970	不平稳
PP_1	−1.631348	$(C, 0, 0)$	−3.020686	不平稳
$D(CKP_1)$	−2.294961	$(0, 0, 0)$	−1.920285	平稳
$D(PP_1)$	−3.095454	$(0, 0, 0)$	−1.960171	平稳

表 8-9 中迹统计量与最大特征值统计量结果表明，5% 条件下拒绝有 0 个协整关系，接受至多有 1 个协整关系的原假设。说明肉鸭价格与鸡肉价格、猪肉价格变量之间具有长期均衡变动关系。

203

表 8-9　DP$_1$ 与 CKP$_1$、PP$_1$ 的协整检验结果

协整向量 原假设	特征根	迹统 计量根	5%的 临界值	概率 P 值[**]
None[*]	0.577226	31.07566	29.79707	0.0354
At most 1[*]	0.258497	5.682452	3.841466	0.0171
At most 2	0.378467	14.71821	15.49471	0.0652
协整向量 原假设	特征根	最大 特征根	5%的 临界值	概率 P 值[**]
None[*]	0.258497	5.682452	3.841466	0.0171
At most 1	0.577226	16.35745	21.13162	0.2047
At most 2	0.358294	4.82453	11.41463	0.3173

协整检验结果表明，肉鸭价格与鸡肉价格、猪肉价格存在格兰杰的可能，表 8-10 的格兰杰检验结果表明在 5% 显著性水平条件下，肉鸭价格是鸡肉价格的格兰杰，即肉鸭价格变化是鸡肉价格变化的原因；在 10% 条件下，猪肉价格与肉鸭价格互为格兰杰，肉鸭价格与猪肉价格变化互为原因。

表 8-10　肉鸭价格与产品替代因素的格兰杰因果关系检验结果

原假设	滞后期	F 统计值	相伴概率	结论
鸡肉价格不是肉鸭价格的格兰杰	2	1.01968	0.38783	不拒绝
肉鸭价格不是鸡肉价格的格兰杰	2	5.50920	0.01850	拒绝
猪肉价格不是肉鸭价格的格兰杰	2	3.95146	0.04563	拒绝
肉鸭价格不是猪肉价格的格兰杰	2	3.09872	0.07935	拒绝

这表明鸭肉价格的变化会导致鸡肉价格的变化，但鸡肉价格变化对肉鸭产生的影响很小。一定程度上可以说，鸭肉是鸡肉的替代品，但鸡肉不是鸭肉的替代品，说明肉鸭产业相对肉鸡产业的社会接受度还较小。现实生活中，人们就餐时不会因为鸡肉价格高了而放弃选择鸭肉，但会因为肉鸭价格相对鸡肉较高时，选择鸡肉产品。对于猪肉产品来说，鸭肉与猪肉互为替代，两者关联性相对于鸡肉较强。

根据 AIC 和 SC 准则，建立 VAR（1）模型，图 8-14 所示，经检验 VAR 模型是稳定的，可以用来检验各个时期脉冲响应的强度。

VAR 模型中

$$D（DP_1） = -0.41D（DP_1（-1））+0.40D（CKP_1（-1））+0.63D（PP_1（-1））$$

$$R^2 = 0.59, \quad F = 6.71, \quad P = 0.068$$

模型中猪肉价格与鸡肉价格对肉鸭价格的影响均是显著为正的，影响弹性系数分别为0.40%、0.63%，但相对鸡肉来说，猪肉对鸭肉的影响更大。

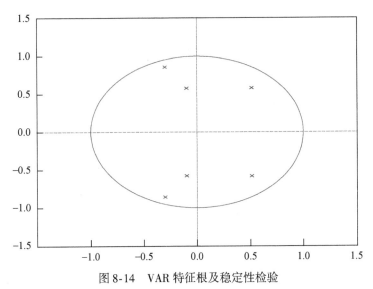

图 8-14　VAR 特征根及稳定性检验

图 8-15 表明，如果分别给猪肉价格、鸡肉价格一个标准差的冲击，肉鸭价格对于猪肉价格的反应较大、较快；而给予肉鸭价格一个标准差的冲击，猪肉价格、鸡肉价格所受到的冲击影响持续时间较长。

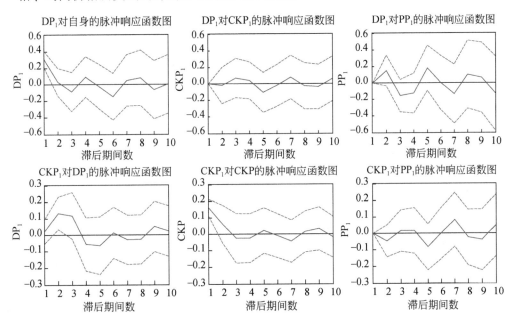

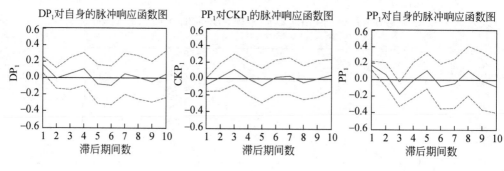

图 8-15　脉冲响应

8.3.1.4　市场供求

自 1962 年以来我国肉鸭出栏量、产肉量整体呈上升趋势，根据国家水禽产业技术体系产业经济团队调查统计，2011 年我国肉鸭出栏量达到 39.4 亿只，产肉量达到 791 万吨，2012 年略有下降，但仍占世界产量的 76%。作为世界肉鸭第一大生产国与消费国，我国肉鸭出栏量、产肉量对肉鸭市场供求及价格有很大的影响。

经检验，肉鸭出栏量、肉鸭产肉量取自然对数经过一阶差分后都为一阶单整 I（1）平稳序列，如表 8-11 所示。

表 8-11　肉鸭价格与市场供求变量的 ADF 单位根检验结果

变量	ADF 统计值	(C, T, K)	5% 临界值	结论
CL_1	−2.7035	(C, 0, 0)	−3.0207	不平稳
CR_1	−3.1175	(C, T, 0)	−3.6584	不平稳
D（CL_1）	−5.0583	(C, T, 0)	−3.6736	平稳
D（CR_1）	−4.3555	(C, T, 0)	−3.6736	平稳

表 8-12 结果显示，统计量与最大特征值统计量结果表明，5% 条件下拒绝 None（没有协整关系）和 At most 1（至多有 1 个协整关系）的原假设，接受至少有 2 个协整关系的原假设。说明肉鸭价格与肉鸭出栏量、产肉量变量之间具有长期均衡变动关系。

表 8-12　DP1 与 CL1、CR1 的协整检验结果

协整向量原假设	特征根	迹统计量根	5%的临界值	概率 P 值
None *	0.796453	45.89321	29.79707	0.0003
At most 1 *	0.548240	17.23977	15.49471	0.0270
At most 2	0.150546	2.936917	3.841466	0.0866
协整向量原假设	特征根	最大特征根	5%的临界值	概率 P 值
None *	0.796453	28.65344	21.13162	0.0036
At most 1 *	0.548240	14.30286	14.26460	0.0493
At most 2	0.150546	2.936917	3.841466	0.0866

格兰杰检验结果如表 8-13 所示，肉鸭价格分别与肉鸭出栏量、产肉量互为格兰杰，肉鸭价格的变化是肉鸭出栏量、产肉量变化的原因，肉鸭出栏量、产肉量的变化也是肉鸭价格变化的原因。

表 8-13　肉鸭价格与产品替代因素的格兰杰因果关系检验结果

原假设	滞后期	F 统计值	相伴概率	结论
肉鸭出栏量不是肉鸭价格的格兰杰	2	6.17373	0.02495	拒绝
肉鸭价格不是肉鸭出栏量的格兰杰	2	4.64552	0.04653	拒绝
肉鸭产肉量不是肉鸭价格的格兰杰	2	7.27896	0.01266	拒绝
肉鸭价格不是肉鸭产肉量的格兰杰	2	5.52040	0.02502	拒绝

根据 AIC 和 SC 准则，建立滞后一阶的 VAR（1）模型。如图 8-16 所示，所建模型是稳定的，可以用来检验肉鸭价格、肉鸭产肉量、出栏量各个时期脉冲响应的强度。

VAR（1）模型中

$$D(DP_1) = -0.14D(DP_1(-1)) - 1.81D(CL_1(-1))$$
$$-2.13D(CR_1(-1)) - 0.01$$

$$R^2 = 0.61, \quad F = 9.72, \quad P = 0.052$$

观察模型发现，肉鸭产肉量、肉鸭出栏量对肉鸭价格的影响均是显著为负的，数量增加，都会促使肉鸭价格下降，其中肉鸭产肉量的影响较大，弹性系数为 2.13%。

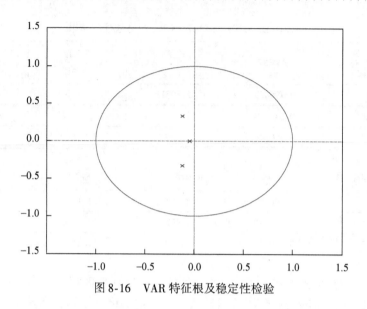

图 8-16　VAR 特征根及稳定性检验

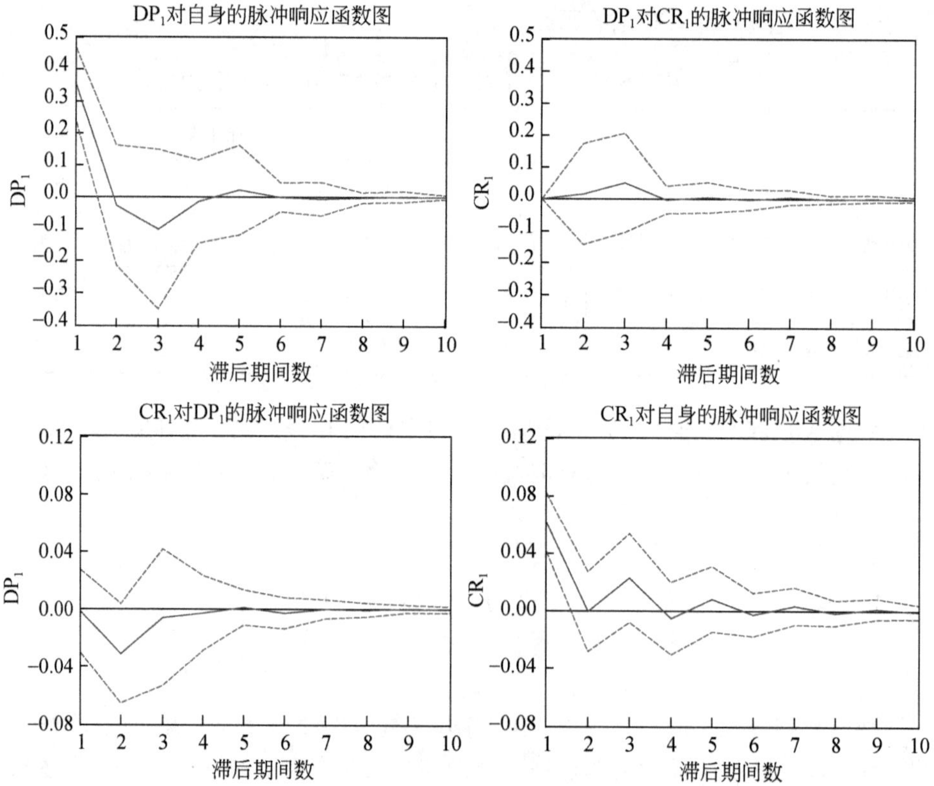

DP$_1$对自身的脉冲响应函数图

DP$_1$对CR$_1$的脉冲响应函数图

CR$_1$对DP$_1$的脉冲响应函数图

CR$_1$对自身的脉冲响应函数图

图 8-17　肉鸭价格与产肉量之间的脉冲响应函数图

图 8-17 与图 8-18 比较可知，关于一个标准差的冲击，肉鸭价格对肉鸭产肉量、出栏量的冲击影响较为滞后，而肉鸭产肉量、出栏量对肉鸭价格的冲击影响较为迅猛。

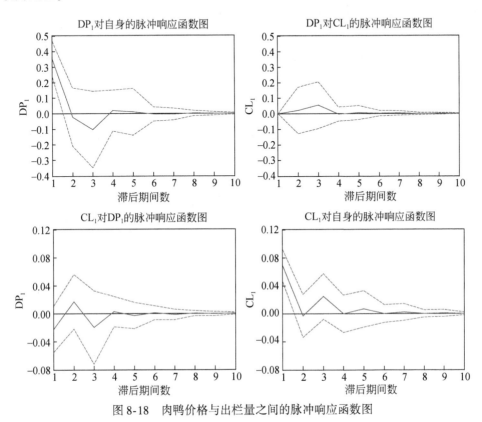

图 8-18 肉鸭价格与出栏量之间的脉冲响应函数图

8.3.2 肉鸭价格变化分析的结论及建议

8.3.2.1 肉鸭价格波动分析小结

1）宏观经济因素国内生产总值、市场利率与肉鸭价格之间存在长期均衡关系，国内生产总值、市场利率的增加或下降会促使肉鸭价格水平的上升或下降。其中，国内生产总值以消费水平为媒介对肉鸭价格施加正影响，市场利率以企业财务经营资金为中介对肉鸭价格施加正影响。结果表明肉鸭产业比较脆弱，社会经济大气候变化会对产业造成影响，因此，国内或地方经济发展的稳定对防止肉鸭价格波动、产业发展较为有利。

2）玉米价格与肉鸭价格之间存在协整关系，玉米价格对肉鸭价格较为敏感，而肉鸭价格对玉米价格的反应较为迟钝，玉米价格的上升或下降会导致肉鸭价格的上升或下降。同时，肉鸭产业更容易受到饲料产业的利润挤压，短期内肉鸭养殖经营者为了较高的产业利润，会情愿牺牲部分成本损失，包容饲料成本的上涨。

3）鸡肉价格、猪肉价格与肉鸭价格存在长期均衡变动关系。肉鸭价格与猪肉价格变化互为因果关系。其中，肉鸭价格与猪肉价格的关联强度要高于鸡肉价格。同时，鸭肉价格的变化会导致鸡肉价格的变化，但鸡肉价格变化对肉鸭价格产生的影响很小，说明肉鸭产业相对肉鸡产业的社会接受度还较小。

4）出栏量、产肉量与肉鸭价格变化互为因果关系，但是肉鸭价格对肉鸭产肉量、出栏量变化的反应较为迟钝，而肉鸭产肉量、出栏量对于肉鸭价格变化的反应较为迅速。

5）根据 VAR 模型中的影响弹性系数判断，各因素变量对肉鸭价格的影响程度按照大小次序分别为肉鸭产肉量、肉鸭出栏量、国内生产总值、猪肉价格、鸡肉价格、玉米价格、市场利率，其中肉鸭产肉量、肉鸭出栏量变化与肉鸭价格变化的趋势相反，其余因素变化会促使肉鸭价格发生同向变化。

8.3.2.2 防御肉鸭价格波动的建议

以上研究说明，虽然宏观经济因素、成本消耗、产品替代、市场供求都会对肉鸭价格的变化产生影响，但是肉鸭市场的供求状况是影响肉鸭价格变化的最主要因素。由于肉鸭产业具有在猪肉、鸡肉等家畜家禽产业夹缝中生存与发展的特殊性，肉鸭产业相对其他家畜家禽产业的社会接受度还较小，故鸡肉、猪肉极易对鸭肉形成替代作用，但鸭肉对两者的替代作用则很小，说明肉鸭产业相对比较弱小，还需要政府区别对待，给予更多优惠保护。同时肉鸭价格变化对宏观经济，鸡肉、猪肉、玉米均有冲击性影响，说明该产业的社会经济关联范围比较广，影响也比较复杂。

为了更好地发展肉鸭产业，防止价格大起大落，政府一方面应该加强产业环境的优化，给肉鸭企业、养殖户更多的扶持与帮助，如优惠贷款利率、生产设施补贴、防疫补贴、质量安全标准的制定、肉鸭营养宣传等。另一方面要密切关注玉米、猪肉、鸡肉价格的变动趋势，及其对肉鸭价格变动和产业发展的影响。同时，要合理规划产业布局，协调产业均衡发展，做好肉鸭产业预测与指导工作，及时发布产业市场信息，防止市场规模的盲目扩张或消极萎缩所造成的价格大起大落。

第 **9** 章

水禽市场消费者认知与影响因素分析

　　水禽产品中的肉鸭产品素以高蛋白、低脂肪等特性得到广大消费者的欢迎，故本章以肉鸭产品消费为例，分析消费者对安全认证肉鸭产品的购买意愿及其影响因素。近年来我国食品安全事件的频发很大程度地影响了消费者的消费信心，也带来了不利于整个中国食品安全生产行业健康可持续发展的负面声誉。面对广大消费者日益增长的安全食品消费需求与不完善的食品消费市场供给之间的矛盾，除了强化政府监管体系建设和提高消费者的认知水平外，最重要的是从根源上认真分析影响消费者对食品质量安全认知和购买意愿的主要因素，并采取措施加以防范和改进。

　　安全食品的类别主要包括低残留农产品、优质安全产品、认证食品及可追溯食品等，目前国内外学者关于质量安全农产品消费问题的研究，主要是从消费者认知、消费决策、消费意愿、消费行为和支付意愿等方面展开。针对质量安全农产品购买意愿研究领域，国外学者具有代表性的研究成果主要有：①分别从消费者对优质安全火鸡产品的认知和选择行为及消费者购买优质牛肉的动机的影响因素进行计量实证分析；②分析了消费者质量预期与购买高质量猪肉产品之间的关系。虽然国外学者在购买意愿和消费行为等方面的研究获得了丰富的成果，但是，与国内消费者的实际情况相比较，由于我国所处的历史阶段以及所处的发展阶段不同，消费者的消费行为在不同体制、文化背景、消费习惯、消费偏好等方面呈现出不同的状态。因此，围绕我国消费实际，针对国内消费者展开的对质量安全农产品消费意愿的研究是很有价值的。在质量安全农产品购买意愿研究方面：一是分析了个体消费者对食品安全的反应，得出消费者个体特征对其购买质量安全食品有影响的结果；二是通过对绿色农产品消费群体的划分，得出以中青年、文化程度较高和白领职员为主的人群是绿色农产品的主要消费群体；三是通过对消费者购买优质安全产品意愿及其影响因素的实证分析中，得出消费者购买优质安全产品受到多种因素的影响；四是通过对农产品中浆果类产品蓝莓购买意愿的研究，得出的结论是选择性别、档次、功能作为标准进行市场细分，打造中、高档市场，进而加强消费者对于蓝莓产品的认知，拉动需求。

综上所述，国内外学者对于质量安全农产品的购买意愿及其影响因素的研究具有一定的参考价值，但特别针对安全认证肉鸭产品购买意愿及其影响因素的研究仍是空白。在借鉴国内外学者有关研究的基础上，本书以实地调研数据为基础，采用 Logistic 模型对消费者购买安全认证肉鸭产品的意愿及其影响因素进行分析，着重于研究不同个人特征、家庭特征、质量安全的认知程度、消费环境、肉鸭产品属性评价、H7N9 禽流感影响等影响因素对购买意愿的作用机理，旨在为政府制定水禽产品质量安全管理政策提供依据。

9.1

分析消费者认知的数据来源与样本描述性统计分析

9.1.1 数据来源

本章所使用的数据来源于国家水禽产业技术体系产业经济学团队成员 2013 年 3~6 月对全国肉鸭产品主销区的黑龙江、吉林、辽宁、河北、北京、山东、湖北、河南、江苏、浙江、上海、福建和广东等 13 个省（市、区）的 330 位消费者的实地调查数据。笔者共发出调研问卷 340 份，收回调查问卷 330 份，经检查剔除缺失关键变量数据的样本 25 份，得到有效样本 305，问卷有效率达到了 92.42%，调查样本主要集中在肉鸭产品主销区。

9.1.2 样本描述性统计分析

调研样本的人口统计变量的描述性统计见表 9-1。从被访者个人特征方面来看，男性所占比例为 67.87%，男性的比例较高。从被调查者年龄分布情况来看，样本主要分布在 20~29 岁、30~39 岁和 40~49 岁这 3 个年龄段，处于这 3 个年龄段的消费者占总样本的比例为 86.88%。从受教育程度来看，以初中及以下、高中、大学本科学历者占据主要成分，分别占总样本的 25.57%、23.28% 和 20.00%。从职业构成来看，企业中一般员工、一般打工人员、企业中管理人员、农民这四类消费者占据多数，分别占总样本的比例为 36.72%、17.05%、13.77% 和 12.50%。从家庭人均月收入来看，2000~2999 元和 5000 元及以上、1000~1999 元的这三类消费者占据一半以上，分别占总样本的比例为 25.25%、21.50% 和 19.67%。进一步从消费者的家庭特征来看，样本家庭成员个数以 5 人及以上居多，占 34.42%，其次是 3 人和 4 人，分别占有比例 30.82%、24.59%。另外，家庭居住地在城镇的消费者为 51.80%，而家庭居住在乡村的消费者为 48.20%。而且消费者家庭中有未成年人的占 73.77%，没有未成年人的占 26.23%。另外，消费者为家庭主要食品购买者的仅占 12.46%，而消费者不是家庭主要食品购买者的占 87.54%。

213

表 9-1　人口统计变量的描述性统计（$n=305$）

变量	变量定义	样本量/人	比例/%	变量	变量定义	样本量/人	比例/%
性别	男性	207	67.87	职业性质	企业中一般员工	112	36.72
	女性	98	32.13		企业中管理人员	42	13.77
年龄/岁	20～29	93	30.49		公务员	11	3.61
	29～39	94	30.82		学生	11	3.61
	39～49	78	25.57		科技文卫工作者	30	9.84
	49～59	35	11.48		一般打工人员	52	17.05
	≥60	5	1.64		农民	38	12.50
受教育程度	初中及以下	78	25.57		其他	9	2.90
	高中	71	23.28	月收入	<1 000 元	10	3.28
	职高/技校	22	7.21		1 000～1 999 元	60	19.67
	大专	44	14.43		2 000～2 999 元	77	25.25
	大学本科	61	20.00		3000～3999 元	54	17.70
	研究生及以上	29	9.51		4 000～4 999 元	38	12.60
家庭成员个数	1 人	11	3.61		≥5000 元	66	21.50
	3 人	94	30.82	家庭是否有未成年人	有	225	73.77
	4 人	75	24.59		没有	80	26.3
				是否为家庭主要食品购买者	是	38	12.46
					否	267	87.54

注：国家水禽产业技术体系产业经济岗位团队对全国 13 省（市、区）消费者的调查，下表同

消费者认知分析的理论模型与研究方法

本章所指的安全认证肉鸭产品是指通过了"ISO9001 质量管理认证""ISO22000 食品安全认证""ISO14001 环境认证"的肉鸭产品。用 Logistic 模型进行分析，以消费者对安全认证肉鸭产品的购买意愿作为被解释变量，以个人特征、家庭特征、质量安全的认知程度、消费环境、肉鸭产品属性评价、H7N9 禽流感影响等主要影响因素作为解释变量。

9.2.1 计量模型选择

结合其他学者的研究方法和本章的目的，将消费者"愿意"的回答用"1"表示，其他回答用"0"表示，被解释变量为 0~1 型被解释变量，把消费者个人特征、家庭特征、质量安全的认知程度、消费环境、肉鸭产品属性评价和 H7N9 禽流感影响等主要因素作为解释变量，选择建立影响消费者购买安全认证肉鸭产品意愿因素的二元选择计量模型，分析其对消费者购买意愿存在的影响及作用机理。而 Logistic 模型是对被解释变量是二分类的变量进行多元回归分析的有效模型，也是研究具有给定特征个体进行某种而不进行另一种选择的概率，具体的二元选择计量模型中，令被解释变量 y 服从二项分布，设立 $y=1$ 的总体概率为 p，则 y 的概率分布函数为

$$f(y) = p^y (1-p)^{(1-y)}, \quad y=0, 1 \tag{9-1}$$

计算被解释变量为 1 的概率 p，即

$$p(y_i/x_i, \beta) = f(x', \beta) \tag{9-2}$$

在这样的定义下，利用极大似然法估计函数模型为

$$p(y) = f(\alpha + \sum_{j=1}^{m} \beta_j x_{ij}) = 1/[1+\exp(-\alpha + \sum_{j=1}^{m} \beta_j x_{ij})]^{+\mu_i} \tag{9-3}$$

式中，$p(y)$ 为个体采取某一行为的概率，在此处表示消费者购买安全认证肉鸭产品的意愿；x_{ij} 为解释变量，表示第 j 种影响因素；β_j 表示第 j 种影响因素的回归系数；α 为回归截距项；m 为影响因素个数；μ_i 为随机扰动项（误差项），i 为观察对象（个体）的编号。

9.2.2 变量说明

本章将消费者购买安全认证肉鸭产品的意愿作为被解释变量，将影响消费者购买安全认证肉鸭产品的主要因素分为消费者个人特征、家庭特征、质量安全的认知程度、消费环境、肉鸭产品属性评价、人患 H7N9 禽流感事件影响。具体相关变量的代码、含义、赋值及预期变量的作用方向如表9-2 所示。

表9-2 变量的含义及描述性统计分析

	模型变量	代码	含义及赋值	均值	标准差	预期方向
被解释变量	安全认证肉鸭产品购买意愿[①]	Y	是否愿意购买安全认证肉鸭产品？愿意=1；不愿意=0	0.744	0.437	——
	常数	C			——	
个人特征变量	性别	X_1	男=1；女=0	0.528	0.500	？
	年龄/岁	X_2	20～29=1；29～39=2；39～49=3；49～59=4；≥60=5	2.230	1.057	？
	受教育程度	X_3	初中及以下=1；高中=2；职高或技校=3；大专=4；大学本科=5；研究生及以上=6	3.085	1.749	+
	职业性质	X_4	企业一般职员=1；企业管理人员=2；公务员=3；学生=4；科技文卫工作者=5；；一般打工人员=6；农民=7；其他=8	3.518	2.460	－
	月收入	X_5	<1000 元=1；1000～1999 元=2；2000～2999 元=3；3000～3999 元=4；>5000 元=5	3.813	1.516	+

① 本章并没有考虑消费者在购买安全认证肉鸭产品意愿的内生性，因为内生性有可能是模型中存在遗漏重要变量，也有可能是解释变量和被解释变量相互作用、相互影响形成联立内生性，如 H7N9 等突发事件不仅降低消费者对安全认证肉鸭产品的认知，同时也会降低消费者对安全认证肉鸭产品的购买意愿。而解释变量的内生性并不改变其对被解释变量的作用方向，只是影响其作用程度。所以，本章不考虑被解释变量与解释变量之间的内生性问题，这也不影响本章的分析结论。

续表

模型变量		代码	含义及赋值	均值	标准差	预期方向
家庭特征变量	家庭成员个数	X_6	1 人=1；2 人=2；3 人=3；4 人=4；>5 人=5	3.797	1.096	+
	家庭是否有未成年人	X_7	有=1；没有=0	0.738	0.441	+
	家庭居住地	X_8	城镇=1；农村=0	0.518	0.500	+
	是否为家庭主要食品购买者	X_9	是=1；否=0	0.125	0.331	−
质量安全的认知程度变量	肉鸭产品质量安全关心程度	X_{10}	很关心=1；较关心=2；一般=3；不关心=4；极不关心=5	1.908	0.927	−
	肉鸭产品总体质量安全状态满意程度	X_{11}	非常满意=1；满意=2；一般=3；不满意=4；很不满意=5	2.387	0.783	−
	当地政府对肉鸭产品质量安全监管满意程度	X_{12}	非常满意=1；满意=2；一般=3；不满意=4；很不满意=5	2.460	0.862	−
	是否愿意为安全认证肉鸭产品支付较高的价格	X_{13}	愿意=1；不愿意=0	0.708	0.455	+
消费环境变量	购买鸭肉场所（指家庭内消费，购买回家）	X_{14}	超市=1；农贸市场（室内）=2；路边市场=3；熟食店=4	2.400	1.199	−
	消费鸭肉场所（指外出消费，在外食用）	X_{15}	饭店=1；食堂=2；家中=3；其他=4	2.305	0.991	+
	市场上安全认证肉鸭产品种类	X_{16}	很少=1；较少=2；一般=3；较多=4；很多=5	2.485	0.914	+
	安全认证肉鸭产品销售渠道	X_{17}	很少=1；较少=2；一般=3；较多=4；很多=5	2.839	0.916	+
肉鸭产品属性评价变量	新鲜程度	X_{18}	很重要=1；重要=2；一般=3；不重要=4；很不重要=5	1.292	0.626	−

续表

模型变量		代码	含义及赋值	均值	标准差	预期方向
肉鸭产品属性评价变量	卫生	X_{19}	很重要=1；重要=2；一般=3；不重要=4；很不重要=5	1.282	0.525	－
	营养	X_{20}	很重要=1；重要=2；一般=3；不重要=4；很不重要=5	1.616	0.730	＋
	产地和品牌认可度	X_{21}	很重要=1；重要=2；一般=3；不重要=4；很不重要=5	2.266	1.132	＋
	当前价格	X_{22}	很贵=1；较贵=2；合理=3；比较便宜=4；很便宜=5	3.052	0.880	＋
	能承受的价格	X_{23}	很重要=1；重要=2；一般=3；不重要=4；很不重要=5	1.911	0.915	＋
	替代品价格（如鸡肉）	X_{24}	很重要=1；重要=2；一般=3；不重要=4；很不重要=5	2.272	1.040	＋
人患H7N9禽流感事件影响变量	H7N9禽流感出现后，您关注肉鸭产品的安全问题吗？	X_{25}	关注=1；一般=2；无所谓=3	1.446	0.652	－
	H7N9禽流感出现对您肉鸭产品消费的影响	X_{26}	不再消费=1；减少消费=2；照常消费=3	1.925	0.667	＋
	H7N9禽流感事件对您肉鸭产品消费时期的影响可能会持续多久？	X_{27}	没有影响=1；禽流感发生后1个月之内=2；发生后1~3个月之内=3；发生后3~6个月之内=4；发生后6~9个月之内=5；发生后9~12个月之内=6；发生后1年以上=7	3.226	1.399	＋

注："＋"表示正向方向影响，"－"表示负向方向影响，"?"表示影响方向无法确认，"/"表示无方向影响

对于个人特征的解释变量，已有学者的研究表明，安全认证产品的消费受到消费者性别、年龄、受教育程度、职业性质、家庭人均月收入水平的影响。从现有理论研究成果来看，性别、受教育程度、家庭平均月收入都会不同程度地对消费者购买安全认证产品产生影响。一般来讲，女性消费者容易在购买家庭食用产

品时，进行仔细的挑选和筛选，相对于男性消费者对安全认证肉鸭产品的质量要求较严格和细致些。消费者受教育程度越高，对安全认证肉鸭产品质量安全的认识程度越深，越容易以较理性的方式接受并消费经过安全认证的肉鸭产品。多数研究认为收入水平的增加或减少会对消费者购买安全认证产品的态度存在差异，有可能收入水平越高，对于安全认证肉鸭产品的诉求越发强烈，也有可能存在对安全认证肉鸭产品的不敏感性。关于年龄，安全认证肉鸭产品的分割产品在市场的销售量和消费量较大，年龄层次处在中青年的消费者人群，对安全认证肉鸭产品具有比较强的购买意愿。

对于家庭特征的解释变量，同样有学者研究表明，家庭成员个数、家庭是否有未成年人、家庭居住地、是否为家庭主要食品购买者也不同程度地影响消费者的购买意愿和行为。同样由现有理论可以推测，家庭成员个数越多，对于安全食品的消费需求趋于多样化，那么安全认证肉鸭产品也可能成为这些消费者的选择。而对于家庭有未成年人的消费者，可能对安全认证食品更加敏感，消费意愿也可能更加强烈。相对而言，家庭居住地中的城镇消费者比乡村消费者更加注重肉鸭产品的安全认证情况，若是家庭主要食品购买者，则更加注意安全认证肉鸭产品，消费意愿更加直接和理性。

对于质量安全的认知程度解释变量，有学者分析得出中国消费者对食品质量安全的关心程度非常高，且对安全食品有较强的消费倾向，能够接受价格水平相对较高的安全食品。对于肉鸭产品总体质量安全状态的消费者满意程度，以及当地政府对肉鸭产品质量安全监管的满意程度对消费者购买安全认证产品的意愿是否有影响，如果有影响会产生何种影响，现阶段的研究还没有明确的定论。

对于消费环境解释变量，由于安全认证肉鸭产品可在分割或者包装成熟食品后，被消费者购买在家食用，也可以在酒店或餐厅以菜品享用，所以，将购买肉鸭场所分为家庭内消费和外出消费。相对于其他畜禽产品，肉鸭产品有其自身的分割热销性特点，所以市场上安全认证肉鸭产品种类对于消费者购买意愿会产生显著的影响。同时，安全认证肉鸭产品销售渠道是消费者消费环境的决定因素，对消费者购买安全认证肉鸭产品具有非常重要的意义。

对于肉鸭产品属性评价变量，有学者认为产品自身属性，包括颜色、品种、产地和品牌认可度、上市季节等，会影响消费者对该产品的偏好程度和选择行为。也有学者通过分析影响山东、陕西等五省消费者苹果消费的主要因素发现，苹果价格高是抑制五省消费者苹果消费的主要因素，进口苹果自身良好的属性会对消费者的消费行为产生正向影响。因此，围绕安全认证肉鸭产品自身属性，包括新鲜程度、卫生、营养、产地和品牌认可度等影响因素展开研究。而在价格影响方面，从安全认证肉鸭产品当前价格、能承受的价格、替代品价格（如鸡肉）等价格影响因素展开分析研究。

对于人患 H7N9 禽流感事件影响解释变量，由于国家水禽产业体系经济学团队成员调查消费者消费行为时，因人患 H7N9 禽流感的爆发，消费市场正处于萎靡状态，所以，将人患 H7N9 禽流感事件影响因素作为消费者购买意愿外部冲击和影响的解释变量来考虑，以更加合理和有效的方式解释影响消费者对安全认证肉鸭产品购买意愿的影响因素。

9.3

消费者对安全认证肉鸭产品购买意愿的模型估计结果

9.3.1 模型估计结果

本章基于理论模型的架构对 305 个消费者的截面数据进行 Logistic 回归处理，首先设置了 27 个解释消费者安全认证肉鸭产品购买意愿的解释变量，使用这些变量进行建模，根据各变量的显著程度，结合理论模型，采用变量全部进入法，估计模型的最终结果，具体回归模型 I 见表 9-3。

表 9-3　安全认证肉鸭产品购买意愿影响因素的 Logistic 回归模型 I

模型变量		变量	相关系数	标准误差	Z-统计量	伴随概率
常数		C	1.6688	1.5171	1.1000	0.2713
个人特征变量	性别	X_1	0.0366	0.3271	0.1120	0.9108
	年龄	X_2	0.1261	0.1748	0.7210	0.4709
	受教育程度	X_3	0.3181	0.1218	1.9466 *	0.0685
	职业性质	X_4	−0.0282	0.0723	−0.3907	0.6960
	月收入	X_5	−0.0575	0.1210	−0.4753	0.6346
家庭特征变量	家庭成员个数	X_6	0.3673	0.1602	2.2929 * *	0.0218
	家庭是否有未成年人	X_7	0.5177	0.3699	1.3994	0.1617
	家庭居住地	X_8	0.0488	0.4116	0.1187	0.9055
	是否为家庭主要食品购买者	X_9	−1.0198	0.4439	−2.2976 * *	0.0216

续表

	模型变量	变量	相关系数	标准误差	Z-统计量	伴随概率
质量 安全 的认 知程 度变 量	肉鸭产品质量安全关心程度	X_{10}	−0.4123	0.1917	−2.1501**	0.0315
	肉鸭产品总体质量安全状态满意程度	X_{11}	−0.3439	0.3071	−1.1201	0.2627
	当地政府对肉鸭产品质量安全监管满意程度	X_{12}	−0.0008	0.2638	−0.0032	0.9974
	是否愿意为安全认证肉鸭产品支付较高的价格	X_{13}	0.1299	0.3544	0.3664	0.7141
消费 环境 变量	购买鸭肉场所（指家庭内消费，购买回家）	X_{14}	−0.2001	0.1398	−1.4314	0.1523
	消费鸭肉场所（指外出消费，在外食用）	X_{15}	0.2338	0.1656	1.4115	0.1581
	市场上安全认证肉鸭产品种类	X_{16}	0.3468	0.1867	1.8581**	0.0632
	安全认证肉鸭产品销售渠道	X_{17}	−0.6896	0.1898	−3.6327***	0.0003
肉鸭 产品 属性 评价 变量	新鲜程度	X_{18}	−0.0350	0.2634	−0.1327	0.8944
	卫生	X_{19}	−0.7122	0.3505	−2.0319**	0.0422
	营养	X_{20}	0.3488	0.2617	1.3327	0.1826
	产地和品牌认可度	X_{21}	−0.3848	0.1795	−2.1440**	0.0320
	当前价格	X_{22}	0.2511	0.1861	1.3495	0.1772
	能承受的价格	X_{23}	0.4421	0.2148	2.0581**	0.0396
	替代品价格（如鸡肉）	X_{24}	0.0612	0.1851	0.3307	0.7409
人患 H7N9 禽流 感事 件影 响变 量	H7N9禽流感出现后，您关注肉鸭产品的安全问题吗？	X_{25}	−0.4308	0.2486	−1.7330*	0.0831
	H7N9禽流感出现对您肉鸭产品消费的影响	X_{26}	0.1872	0.2616	0.7156	0.4742
	H7N9禽流感事件对您肉鸭产品消费时期的影响可能会持续多久？	X_{27}	0.1424	0.1188	1.1990	0.2305
麦克法登似然比					0.2254	
LR统计量					78.1770	
LR检验统计量的概率					0.0000	

注：表中*、**、***分别表示统计值在10%、5%、1%统计水平上显著，下表同

对于上述模型变量进行相关分析，分析结果如表9-3所示，回归模型Ⅰ的LR值为78.18，模型总体显著性为100%，模型总体显著性良好。且受教育程度、家庭成员个数、是否为家庭主要食品购买者、肉鸭产品质量安全关心程度、市场上安全认证肉鸭产品种类、安全认证肉鸭产品销售渠道、卫生、产地和品牌

认可度、能承受的价格、人患 H7N9 禽流感出现后关注肉鸭产品安全问题等变量对消费者购买安全认证肉鸭产品意愿呈现出不同程度的显著性影响。因此，认为根据各变量的显著程度，结合理论模型，依据模型选择的简约原则①，删除了不显著的变量，保留了 10 个显著变量对消费者购买安全认证肉鸭产品的意愿进行解释，具体回归模型 II 见表 9-4。

表 9-4　安全认证肉鸭产品购买意愿影响因素的 Logistic 回归模型 II

模型变量		变量	相关系数	标准误差	Z-统计量	伴随概率
常数		C	2.8440	1.0036	2.8336 ***	0.0046
个人特征变量	受教育程度	X_3	0.3012	0.1169	2.0021 *	0.0627
家庭特征变量	家庭成员个数	X_6	0.3187	0.1369	2.3271 **	0.0200
	是否为家庭主要食品购买者	X_9	−0.8362	0.4173	−2.0040 **	0.0451
质量安全的认知程度变量	肉鸭产品质量安全关心程度	X_{10}	−0.4415	0.1680	−2.6278 ***	0.0086
消费环境变量	市场上安全认证肉鸭产品种类	X_{16}	0.3868	0.1724	2.2430 **	0.0249
	安全认证肉鸭产品销售渠道	X_{17}	−0.6348	0.1738	−3.6516 ***	0.0003
肉鸭产品属性评价变量	卫生	X_{19}	−0.4577	0.2750	−1.6642 ***	0.0961
	产地和品牌认可度	X_{21}	−0.2710	0.1477	−1.8353 *	0.0665
	能承受的价格	X_{23}	0.4399	0.1905	2.3094 **	0.0209
H7N9 禽流感影响变量	H7N9 禽流感出现后，您关注肉鸭产品的安全问题吗？	X_{25}	−0.4141	0.2302	−1.7987 *	0.0721
麦克法登似然比					0.1841	
LR 统计量					63.8551	
LR 检验统计量的概率					0.0000	

---

① 奥卡姆剃刀理论（Occom's Razor）：即"如无必要，勿增实体"，指自然界规律呈简约性。由于冗余变量会导致重大的统计错误，如自由度浪费、估计精度下降等，会错过理论上有意义的发现。因此简约意味着模型中消除了冗余变量的干扰。

在最终模型Ⅱ中，模型中所有变量通过显著性检验并得到最终的模型估计结果。原始模型Ⅰ与最终模型Ⅱ相比较发现，后者的麦克法登似然比和LR统计量值都变得越来越小，两者的LR检验统计量的概率值基本没有变，且都在1%的水平上显著，说明最终模型Ⅱ的预测效果比较好，故本章主要以最终模型Ⅱ为主进行计量分析研究。

9.3.2　消费者购买安全认证肉鸭产品意愿的分析

根据表9-4中的估计结果对消费者购买安全认证肉鸭产品意愿的分析得到以下结论。

1）消费者受教育程度对其购买安全认证肉鸭产品的意愿具有10%显著水平上的正向影响。由模型结果可见，受教育程度越高，消费者越倾向于购买安全认证的肉鸭产品。一般来说，受教育程度较高的消费者，对安全认证肉鸭产品质量安全认识程度就越深，越容易以较理性的方式接受并消费相对较安全的产品。另一方面，越受教育程度低的消费者，越可能把安全认证肉鸭产品与普通的肉鸭产品相混淆，对安全认证肉鸭产品质量安全信息认识相对浅显，没能实现理性消费。

2）消费者家庭成员个数对其购买安全认证肉鸭产品的意愿具有5%显著水平上的正向影响。由此可知，由于安全认证肉鸭产品具有易分割和风味化的特点，家庭成员个数越多，家庭消费的食品品种需求也就会增多，对安全食品的消费需求趋于多样化，安全认证肉鸭产品也就成为这些消费者的选择。因此，消费者家庭成员个数越多，对其购买安全认证肉鸭产品的意愿就越强烈。

3）消费者是否为家庭主要食品购买者对其购买安全认证肉鸭产品的意愿具有5%显著水平上的负向影响。一般情况下，作为家庭主要食品购买者对安全认证肉鸭产品的关注以及信息的获取经验较足，对相关的信息了解较全面。所以，消费者作为家庭主要食品购买者对其购买安全认证肉鸭产品应该具有较强的意愿。但是，本章分析结果发现，与上述情况恰恰相反，消费者作为家庭主要食品购买者对购买安全认证肉鸭产品不具有较强的意愿，而不是作为家庭主要食品购买者的消费者对购买安全认证肉鸭产品反而具有较强的意愿。究其原因可能是，作为主要家庭食品购买者的消费者对安全认证肉鸭产品不信任或者出现了相对的信息不对称现象，也有可能是因为不是作为家庭主要食品购买者的消费者，由于对食品消费不熟悉，更相信安全质量认证或者是基于自身的消费偏好、消费习惯和消费文化的差异，更倾向于选择购买安全认证肉鸭产品。

4）消费者对肉鸭产品质量安全关心程度对其购买安全认证肉鸭产品的意愿具有 1% 水平上较显著的负向影响。这也说明了消费者对食品安全的关注程度越高，且预期购买到的食品安全程度越高，则购买安全认证食品的意愿越强的客观事实。本章结果是消费者对安全认证肉鸭产品越关心，越希望避免食品安全问题的潜在危险，则越倾向于购买安全认证肉鸭产品。这个结果也与预期是一致的。

5）消费者认为市场上安全认证肉鸭产品种类对其购买安全肉鸭产品的意愿具有 5% 水平上显著的正向影响。由于预期安全认证肉鸭产品相对于其他畜禽产品，具有自身分割以及深加工产品热销性的特点，所以市场上安全认证肉鸭产品种类越多，消费者的购买意愿就会越强烈。

6）消费者认为安全认证肉鸭产品销售渠道对其购买安全肉鸭产品的意愿具有 1% 水平上较显著的负向影响。一般情况下，认为安全认证肉鸭产品的销售渠道越多越好，消费者在愿意购买转向实现购买行为这个阶段的成本就会降低，更加容易实现消费者的购买意愿。但是，研究发现，消费者反而认为安全认证肉鸭产品销售渠道越少越好，销售渠道越少则消费者越倾向于购买安全认证肉鸭产品。这可能是因为，安全认证肉鸭产品市场上存在以次充好、以假乱真的现象，使得消费者对于众多的安全认证肉鸭产品消费点或者销售市场失去了信任和认可，可能认为安全认证肉鸭产品的销售渠道越少，越具有公信力和品牌影响力以及安全保障，所以，渠道越少消费者越具有强烈的购买意愿。

7）消费者认为卫生对其购买安全肉鸭产品的意愿具有 1% 水平上较显著的负向影响。从显著性水平不难看出，消费者对安全认证肉鸭产品的卫生情况关注度和诉求较高，卫生情况越好，消费者的购买意愿也相对越强烈。这也是众多安全食品消费意愿存在的共性趋势。

8）消费者认为产地和品牌认可度对其购买安全肉鸭产品的意愿具有 10% 水平上显著的负向影响。从研究结果来看，安全认证肉鸭产品的产地和品牌认可度基本上能反映产品的知名度以及品牌归属地，如果安全认证肉鸭产品的质量和美誉得到了广大消费者的认可，那么产地信息能够引导消费者购买其意愿所属的肉鸭产品。因此，越认为产地和品牌认可度重要的消费者，越倾向于购买安全认证肉鸭产品。

9）消费者能承受的价格对其购买安全认证肉鸭产品的意愿具有 5% 水平上显著的正向影响。从该变量的作用方向以及显著性水平可知，消费者购买安全认证肉鸭产品并不是很看重能承受的价格，越是认为能承受的价格不重要的消费者，反而越倾向于购买安全认证肉鸭产品。究其原因可能是，消费者在能承受的价格与购买安全认证产品意愿两者取舍方面，更加在乎安全认证肉鸭产品的安全保障和消费需求，只要在能承受的价格区间，并不在乎价格高低，所以，大多数消费者并不觉得能承受的价格会影响其购买安全认证肉鸭产品的意愿。

10）人患 H7N9 禽流感事件出现后消费者关注肉鸭产品的安全问题对其购买安全认证肉鸭产品的意愿具有 10% 水平上显著的负向影响。由模型结果可知，消费者越关注人患 H7N9 禽流感事件出现后肉鸭产品的安全问题，越倾向于购买安全认证肉鸭产品。这个结果揭示了，人患 H7N9 禽流感事件的发生也给广大消费者带来了消费肉鸭产品潜在危险的心理作用，消费者以更加理性的心理态度关注安全认证肉鸭产品的安全问题，当消除了心理预期的潜在质量安全隐患问题后，消费者还是可以以较为理性的方式购买安全认证肉鸭产品。

9.4 结论与政策启示

本章通过对消费者购买安全认证肉鸭产品的意愿及其影响因素的实证分析，得到以下结论：消费者购买安全认证肉鸭产品的意愿受到多种因素的影响，其中，受教育程度、家庭成员个数、是否为家庭主要食品购买者、对肉鸭产品质量安全关心程度、市场上安全认证肉鸭产品种类、安全认证肉鸭产品销售渠道、卫生、产地和品牌认可度、能承受的价格、人患 H7N9 禽流感事件出现后关注肉鸭产品的安全问题等因素的影响都较显著且方向有所差异。具体而言，受教育程度越高、家庭成员个数越多、不作为家庭主要食品购买者、对安全认证肉鸭产品越关心、市场上安全认证肉鸭产品种类越多、安全认证肉鸭产品销售渠道越少、卫生越好、产地和品牌认可度越重要、能承受的价格越不重要、对人患 H7N9 禽流感事件出现后关注肉鸭产品的安全问题程度越高的消费者，则购买安全认证肉鸭产品的意愿就越大。

基于以上实证分析得出的结果，可以揭示出以下政策启示：第一，细分安全认证肉鸭产品市场，需要根据消费者受教育程度、家庭成员个数以及是否为家庭主要食品购买者的差异细分安全认证肉鸭产品市场，并根据不同的细分市场确定不同的产品营销方式和销售策略；第二，最大限度地减少信息不对称问题，根据消费者对安全认证肉鸭产品的关心程度，提高消费者对安全认证肉鸭产品的品牌信誉和质量安全辨识度以及认可度，以期改善消费者的认知程度；第三，政府监管与市场调控并重，加大市场监管力度，引导生产经营主体抓好从田间地头到餐桌的产品质量控制，全程控制产品生产、加工、销售等环节，倡导和谐的市场环境，减少"劣逐良"的问题；第四，优化消费环境，进一步发挥安全认证肉鸭产品的自身分割以及深加工产品热销性的特点，做好产业链的深加工技术和产品与消费市场消费者的消费偏好、消费意愿以及消费行为的对接，规范安全认证肉鸭产品市场秩序，优化消费环境；第五，提高安全认证肉鸭产品在市场上的竞争力，通过安全认证肉鸭产品的综合开发、集成多层次拓展市场策略，提高安全认证肉鸭产品在市场上的竞争力。

第 **10** 章

　　市场供需是决定市场价格的直接因素，它使价格围绕着市场价值或生产价格上下波动，进而调节着生产要素向产业的流入和从产业的流出，决定着市场价格偏离市场价值或生产价格的方向和程度，影响着市场价值或生产价格形成的条件，进而影响市场价值。因此，研究水禽产业发展问题，必须对水禽产品市场供需进行认真分析。

10.1

水禽产品市场供给及影响市场供给的因素

10.1.1 水禽产品市场供给

由于市场规律的作用，商品价格出现波动是由供给与需求关系变动导致的。由供求法则可知，商品的价格只要不是"市场出清"价格，供给量和需求量自然就处在一个正常的自我调整和波动状态中，直至达到供需相等及市场平衡。但是，由于社会环境、自然条件的变化，这种绝对的供需平衡是不可能实现的，商品价格的波动也是不可避免的。

水禽产品有两个特性，一是生产周期短、繁殖添栏快、产品易储藏，对市场有较好的反应能力和适应性；如 2013 年媒体报导人患 H7N9 禽流感事件发生后，水禽活禽市场被强行关闭，水禽产品消费几乎停滞。养殖户停止养殖，企业为了减少损失，采取了活禽集中屠宰、禽肉储藏冷冻、禽蛋加工储藏等措施，到 2014 年市场复苏时，其供给仍然充足。二是可替代产品多，对市场价格反应具有较强的灵敏性，价格对供需双方有利，会刺激产业迅速发展，对任何一方不利都可能给产业带来冲击而产品被替代。

10.1.2 影响市场供给的因素

供给层面的影响因素主要有水禽雏苗的价格、投入品费用、疫病及其他养殖风险的影响、出栏量、产肉量、市场价格替代品生产及价格等。

1）水禽雏苗的价格。购买水禽雏苗的资金投入在水禽养殖成本中占有较大比例，据在湖北京山县、河南华英集团、广西桂生源家禽有限公司等地的调查，2011 年鸭苗的价格平均为 4 元/只，高价位时达到 9.5 元/只，鹅苗价格平均为每只 25 元以上，高价位时能达到 50 元。雏苗价格波动也是由供需变化导致的，最常见的影响雏苗价格的因素是疫病，若种鸭发病，产蛋量下降，雏苗因供给减少而价格上涨；若是在水禽生产过程中出现疫病，会导致水禽产品需求减少、价格下跌，生产者变更生产行为，少养或退出养殖，进而雏苗会因为需求减少而价格下跌。雏苗价格波动是造成水禽价格波动的基础原因，若雏苗价格上涨，直接造成生产总成本的增加，而且生产者会根据当批雏苗的价格来获得预期市场价格的判断，从而对当批饲养量作出决定，从这个层面上来讲，雏苗的价格既影响生产者的供给行为，也影响水禽产品的市场供给。

2）投入品费用。除雏苗的价格外，水禽生产过程中投入品的价格也在很大程度上决定了养殖成本大小。水禽生产的投入品主要包括养殖饲料投入和圈舍建设中的固定资产投入。饲料投入量及价格对水禽生产及产品供给影响很大。水禽养殖的饲料原料玉米、豆粕的价格高低对水禽养殖影响很大，2000 年时国内玉米价格为 2000 元/吨，现在随着粮食安全问题的提出和对谷物供给要求的提出，加上玉米的能源化和用途多元化，玉米价格已上升到 2800 元/吨，直接影响了生产与供给。固定资产投入一般需要资金多，具有一次投入和不会轻易投入的特性。据对湖北鸿翔农业有限公司的调查得知，一个养殖规模为每年养 8 批，每批次养殖肉鸭 8000 只的鸭舍，初始化的投入为 28 万元；山东乐港公司的肉鸭养殖初始固定投资为 40 万元，养殖规模为每年 8 批次，每批 2 万只。2014 年吉林正方农牧股份有限公司新建的鸭舍，每栋投资为 80 万元，可养殖的规模也是每年 8 批次，每批次 2 万只，固定资产投入明显提高。固定投入品包括自动饲喂系统、照明系统、通风系统、自动清粪板、温度控制系统、场地等。生产者在选择饲养水禽时，投入品费用会在很大程度上对生产者的行为起决定性作用。近年来，政府对水禽生产投入品的补贴，加大了水禽养殖户的生产积极性。例如，湖北崇阳县政府对农户养鸭每平方米的鸭舍给予 15 元补贴，对父母代种鸭场每育成卖出一只鸭苗予以 0.15 元补贴，激发了当地农户养殖水禽的积极性，使崇阳县养鸭业从零起点到目前的蓬勃发展，2011 年肉鸭出栏量达到 1000 万只以上，2014 年已达到 2000 万只以上。

3）疫病及其他养殖风险的影响。由于水禽生产属于动物性产品的生产，容易受到各种疫情和灾害的影响，养殖风险比较大。老的传染性疾病如鸭的病毒性肝炎、大肠杆菌病、传染性浆膜炎等时有流行，新的传染病也不断出现，如 2010 年 6 月份发生的鸭出血性卵巢炎，使得 1500 多万只肉鸭和近 1.2 亿只蛋鸭发病，造成经济损失达 45 亿元以上。水禽养殖过程中，如果出现大规模的疫病流行，除造成经济损失外，会对养殖者的生产积极性产生极大挫伤，间接影响水禽的市场供应量，同时会影响到人们的消费心理，减少禽肉的消费，进而导致水禽价格的波动。例如，2003~2006 年"禽流感"爆发期间，禽肉类的消费量大幅下降，市场一度低迷，水禽价格一度下跌，养殖户生产水禽的数量也因市场不景气而呈下降趋势，多数养殖户采取低价抛售、压低存栏或放弃养殖的方式规避风险，同时，严重的存栏不足导致了 2007 年市场复苏后价格大幅上涨。此外，目前的疫病风险往往会因媒体报导演化成一种社会风险，如 2013 年所发生的媒体报导人患 H7N9 禽流感事件，给水禽产业带来的经济损失高达上百亿元。

4）市场信息化程度。当前，我国水禽产业发展初步形成了集中经营的产业化经营模式，但是水禽产业信息化能力较弱，水禽市场的供求信息、价格信息、生产信息以及水禽生产的技术信息、疫病防治信息、产业发展信息等都是严重不足的。信息的欠缺和不对称性加大了水禽养殖户对水禽市场信息掌握的难度，只能根据局部地区短时间的供应关系和价格进行生产决策，不能全面把握市场动向，用准确的市场信息指导生产。另外，产业壁垒低、产业信息系统不完善客观上造成了一些养殖企业和养殖户随意地进入和退出水禽产业，更加剧了水禽产业及产品市场供给的波动性。

5）出栏量。生产是供给的起点，水禽的年出栏量及产蛋量直接决定市场供给。随着经济的发展、人民生活水平的提高，人们对水禽产品的消费需求增加，市场需求日益旺盛。例如，近年来肉鸭市场价格火爆，一路走高，从而有效地拉动了肉鸭生产和市场供给，致使我国肉鸭养殖规模持续增加，出栏量持续上升，2013 年与 1993 年相比，出栏规模翻了两番，使市场供给过剩，价格下跌，如图10-1 所示。

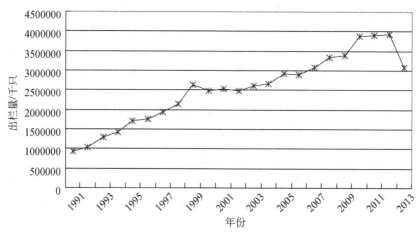

图 10-1　1991～2013 年我国肉鸭出栏量

数据由联合国粮食及农业组织统计资料与国家水禽产业调研数据整理所得

6）产肉量。进入新世纪以来，由于以樱桃谷鸭为代表的"快大型"肉鸭品种的引进与推广，使得肉鸭生产周期缩短，平均仅为 42 天。因此，饲养企业或农户很容易通过调整饲养规模和批次，来控制出栏量、屠宰量和产肉量，进而影响到整个市场的供需均衡。长期以来，国内肉鸭产肉量一直呈上升趋势，相对于国民经济增长速度和消费需求增长速度而言，不仅较好地满足消费增长的需要，而且在 2011 年等个别年份超出了消费需求，呈现供大于求的局势，如图 10-2 所示。

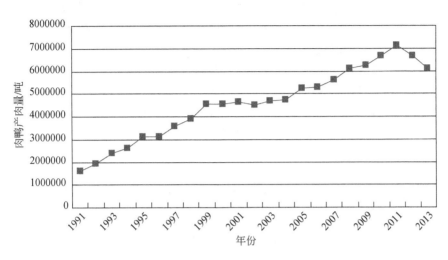

图 10-2 1991~2013 年我国肉鸭产肉量

数据由联合国粮食及农业组织统计资料与国家水禽产业调研数据整理所得

7)市场价格。水禽产品市场价格是反映市场供需平衡与否的风向标,根据弹性-价格理论,水禽产品是富有弹性的商品,当市场产品供过于求时,价格会逐渐下降;当市场产品供不应求时,价格会逐渐上升。例如,自 1991 年以来,我国肉鸭价格经历了两次较大的波动周期,分别为 1991~2000 年和 2001~2013 年。其中 1995 年和 2009 年为价格峰值期,2000 年和 2011 年为价格低谷期。从

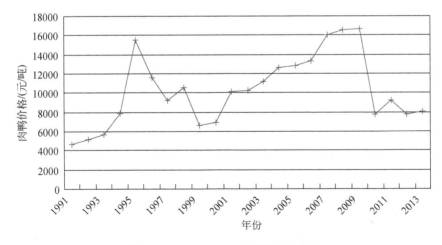

图 10-3 1991~2013 年我国肉鸭价格

数据由联合国粮食及农业组织统计资料汇总整理所得

图 10-3 可以看出，目前我国肉鸭价格处于下降期的末端，肉鸭价格下降基本到达底线，这预示着未来肉鸭价格会缓慢上升，这将刺激肉鸭生产规模扩大、市场供给增加和提高肉鸭产品的市场均衡水平。

8）替代品生产及价格。水禽产品是我国畜禽产品的重要组成部分，与鸡肉、鸡蛋以及其他肉类有很强的替代性和互补性。这就带来了两个问题，一方面在饲料等资源利用上水禽产品与其他禽类产品有一定的竞争性，当同种资源投入于其他产品生产回报率相对较高时，水禽的生产与产品市场供给减少，当饲料等资源投入于水禽生产报酬率相对较高时，饲料等资源就会流向水禽，向水禽生产集结，从而使水禽生产规模扩大，产品市场供给增加。近年来，由于水禽新品种的育成和优良品种的引进、饲料营养标准的颁布和饲料报酬率的提高，肉鸭生产效率大幅度提高，因而鸭肉产品市场供给大幅度增加。另一方面，当市场上的其他畜禽产品（猪肉、鸭肉、鸡蛋等）的价格下跌、供过于求时，就会影响到水禽的生产与供给，使之也随之减量增价；当市场上其他畜禽产品的价格上涨、供不应求时，水禽产品会受其影响而生产量及市场产品供应量被拉动而增高。2014年市场猪肉一直比较便宜，价格走低，以致鸭肉价格也上不去，生产量和市场供给也受到影响。

10.2

市场需求及影响市场需求的因素

10.2.1 市场需求

改革开放的 30 年间，在市场导向和政策支撑的有利环境下，我国水禽产业发展迅猛，至目前总产值已经超过家禽业总产值的 30%，逐渐成为农村经济中最活跃的增长点和促进农民增收的支柱产业。受消费水平提升和消费结构转变的双重影响，水禽消费市场日渐扩张，消费者对水禽产品的需求量日益增加，同时也对水禽产品的稳定供给提出了更高的标准。

水禽产业的发展要关注市场需求，强有力的市场需求拉动是水禽产业发展的巨大动力。进入 21 世纪以来，我国国民经济每年以高水平的增速运行，为市场购买力提供了庞大的经济基础。近年来，水禽雏苗、水禽肉蛋类产品的价格全面上升，水禽养殖、加工、销售的效益大幅增加，就是很好的例证。

10.2.2　影响市场需求的因素

（1）消费者收入和消费结构的变化

随着城市化进程的加速推进、人民生活水平的提高，居民手中有了更多的可支配收入，带动了肉类消费者数量增加。强大的购买力使人们对生活的品质及食品的多样化提出了更高的要求，人民的消费结构开始发生变化，由表 10-1 可以看出，近二十年来，禽肉消费量呈现出很大的增长幅度，传统的以粮食为主食的消费方式逐渐被替代，餐桌上不再局限于传统的肉类，呈现出向低脂肪、高蛋白的禽肉消费转化的趋势，这在很大程度上促进了水禽市场的蓬勃发展，中国水禽产品市场的前景广阔。

表 10-1　我国城镇家庭人均食物消费情况表

品名	1990 年 /(千克/人)	2000 年 /(千克/人)	2010 年 /(千克/人)	1990 ~ 2000 年 变动幅度/%	2000 ~ 2010 年 变动幅度/%
粮食	130.72	82.31	81.35	-37.03	-1.17
蔬菜	138.70	114.74	116.11	-17.27	1.19
食用植物油	6.4	8.16	8.84	27.5	8.3
猪牛羊肉	21.74	20.06	24.51	-7.73	22.2
禽肉	3.42	5.44	10.21	59.06	87.7
蛋类	7.25	11.21	10	54.62	-10.8

注：数据来源为《中国统计年鉴》

（2）水禽产品多样化的程度

我国有着悠久的水禽产品生产与加工历史，目前在全国已形成了许多有地方特色的水禽产品。"南京盐水鸭""四川樟茶鸭""两广烧鸭""北京烤鸭""武汉周黑鸭"等水禽产品深受广大消费者的青睐，且已形成了较为稳固的市场规模。据不完全统计，驰名中外的北京"全聚德"烤鸭每年销售超过 500 万只，广东省用来制作"烧鸭"的肉鸭需要量一年大约为 3 亿只，上海"凤鹅"的年销售量超过 2000 万只，南京的"盐水鸭"类食品产量已达到 6000 万只。随着加工技术的不断提升，水禽产品呈现多样化的趋势，满足了不同层次消费者的需求，水禽品牌的市场影响力大大增强。图 10-4 显示了近十年来我国鸭肉消费量占肉类总消费量的比例呈不断上升趋势，消费者越来越青睐于水禽产品的消费。

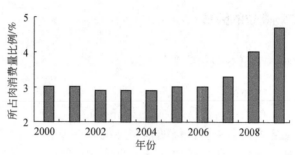

图 10-4　2000～2009 年中国鸭肉消费量占肉类总消费量的比例趋势
数据来源：山东省六和集团

(3) 替代品的价格

农业及畜牧业大发展，人们的生活水平大幅提高，可选择的食物种类逐渐多样化，水禽产品的需求量不仅与其自身的价格有很大关系，其替代品的价格也在很大程度上影响着水禽产品的市场需求。水禽商品的替代品主要是其他禽肉类、禽蛋类产品，如鸡肉、鸡蛋等，另外还包括猪肉、牛羊肉等，在人们对各类肉类、蛋类偏好一致的情况下，替代品价格若出现上涨，人们觉得选择水禽肉、蛋产品消费更划算时，就会增加水禽产品的需求，对水禽产品的需求量产生一定的拉动作用，最终导致水禽产品需求增加，价格上扬。

(4) 疫情及其他食品安全问题

发生疫情等此类突发事件会产生两种结果，一类是水禽本身出现人畜共患流行性疫病，不仅对供给量产生大的影响，尤其对该类产品的市场需求量会有很大程度上的冲击，由于消费者的恐慌心理，市场会迅速进入低迷状态，如 2003 年爆发的禽流感，对整个家禽（包括水禽）市场的冲击性就十分剧烈，再如 2013 年发生媒体报导人患 H7N9 禽流感事件，管理部门关闭了活禽市场，消费者心理恐慌，出现了厨师不做鸭肉、饭店不卖鸭肉、消费者不吃鸭肉的局面，市场需求几乎中断。另外一类是水禽产品的替代品发生疫病，如生猪病疫的发生，导致猪肉的需求量下降，作为猪肉的替代品，禽肉类产品的需求量便会增加。

(5) 国内生产总值

国内经济水平是居民消费的基础支撑，在一定程度上影响着国内肉鸭产品消费需求水平。长期以来，伴随着我国 GDP 规模的持续快速增加，国内肉鸭出栏量、产肉量持续快速上升。自 1991 年来，我国 GDP 高速增长，肉鸭出栏量、产肉量增长速度略低于 GDP 增速水平，年平均增长率维持在 8% 左右（图 10-5）。从一定程度上反映出，我国肉鸭产品的消费水平与国内经济发展水平有着密切的关系。简言之，国内经济发展水平的高低与速度快慢，将会影响肉鸭的生产发展与产品市场需求。

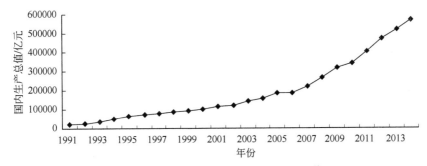

图 10-5　1991～2013 年我国国内生产总值

数据由 1991～2013 年中国统计年鉴资料汇总整理所得

（6）城镇化率

据农业部农研中心调查统计，我国城镇化率每增加一个百分点，粮食消费量将增加 50 亿千克，一个农村居民进入城市，转化为城市居民，粮食消费要增加 40～50 千克，当然，这种增加了的消费绝不是直接的口粮消费，而是增加肉、蛋、奶消费带来的饲料粮消费。自 1991 年以来，我国城镇化水平稳步增长。2013 年我国城镇化率已经高达 53.73%，远高于 1991 年的 26.37% 的水平（图 10-6）。城镇化水平的提高，意味着更多居民踏入了较高级水平的消费行列。居民收入增加，必然会改善生活，提高食品消费档次，从而使水禽产品消费相应增加，进而影响水禽市场的供需均衡。

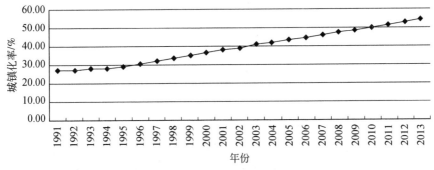

图 10-6　1991～2013 年我国城镇化水平

数据由 1991～2013 年中国统计年鉴资料汇总整理所得

10.3

影响水禽产品市场供求因素的实证分析

10.3.1 指标选取

借鉴相关产业市场供求分析研究经验，结合水禽产业发展的实际及指标的可获取性，本书选取了国内水禽中最具有代表性的肉鸭产肉量为被解释变量，选择肉鸭的国际进口量、国际出口量、国内进口量、国内出口量、国内出栏量、肉鸭价格、玉米价格、GDP、城镇化率为解释变量，建立能全面反映肉鸭产业市场供求变化水平的指标体系。具体如表 10-2 所示。

表 10-2 肉鸭产品市场供求影响因素的指标体系

	变量	指标说明
被解释变量	Y	国内肉鸭产肉量
解释变量	X_1	国际出口量
	X_2	国际进口量
	X_3	国内出栏量
	X_4	国内生产总值
	X_5	国内市场价格
	X_6	玉米价格
	X_7	国内出口量
	X_8	国内进口量
	X_9	城镇化率

10.3.2 数据来源

本章所使用的产业指标数据均来自四个部分：一是 1991～2011 年联合国粮食及农业组织（FAO）汇总整理数据；二是 2010～2013 年国家水禽产业技术体系产业经济研究团队统计汇总的水禽资料；三是 1991～2013 年中国统计年鉴；四是中国畜牧业网站数据。

10.3.3 模型构建

本章利用计量经济学中的多元线性回归分析法，采用 EViews5.0 软件进行计量分析。所采取的具体多元线性回归模型如下所示

$$Y = C + \beta_1 X_1 + \beta_2 X_2 + \beta_3 X_3 + \beta_4 X_4 + \beta_5 X_5 + \beta_6 X_6 + \beta_7 X_7 + \beta_8 X_8 + \beta_9 X_9$$

模型中，Y 表示国内肉鸭产肉量，X_1、X_2、$\cdots$、X_9 分别表示国际出口量、国际进口量、国内出栏量、GDP、肉鸭价格、玉米价格、国内进口量、国内出口量、城镇化率，C 为常数量，β_1、β_2、$\cdots$、β_9 分别为影响系数。

10.3.4 实证结果分析

模型压计的结果为：①$R^2 = 99.89\%$，$\overline{R}^2 = 99.80\%$，说明所构建模型的拟合优度很高；②在给定 $\alpha = 0.05$ 显著水平下，F-statistic = 1118.955，Prob（F-statistic）= 0.000，说明方程显著；③但是大多数变量 t 值不显著，说明多数解释变量对方程没有显著影响。故还需要对模型进行剔除变量等修正工作（见表 10-3）。

表 10-3 关于 Y 的多元回归模型的参数估计

变量定义	变量	相关系数	标准误差	t 统计量	伴随概率
常数	C	−163378.1	126701.7	−1.289471	0.2237
国际出口量	X_1	0.768258	1.232172	0.623499	0.5457
国际进口量	X_2	1.075451	0.603284	1.782660	0.1022
国内出栏量	X_3	0.647487	0.051227	12.63966	0.0000
国内生产总值	X_4	0.253945	0.243452	1.043097	0.3193
国内市场价格	X_5	3.353293	2.177217	1.540174	0.1518
玉米价格	X_6	6.979006	12.97714	0.537792	0.6014
国内出口量	X_7	−2.201244	3.368855	−0.653410	0.5269
国内进口量	X_8	−1.066955	1.817805	−0.586947	0.5691
城镇化率	X_9	5621.930	4121.000	1.364215	0.1998

由于模型统计检验中的多数解释变量的 t 检验没有通过，因此需要重新考虑方程的多重共线等问题，采用循环剔除法，最终得出如表 10-4 所示的多元回归修正模型。

表 10-4　关于 Y 的多元回归修正模型的参数估计

变量定义	变量	相关系数	标准误差	t 统计量	伴随概率
国际进口量	X_2	0.772035	0.308383	2.503498	0.0228
国内出栏量	X_3	0.663828	0.024582	27.00518	0.0000
国内生产总值	X_4	0.415040	0.123917	3.349336	0.0038
国内市场价格	X_5	3.606487	1.690019	2.133991	0.0477

从表 10-4 可知修正模型的估计结果为

$$Y = 0.77X_2 + 0.66X_3 + 0.42X_4 + 3.61X_5$$
$$t = (2.503, 0.023)\ (27.001, 0.000)\ (3.350, 0.004)\ (2.134, 0.048)$$
$$R^2 = 99.87\%, \quad \overline{R}^2 = 99.84\%, \quad F = 1215.35, \quad DW = 2.032$$

在修正的模型中，在给定 $\alpha = 0.05$ 的显著水平下，方程通过了一系列必需的统计检验，拟合优度很好，F 检验说明模型方程显著，t 检验表明国际进口量 X_2、国内出栏量 X_3、国内生产总值 X_4、国内市场价格 X_5 对方程有显著的影响。

模型估计结果表明：①在假定其他解释变量不变的情况下，肉鸭国际进口量每增加 1%，将会促使国内肉鸭产肉量增加 0.77%；国内肉鸭出栏量每增加 1%，将会促使国内肉鸭产量增加 0.66%；国内生产总值每增长 1%，将会促使国内肉鸭产量增加 0.42%；国内肉鸭价格每提升 1%，将会促使国内肉鸭产量增加 3.61%；②在众多影响变量中，国内市场肉鸭价格对肉鸭产量的影响最大，其次是国际进口量、国内出栏量、国内生产总值；③由于数据的有限性，其他影响变量的影响在方程中没有体现，但是并不能说明对国内肉鸭产量没有产生影响，例如，城镇化水平 X_9 的提高意味着更多居民的收入水平提升与消费档次水平的提高，但是随着恩格尔系数的减少，食品消费在家庭中所占比例也会减小，两者对肉鸭消费的影响作用，可能会相互抵消。还有在国际贸易中，由于无论是国际市场还是国内的进出口规模都较低，份额较小，导致国际出口量 X_1、国内出口量 X_7、国内进口量 X_8 变量的影响作用受到制约，但随着国际贸易规模的扩大，其影响作用将会更加突出。同时，对于玉米价格 X_6，一方面是可能因为肉鸭价格对玉米价格变化并不敏感，几乎不受玉米价格的影响，在玉米价格、饲料价格上涨或下降的情况下，肉鸭产业不会因此而受到影响，会继续按照自有的价格规律进行变化，另一方面长期以来肉鸭产业利润空间比较可观，加之近年来的技术进步促使饲料转化率的不断提高，单位产肉量所消耗的饲料越来越少，为了追逐更高的超额利润，相对于玉米价格变化所带来的成本波动，可以忽视。因此，在研究肉鸭市场供求变化时，这些因素还是要考虑在内的，只是其他四个因素需重点考虑并借以发挥利用。

10.4

我国肉鸭产品市场存在的问题

10.4.1　产品供需的基础技术支撑体系——良种繁育体系不完善

目前，区域间育种研究缺乏必要的协调与相互支持，肉鸭良种繁育体系不完善，育种设施规模水平低。例如，我国原有的肉鸭品种很难满足产业化、规模化发展的需要，导致部分地方和企业过度依赖国外品种，忽视本地品种的培育和优势的发挥，又不愿意加强区域间的协作与相互支持，以致消费结构调整以后，消费者偏好的地方性、特色风味产品所依赖的品种育种迟滞，甚至一些地方性品种消亡，进而导致以英国樱桃谷鸭等为代表的外来肉鸭品种逐渐垄断了我国肉鸭种苗市场，为我国肉鸭育种技术获得市场层面的支持带来了巨大的障碍。

10.4.2　影响产品供需的生产环节技术水平还比较落后——新的养殖技术推广进程缓慢

目前，南北方各地区肉鸭小规模分散养殖方式在我国肉鸭养殖中很普遍，据国家水禽产业经济研究团队调查的 106 个样本农户中，有 68% 的农户依赖运用大棚圈养的传统养殖方式。它与国内外先进的笼养、网养、工厂化封闭饲养模式相比，还有很大的差距。像山东六和集团、河南华英集团、安徽太阳禽业、吉林方正集团等企业所实施的先进、高级的饲养模式仍然处于典型示范的层面，还没有真正地在企业普及和推广。可是，从目前的生产组织方式及企业追求利润的行为导向来看，在鸭肉产品成本价格差距较小、经营利润较小的情况下，这种依赖于高投入发展的养殖新技术推广的难度较大。因此，进一步研发新的节本增效的养殖新技术、如何加强技术学习与引进、如何加强区域间先进技术项目的交流与沟通，是解决部分地区养殖基础设施落后、养殖密度过大等落后饲养方式的关键选择。

10.4.3 产品供需前沿的防疫防控体系机制不健全

区域间防疫合作体系没有建立起来,疫病防控体系不够完善。疫病防疫是建立在区域间疫情发现、密切监控、区域协调、联合治理等多方位、立体化的高效、快速、全面反映的组织体系基础之上的。随着养殖规模的不断扩大与集中,肉鸭饲养的密度大幅度增加,加上隔离封闭不严格,防疫程序执行不全面,以致禽流感、鸭病毒性肝炎、呼肠孤病毒等时有发生并流行,严重威胁肉鸭产业的健康、持续发展,区域间防疫合作越来越需要更多的协调与配合,而现实的情况是,防疫主体主要以养殖单位为主,区域性主管部门块状管理,以致产品在生产源头的安全没有保证。

10.4.4 市场上产品质量安全问题令人担忧

区域间食品质量安全联合监管缺乏沟通,产品质量安全令人担忧。目前,各区域产品质量安全控制体系存在漏洞,产业机制缺乏自律。由于全国肉鸭产业分布的区域性特征,有的地方肉鸭产品丰富,有的地方由于自然、经济条件等原因肉鸭产品缺乏,这就为市场流通提供了契机,而由于利润的驱使,在流通中出现了各种各样的食品质量安全问题,加之地方区域间缺乏有效的沟通、监控机制,肉鸭产品质量安全令人担忧。

10.4.5 产业技术人才培养机制不完善

目前各地的调查资料都显示出水禽养殖具有从业人员年龄老化、技术水平较低的问题。有的地方肉鸭产业发展很好,可相应的人才严重不足,全国肉鸭领域人才的培养和流动信息堵塞问题,严重制约了肉鸭产业科技水平提高,影响了肉鸭产业生产效益的提升,阻碍了肉鸭产业的发展。

10.4.6 产业门槛较低,易引发较强的市场波动

各地区肉鸭产业门槛低,易造成产业生产大起大落。由于肉鸭耐粗饲、易饲养、生产经营投入弹性大,散户经营者进入和退出市场的随意性很强,当市场有利时一哄而上,市场不利时一哄而下,从而引起了市场的剧烈震荡。我国目前肉鸭散养户在生产中仍占相当大的比例,这些兼业化、小规模分散养殖主体的市场

行为，更容易对市场造成冲击。其原因是他们进入和退出市场的成本较低，从事肉鸭生产固定资产投入少、技术含量低，退出产业经营的损失少，但由此可产生可怕的恶性循环，会严重影响肉鸭产业的发展。

10.4.7　地方文化、政策引导与产业布局的矛盾

我国肉鸭产品深受各地人民的喜爱。但是在西北地区的甘肃、宁夏、陕西、新疆、青海、西藏地区肉鸭养殖量很少，一方面是由于这些地区自然气候、地理位置、水源条件较差，不宜于饲养肉鸭；另一方面是与这些地方长期的历史消费文化和当地产业发展的政策引导有关。目前西北地区由于气候偏凉、干旱，肉鸭及蛋类产品消费颇受青睐，若这一地区仍然坚持不生产肉鸭，而从南方各地把大量肉鸭产品输送到西北市场，必然会造成人力、物力、财力的大量浪费。如果当地政府进行产业培育或引导，充分利用肉鸭旱养、网床平养技术发展肉鸭生产，首先就要解决肉鸭生产所需的资金与技术问题，没有资金引入与技术的引进，发展肉鸭就无从谈起；其次还要解决生产与地方文化的协调问题，解决当地肉鸭产品消费的文化差异问题。但对于相对全国而言经济文化较为落后的西北地区，短时期要解决这些问题必然困难重重，故地方文化、政策引导与产业布局的矛盾将长期存在。

10.4.8　区域产业发展不平衡与现有产业分布的矛盾

我国的肉鸭布局很不平衡，区域差异很大。肉鸭产业布局一方面会选择接近市场消费的地区，另一方面会选择接近生产资源丰裕的地区及产业资本、技术的优势地区，以及产业规模集聚区或产业链条完善的地区。因此往往会顾此失彼，不能均衡布局协调发展。同时，区域产业发展不平衡也导致了区域间经营效益的重大差异。产业化、专业化水平高的地区，肉鸭产业经营效益好，产业利润大；相反，产业化、专业化水平低的地区，肉鸭产业经营效益差，产业利润少。而产业化、专业化水平高的地区目前肉鸭发展的空间有限，再进行发展环境污染的压力很大；产业化、专业化水平低的地区虽然仍有发展的区域空间，但技术、资金及产业基础差，扩大布局发展，政府及企业的动力不足，这就形成了肉鸭产业均衡布局与发展的矛盾。

10.4.9　产品种类、结构与市场消费不协调的矛盾

目前，我国肉鸭产品同质化现象严重，产品质量较低，产品档次差异较

小，市场细分水平较低，消费需求的规模扩张较难。由于其他禽肉类产品对肉鸭产品具有很强的替代性，加上我国居民对肉鸭产品消费具有很强的地域性，肉鸭产品很容易受到替代品的影响和冲击，常常会出现价格波动及产品销售不畅的问题。虽然目前市场上有众多肉鸭知名品牌，如北京烤鸭、江苏盐水鸭、汉味鸭脖、高邮双黄鸭蛋等，但它们大多数只是地方区域性品牌，对市场全覆盖的能力较弱。消费生活中的活禽现宰现食为主的方式，更使得产品区分度低、市场同质性强、高质量的优质名特产品价格上不去、销售市场半径无法延长、产业扩张困难。另一方面，肉鸭产业的良种繁育及推广与多元化的市场需求很难配套，影响产业的市场竞争力。随着人们追求肉鸭产品质量与特色时代的到来，地方性风味肉鸭产品和特色产品逐渐受到消费者的青睐，但是其所依赖的原料主要是产业优势较弱的地方性、本土化的品种。近几年来，地方性、本土化的品种由于受到外来肉鸭品种的入侵和以追求市场利润为目标的规模化生产经营企业的排斥，它们无论是品种繁育还是应用推广都受到了极大的制约，以致不能满足当前消费需求转型背景下的生产结构调整换代对地方性优质良种的需要。

10. 4. 10 规模扩张与环境保护的矛盾

近年来，肉鸭产业快速发展，各地产业规模迅速增加，以致超出了环境承载能力，从而导致了严重的环境污染问题，特别是肉鸭产业发达的南方地区。地方经济发展一方面要考虑经济效益的增加，另一方面要考虑对生态效益的影响。长期以来，肉鸭产业的发展与水资源息息相关，区域内水流、湖泊资源是有限的，其所承载的肉鸭规模数量也是受到约束的，若无限制地在水源区增大肉鸭养殖规模，会造成巨大的环境污染，威胁地方的生态环境，同时也会增加肉鸭疾病，加大肉鸭养殖的风险。因此，近年来，我国南方的肉鸭产业有向北方转移的趋势，东部沿海地区的肉鸭也逐渐开始向西部迁移。随着肉鸭旱养技术的出现与提高，虽然北方地区加大了肉鸭产业的承接，但是随着城市化进程的加快，可供扩大规模用来发展肉鸭产业的土地越来越少，产业规模增加的空间也越来越小。同时，环境污染问题已经成为全国各级政府日益重视的问题，当各地区在发展肉鸭与加强环境保护之间进行选择时，肉鸭产业的选择与扩张受到环保压力的严重影响。2014 年山东省监沂地区拆除鸭鹏保护环境的事实充分证明了肉鸭产业规模扩张与环境保护的矛盾。

10.5

实现水禽市场供需平衡的对策及建议

10.5.1 积极进行产品创新，做好产品研发；加强产品质量控制，做好食品质量安全工作；做精做细国内市场，积极开拓国际市场

水禽产品经营企业要保持国际和国内市场信息搜集的迅捷性、全面性、准确性，并及时作出决策调整。近几年，国内水禽市场的增速已经放缓，国内消费者对水禽产品消费趋向多元化、时尚休闲化、绿色安全化，对水禽产品生产的要求不断提高。水禽企业应做精做细国内市场，做好产品研发及食品质量安全工作，同时把疫病防治工作当成长期重要的工作来抓，时刻不能松懈。另外，国际市场有着广阔的发展空间，面对复杂多变的国际市场环境，国内企业一方面要关注国际性的大市场，还要苦修内功，强化生产标准，积极与国际市场接轨，克服产业的食品安全及技术壁垒，提高产品质量，积极扩大肉鸭产品出口业务，走出中国，占领国际市场。

10.5.2 将水禽产业发展与地区经济发展紧密结合，借势、顺势、用势、造势、乘势大力发展水禽产业

近二十多年的水禽产业发展经验表明，水禽产业发展与国民经济的快速发展是密不可分的，经济发展水平对水禽产业的带动作用是非常巨大的。长期以来，我国 GDP 一直保持高速增长，人民收入水平大幅增加，生活水平也大幅提高，为水禽产品消费的快速增长提供了强大的经济保障。因此，水禽企业应该顺势而为，乘着国内经济发展的东风，迎合、引导、创造市场消费需求，积极抓住经济发展的大好机遇，将水禽产业做大做强。另外，随着大量劳动力跨地域流动，政府要加强对一些有知识、有技术、有资金、肯创业、能吃苦的人才进行创业、就业指导与支持，适当引导人才向肉鸭产业流动。

10.5.3 加强产业市场信息披露与市场引导，防止水禽市场价格大起大落

市场价格波动会向产业发展释放一种强烈的市场信号，迫使产业进行生产规模调节。由于水禽生产的低门槛、短周期性，水禽市场很容易出现大起大落的现

象,严重影响产业的稳定发展。当前由于信息不对称,市场经济有其一定的盲目性、滞后性等缺陷,再加上部分经营者的战略误判,也会促使严峻的市场形势更加恶化。因此,政府要加强水禽市场的监管,及时发布产业市场信息,尽量规避或减少因信息不对称所造成的产业损失,同时,保证市场价格信息的密切监测,防止水禽市场价格大起大落。

10.5.4 合理进行全国的水禽产业布局,避免低水平、无效率的重复建设

环渤海经济圈、长三角经济圈与珠三角经济圈的水禽产业竞争力优势较为明显,可以说是遥遥领先,占据全国较高的市场份额。这些地区的水禽产业已经是优势产业,一方面在规模上,因为已经具有很大的市场规模,应该强化市场风险防范意识,保持市场规模,维护市场领先地位,继续发挥规模效益;另一方面,应加大科研投入力度,促使科技进步,大力发展产品深加工业,调整产品结构,重视产品质量安全,塑造优势品牌,以长远利益为目标,占据市场制高点,提高并维护产业领先地位。其次是以重庆、四川为首的西南经济圈与以辽宁、黑龙江为首的东北经济圈,和其他产业相比水禽产业具有自身独特的发展优势与潜力,该区域政府应加大扶持政策,加大资本、科技投入等,以高科技为主要手段,发展产品精加工和深加工,不断提高其生产效率,以品牌和特质产品创市场,争取更高的市场份额,提升产业地位。同时也应密切关注产业发展动态,寻找产业空白点,及时抓住机遇,加快发展步伐。也可以考虑与其他相邻区域进行优势互补,开展产业合作,共同开发。

10.5.5 水禽产业发展一定要突出区域优势、特色,因地制宜

山东、江苏、广东三省分别位于我国北部、中部、南部,恰好呈三足鼎立,同时也是环渤海经济圈、长三角经济圈、珠三角经济圈等三大水禽经济圈的核心,已经以三省为核心初步形成了三大水禽核心产业圈。环渤海经济圈与东北经济圈应以山东、辽宁为核心,以黑龙江、内蒙古、河北为骨干,辐射东北、华北、西北,应侧重规模养殖,继续发挥规模效应,同时兼顾地方特色水禽养殖业发展,全产业链经营的优质高档水禽产品品牌打造,培养市场核心竞争力。例如,做大做强东北地区与内蒙古的草原鸭及吉林的长白飞鸭鸭肥肝等绿色产品及品牌等。长三角经济圈应以江苏、浙江为核心,以湖北、湖南、河南、安徽为骨干,辐射华东、华中,应侧重产品深加工,加大科研投入,提高单位生产效率,同时发展特色加工业,形成地方产品加工的特色竞争力。例如,积极打造以风味

著称的南京桂花鸭、湖北周黑鸭、湖南绝味鸭等卤制加工产品为核心的现代肉鸭产业链。珠三角经济圈以广东、福建为核心，以四川、广西、重庆为骨干，辐射华南、西南，应侧重产品深加工，加大科技投入力度，争取在产品创新、市场营销方面独树一帜。例如，积极借鉴广东的模范企业——温氏禽业的经验，把水禽产业做大做强，塑造知名品牌。各产业圈一定要树立先有市场、后有水禽场的概念，细分市场，瞄准自己的目标区域市场，来确定自己的专业化生产方向，营造自己的产业优势。

10.5.6 水禽产业发展既要善于利用工业化发展的优势，又要注重环境保护，要走可持续发展道路

在工业化发展与环境保护的取舍中，一方面东部沿海及长三角水禽主产区应积极利用工业化带来的资金、技术优势，加快水禽产品结构调整，大力发展水禽"高、精、深"加工；另一方面中西部及东北水禽发展较为落后的地区，摒弃先污染后治理的观念，提前预防，在规模饲养、技术引进等方面注意环保问题，保持当地水禽产业的可持续发展。同时应积极加强与先进地区的资源优势互补，培养地区核心竞争力。同时，加强对新饲养模式及新技术开发与应用的扶持与引导，发展低碳经济，加强对水禽生产造成的废弃物的综合利用。在产业发展中注重环境保护，走低碳、环保、经济、高效的可持续发展之路。

10.5.7 制定水禽行业标准和规范，保证产业发展有章可循

积极开展水禽相关法律法规的制定与实施，建立并完善水禽产业质量安全标准和监控体系，加强水禽产品的质量安全管理，对一体化产业链从原材料、饲养、饲料、加工、设计、流通、服务的全过程进行全程监督，将水禽产品质量安全深入产业链的每一个环节，真正建立从养殖基地到饭店餐桌、从生产养殖到产品消费、从科技研发到市场销售等各环节的产品质量安全追溯体系和科技研发与产业服务体系，同时制定规范的产业标准，实现水禽生产全过程的科学化、标准化和无公害化，保证水禽产品质量安全。在制定产业标准时，应注意与当前国际标准接轨，通过借鉴国际先进技术、法规和标准，使产业标准国际化，为水禽产品的国际进出口贸易和国际消费市场的扩张奠定基础，促进水禽产业的可持续发展，提高水禽产业竞争力。

10.5.8 加强对相关替代品行业的市场监控，建立灵活的水禽市场反应体系

猪肉、鸡肉、牛羊肉产品消费仍是人们大众化生活消费的主导，对水禽产品有较强的替代作用，而水禽产品对它们的替代力相对较弱。例如，现实生活中，人们就餐时不会因为鸡肉价格高了而放弃鸡肉选择水禽，但会因为水禽价格相对鸡肉较高而选择鸡肉产品。由于水禽产业具有在猪肉、鸡肉等家畜家禽产业夹缝中生存与发展的特殊性，水禽产业相对其他家畜家禽产业的社会接受度还较小，故鸡肉、猪肉极易对水禽形成替代作用，但水禽对两者的替代作用则很小，说明水禽产业相对它们还比较弱小，还需要政府区别对待，给予更多优惠保护。因此，水禽产业应加强对相关替代品生产与供求的市场监控，建立灵活的市场反应体系，以预防相关替代品市场变化所带来的不利冲击或迎接市场新的有利的发展机遇。

10.5.9 引导水禽产业发展的技术进步与更新，提升技术竞争力

水禽产业技术进步与竞争力的提升对产业发展至关重要，政府应为其提供必要的扶持：一是支持区域特色水禽地方性良种的繁育，鼓励相关科研单位与水禽企业加强技术协作，支持地方特色水禽繁育基地的建设，保证水禽地方性良种得到有效保护；二是加强进行水禽疫病防控技术的研究，建立健全水禽疫病预防与治理的监控体系；三是免费对水禽产业从业者进行技术与防疫培训，为养殖户提供市场、技术、信息咨询等服务，促进新技术的推广和应用，依靠产业科技进步来提升水禽产业竞争力；四是鼓励和引导企业或农户成立水禽养殖专业合作社，密切政府、企业、农户三者之间的关系，扶持"公司+合作社（基地）+农户"的产业组织模式并保证其利益，通过专业化组织对合作社、龙头企业及农户的生产行为进行统一规范，提高产业组织的生产技术水平和整体竞争力。

10.5.10 以人为本，积极培育肉鸭产业人才及强化人才流通机制

长期以来，由于利益驱动或产业环境等因素，我国水禽产业人才比较匮乏，加剧了产业分布的极不平衡的现状。因此，产业内部必须加强对人才的培养，同时在产业范围内让人才合理流动起来。首先要通过政策杠杆加大产业调控力度，加强政府对人才流动政策的引导和监督，推动水禽产业、区域人才协调发展，促

进人力资源有效配置。其次，要为人才流动提供制度保障，积极利用国家水禽产业技术体系的技术优势、人才优势，真正建立起水禽产业内部的人才区域合作机制，解决水禽产业的人才瓶颈和技术阻滞问题。最后，建立功能齐全、服务多样化的人才市场，推进人才市场体系建设，完善市场服务功能，健全人才市场供求、价格及竞争机制。

10.5.11　完善区域间水禽产业的合作、学习机制与先进技术的推广及普及机制

水禽产业发展的地域不平衡特点，决定了要加强产业间的区域合作，尤其是防疫、育种、养殖等环节的合作。同时，要积极促进养殖模式创新，加快区域间科技推广与学习。在先进技术推广中，要善于利用各种传媒，采用农户易于理解、接受、参与的方式，向养殖户普及先进的养殖技术和养殖模式及市场销售、经营管理等知识。由于自然、人文、社会经济等条件的差异，水禽产业每一个区域都无法做到在各方面领先，因此，加强区域间的沟通与交流，完善区域间合作、学习机制与先进技术的推广与普及机制是非常必要的。

10.5.12　积极促进水禽产业化经营，加大科技投入，加快产业链条的延伸与拓展

水禽产业的发展越来越依赖于产业化经营水平的提高，原始的只重视产中的发展模式早已不适应肉鸭产业的发展，必须强化产业化经营水平，加快产业链条的延伸与拓展。同时，发展新型民、企合作模式，例如，"公司+农户"或"公司+合作组织+农户"或"公司+基地+农户"，通过协调产业链条上各环节的利益，共同促进水禽产业的发展。再者，要不断加大科技与政策投入，增强规模效益，只有不断加强科技与政策投入，才能控制与统筹水禽产业的制高点，不断增加产业规模效益，为产业向高、精、深方向发展奠定坚实的基础。

10.5.13　创新政府的产业调控职能，加强防疫重视与食品安全监管

在正常时期，政府应长期坚持不懈地切实加强水禽类产品的市场价格信息、生产信息传播和质量监管，提高市场服务意识，为生产者决策生产经营规模提供信息支持，为消费者安全消费、放心消费奠定良好的基础；在非常时期，除了加

强政府对产品质量监管与服务之外，应一方面对生产经营者积极引导和保护，另一方面将削弱消费者恐慌、畏惧心理当成首要任务，做到对不同消费群体的细分，高度重视低文化水平群体、高人口量家庭群体、劳动密集型职业群体，加强相关知识的公共广告、公益政策引导，做好疫病知识的及时传达，通过信息强化，提高消费者信心，杜绝或削弱民众的消费恐慌心理；另外，政府应积极倡导水禽养殖创新，加快推广规模化、标准化的绿色、生态养殖模式，让消费者知晓养殖过程的科学性和养殖环境卫生的保障性，从心理上完全认可、支持水禽产业。

第 **11** 章

中国水禽产业市场预测

　　中国水禽产业进入 21 世纪以后，基本走了一条从千家万户小规模分散饲养，自给自足向产业化、规模化、市场化的转型发展之路，随着市场化程度的加深，一些新的问题也相应地暴露出来。其中最突出的问题是产品市场价格的剧烈波动和生产的大起大落。分析产品价格波动和产业涨落的原因，传统经典的理论是市场的自由化和生产的无秩序，今天典型的经济学解释是市场信息不对称所引起的蛛网波动和从众心理及羊群效应。那么究竟有没有办法防止这种市场波动给产业发展及生产经营者带来的损失，能否事先知道未来的市场供给状况和走势呢？经过人们不断的探索和努力，创造了预测的方法，试图通过历史上的市场数据、变化规律来预测未来的发展及市场状况。基于此，本章借助水禽产业技术体系产业经济学团队在全国 21 个主产省份调查获得的数据及收集到的有关统计数据，采用 ARIMA 模型、线性回归、比例预测、经验调整等方法，对我国的肉鸭、蛋鸭、鹅的存栏量、出栏量、产肉量、产蛋量和市场价格等产业发展情况和市场供需状况进行了短期预测。一方面希望能对防止产业波动和价格起落提出一些警示，为产业经营者决策自己的生产经营规模及资源配置、政府宏观调控市场给出一些参考；另一方面希望能针对水禽这一缺乏历史统计资料，规模化、市场化经营起步较晚的产业，提出一种特殊的预测方法，以供日后有志于水禽产业经济研究及产业界的经营者参考应用。

11.1

中国肉鸭产业市场预测

我国是世界肉鸭产品生产和消费的第一大国，肉鸭占世界饲养量的 70% 左右，根据 FAO 的数据统计，2009 年我国鸭肉产量占全世界的 69.12%，并且在 2000~2009 年的 10 年间里，鸭肉产量增长了 41.55%，我国肉鸭产品产量保持了较高的增长速度和水平。根据国家水禽产业体系经济学团队对全国 21 个主产省区的调研数据，我国 2012 年肉鸭出栏量约为 40 亿只，产值接近 800 亿元，我国肉鸭存栏量约占全国水禽总存栏量的 62%，肉鸭产业年产值约占水禽产业年总产值的 55%。2014 年的肉鸭出栏量为 31.05 亿只，产肉量达 930 万吨，产值为 829 亿元。可见，随着居民生活水平的稳步提升和收入水平的快速提高，消费者对食品消费结构调整的渴望也在不断提升，使得消费者对高蛋白、低脂肪类食品的消费需求越发广泛。而水禽产品中的肉鸭产品素以高蛋白、低脂肪等特性得到广大消费者的欢迎，以致肉鸭产业在出栏量减少的情况下，产值却在增加。

进入新世纪以来，中国肉鸭产业实现了从农户零星分散饲养到企业化、规模化集中饲养的华丽转身，一跃成为我国现代农业和畜牧业的重要组成部分，为满足城乡居民的禽肉需求、农民的收入增长作出了重要贡献。但是，由于规模化、市场化程度的提高，市场风险与冲击也随之而来，以致肉鸭产品及价格经常发生波动与震荡，对养殖企业和农户的收益及产业的稳定造成了一定的影响。为了防止产业波动和震荡，给养殖企业和农户一个很好的市场预期，以便其科学决策、规避风险，保障产业的稳定持续发展，有必要做好中国肉鸭产业发展的经济预测，以便对我国肉鸭养殖户、企业以及合作社等产业组织的生产决策和政府的宏观调控提供参考。鉴于中国肉鸭产业长期缺乏系统的统计数据，以致按照常规的统计预测方法进行预测比较困难。因此，国家水禽产业技术体系产业经济研究团队充分利用 FAO 统计数据、国家水禽产业技术体系产业经济研究团队所调研统计的 21 个主产省区和典型示范县的数据，采用了 ARIMA 模型、线性回归模型、对比调整法等方法对 2015 年的肉鸭产业经济发展进行了综合预测。

11.1.1 文献回顾

目前在家畜产业经济预测领域已有较多的研究成果，其中比较具有代表性的研究主要集中于猪、牛、羊、鸡等家禽的供给、需求与贸易行为的预测分析；预测方法主要采用 AIDS 模型、线形支出系统模型、线性函数模型、对数线性函数模型、三时点预测模型、VAR 模型、趋势预测法、经验调整法、马尔可夫模型和人工神经网络等。但是针对肉鸭产业经济预测的文献并不多，预测方法相当简单，多表现为时间序列的一元线性回归模型、二元线性回归模型、定性预测法等。马林静等（2014）运用 ARIMA 模型、线性回归、比例预测、经验调整等方法对我国肉鹅的出栏量、产肉量和价格进行了预测。戚羽凡等（2000）用回归分析预测法对主要畜禽产品的供求趋势分析中，在对消费与生产两方面进行调研的基础上，采用一元线性回归分析预测法，对未来余姚市的主要畜禽产品需求量与生产量进行趋势分析，余姚市畜牧生产的发展和消费需求增长是较快的，而且两者发展趋势基本一致。李志强等（2000）在我国畜产品消费及消费市场前景分析中通过一次比较系统的城乡居民入户抽样调查，对全国主要畜产品的消费和市场状况进行比较全面和系统的分析，以此为依据对畜产品的消费和市场状况进行一个基本判断，畜产品质量成为消费增长的重要制约因素；认为我国目前的畜产品市场已处于暂时性的相对饱和状态，从城乡消费水平比较、畜产品消费结构和动态发展的观点来看，我国的畜产品消费市场仍然蕴藏着巨大的潜力；同时，随着收入水平的提高，对加工食品的需求量呈不断增加趋势。廖正录等（2004）在贵州畜产品市场供需现状与预测浅析中利用 1995～2002 年贵州省人口变化与收入变化两个因素，通过建立简单的二元线性回归模型对贵州省 2005～2015 年的畜产品未来市场供需状况进行预测，认为从预测趋势来看，我国肉类（包括肉鸭）需求呈上升趋势。申秋红（2007）在中国禽肉生产与消费分析中，通过对我国禽肉生产的现状、区域布局、消费现状研究，认为中国经济的快速发展推动着禽肉生产和加工的快速发展，并提出了通过政府支持、生产规范、消费引导、疾病预防等四个方面来促进我国禽类发展的建议。而在 2012 年我国肉鸭产业发展与市场前景分析中，从国内和国际两个市场层面进行了简单定性预测，目前我国对鸭产品的需求量逐年增加，我国的鸭产品市场很少有国外产品进入的压力，将为我国肉鸭业的发展提供更为优越的发展空间。同时，商务部中国食品进出口商会提供的数据显示，连续 3 年我国鸭肉的出口量、出口额年均增长率均高于 8%。未来仍将保持较高的增长率。

实证预测研究表明一元或多元回归模型预测是从经济发展的趋势角度进行预测的，数据的随机性、不确定性大大影响了预测的精确度；而定性预测则包含主观成分较多，个人臆断存在不可靠性，会使得预测偏差较大。肉鸭产业是具有市场风险和疾病等自然灾害的双重风险产业，年度数据的随机波动性较大，利用消费或生产数据，简单回归方程或定性预测都不能准确地预知未来市场状况。考虑到以上模型及方法的预测精度有可能不高，有时预测误差偏大的客观原因，本章采用了 ARIMA 模型、线性回归模型、对比调整法等方法对我国肉鸭产业经济发展进行实证预测分析，并对预测数据利用调整系数进行技术调整，主要是考虑水禽产业经济发展的趋势及实际，最终结合三种预测方法对 2015 年我国肉鸭出栏量、产肉量以及价格走势进行了综合预测。

11.1.2 研究方法与数据说明

11.1.2.1 研究方法简述

ARIMA 模型是由统计学家 Box 和 Jenkins 提出的，又称 B-J 模型（博克思-詹金斯法），其所依赖的原理是：某些时间序列于时间 t 的一组随机变量，构成该时序的单个序列值虽然具有不确定性，但整个序列的变化却有一定的规律性，可以用相应的数学模型（即 ARIMA）近似描述。通过对该数学模型的分析研究，能够从本质上认识时间序列的结构与特征，达到最小方差意义下的最优预测。ARIMA（p, d, q）模型的形成有四种基本类型：自回归（AR）模型、移动平均（MA）模型、自回归移动平均（ARMA）模型以及差分自回归移动平均（ARIMA）模型。ARIMA（p, d, q）模型通过对不平稳的序列进行 d 阶差分，将其转化为平稳时间序列，然后建立 ARMA（p, q）模型。

设 u_t 是 d 阶单整时间序列，即 $u_t \sim I$（d），则

$$\omega_t = \Delta \delta^d u_t = (1-L)^d u_t \tag{11-1}$$

ω_t 为平稳时间序列，即 $\omega_t \sim I$（0），于是可以对 ω_t 建立 ARMA（p, q）模型，即

$$\Phi (L) = C + \Phi_1 \omega_{t-1} + \cdots + \Phi_p \omega_{t-p} + \varepsilon_1 + \theta_1 \varepsilon_{t-1} + \cdots + \theta_q \varepsilon_{t-q} \tag{11-2}$$

式（11-2）表明如果一个序列是单整序列，那么该序列可以由其自身的滞后值以及随机扰动项来解释。即如果该序列平稳（它的行为并不会随着时间的推移而变化），那么就可以通过该序列过去的行为来预测未来。

ARIMA 模型的建立可以分为以下四个步骤：①对原序列进行平稳性检验，判断其是否平稳，并确定 d 的值；②对通过 d 阶差分后平稳序列的自相关图以及偏相关图进行分析，确定 ARIMA（p, d, q）模型中 p 和 q 的值；③对参数进行估计，检验是否具有统计学意义，并根据 AIC 和 SIC 准则以及残差序列相关性择优选择出最佳方程；④利用已通过检验的模型进行预测分析。考虑到数据的可获性及数据本身的特征，这里选择了此模型进行肉鸭出栏量、产肉量的预测。

11.1.2.2 样本数据及来源

针对肉鸭出栏量、产肉量和白条鸭价格的数据资料，本章预测研究采用的样

本数据为年度和月度数据，利用 FAO 1987～2012 年统计数据、国家水禽产业技术体系产业经济研究团队所调研统计的 21 个主产省区和典型示范县的数据（2010～2014 年）来分析预测我国肉鸭 2015～2016 年度的出栏量、产肉量和白条鸭价格。由于获得数据的有限性、统计范围和标准不同，FAO 数据与我国水禽产业技术体系经济学团队调查数据之间存在差异，需要将预测值与统计值进行比对而得出调整系数，进而再根据该调整系数将预测值修正以接近真实值。

11.1.3 实证分析

11.1.3.1 样本序列的 ADF 单位根检验

对 1987～2012 年 FAO 肉鸭出栏量、产肉量和白条鸭价格的时间序列数据进行 ADF 单位根检验，检验结果见表 11-1。

表 11-1 序列 chulan、chanliang、jiage 的平稳性检验结果

变量	检验类型（C, T, K）	ADF 统计检验	P 值	检验结果
chulan	C, 0, 0	−0.1890	0.9278	非平稳
Δchulan	C, 0, 0	−6.1655	0.0000	平稳
chanliang	C, 0, 2	−2.7911	0.2145	非平稳
Δchanliang	C, 0, 0	−5.4552	0.0011	平稳
jiage	C, 0, 2	2.1195	0.9997	非平稳
Δjiage	C, 0, 0	−4.4365	0.0026	平稳

注：检验类型（C, T, K）中 C, T, K 代表常数项、趋势项和滞后阶数，根据 AIC、SC 最优信息准则确定，数据来源为 FAO 统计数据

以上结果显示，chulan、chanliang、jiage 这 3 个序列都是非平稳的，但都是一阶单整。为了消除原序列的非平稳性，要通过对序列 chulan、chanliang、jiage 进行 ADF 单位根检验分析，将该时间序列进行平稳化处理后方可利用 ARIMA 模型进行预测。因此，通过 EViews 7.2 软件分析，对 3 个序列进行一阶差分处理并检验。一阶差分处理后，表中 ADF 统计检验和 P 值的检验值都通过了检验，序列不平稳趋势已经消除。自相关函数一阶截尾，偏自相关函数出现拖尾，序列是非白噪声序列，可以利用该序列数据建立 ARIMA 模型。故用 D（chulan）、D（chanliang）、D（jiage）的自相关图和偏自相关图以及对比 AIC 和 SC 的值并检

验残差的序列相关性，最后选择建立 ARIMA（1，1，1）和 ARIMA（1，1，2）两个最优模型。由此，基于 FAO 原始数据的肉鸭出栏量、产肉量和白条鸭价格 ARIMA 模型参数估计结果如表 11-2、表 11-3 和表 11-4 所示。

表 11-2　中国肉鸭出栏量的 ARIMA（1，1，1）模型参数估计结果

模型	回归系数	t 统计量	p 值
C	0.7701	0.5507	0.5873
AR（1）	0.9881	38.7724	0.0000
MA（1）	−0.2634	−1.2137	0.2377
R^2	0.9788	Adj−R^2	0.9769
F	508.1400	P	0.0000

表 11-3　中国肉鸭产肉量的 ARIMA（1，1，1）模型参数估计结果

模型	回归系数	t 统计量	p 值
C	0.1901	0.2584	0.7985
AR（1）	0.9942	40.5770	0.0000
MA（1）	−0.1135	−0.5140	0.6124
R^2	0.9854	Adj−R^2	0.9840
F	741.2845	P	0.0000

表 11-4　中国肉鸭价格的 ARIMA（1，1，2）模型参数估计结果

模型	回归系数	t 统计量	p 值
C	0.0323	0.0082	0.9936
AR（1）	0.9964	6.6209	0.0099
MA（1）	−0.0052	−0.0098	0.9923
MA（2）	−0.1868	−0.3545	0.7273
R^2	0.7953	Adj−R^2	0.7953
F	22.0154	P	0.0000

11.1.3.2　模型预测结果

从表 11-5 和表 11-6 中可知，2014 年肉鸭的出栏量为 237820 万只，产肉量为 308.9 万吨，肉鸭价格为 237820.3 元/吨。而 2015 年肉鸭的出栏量为 244090 万只，产肉量为 316.89 万吨，肉鸭价格为 15845.4 元/吨。

从表 11-5 的预测误差结果可知，通过对比 2010～2012 年的实际样本数据，

ARIMA（1，1，1）模型对肉鸭的出栏量和产肉量的预测有着很高的精度，预测值和实际值差异很小，误差在 5% 以下，说明该模型预测取得了很好的效果。而从表 11-6 的预测误差结果可知，通过对比 2010～2012 年的实际样本数据，ARIMA（1，1，2）模型对肉鸭价格的预测具有一定的精度，预测值和实际值差异比较小，平均误差在 11% 以下，说明该模型预测取得了一定的效果。

表 11-5　2010～2015 年肉鸭出栏量、产肉量 ARIMA 模型预测值与实际值的对比

年份	出栏量/万只			产肉量/吨		
	预测值	实际值	预测误差	预测值	实际值	预测误差
2010	211918.6	221060.1	−0.0414	2758363.0	2897631.0	−0.0481
2011	218519.0	223081.5	−0.0205	2842713.0	2918045.0	−0.0258
2012	225035.4	223508.8	0.0068	2925925.0	2988356.0	−0.0209
2013	231468.8			3008016.0		
2014	237820.3			3089000.0		
2015	244090.8			3168892.0		

数据来源：FAO 统计数据

表 11-6　2010～2015 年肉鸭价格 ARIMA 模型预测值与实际值的对比

年份	肉鸭价格/（元/吨）		
	预测值	实际值	预测误差
2010	13710.9	15728.4	−0.1283
2011	14141.9	16852.7	−0.1609
2012	14570.8	14848.4	−0.0187
2013	14997.7		
2014	15422.5		
2015	15845.4		

数据来源：FAO 统计数据

11.1.3.3　产业实际调研与 FAO 预测值的对比调整

（1）调整系数的设定

由于 FAO 数据统计的不完全性，必须对预测数据进行修正调整。在此利用比例系数法，将 FAO 产肉量数据与我国水禽产业技术体系经济学团队调查统计数据相结合，测算出误差修正调整系数 K。K 为（一次线性回归预测值/水禽体

系统计值、加总的平均值，通过计算，得出调整系数 K)。同时，由于 FAO 样本数据统计的不完全性，需要计算出预测调整值。预测调整值＝该年预测值/调整系数 K 。与此同时，由于统计范围和标准不同，FAO 统计的数据与真实值之间存在差异，原因是，FAO 统计的肉鸭产量数据是针对全国水禽协会上报的数据，而水禽经济学团队统计的是全国 21 个主产省区肉鸭的生产数据，所以该值小于实际统计值。将 FAO 数据与水禽产业经济学团队实际统计数据进行比较，得出修正系数，该修正系数为两者数据比值的三年平均值，代表的经济学意义为：FAO 统计数据与统计值之间的差异（见表 11-7 和表 11-8）。

（2）预测值的对比调整

通过表 11-7 和表 11-8 的相比，得到肉鸭出栏量的调整系数为 K_1，肉鸭产肉量的调整系数为 K_2，由此，修正调整后的 2014 年肉鸭出栏量和产肉量预测值分别为 371594.2 万只、582.83 万吨，而 2015 年肉鸭出栏量和产肉量预测值分别为 381391.9 万只、597.90 万吨，均呈现出同步增长的趋势，但增长幅度不是很剧烈。

表 11-7　2010～2015 年肉鸭出栏量 FAO 数据与统计数据的比对修正结果

年份	预测值/万只	统计值/万只	调整系数 K_1 值
2010	211918.6	335161.9	0.63
2011	218519.0	356329.6	0.61
2012	225035.4	392996.1	0.57
2013	231468.8	306545.5	0.76
2014	237820.3	371594.2	0.64
2015	244090.8	381391.9	0.64

表 11-8　2010～2015 年肉鸭产肉量 FAO 数据与统计数据的比对修正结果

年份	预测值/吨	统计值/吨	调整系数 K_2 值
2010	2758363.0	3351619.7	0.82
2011	2842713.0	7916310.2	0.36
2012	2925925.0	6202853.0	0.47
2013	3008016.0	6273312.2	0.48
2014	3089000.0	5828301.9	0.53
2015	3168892.0	5979041.5	0.53

11.1.3.4 基于线性回归模型的预测

将 3 个时间序列 chulan、chanliang、jiage 以 T 为自变量建立如下模型: $y_i = c + \beta_0 T + u$，并用该模型对肉鸭出栏量、产肉量和价格进行回归预测。序列 chulan（出栏量）的线性回归结果见表 11-9。该回归结果显示，时间变量 T 与存栏量之间有相似的线性关系，可决系数 R^2 为 0.96，调整后 R^2 为 0.95，模型拟合效果很好。

表 11-9 序列 chulan（出栏）的线性回归结果

项目	回归系数	t 统计量	p 值
C	110212.3000	11.2654	0.0000
T	9315.1420	10.2014	0.0000
R^2	0.9621	Adj–R^2	0.9583
F	197.2147	P	0.0000

由表 11-10 可知，从 2010~2015 年的预测值与实际统计值的对比误差来看，预测精度较高，获得了满意的预测效果。

表 11-10 肉鸭出栏量预测结果

年份	预测值/万只	统计值/万只	预测误差
2010	324511.2	335161.9	−0.0318
2011	349732.2	356329.6	−0.0185
2012	388761.8	392996.1	−0.0108
2013	301926.7	306545.5	−0.0151
2014	312943.2		
2015	320911.3		

序列 chanliang（产肉量）的回归模型结果见表 11-11。为了获得较好的拟合效果，将时间变量 T、变量 T_2、变量 T_3 作为解释变量加入模型中进行多元回归，回归结果显示，各变量与产肉量之间有着显著的线性关系，F 值为 155.9546，可决系数 R^2 为 0.993，调整后的 R^2 为 0.986，模型拟合效果很好。

表 11-11　序列 chanliang（产肉量）的线性回归结果

项目	回归系数	t 统计量	p 值
C	215254.3142	1.5482	0.02011
T	131125.1420	6.1238	0.0000
T_2	−1622.65	−3.2548	0.0000
T_3	214.2897	1.9127	0.0001
R^2	0.993	Adj-R^2	0.9860
F	155.9546	P	0.0000

用该模型预测肉鸭产肉量的结果见表 11-12。由表 11-12 可知，2014 年我国肉鸭产肉量为 732.53 万吨，2015 年为 769.98 万吨，均比 2013 年有所增加。

表 11-12　肉鸭产肉量预测结果

年份	预测值/吨	统计值/吨	预测误差
2010	3374546.9	3351619.7	0.0068
2011	7254555.4	7916310.2	−0.0836
2012	6554129.2	6202853.0	0.0566
2013	6658912.3	6273312.2	0.0615
2014	7325346.7		
2015	7699753.5		

序列 jiage（价格）的回归模型结果见表 11-13。为了获得较好的拟合效果，将时间变量 T、变量 T_2、变量 T_3 作为解释变量加入模型中进行多元回归，回归结果显示，各变量与价格之间有着显著的线性关系，F 值为 25.68，可决系数 R^2 为 0.8657，调整后的 R^2 为 0.842，模型拟合效果较好。

表 11-13　序列 jiage（价格）的线性回归结果

项目	回归系数	t 统计量	p 值
C	1654.1240	1.5482	0.0125
T	1365.9513	6.1238	0.0091
T_2	−136.2199	−1.1221	0.0241
T_3	10.2100	2.5868	0.0086
R^2	0.8657	Adj-R^2	0.8420
F	25.68	P	0.0000

肉鸭价格预测结果见表 11-14。由表 11-14 可知，2014 年肉鸭价格为12387.2 元/吨，2015 年肉鸭价格为 11942.7 元/吨。虽然均比 2013 年肉鸭价格有所上升，但是出现了 2014 年增加，而后 2015 年下降的趋势。

表 11-14　肉鸭价格预测结果

年份	预测值/（元/吨）	统计值/（元/吨）	预测误差
2010	11425.3	15728.4	−0.2736
2011	13256.9	16852.7	−0.2134
2012	12549.6	14848.4	−0.1548
2013	11268.2		
2014	12387.2		
2015	11942.7		

注：数据来源为 FAO 统计数据

基于 ARIMA 模型预测、对比调整法、线性回归预测这三种方法，对我国2015 年肉鸭出栏量、产肉量、价格进行综合预测，预测结果见表 11-15。

表 11-15　2015 年我国肉鸭出栏量、产肉量、价格综合预测结果

预测方法	出栏量/万只	产肉量/吨	价格/（元/吨）
ARIMA 模型预测	244090.8	3168892.0	15845.4
对比调整法预测	381391.9	5979041.5	−
线性回归预测	320911.3	7699753.5	11942.7
综合预测结果	351151.6	6839397.5	13894.1

11.1.4　结论与政策启示

由于 2013 年受媒体报导人患 H7N9 禽流感事件的冲击，价格和生产量均有所下降，进入 2014 年一直处于反弹增长趋势，而且这一趋势还会在 2015 年持续一段时期，因此，根据三种预测方法综合预测 2015 年肉鸭的出栏量为 35.1152亿只，较 2013 年增长 14.55%；产肉量 683.94 万吨，较 2013 年增长 9.02%；鸭肉白条鸭价格为 13894.1 元/吨，较 2013 年增长 5.82%，波动值从 11942.7 元/吨到 15845.4 元/吨。

根据预测结果的分析，2015 年总的来说肉鸭产业将呈现平稳增长的态势。为了保证产业稳定持续发展和肉鸭产品价格稳定，建议在未来的发展中做好以下几件事情：①建立产业联盟或白羽肉鸭专业委员会，与樱桃谷公司中国总代理方面进行磋商谈判，从祖代鸭供应的源头上，控制肉鸭的市场投放量，使鸭肉保持在一个合理的价格水平之内，防止出现市场鸭肉价格上涨、养殖农户和企业蜂拥而上、市场鸭肉产品过度供应、价格下跌、产业滑坡的局面；②顺应水禽产品消费地方性、区域化的特点，推动地方性品种发展，以适应消费需求结构调整、消费者对快大型鸭肉产品排斥、追捧地方性风味产品的局势；③继续强化水禽产品深度加工环节，促使产业链的延长和产业利润的多极化；④注意产业利润在不同经营主体和经营环节的合理分配，创造养殖企业和农户、产业化龙头企业、政府三赢合作的新机制。

11.2

中国蛋鸭产业市场预测

当前，我国蛋鸭产业已基本实现了民族化，形成了从品种选育、种蛋孵化、养殖、饲料加工、疫病防治、蛋品加工销售、副产品深加工处理等多环节齐头并进的完整生产加工产业链。截至 2013 年，我国蛋鸭总产值超过了 331 亿元，与蛋鸭养殖相关的从业人员超过 500 万。但是由于蛋鸭养殖业的周期性波动，养殖业长期处于不稳定状态，对蛋鸭养殖企业和农户的收益造成一定的影响，制约了蛋鸭养殖规模的扩张，为此，本章采取比例调整法分别基于全国禽类数据、全国21 个水禽主产省市蛋鸭产区的禽类数据和示范县禽类数据对蛋鸭出栏量、存栏量和产蛋量进行了预测，并采用 ARIMA 模型和二次曲线法对 2015 年的鸭蛋价格进行了预测，期望能够对促进蛋鸭产业的进一步发展作出一定的贡献。

11.2.1 蛋鸭出栏量和产蛋量预测

由于官方资料上还没有关于蛋鸭出栏量和产蛋量的统计，仅有的 2010～2013 年的蛋鸭出栏量数据是来自水禽产业技术体系产业经济学研究团队的调研数据，因此对于 2015 年蛋鸭出栏量和产蛋量的预测是采取比例调整法与禽类出栏量和产蛋量相对比来进行推算的，为了预测的准确性，分别基于全国禽类数据、全国21 个水禽主产省区蛋鸭产区的禽类数据、示范县禽类数据采用比例调整法进行了预测。

11.2.1.1 基于全国禽类数据的预测

首先，根据 1998～2011 年这 14 年来自《中国畜牧业年鉴》的禽类数据，运用线性回归预测出 2015 年的禽类出栏量和产蛋量，分别为 120.01 亿只和 2170.45 万吨；然后，将产业经济学研究团队调研所得的 2010~2013 年这四年的蛋鸭出栏量和产蛋量与禽类这四年的出栏量和产蛋量进行对比，得到蛋鸭出栏量占禽类出栏量的比例为 1.32%，鸭蛋产量占禽蛋的比例为 14.10%；最后，将此比例与相应的 2015 年禽类出栏量和产蛋量预测值相乘，可以得到 2015 年蛋鸭出栏量为 1.58 亿只，鸭蛋产量为 306.03 万吨。

11.2.1.2 基于 12 个蛋鸭主产省区的禽类数据

首先，将我国 12 个蛋鸭主产省份（江苏、浙江、安徽、江西、山东、湖北、湖南、广东、广西、海南、重庆、四川）的 1998~2011 年禽类出栏量和禽蛋数据进行汇总，利用线性回归法可以预测出 2015 年 12 个蛋鸭主产省份的禽类出栏量为 88.76 亿只，禽蛋产量为 1084.38 万吨；然后，将产业经济学研究团队调研所得的 2010~2013 年蛋鸭出栏量和产蛋量与 12 个蛋鸭产区的禽类出栏量和禽蛋量进行对比，可知蛋鸭出栏量占禽类出栏量的比例为 1.85%，蛋鸭产蛋量占禽蛋量的比例为 28.75%；最后，将此比例与相应的 2015 年禽类出栏量和产蛋量预测值相乘，可以得到 2015 年蛋鸭出栏量为 1.64 亿只，鸭蛋产量为 311.75 万吨。

11.2.1.3 基于示范县（市）禽类数据

湖北省是主要的蛋鸭产区，选取监利县、京山县、仙桃市三个示范县（市）作为样本点。

1）根据水禽产业体系 2010~2013 年示范县调研数据以及三个示范县的历年禽蛋数据，推算出这三个示范县鸭蛋产量占禽蛋产量的比例，并将此比例与线性回归推算出来的三个示范县的 2015 年禽蛋产量数据相乘，便可得到这三个示范县 2015 年的鸭蛋产量，分别为 5.79 万吨、1.76 万吨、1.41 万吨。

2）根据水禽产业体系示范县调研数据，可以知道三个示范县鸭蛋产量占整个湖北省鸭蛋产量的比例分别为 7.58%、4.96%、3.74%，用前面得到的 2015 年三个示范县的鸭蛋产量分别除以各县相对应的比例，便可得到 2015 年湖北省的三个不同的鸭蛋产量，分别为 76.42 万吨、43.22 万吨和 49.42 万吨，将此三个值进行算术平均可以得到湖北省 2015 年的鸭蛋产量为 56.35 万吨。

3）最后，再根据水禽产业体系 2010~2013 年示范县调研数据可以推算出湖北省鸭蛋产量占全国鸭蛋产量的比例为 16.80%，根据这个比例可以推算出 2015 年全国鸭蛋产量为 335.42 万吨。

采取上述同样的方法可以得到 2015 年全国蛋鸭出栏量为 1.75 亿只。

11.2.1.4 小结

基于全国禽类数据、12 个蛋鸭主产省区的禽类数据以及三个示范县（市）禽类数据，可以得到三个不同的蛋鸭出栏量和鸭蛋产量，对得到的数据进行算术平均，最后可以得出 2015 年蛋鸭出栏量为 1.66 亿只，产蛋量为 317.73 万吨，如表 11-16 所示。

表 11-16　蛋鸭出栏量、存栏量和鸭蛋产量推导比例系数调整

	蛋鸭出栏量 /亿只	蛋鸭存栏量 /亿只	鸭蛋产量 /万吨
基于全国禽类数据	1.58	2.63	306.03
基于12个蛋鸭主产省份禽类数据	1.64	2.74	311.75
基于三个示范县禽类数据	1.75		335.42
汇总	1.66	2.69	317.73

11.2.2　蛋鸭存栏量预测

对于蛋鸭存栏量预测，采取和蛋鸭出栏量预测相同的方法，由于监利县、京山县、仙桃市三个示范县（市）禽类存栏量数据的缺失，本章分别基于全国禽类存栏量数据和 12 个蛋鸭主产省份禽类存栏量数据对 2015 年蛋鸭存栏量进行预测。

11.2.2.1　基于全国禽类数据的预测

首先，根据《中国畜牧业年鉴》历年的禽类数据，采用线性回归预测出 2015 年禽类存栏量，为 62.91 亿只；然后，将产业经济学研究团队调研所得的 2010~2013 年这四年的蛋鸭存栏量数据与禽类这四年的存栏量数据进行对比，得到蛋鸭存栏量占禽类存栏量的比例为 4.18%，将此比例与 2015 年禽类出栏量预测值相乘可以得出 2015 年蛋鸭存栏量为 2.63 亿只。

11.2.2.2　基于 12 个蛋鸭主产省区的禽类数据

首先，将我国 12 个蛋鸭主产省份（江苏、浙江、安徽、江西、山东、湖北、湖南、广东、广西、海南、重庆、四川）的禽类存栏量数据进行汇总，利用线性回归预测出 2015 年 12 个蛋鸭主产省份的禽类存栏量为 42.46 亿只；然后，将产业经济学研究团队调研所得的 2010 ~ 2013 年蛋鸭存栏量与 12 个蛋鸭主产省区的禽类存栏量进行对比，可知蛋鸭存栏量占禽类存栏量的比例为 6.44%，最后可以得到 2015 年蛋鸭存栏量为 2.74 亿只。

11.2.2.3　小结

对基于全国禽类数据和 12 个蛋鸭主产省份禽类数据所得到的蛋鸭存栏量数据进行算术平均，如表 11-16 所示，得出 2015 年全国蛋鸭存栏量为 2.69 亿只。

11.2.3　鸭蛋价格预测

由图 11-1 可以看出，2012 年 1 月份 ~ 2014 年 9 月份，鸭蛋价格变化比较平稳，在节假日价格会有小幅提升，这也说明鸭蛋具有节假日集中消费的特点。2013 年的人患 H7N9 禽流感事件对鸭蛋价格几乎没有造成什么影响，而且在禽流感过后，鸭蛋价格出现了小幅上涨的趋势。本章中鸭蛋价格预测数据来自"鸭子网" 2012 年 1 月 ~ 2014 年 9 月公布的数据，每月抽取 5 日、15 日和 25 日这三天的鸭蛋价格数据作为样本数据进行预测，采用 ARIMA 模型和二次曲线两种方法对 2014 年年底 ~ 2015 年年初的鸭蛋价格进行预测。

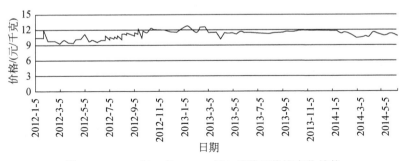

图 11-1　2012 年 1 月 ~ 2014 年 9 月鸭蛋价格变化趋势

11.2.3.1　利用 ARIMA 模型对鸭蛋价格进行预测

ARIMA 模型即差分自回归移动平均模型，是由 Box 和 Jenkins 在 20 世纪 70 年代初提出的一种时间序列预测方法，又称为博克思-詹金斯法。ARIMA 通常借助时间序列的随机性特征来描述事物的发展变化规律，即运用时间序列的过去值、当期值以及滞后随机扰动项的加权来建立模型，从而解释并预测时间序列的变化规律，ARIMA (p, d, q) 模型的形成有四种基本类型：自回归（AR）模型、移动平均（MA）模型、自回归移动平均（ARMA）模型以及差分自回归移动平均（ARIMA）模型。ARIMA（p，d，q）模型通过对不平稳的序列进行 d 阶差分，将其转化为平稳时间序列，然后建立 ARMA（p，q）模型。ARIMA（p，d，q）模型一般用于非平稳时间序列的分析，p 为自回归项的阶数，q 为移动平均项的阶数，d 为时间序列成为平稳时所进行的差分次数。其数学表达式为

$$y_t = c + \phi_1 y_{t-1} + \phi_2 y_{t-2} + \cdots + \phi_p y_{t-p} + u_t + \theta_1 u_{t-1} + \theta_2 u_{t-2} + \cdots + \theta_q u_{t-q}$$

ARIMA 模型建立一般分为四个步骤：①对原序列进行平稳性检验，判断其是否平稳，并确定 d 的值；②对通过 d 阶差分后平稳序列的自相关图以及偏相关图进行分析，确定 ARIMA（p，d，q）模型中 p 和 q 的值；③对参数进行估计，检验是否具有统计学意义，并根据 AIC 和 SIC 准则以及残差序列相关性择优选择出最佳方程；④利用已通过检验的模型进行预测分析。下面根据这四个步骤对鸭蛋价格进行预测。

利用 EViews6.0 软件对原序列进行 ADF 检验，p 值小于 0.1，如表 11-17 所示，所以拒绝原序列有单位根的原假设，原序列是平稳的，因此建立 ARMA（p，q）模型。

表 11-17　原序列 ADF 检验

方法	t 统计量	P 值
ADF-Fisher Chi-square	10.7083	0.0300
ADF-Choi Z-stat	-1.9781	0.0240

根据原序列的自相关图和偏相关图，建立模型 ARMA（2，2），模型回归结果如表 11-18 所示。

表 11-18　ARMA（2，2）模型回归结果

模型	系数	标准误差	t 统计量	P 值
C	11.4022	0.2930	38.9198	0.0000
AR（1）	-0.1221	0.0618	-1.9753	0.0512
AR（2）	0.7360	0.0777	9.4698	0.0000
MA（1）	0.9781	0.1168	8.3763	0.0000
MA（2）	-0.1622	0.1469	-1.1041	0.2725
R-squared=0.7188	D.W=1.7203	Prob（F-statistic）=0.0000		

据此可以确定模型 ARMA （2，2）的表达式为

$$y = 11.4022 - 0.1221y_{t-1} + 0.7360y_{t-2} + \mu_t - 0.9781\mu_{t-1} + 0.1622\mu_{t-2}$$

根据此模型对 2014 年 10 月 ~2015 年 5 月的鸭蛋价格进行预测，如表 11-19 所示，根据预测结果发现，2014 年 10 月 ~2015 年 5 月，价格比较平稳，每千克鸭蛋价格保持在 11.40 ~11.71 元，变化趋势不大。

表 11-19 ARMA（2，2）模型鸭蛋价格预测表

日期	鸭蛋价格/（元/千克）	日期	鸭蛋价格/（元/千克）
2014-10-5	11.7014	2015-2-5	11.4091
2014-10-15	11.6012	2015-2-15	11.4215
2014-10-25	11.5980	2015-2-25	11.4050
2014-11-5	11.5314	2015-3-5	11.4161
2014-11-15	11.4766	2015-3-15	11.4025
2014-11-25	11.4882	2015-3-25	11.4012
2014-12-5	11.4465	2015-4-5	11.4098
2014-12-15	11.4601	2015-4-15	11.4005
2014-12-25	11.4277	2015-4-25	11.4080
2015-1-5	11.4166	2015-5-5	11.4003
2015-1-15	11.4162	2015-5-15	11.4067
2015-1-25	11.4296	2015-5-25	11.4002

11.2.3.2 利用二次曲线对鸭蛋价格进行预测

二次曲线的基本表达式为 $y = c + c_1x + c_2x^2$，其中，x 为时间变量，y 为鸭蛋价格，c 为常数项，c_1、c_2 为系数，用 EViews6.0 软件对模型进行回归，得出的模型表达式为 $y = 9.2901 + 0.0876x - 0.0007x^2$，利用二次曲线预测出来的鸭蛋价格为：2014 年 10 月 ~2015 年 5 月，鸭蛋价格会小幅下降，每千克鸭蛋价格保持在 9.47 ~11.05 元，如表 11-20 所示。

表 11-20   二次曲线鸭蛋价格预测表

日期	鸭蛋价格/（元/千克）	日期	鸭蛋价格/（元/千克）
2014-10-5	11.0501	2015-2-5	10.3205
2014-10-15	10.997	2015-2-15	10.2506
2014-10-25	10.9452	2015-2-25	10.1793
2014-11-5	10.8866	2015-3-5	10.1066
2014-11-15	10.8293	2015-3-15	10.0325
2014-11-25	10.7706	2015-3-25	9.9570
2014-12-5	10.7105	2015-4-5	9.8801
2014-12-15	10.6490	2015-4-15	9.8018
2014-12-25	10.5861	2015-4-25	9.7221
2015-1-5	10.5218	2015-5-5	9.6410
2015-1-15	10.4561	2015-5-15	9.5585
2015-1-25	10.3890	2015-5-25	9.4746

11.2.3.3   小结

ARIMA 模型比较注重数据的随机性分析，对鸭蛋价格进行预测是根据鸭蛋价格的历史变化趋势对鸭蛋价格进行预测，可能无法把握一些外在条件的影响，此外，ARIMA 模型随着预测期的延长，其预测误差会逐渐增大，但是和传统的预测方法相比，其预测准确度还是比较高的，尤其是在短期预测方面。而二次曲线更加注重对序列的长期趋势的预测，如果结合这两个模型进行分析，就能够对鸭蛋价格的未来情况进行更好的预测，所以最终的预测结果通过这两个模型的预测值综合得出。

通过 ARIMA 模型和二次曲线两种方法对鸭蛋价格进行预测，可以发现，2014 年 10 月 ~2015 年 5 月，鸭蛋价格总体变化比较平稳，再结合图 11-1 的鸭蛋价格变化情况，可以发现节假日以及节假日前后价格会稍微有所提升，因此可以预测出，2014 年年底 ~2015 年年初，每千克鸭蛋价格将维持在 9.47 ~11.71 元，在节假日会有小幅上涨。

11.2.4   蛋鸭产业发展预测总结

本章基于三种数据来源（全国禽类数据、12 个蛋鸭主产省份禽类数据和示范县禽类数据）采用比例调整法对蛋鸭出栏量和鸭蛋产量进行了推算，预测出 2015

年蛋鸭出栏量为 1.66 亿只, 与 2013 年相比增加 20.29%, 产蛋量为 317.73 万吨, 与 2013 年相比略有下降, 下降幅度为 5.92%; 基于两种数据来源 (全国禽类数据、12 个蛋鸭主产省份禽类数据) 对蛋鸭存栏量进行了预测, 预测出 2015 年蛋鸭存栏量为 2.69 亿只, 与 2013 年相比增加 39.38%; 采取两种方法 (ARIMA 模型和二次曲线法) 对鸭蛋价格进行了预测, 根据两者预测结果汇总, 2014 年年底~2015 年年初, 每千克鸭蛋价格将维持在 9.47~11.71 元, 在节假日会有小幅上涨, 与 2013 年相比基本没什么变化。具体预测结果如表 11-21 所示。

表 11-21　2015 年鸭蛋价格、产量和蛋鸭出栏量、存栏量综合预测结果

	鸭蛋价格 / (元/千克)	蛋鸭出栏量 /亿只	蛋鸭存栏量 /亿只	鸭蛋产量 /万吨
基于全国禽类数据		1.58	2.63	306.03
基于综合试验站禽类数据		1.64	2.74	311.75
基于示范县禽类数据		1.75		335.42
ARIMA 模型	11.40~11.71			
二次曲线法	9.47~11.05			
汇总	9.48~11.71	1.66	2.69	317.73

11.3

中国肉鹅产业经济预测

肉鹅产业是我国农业中十分重要的支柱产业之一。伴随着市场消费者对鹅肉及其加工产品的喜好越来越强烈, 鹅肉的市场消费潜力日渐增强, 肉鹅养殖也逐渐成为现代农业中促进农民增收的重要来源。我国养鹅历史悠久, 饲养量位居世界第一。近年来, 肉鹅养殖逐渐走向规模化、专业化, 蓬勃兴起的产业化经营是未来肉鹅养殖最好的道路选择, 它能够延长产业链条、增加鹅产品的附加值, 不仅能够稳定市场供给, 还能大幅度提高肉鹅养殖的经济效益。但是, 置身于市场经济大潮之中的肉鹅产业化经营也会受到内部成本与外部政策、疫情等因素的影响而产生波动, 因而给养殖户和经营企业的经营决策带来障碍, 也会给政府的宏观调控带来难度, 为此, 做好肉鹅产业经济预测工作, 对于稳定市场供给, 预防价格大幅波动, 规避市场风险, 防止产业动荡, 促进产业又好又快可持续发展, 保障企业、农户利益, 提升企业竞争力与农民收入有重大现实意义。

表 11-22 是 1991~2013 年我国肉鹅存栏量和鹅肉产量数据, 从表中数据可

以看出，除个别年份，如 2003 年、2007 年受禽流感等外部环境因素影响而出现产量较小波动外，我国肉鹅存栏量和鹅肉产量均呈现平稳上升趋势，预示着我国肉鹅产业正在进入稳步上升期。肉鹅产业波动之所以会产生，主要是受到饲料价格、人工价格、疫情、政策等来自鹅产业系统内和系统外的因素，这些因素都会对鹅产业的规模、产量等方面产生不同程度的冲击。分析这种冲击与产业变化，一方面显示出肉鹅产业适应市场发展所呈现出来的应急变化，同时也可以看出肉鹅产业自有的发展规律。

表 11-22　1991～2013 年中国肉鹅存栏量、鹅肉产量

年份	鹅存栏量/千只	鹅肉产量/吨
1991	121860	638461
1992	131945	742661
1993	162305	851503
1994	178049	933940
1995	202927	1330837
1996	187979	1365188
1997	215421	1512824
1998	180180	1663696
1999	188225	1718864
2000	203006	1751895
2001	207821	1755184
2002	235119	1704618
2003	227772	1765507
2004	260878	1799011
2005	277819	1935508
2006	293038	1941742
2007	242841	2134628
2008	302318	2184965
2009	314990	2326915
2010	327001	2433505
2011	329190	2440200
2012	331700	2664953
2013	336800	2704578

注：数据来源为 FAO 统计数据

由于数据的缺失，表 11-23 只显示了 1991～2010 年我国活鹅的价格数据，相比产量变化，活鹅价格变化波动幅度较大，1993～1995 年有一次较大的价格上升，1996 年急剧回落，然后趋于缓慢上升阶段，至 2008 年价格再次高度上扬，有业界人士称 2007～2011 年五年间是我国肉鹅价格呈现戏剧性演变的五年，总体呈现"高—低—高"的态势。即 2006 年下半年～2007 年年底，肉鹅价格一路上扬，呈现出持续了 18 个月的高利润阶段；2008 年后，肉鹅价格趋于回落，下降至 6 元/千克，使得我国肉鹅产业进入左右为难、步履维艰的时期；这种低迷的市场状态一直持续到 2009 年的 6 月份才开始复苏；至 2011 年 10 月的 28 个月期间，是肉鹅产业的再度高利润时段。分析肉鹅产品价格的波动，主要受产品供求关系、市场环境、流通渠道等多种因素的影响，但近年来肉鹅产业随着结构的不断完善和提升、产业链条的延伸和加固，其受市场行情外因素的影响程度越来越小，价格波动的原因主要是市场供求关系的变更。

表 11-23　1991～2010 年我国活鹅价格

年份	活鹅价格/（元/吨）	年份	活鹅价格/（元/吨）
1991	3898	2001	7600
1992	4333	2002	7660
1993	4769	2003	8387.2
1994	6520	2004	9465.7
1995	11638	2005	9626.3
1996	8673	2006	10037.7
1997	6909	2007	12051.7
1998	7882	2008	18500
1999	5000	2009	18600
2000	5200	2010	19300

注：数据来源为 FAO 统计数据

根据以上数据及鹅存栏量、鹅肉产量和肉鹅价格变化的特点、规律及趋势性，本章采用 ARIMA 方法、线性回归法、比例预测法对 2015 年鹅的存栏量（万只）、鹅肉产量（吨）进行了预测，考虑到可获数据的有限性，只采用前两种方法对 2015 年肉鹅活鹅价格（元/吨）进行了预测。

11.3.1 基于 ARIMA 模型的分析

11.3.1.1 ARIMA 模型简介

(1) ARIMA 基本原理

差分自回归移动平均模型（ARIMA 模型）是由 Box 和 Jenkins 在 20 世纪 70 年代初提出的一种时间序列预测方法，又称为博克思－詹金斯法。ARIMA 通常借助时间序列的随机性特征来描述事物的发展变化规律，即运用时间序列的过去值、当前值以及滞后随机扰动项的加权来建立模型，从而解释并预测时间序列的变化规律，它可以处理包括季节趋势的时间序列。ARIMA 模型根据原序列是否平稳以及回归中所含部分的不同，包括移动平均过程（MA）、自回归过程（AR）、自回归移动平均过程（ARMA）以及 ARIMA 过程。ARIMA (p, d, q) 模型一般用于非平稳时间序列的分析，p 为自回归项的阶数，q 为移动平均项的阶数，d 为时间序列成为平稳时所进行的差分次数。其数学表达式为

$$y_t = c + \phi_1 y_{t-1} + \phi_2 y_{t-2} + \cdots + \phi_p y_{t-p} + u_t + \theta_1 u_{t-1} + \theta_2 u_{t-2} + \cdots + \cdots + \theta_q u_{t-q}$$

式中，u_t 是白噪声序列。为了方便分析，引入滞后算子，将上式以滞后算子多项式的形式表示为

$$(1 - \phi_1 L - \phi_2 L^2 - \cdots - \phi_p L^P)\, y_t = c + (1 + \theta_1 + \theta_2 L^2 + \cdots + \theta_q L^q)\, u_t$$

式中，L 是滞后算子，L^i 表示滞后 i 阶，即对序列组序差分 i 次。根据差分多项式的性质，令

$$\phi\,(Z) = (1 - \phi_1 - \phi_2 Z^2 - \cdots - \phi_p Z^p) = 0$$

$$\theta\,(Z) = (1 + \theta_1 + \theta_2 Z^2 + \cdots + \theta_q L^q) = 0$$

则 ARIMA 模型平稳性的充分必要条件是多项式 $\phi\,(Z)$ 的全部根都位于单位圆之外，其根的倒数位于单位圆之内，ARIMA 模型可逆的充分必要条件是多项式 $\theta\,(Z)$ 的根都在单位圆外，即其根的倒数位于单位圆内，ARIMA 模型是白噪声的线性组合，其模型的平稳性完全取决于自回归过程 AR (p) 的参数，而与移动平均过程的参数无关。

(2) ARIMA 模型建立的步骤

1）对原序列进行平稳性检验，判断其是否平稳，并确定 d 的值。

2）对通过 d 阶差分后平稳序列的自相关图以及偏相关图进行分析，确定

ARIMA（p，d，q）模型中 p 和 q 的值。

3）对参数进行估计，检验是否具有统计学意义，并根据 AIC 和 SIC 准则以及残差序列相关性择优选择出最佳方程。

4）利用已通过检验的模型进行预测分析。

11.3.1.2 实证分析

（1）数据说明与模型建立

由于获得数据的有限性，本章所使用的数据全部来自 FAO 统计。选取1991～2013 年的鹅存栏量（单位：万只）和鹅肉产量（单位：吨）以及 1991～2010 年的活鹅价格数据构建三个时间序列，记为 cunlan、chanliang、jiage。由于统计范围和标准不同，FAO 数据与真实值之间存在差异，后期会将部分数值与真实值进行比对而得出调整系数，进而再根据该调整系数将预测值修正以期更接近真实值。

采用 ADF 单位根的检验方法，对序列进行平稳性检验，检验结果如表 11-24所示。

表 11-24 序列 cunlan、chanliang、jiage 的平稳性检验结果

变量	检验形式（C，T，L）	ADF 统计量	P 值	检验结果
cunlan	C，N，1	-0.9362	0.7558	非平稳
Δcunlan	C，N，0	-7.0756	0.0000	平稳
chanliang	C，N，0	-1.1059	0.6945	非平稳
Δchanliang	C，N，0	-5.2572	0.0004	平稳
jiage	C，N，0	-0.2153	0.9209	非平稳
Δjiage	N，N，0	-3.6995	0.0009	平稳

注：检验形式（C，T，L）中，C、T、L 代表截距项、趋势向和滞后项，$C = N$ 代表不含截距项，$T = N$ 代表不含趋势向，L 表示差分算子

以上结果显示，cunlan、chanliang、jiage 这三个序列都是非平稳的，但都是一阶单整。因此，对其进行平稳化处理，将这三个序列进行一阶差分，用 D（cunlan）、D（chanliang）、D（jiage）建立模型。

因为差分后的数据有可能是随机序列数据，也就没有建模的需要，因此还要检验其相关性。通过分析序列 D（cunlan）、D（chanliang）、D（jiage）的相关图和偏相关图以及对比 AIC 和 SC 的值并检验了残差的序列相关性，最后判断出应

该建立 ARIMA （0，1，1）、ARIMA （1，1，2） 和 ARIMA （7，1，7） 三个最优模型。模型结果如表 11-25 所示。

表 11-25 序列 D （cunlan）、D （chanliang）、D （jiage） 的 ARIMA 模型回归结果

ARIMA （0，1，1）	回归系数	t 统计量	P 值
C	9202. 5	19. 218	0. 0000
MA （1）	−0. 999967	−9. 86805	0. 0000
R^2	0. 39	Adj−R^2	0. 35
F	12. 7855	P	0. 0018
ARIMA （3，1，3）	回归系数	t 统计量	P 值
C	88378. 86	2. 904691	0. 0099
AR （1）	0. 413566	2. 00691	0. 0609
MA （1）	−0. 873841	−9. 305213	0. 0000
MA （2）	0. 950823	21. 76143	0. 0000
R^2	0. 495065	Adj−R^2	0. 4059
F	5. 555898	P	0. 0076
ARIMA （7，1，7）	回归系数	t 统计量	P 值
C	0. 221793	2. 554827	0. 0309
AR （7）	0. 465449	3. 042878	0. 0140
MA （7）	0. 959742	27. 43484	0. 0000
R^2	0. 89	Adj−R^2	0. 87
F	38. 0057	P	0. 0000

（2） 模型的预测结果

利用软件 EViwews 7.2 和以上三个方程进行预测，得出以下预测结果，如表 11-26 所示。从表中可知，预测值与 FAO 统计数据的误差值非常小。以 2013 年的鹅存栏量为例，预测值为 33711 万只，实际统计值为 33680 万只，预测误差仅为 0. 0009，表明预测值非常接近实际统计值。因此，2014 年与 2015 年的预测值能够有很大的实际代表意义。预测结果为：2014 年鹅的存栏量为 34199 万只，产肉量为 260.75 万吨，活鹅价格为 28122 元/吨；2015 年鹅的存栏量为 34569 万只，产肉量为 273.5246 万吨，活鹅价格为 29325 元/吨。

预测结果如表 11-26 所示。

表 11-26　2009～2015 年 ARIMA 模型预测值与 FAO 统计值的对比

年份	鹅存栏量/万只			鹅肉产量/吨			活鹅价格/（元/吨）		
	预测值	实际值	预测误差	预测值	实际值	预测误差	预测值	实际值	预测误差
2009	30330	31499	−0.0371	2231389	2326915	−0.042	17949	18600	0.03495
2010	31594	32700	−0.033	2302117	2433505	−0.057	21421	19300	−0.1099
2011	32911	32919	−0.0002	2375165	2440200	−0.027	21543		
2012	33282	33170	0.0033	2450352	2664953	−0.08	24593		
2013	33711	33680	0.0009	2527735	2704578	−0.069	26111		
2014	34199			2607488			28122		
2015	34569			2735246			29325		

从表 11-26 的预测结果值和预测误差值以及对比 2009～2013 年的实际样本数据，可知 ARIMA（0，1，1）、ARIMA（1，1，2）、ARIMA（7，1，7）模型对鹅的存栏量、鹅肉产量和鹅价格的预测有着很高的精度，预测值和实际值差异不大，预测结果的可信度很高。

11.3.1.3　ARIMA 模型预测值的调整

由于统计范围和标准不同，FAO 数据统计的数据与中国真实值之间存在一定差异，因此要进行一定的修正。表 11-27 显示的是近两年来自 FAO 和来自国家水禽产业技术体系经济学团队统计的数据，两者产生差异的原因是：①来自 FAO 统计的数据中不仅包括鹅的数据还包括珍珠鸡的数据；②FAO 统计的是全国的养鹅业数据，而国家水禽产业技术体系经济学团队统计的是全国 21 个水禽主产省份的养鹅业生产数据，所以前者数值大于实际统计值。修正的方法是：将 FAO 数据与国家水禽产业技术体系经济学团队实际调研统计数据进行比较，得出修正系数，该修正系数为两者数据比值的平均值，代表的经济学意义为 FAO 统计数据与实际统计值之间的差异。

表 11-27 2011~2012 年 FAO 数据与统计数据的比对修正

项目	鹅存栏量/万只		鹅肉产量/吨	
	2011	2012	2011	2012
FAO 数据	32919	33170	2440200	2664953
实际统计数据	14704.87	15233.55	1813679	1924568
两者比例	0.446698	0.459255	0.74325	0.72217573
平均比例	0.452976		0.732712	

两者相比，得到修正系数为 $T_1 = 0.452976$，$T_2 = 0.732712$，用这一修正系数对 ARIMA 模型得到的预测值进行修正，经过修正后 2015 年鹅的存栏量、产肉量及活鹅价格预测值分别为 15658 万只、200.415 万吨、29325 元/吨，如表 11-28 所示。

表 11-28 ARIMA 模型预测的综合结果

年份	鹅存栏量/万只	鹅肉产量/万吨	活鹅价格/（元/吨）
2015	15658	200.4147	29325

11.3.2 基于线性回归模型的预测

将三个时间序列 cunlan、chanliang、jiage 以 T 为自变量建立以下模型，即

$$y_t = c + \beta_0 T + u$$

式中，y_t 代表每一年的存栏量、产肉量与价格；c 为常数项；β_0 为待估系数；T 为年份；u 为随机误差项。

11.3.2.1 存栏量的预测

（1）序列 cunlan（存栏量）的线性回归结果

表 11-29 显示，时间变量 T 与存栏量之间有着显著的线性关系，可决系数 R^2 的值为 0.929，调整后 R^2 的值为 0.925，模型拟合效果很好。

表 11-29　序列 cunlan（存栏量）的线性回归结果

	回归系数	t 统计量	P 值
C	124482.8	16.01574	0.0000
T	9406.082	16.59301	0.0000
R^2	0.929133	Adj-R^2	0.9257
F	275.3278	P	0.0000

（2）存栏量预测结果

表 11-30 显示了 2007~2013 年 FAO 的实际统计值以及由线性模型得到的 2007~2015 年的预测值，预测误差非常小，表明预测值与实际值非常接近，预测精度较高，获得了满意的预测效果。

表 11-30　存栏量预测结果

年份	实际存栏量/万只	预测存栏量/万只	预测误差
2007	24284	28439	0.1711
2008	30232	29379	−0.02822
2009	31499	30320	−0.03743
2010	32700	31260	−0.04404
2011	32919	32201	−0.02181
2012	33170	33142	−0.00084
2013	33680	34082	0.011936
2014		35023	
2015		35963	

11.3.2.2　鹅肉产量的预测

（1）序列 chanliang（产量）的回归模型结果

经过比对，为了获得较好的拟合效果，将时间变量 T、变量 T^2、变量 T^3 作为解释变量加入模型中进行多元回归，回归结果显示，各变量与出栏量之间有着显著的线性关系，F 值为 303.9292，模型整体显著，可决系数 R^2 的值为 0.981，调整后 R^2 的值为 0.977，模型拟合效果很好，如表 11-31 所示。

表 11-31　序列 chanliang（产量）的回归模型结果

	系数	T 统计量值	P 值
C	277411.4	3.222553	0.0047
T	274126.4	8.648723	0.0000
T^2	−18107.32	−5.721118	0.0000
T^3	482.0706	5.321782	0.0000
R^2	0.981	Adj−R^2	0.977
F	303.9292	P	0.0000

（2）鹅肉产量预测结果

用该模型进行预测的结果如表 11-32 所示，2015 年我国鹅肉的产量为 334.5849 万吨。

表 11-32　鹅肉产量预测结果

年份	实际产量/吨	预测产量/吨	预测误差
2007	2134628	2072957	−0.02889
2008	2184965	2156350	−0.0131
2009	2326915	2255592	−0.03065
2010	2433505	2373576	−0.02463
2011	2440200	2513193	0.029913
2012	2664953	2677336	
2013		2868899	
2014		3090772	
2015		3345849	

11.3.2.3　活鹅价格的预测

（1）序列 jiage（价格）的回归模型结果

同上，为了获得较好的拟合效果，将时间变量 T、变量 T^2、变量 T^3 作为解释变量加入模型中进行多元回归，回归结果显示，各变量与出栏量之间有着显著的线性关系, F 值为 36.37, 模型整体显著, 可决系数 R^2 的值为 0.87, 调整后 R^2 的值为 0.85, 模型拟合效果较好, 如表 11-33 所示。

表 11-33 序列 jiage (价格) 的回归模型结果

	系数	标准差	T 统计量值	P 值
C	1966.87	1993.764	0.98	0.3386
T	2068.4	802.2167	2.57	0.0202
T^2	250.91	87.64023	−2.86	0.0113
T^3	9.80	2.747646	3.57	0.0026
R^2	0.87		Adj-R^2	0.85
F	36.37		P	0.0000

(2) 活鹅价格预测结果

活鹅价格预测结果如表 11-34 所示。

表 11-34 活鹅价格预测结果

年份	统计价格/ (元/吨)	预测价格/ (元/吨)	预测误差
2007	12051.7	12795.35	−0.06171
2008	18500	15093.97	0.18411
2009	18600	17949.85	0.034954
2010	19300	21421.85	−0.10994
2011		21568.8	
2012		22449.54	
2013		20122.91	
2014		23647.75	
2015		24356.71	

11.3.2.4 比对产业发展实际调研情况对预测值的调整

同理, 因为 FAO 数据与国家水禽产业技术体系产业经济学团队实际调研统计量有差异, 要根据修正系数: $T_1 = 0.452976$, $T_2 = 0.732712$, 对鹅存栏量和鹅肉产量这两个指标进行修正。因此, 利用线性回归法得到的预测值经过调整后所得到的 2015 年的预测值为鹅的存栏量为 16290.4 万只, 产肉量为 245.1543 万吨, 活鹅价格为 24356.71 元/吨, 如表 11-35 所示。

277

表 11-35   线性回归法预测综合结果（2015 年）

鹅存栏量/万只	鹅肉产量/万吨	活鹅价格/（元/吨）
16290.4	245.1543	24356.71

11.3.3   基于水禽占禽类比例的预测法

由于我国的统计年鉴只有对家禽类的笼统统计，而没有水禽的分类统计，更没有鹅这一水禽品种的统计，为了能够有效地利用家禽类统计的历史序列数据，在此采用了水禽占禽类比例的预测方法，此方法分为两个步骤：①由于统计年鉴只有 1998～2011 年的统计数据，因此选取这 24 年全国 21 个水禽主产省（区）的家禽存栏量、产肉量，采用线性模型预测，参照方法二——线性预测法，预测出 2015 年家禽的存栏量、产肉量；②根据 2010～2011 年国家水禽产业技术体系产业经济学团队对 21 个水禽主产省（区）的统计调研数据中鹅的数据与 2010 年和 2011 年家禽数据的比例（见表 11-36），得出比对系数，进而算出 2015 年的鹅存栏量、鹅肉产量。家禽存栏量和禽肉产量数据均来自历年的《中国统计年鉴》。

表 11-36   2010～2011 年鹅存栏量、鹅肉产量与家禽存栏量、禽肉产量的比对调整

	存栏量/万只		肉产量/吨	
	2010 年	2011 年	2010 年	2011 年
家禽	495304.09	513041.85	15692900	16202700
鹅	15233.29	14704.87	1248333.39	1813679
两者比例	0.04731	0.03894	0.07954	0.111936
平均比例	0.043125		0.095738	

根据线性预测法得出 2015 年家禽存栏量和禽肉产量的预测值分别为 543409.157 万只和 1826.4321 万吨，然后再根据表 11-36 得出的比对系数：$S_1 = 0.043125$，$S_2 = 0.095738$，可以推断出 2015 年鹅的存栏量和鹅肉产量预测值分别为 23434.52 万只和 174.8589 万吨，如表 11-37 所示。

表 11-37   比例预测法综合结果（2015 年）

项目	存栏量/万只	产量/万吨
家禽	543409.157	1826.4321
鹅	23434.52	174.8589

11.3.4　结论

本章使用了三种方法预测了 2015 年鹅存栏量、鹅肉产量，使用了两种方法预测了 2015 年的鹅价格，结果如表 11-38 所示。

表 11-38　综合结果

项目	鹅存栏量/万只	鹅肉产量/万吨	活鹅价格/（元/吨）
ARIMA 模型预测	15658	200.4147	29325
线性回归预测	16290.4	245.1543	24356.71
比例预测法	23434.52	174.8589	
综合结果	18460.97	206.8093	26840.85

根据三种方法预测出的 2015 年鹅存栏量的平均值为 18460.97 万只，鹅肉产量为 206.8093 万吨，活鹅价格为 26840.85 元/吨，相比 2014 年存栏量、产肉量与活鹅价格都有所增加。另外，参照扬州大学徐琪根据我国鹅品种统计的鹅年存栏量 21195 万只的数据和 2014 年东北地区鹅群中发生禽流感造成的损失，我们认为 2015 年我国肉鹅存栏量预测值为 1.8 亿～2.1 亿元，鹅肉产量在 207 万～230 万吨，这也与上述三种方法得到的综合预测结果比较接近，所以是可信的。

可以说，经过 2013 年媒体报导人患 H7N9 禽流感事件的冲击，以及 2014 年水禽产业的结构调整，我国的养鹅业又面临着新的组织形式和市场竞争的挑战，目前来说，养鹅业的产业化程度相对薄弱，良种繁育体系没有建立，饲养方式和饲养技术处于较为落后的状态，这在一定程度上制约了产业化的发展。事实证明，规模化与产业化是我国养鹅业的唯一出路，企业在做好引导消费的同时，要大力开发鹅产品深加工，进一步延伸产业链，提高企业效益和抗风险的能力，但产业链条中不能仅靠企业组成，要形成企业与农户联盟，只有企业与农户紧密结合、利益共享、风险共担，才能形成肉鹅稳定、完善的产业化经营模式。

第 **12** 章

水禽产业国际贸易与竞争力提升

伴随着经济的飞速发展，国内水禽产业在利好的经济导向和政策支持下逐渐壮大，成为促进现代畜牧业发展、带动农民致富的重要产业之一。在国际市场上，因水禽饲养量和出栏量的绝对优势，我国水禽产业一直保持着一定的国际贸易地位，逐渐成为世界水禽的第一生产和消费大国。据 FAO 的统计数据显示，我国水禽饲养量占世界总量的 75% 以上，其中鸭饲养量占世界总量的 70% 左右，鹅饲养量占世界总量的 90% 左右。目前，中国水禽业总产值已超过 1500 亿元，约占家禽业总产值的 30%，成为中国畜牧业的重要组成部分。

12. 1

中国水禽产品国际贸易现状

12. 1. 1　中国水禽产品生产及进出口现状

12. 1. 1. 1　水禽产品生产现状

中国水禽产业发展历史悠久，是农业经济和畜牧业经济的重要组成部分。水禽产业从内部细分，可以分为肉鸭、蛋鸭、鹅三类，三大类产品既具有生产条件要求、市场供求、经营方式方面的共性，也具有相对独立的个性。改革开放以来，中国水禽产业经济乘势而上，迅猛发展。根据国家水禽产业技术体系产业经济岗位对全国 21 个水禽主产省（市、区）2014 年水禽生产情况的调查统计，全年商品肉鸭出栏 31.05 亿只，父母代种鸭存栏量为 0.49 亿只，商品肉鸭存栏量为 8.04 亿只，肉鸭总产值为 817.21 亿元，较 2013 年增长 29.6%；蛋鸭存栏 1.94 亿只，鸭蛋产量为 269.65 万吨，蛋鸭总产值为 359.11 亿元；商品鹅出栏 3.95 亿只，比 2013 年增长 24.39%，种鹅存栏量为 0.23 亿只，肉鹅产值为 330.12 亿元；水禽产业总产值同比增长 19.83%，达到 1 506.44 亿元。整个产业呈现恢复性平稳增长的态势。但是，我们也清楚地认识到我国水禽资源利用情况和生产格局正在发生着深刻的变化。一是水禽生产经营者与消费者需求目标不一致；二是水禽养殖户新技术采纳意愿低，新技术推广受阻；三是水禽产业垄断问题初步暴露，产业化、规模化框架下生成的"公司+农户"经营模式弊端逐渐显现；四是水禽养殖劳动力显现老龄化趋势，劳动力成本不断增加；五是中国水禽产品进口很少，主要是优质品种的引进，出口量不大，但出口越来越集中于少数主要市场，特别是个别目标市场；六是水禽产品品种资源方面受到国外品种垄断的限制。可是，得益于我国改革开放以来有利的经济发展支持政策和外部环境，得益于整个农村经营体制的改革和经济发展水平的稳步推进。目前，我国的水禽产业仍处于世界领先水平，除 2013 年人患 H7N9 禽流感因素外，肉鸭、鹅出栏量均是连年递增，2014 全年肉鸭出栏 31.05 亿只，比 2013 年增长 0.21%，鹅出栏 3.95 亿只，比 2013 年增长 24.39%（图 12-1），其肉鸭出栏量平均发展速度为 9.44%，鹅出栏量平均发展速度为 9.68%，并长期保持了较快的发展势头（图 12-2）。

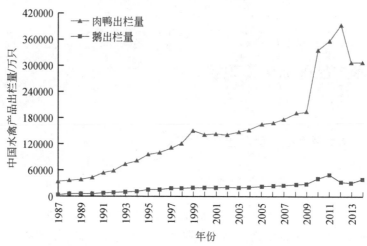

图 12-1　1987~2014 年中国水禽产品出栏量变化趋势

数据来源于 FAO 和国家水禽产业技术体系产业经济岗位团队统计整理，图 12-2 同

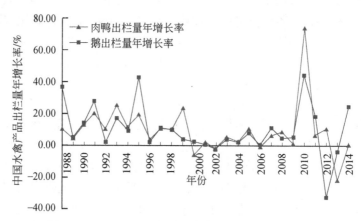

图 12-2　1987~2014 年中国水禽产品出栏量年增长率

12.1.1.2　水禽产品进出口现状

水禽饲养技术门槛较低，水禽养殖遍布世界五大洲，属于较为广泛的养殖禽类。其中，亚洲为最大生产区，约占世界总产量的 90%，其他依次为欧洲、美洲、非洲、大洋洲。水禽养殖分布较为集中的前五个国家分别是中国、法国、缅甸、越南、泰国，其中，中国水禽生产占世界的 80% 左右。另外，我国也是世界水禽产品第一出口大国，从 2000~2010 年世界水禽肉贸易量数据资料（表 12-1）可以看出，2000 年我国水禽肉进口量为 1.35 万吨，占世界总进口量的

6.28%，同年出口量为 3.25 万吨，占世界总出口量的 20.98%，2010 年，我国水禽肉进口量为 0.18 万吨，占世界总进口量的 0.94%，同年出口量为 4.52 万吨，占世界总出口量的 24.28%，十年间，我国水禽肉进、出口量均呈现出上下波动的态势，其中，水禽肉进口量的趋势逐渐降低，占世界比例越来越小，而水禽肉出口量自 2008 年以来虽然绝对量有所增加，但占世界比例也呈现出小幅下降态势。

表 12-1　2000～2010 年中国与世界水禽肉进口量、出口量对比

年份	中国水禽肉进口量/万吨	世界水禽肉进口量/万吨	中国占世界进口量比例/%	中国水禽肉出口量/万吨	世界水禽肉出口量/万吨	中国占世界出口量比例/%
2000	1.35	21.51	6.28	3.25	15.51	20.98
2001	1.26	21.72	5.79	3.48	16.90	20.6
2002	1.51	19.48	7.77	4.47	21.37	20.91
2003	0.90	18.67	4.82	4.38	20.82	21.04
2004	0.12	12.28	0.95	2.22	12.13	18.34
2005	0.12	14.28	0.81	3.48	14.89	23.37
2006	0.07	13.79	0.5	4.04	15.07	26.81
2007	0.29	15.87	1.85	4.48	16.77	26.73
2008	0.35	18.68	1.86	4.67	16.92	27.6
2009	0.08	17.77	0.45	4.60	18.29	25.17
2010	0.18	19.07	0.94	4.52	18.63	24.28

注：数据来源为 FAO

在国际贸易中，中国依然是世界水禽产品第一出口大国。中国参与国际贸易的水禽产品有加工水禽产品、禽肉及杂碎、禽蛋和种禽，其中以加工水禽产品、禽肉及杂碎为主，种禽、禽蛋贸易量比较小。近年来，国内获得水禽产品出口资质的企业数量不断增加，除山东乐港、河南华英集团等一批成熟水禽出口企业外，山东省 2013 年增加了青岛九联、山东尽美食品、德州庆云瑞丰食品三家公司获得出口水禽肉制品资格的企业。中国水禽出口的主要目标市场是亚洲，出口量的 70%～90% 进入了亚洲市场，对欧美市场的出口所占比例较小，而在亚洲市场中，日本、中国香港地区、中国澳门地区和韩国则是主要的目标市场，对这些地区和国家的出口量显著高居前列。中国水禽产品出口越来越集中于少数主要市

场，特别是个别目标市场。每年销往我国香港的鸭肉约 2000 吨。值得一提的是，鸭绒、鹅绒的出口近年增长很快，2014 年我国鸭绒、鹅绒及其制品的贸易额约 21.451 亿美元，出口占总产量的 89.56%。

比较分析目前我国与其他国家水禽产业的发展情况可以看出，我国的水禽产业发展主要呈现以下趋势和特点，一是在生产量上具有绝对国际竞争力，是生产大国但并不是贸易强国，世界水禽的主要贸易地区分布从亚洲市场逐步向欧盟市场扩大。二是我国出口的水禽产品主要以价格低廉的肉食加工产品为主，因处在价值链的底端，利润空间极其有限，而其他国家向我国出口的水禽产品主要以具有高额利润的水禽品种技术为主，我国水禽良种繁育体系不健全，选育繁育手段落后，而传统肉鸭、肉鹅品种因饲料利用率、繁殖率相对较低而不能满足产业化、规模化经营的需要，以致企业盲目依赖国外品种，使以樱桃谷鸭、枫叶鸭为代表的外来品种垄断了我国水禽种苗市场及生产，给国内水禽育种繁殖造成了障碍和压力，也造成了严重的产业利润流失。三是国外消费者对参与国际贸易的水禽产品的要求越来越高，产品形式逐渐趋向于多样化，如颇受欧洲人喜爱的鹅肝酱和产品附加值较高的鸭绒、鹅绒近年来贸易量逐渐攀升，但与此相对应的是国内市场此方面的薄弱，我国水禽产业仍停留在初级加工水平，不足以与水禽产品深度加工的国家抗衡，因此，在国际市场上比较缺乏产品的精度和深度而难以稳定立足，因此，应积极创新思维，研制新工艺、新产品，与国际接轨，促进深加工，开拓国际市场，增加外贸出口量和贸易产值，以提升水禽产业的国际竞争力。

12.1.2 国外水禽产品生产贸易现状

12.1.2.1 世界水禽生产分布及资源

依据中国畜牧业协会与 FAO 提供的数据分析及对我国水禽产业市场的供求关系推算，2014 年世界肉鸭出栏量约为 44 亿只，亚洲约占 90.23%，欧洲约占 6.8%，美洲与非洲约占 3%。2014 年中国肉鸭出栏量为 30.98 亿只，约占世界总出栏量的 70.4%。全世界肉鸭出栏量排名前 10 位的国家是中国、越南、法国、缅甸、泰国、马来西亚、印度尼西亚、印度、韩国和德国。2014 年世界肉鹅出栏量维持在 5.1 亿只左右，与 2013 年相比相对稳定。其中，亚洲占 92.6%，欧洲占 5.1%，美洲与非洲占 2.3%。中国依然是世界上肉鹅出栏量最多的国家，占世界出栏量的 80% 以上，其次是埃及、意大利、马达加斯加、波兰、匈牙利、以色列和法国。

从世界水禽总出栏量的格局来看，中国水禽总出栏量仅次于世界和亚洲地区水禽总出栏量，而欧洲和美洲水禽总出栏量也在中国之后，从 1980～2013 年世界水禽总出栏量的平均值来看，中国水禽总出栏量平均占世界水禽总出栏量的 66.28%，平均占亚洲水禽总出栏量的 75.42%，就 2013 年世界水禽总出栏量的情况来看，中国水禽总出栏量占世界水禽总出栏量的 67.43%，占亚洲水禽总出栏量的 75.43%，如图 12-3 所示。

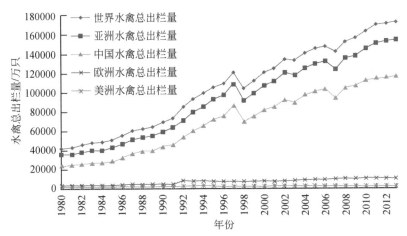

图 12-3　1980～2013 年中国水禽出栏量与世界、亚洲、欧洲、美洲总出栏量对比图

数据来源于 FAO，图 12-4 同

从世界水禽产肉量的格局来看，世界肉鸭、鹅产肉量与中国肉鸭、鹅产肉量同样保持了相对稳定的增长趋势，从 1980～2012 年世界水禽产肉量的平均值来看，中国肉鸭产肉量平均占世界肉鸭产肉量的 60.77%，中国鹅产肉量平均占世界鹅产肉量的 91.26%，这也说明了中国鹅产肉量长期占世界鹅产肉量的 90% 以上，就 2012 年世界肉鸭、鹅产肉量的情况来看，中国肉鸭产肉量占世界肉鸭产肉量的 68.57%，中国鹅产肉量占世界鹅产肉量的 95.54%，如图 12-4 所示。

据权威部门对国外水禽资源的不完全统计，目前国外有鸭品种 30 个左右，鹅品种 20 个左右。其中法国是欧洲鸭生产的主导者，而匈牙利、波兰和俄罗斯以鹅为主。在现有的国外水禽资源中，鸭品种以英国的卡基-康贝尔鸭和安科纳鸭、印度跑鸭、法国鲁昂鸭、美洲家鸭、荷兰虎克比尔鸭、美国卡油加鸭、澳大利亚斑点鸭等为代表；鹅以法国朗德鹅及图卢兹鹅、意大利罗曼鹅、德国莱茵鹅、波美拉尼亚鹅和爱姆登鹅、欧洲东南部的塞瓦斯托波尔鹅、非洲的阿非利加鹅、埃及鹅、美洲的比尔格里鹅等为代表性的品种。

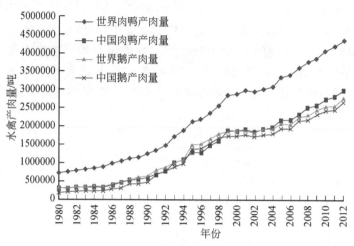

图 12-4 1980～2012 年中国水禽产肉量与世界总量比较

12.1.2.2 世界水禽产品贸易量及特征

从进出口方面来看，水禽产品进口量最大的国家是德国，成为水禽第一进口大国，亚洲的卡塔尔位居第二，世界水禽产品贸易呈现出从亚洲市场向欧盟市场扩散的趋势。随着水禽产品质量竞争力的提升，水禽产品在国际市场上的占比越来越大，除种禽、鸭鹅肉一直保持较大进出口量以外，近年来鸭鹅肥肝、肥肝酱、鸭绒、鹅绒贸易量也在逐年攀升，国际贸易呈现多量化和多样化的特点。在出口的水禽产品中，种鸭出口能够获得高额的垄断利润，例如，我国山东永惠公司进口的美国枫叶公司 1 日龄祖代雏鸭，价格高达 135 美元/只；英国樱桃谷公司的祖代雏鸭价格高达 500 元/只，并占我国一些祖代鸭场 50% 的股份。

发达国家经济发达，在水禽国际贸易中主要出口品种，占高端市场。他们的水禽产业工业化、产业化程度比较高，其水禽育种是以商业公司为主体、在政府政策扶持下发展起来的商业育种，特别重视专门化品系培育与杂交利用；水禽选育的主要手段依然是常规育种技术。目前，英、法、美培育的水禽品种仍然占据世界水禽产业的高端，冲击着世界各国的种禽市场。发达国家一直非常重视我国的水禽品种市场，继英国樱桃谷公司之后，法国克里莫、ST5 与美国枫叶公司等也先后进入中国市场，其目的在于抢夺、控制中国水禽品种市场。欧美发达国家没有消费鸭蛋的习惯，蛋鸭饲养规模很小。因此在蛋鸭育种及育种技术方面进展缓慢，没有育成高性能蛋鸭品种。但是，鸭鹅的生长发育、饲料转化效率、繁殖、抗逆等经济性状的遗传特点、遗传力、遗传相关参数及 BLUP 选种技术等已普遍应用于水禽育种实践之中。

在世界水禽产品贸易中，除了技术含量高的产品比较活跃外，另一个特点就是营养价值高的产品走俏。鹅肉在许多国家被视为环保健康食品，鹅肉中含有许多蛋白质、铁、磷、钾、锰以及维生素 A、维生素 B，比鸡肉和牛肉更富含亚麻酸。随着居民收入水平的提高和保健意识的增强，鹅肉消费量呈现上涨趋势。在俄罗斯市场上，鹅肉主要通过国内贸易销售，出口比重很小。在 2008～2012 年间，俄罗斯的鹅肉销量增长了 43%，从 3000 吨增加到 4000 吨，每年的销量相对往年均呈增长态势。2012 年俄罗斯国内鹅肉销量约占需求总量的 58%。俄罗斯鹅肉市场呈现出季节性强的特点，销量增加主要是在特殊节日期间。据有关人士分析，在 2013～2017 年俄罗斯的鹅肉实际销量将继续增长，年均增长率约为 7%。意味着在 2017 年，俄罗斯的鹅肉销量将达到 5000 吨，比 2012 年销量增加 40%。

12.1.3　国际水禽市场对中国水禽产业的影响

基于经济全球化和我国加入 WTO 两大因素，我国水禽产业的发展以及水禽产品的国际贸易形势越来越受到国际市场的影响。

以肉鸭为例，国际出口量规模变化已经是国内大型企业判断国际市场的重要参考因素，国际出口量增加，说明国际市场形势良好，发展肉鸭出口有利，反之，则不出口国际市场。由图 12-5 可知，自 1991 年以来，世界肉鸭产品出口贸易规模增长很快，1991 年国际出口规模仅为 6 万吨左右，到 2013 年时已经增长到 16 万吨，虽然期间呈现出较为明显的波动，但整体上涨的趋势还是比较明显的，另外据调查反馈该规模还在增长。

图 12-5　1991～2013 年国际肉鸭出口量

数据由 FAO 统计资料汇总整理所得

国际进口规模的增加也是市场利好的重要信号，我国作为世界上第一大肉鸭生产国与出口国，国际上肉鸭进口量增加，正好可以刺激国内肉鸭的生产与出口，扩大海外市场。由图 12-6 可知，自 1991 年以来，肉鸭国际进口规模整体呈现 M 状变化趋势，2000 年和 2008 年达到高峰，进口量接近 16 万吨，2004 年陷入最低谷，2010 年以后也呈现下降趋势。随着国际上对食品安全的重视，针对肉鸭进口的标准会越来越细，要求会越来越严格，这既为我国肉鸭的国际出口增加了难度，在一定程度上也会刺激和拉动我国肉鸭生产及加工的技术进步。

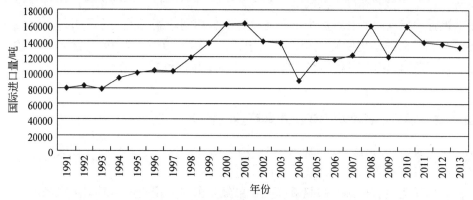

图 12-6　1991～2013 年国际肉鸭进口量

数据由 FAO 统计资料汇总整理所得

近年来，国内企业集团对水禽产品出口有着更大的兴趣与信心，目前我国一些水禽大型企业已经走出国门，如山东乐港集团与六和集团、广东温氏禽业集团、河南华英集团、吉林正方农业科技有限公司的产品已经出口到欧盟、东亚、中亚、澳大利亚、北美、非洲等许多国外地区。图 12-7 显示了 1991～2013 年我国肉鸭出口量的变化趋势，结合该图可知，近二十多年来，我国肉鸭出口规模波动较大，但伴随着每一次波动，出口规模都会有很大的提升，说明中国肉鸭企业

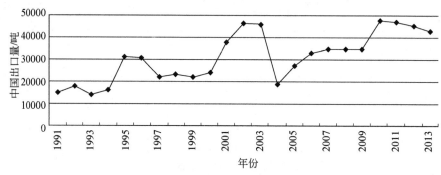

图 12-7　1991～2013 年我国肉鸭出口量

数据由 FAO 统计资料汇总整理所得

面对复杂多变的国际市场环境不仅有更大的信心与实力，而且能尽快调整生产经营方式，提高技术水平，更好地适应激烈的国际市场；另外，随着国内肉鸭市场的逐渐饱和，国内市场竞争更加激烈，进行外贸出口并不断扩大出口已经被许多大型企业设定为发展战略的新高度。据调查统计，目前欧盟等国水禽产品的人均消费量远低于我国人均消费量，这意味着国际市场还有广阔的开拓空间，国际市场的占领与开发是国内企业应对市场波动与挑战的重要途径。

同样，国内进口的增加在一定程度上会影响国内的水禽生产供给，因为进口规模的扩大在一定程度上会挤占一部分国内市场。图 12-8 显示了 1991 ~ 2013 年我国肉鸭进口量的变化趋势，自 1991 年以来，我国肉鸭产品进口呈稳定、快速增长趋势，1991 年国内进口肉鸭产品仅为 1.1 万吨，2013 年已经高达 5.8 万吨。相对于国内出口量来说，我国肉鸭产品进口量增速高于国内出口量，且进口规模已经高于出口规模，2011 年我国肉鸭出口量仅为 4.7 万吨，远低于国内进口量 5.8 万吨的水平。这一情况反映出，国内消费者越来越重视肉鸭产品的质量性质，安全、绿色、时尚、高档的国外肉鸭产品越来越受国内消费者青睐，导致肉鸭年进口规模逐渐增加，从侧面开始冲击国内肉鸭生产及产业的发展。

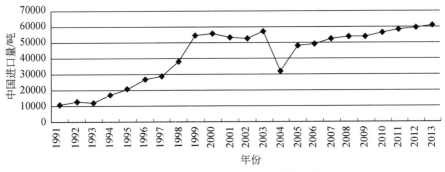

图 12-8　1991 ~ 2013 年我国肉鸭进口量

数据由 FAO 统计资料汇总整理所得

12.2

中国水禽产品国际贸易发展中存在的问题

12.2.1　国内水禽引进品种问题

虽然中国依然是世界上水禽生产大国和养殖出栏量最多的国家，但是在水禽品种资源利用方面并不占优势，多年来一直受到国外品种垄断的制约，尤其是肉鸭品种的育种严重滞后。受水禽产业经营方式转型和我国肉鸭育种起步晚、投资少等因素的影响，我国肉鸭品种被以樱桃谷鸭为代表的国外品种所垄断，以致造成了产业价值利润流失和国内自主品种难以应用推广，本土品种面临受挤压、受排斥而灭绝、消亡的危险。

我国是世界名副其实的水禽生产大国，据中国畜牧学会家禽分会估计，2010年我国白羽肉鸭的存栏量为 8 亿只，占世界鸭存栏量的 75%，出栏量为 21 亿只，占世界出栏量的 77%，鸭肉产量为 276 万吨，占世界鸭肉产量的 70%，肉鸭产值超过 1000 亿元。鹅的饲养量占世界饲养量的 90%，水禽生产在世界处于主导地位。改革开放以来，我国水禽产业大发展，在长江流域、珠江流域和黄河流域，水禽的规模化养殖和产业化经营日益兴起，水禽产业已经成为推动农村经济发展和农民增收的重要支柱产业。目前，估计我国肉鸭存栏量为 11 亿只，出栏量稳定在 35 亿只，蛋鸭存栏量稳定在 2 亿只，产量稳定在 280 万吨，肉鹅存栏量稳定在 1 亿只左右，出栏量为 4 亿只左右。但是，在出栏的肉鸭中有 90% 来自英国樱桃谷公司提供的品种樱桃谷鸭。据不完全统计，国内现在与樱桃公司合资建成的樱桃谷祖代鸭场有 10 多家，规模较大的有河南的华英集团、四川的绵樱公司、内蒙古的塞飞亚集团、山东的乐港公司等。这些公司每年提供祖代鸭苗 200 万只，按照 2011 年每只祖代鸭价格 450 元（相当于农民养 200 只商品鸭的利润）的平均价计算，仅种鸭一项国内水禽产业每年大约有 9 亿元的价值流失于樱桃谷公司。如果加上樱桃谷公司的国内一些企业的投资股份收益，我国肉鸭产业的产业利润中至少有 20% 被樱桃谷公司所汲取。山东六和集团是集饲料加工、水禽养殖、水禽屠宰为一体的国内实力较强的水禽产业化经营龙头企业，但 2011 年从樱桃谷公司引进祖代种鸭 4.5 万套，仅此一项所付出的成本价值为 1800 万元以上。

当前，我国在肉鸭品种利用方面所遇到的被外来品种入侵占主的形势更为严俊，2010 年 10 月，山东永惠公司开始从美国枫叶公司以每只 135 美元的高价引进美国的枫叶鸭。2011 年已建成枫叶鸭祖代鸭场两个，存栏祖代鸭 17000 只，计划 2012 年进口四批 48000 只祖代枫叶鸭，2013 年再进口四批 48000 只祖代枫叶鸭，届时该公司的祖代种鸭存栏将达到 12 万只，年产种蛋 1700 万枚，可向市场提供枫叶鸭父母代种鸭 750 万只，按照枫叶鸭公司提供的资料，父母代鸭 50 周产合格蛋 283 个、受精率 92%、孵化率 82% 计算，届时可向市场提供商品代肉鸭苗 20 亿只左右，如果我国肉鸭饲养规模没有新的扩大，届时枫叶鸭将和樱桃谷鸭平分秋色，在品种资源方面各占我国肉鸭产业的半壁江山。

另外，我国肉鹅品种选育、品系选育和配套系杂交利用刚刚开始，农户养殖生产中对肉鹅品种的利用仍然处于自繁自养的小农生产状态，这在某种程度上虽然较好地保留了地方性良种的原始种质特性，但也充分反映了肉鹅育种的落后局面。客观地说，我国肉鹅育种工作一直没有得到应有的重视，几乎没有经费支持，育种只能在很小的范围内进行，群体极小，进展缓慢。肉鹅群体整齐度差，品种内个体间的生产性能差异显著，特别是个体的繁殖性能和生长速度差异较大。例如，黑龙江籽鹅（吉林称豁眼鹅，山东称五龙鹅）和四川白鹅都是我国著名的肉鹅品种，其优秀个体年产蛋量分别超过 120 个和 70 个，而平庸个体的年产蛋量仅有 40～50 个；优良籽鹅 90 日龄的体重能达到 3.5 千克，而平庸个体 120 日龄的体重只有 2.5 千克。狮头鹅优良个体 56 日龄的体重超过 4.5 千克，而平庸个体的体重只有 3.0～3.5 千克，如此种种，个体间的产蛋量、生长速度差异是显而易见的。如果充分利用我国的品种资源，则在品种方面抵御外来品种的垄断还是有实力和可能的。目前，我国的肉鹅本品种选育、新品系选育及配套系健康养殖技术研究虽然取得了不小的成绩，已有扬州白鹅、天府肉鹅等新的品种品系问世，但其在生产中的推广应用还不理想，远远落后于产业发展，良种的应用推广不力极大地降低了养鹅业的经济效益和社会效益，阻碍了产业发展和进步。

12.2.2　国外水禽品种主导国内市场的原因分析

一是乘虚（需）而入。20 世纪 80 年代，我国经济体制开始向市场经济体制转轨，农业产业化经营开始兴起，养殖业的生产经营方式也开始从传统的千家万户小规模分散饲养向规模化集中饲养转变，而我国的自有肉鸭品种都是适应传统饲养方式的品种，虽然肉质好，但生长速度相对较慢、饲料转化利用率相对较低，使英国樱桃谷公司利用我国北京鸭血统育成的快大型樱桃谷鸭品种乘虚（需）而入。1985 年，四川绵阳市种鸭场率先在英国引进樱桃谷父母代种鸭进行繁育、研究并推广成功，1992 年绵阳市种鸭场与英国樱桃谷农场合资组建绵樱种鸭有限公司，开始向中国市场提供父母代樱桃谷种鸭。其后不久，河南华英集团也与樱桃谷公司合作，饲养樱桃谷种鸭，从此樱桃谷鸭开始大规模进入中国，并借助中国合作伙伴的力量迅速扩张，目前只要是进行规模化经营的肉鸭场，几乎都是清一色地养殖樱桃谷鸭，使其成为了中国肉鸭市场上的主流品种。

二是客强主弱。樱桃谷鸭能够在短时间内进入我国，并成为市场上的主流品种的重要原因是，樱桃谷鸭经过长期的品种选育，生产性能良好、优势明显、饲料利用率相对较高、生长速度特快，一般 40 天体重就可以达到 3 千克以上。据资料记载，樱桃谷鸭最主要的遗传性能大部分源于中国的北京鸭，在八国联军入侵中国之时，英国人从中国获得北京鸭良种，然后与本土鸭杂交选育，经过长时间不懈的努力，最种育成了良种樱桃谷鸭。当英国人在进行鸭的育种和选育时，我国正是鸭品种选育经历抗日战争、解放战争以及文化大革命的冲击，鸭子育种处于停滞状态的时期。所以我国良种肉鸭的品种繁育要不就是起步较晚，要不就是种群规模太小，要不就是投入太少，育种企业或单位实力太弱，以致国内没有一家有实力、有规模、拥有优良种鸭品种的企业和单位。可以这样说，在改革开放以后如果真正有一个规模在 3000 万只以上的肉鸭产业化经营企业，有心选择利用国内自主品种，恐怕没有一个单位能保证为其提供足够的鸭苗。以致樱桃谷鸭轻而易举地就形成了喧宾夺主、占领我国肉鸭市场的态势。

三是观念偏差。由于我国经济在计划经济体制下长期封闭运行，公司制度、企业制度都是改革开放以后从国外引进和学习而来的，因而在我们的企业经营者中，有形无形地形成了一种崇洋媚外、外国的月亮比中国圆的思想观念偏差，总认为外国的鸭子比本土的鸭子好，以致在今天自己育成的 Z 型北京鸭的生产性能、饲料转化利用率、生长速度、鸭肉品质等全面超过樱桃谷鸭的状态下，我国的养殖企业仍然不愿意选用自己的民族自有良种鸭，使我国的民族自有优良品种失去了市场需求的拉动力，无法进行系统化的选育、规模化的育种和商品化的开发利用。

12.3

提升中国水禽国际贸易竞争力的政策建议

12.3.1 稳定市场价格，发挥价格优势，开拓国际市场

价格竞争力是产业竞争力最基础和本质的要素，产品价格低廉是产业竞争力的重要影响因素。产品价格状态对产业发展至关重要，影响着从业者的生产决策及消费者的购买决策，进一步影响水禽产品下一期市场动态，根据统计局有关水禽价格的趋势分析，水禽产品价格不稳，波动频繁，但总体来讲，水禽产品价格整体上涨，2003 年受禽流感影响，全国水禽产量下降，以致 2004 年水禽产品价格上涨幅度达 15%，随后两年，价格继续上涨，但上涨幅度回落，至 2007 年，受全国经济水平发展的影响，水禽产品再次大幅上涨，涨幅达 20% 左右。随着社会发展，人民生活水平不断提高，消费者健康意识增强，对食品品质的要求越来越高，但在同层次产品质量条件下，价格竞争仍是产业竞争力的重要方面，尤其是在国际市场中，产品价格相对低廉会拥有更广的消费市场和更大的消费群

体，价格竞争力的本质是每单位产品的成本在保证行业利润的同时要求产品价格低廉和有竞争力，唯一出路是降低产品成本。水禽产业成本主要包括养殖成本、流通成本、人工成本及交易成本。其中，水禽养殖成本中最主要的成本包括禽苗、饲料以及水禽自身的饲料消化利用率和饲料报酬。然而这些都与技术进步有关，要提高价格竞争力，关键还是推动养殖技术进步、提高技术竞争力。

另外，要努力提高水禽养殖的规模化程度，增强抗击市场风险的能力；优化产业链建设，规范销售渠道，建立良好的利益分配机制，确保生产的稳定性；推广水禽生产保险，切实保障水禽生产者的利益，稳定水禽供给。

12.3.2 依托技术进步，打造强势全产业链条，站稳国际市场

对于一项产业发展，无论是资源要素投入产出比，还是劳动生产效率，科技进步是其发展的原动力，要提高产业产品质量、增加产品多样化、适应市场需求，更需要科技发展、技术更新作为支撑；水禽产业发展依托技术进步提升产业竞争力可从三个方面着手，一是加大对水禽品种育种的投入，采用现代育种技术、快繁技术，培育优质、高产、高饲料转化利用率、高抗病性能的水禽新品种或配套系，提高与外来水禽品种的市场竞争力；二是着重水禽产品多样化研究，依靠科技进步，对水禽产品进行开发，力争创造出风味独特、营养价值高、受市场欢迎的各种水禽加工产品，以适应消费者日益增加的产品多样化需求；三是重视水禽疫病防治技术，对水禽产业参与者进行技术培训，形成完善的疫病防御体系，增强水禽行业对各种疫病的抵抗能力。

另外，水禽全产业链条的优化是建立稳固国际市场的重要基础。应建立有效的水禽产业联盟，统一产业发展标准，改进产业化组织形式，加强产业化经营，保证水禽业在激烈的市场竞争中立于不败之地，①整合水禽养殖业，建立标准化、集约化、规模化的现代养殖基地，统一规范管理，提高水禽养殖农户组织化程度；②发展有较强实力和辐射带动力大的产业化经营龙头企业，实行水禽饲养、孵化、屠宰加工、羽绒生产加工、销售一体化发展的产业化经营；③完成资源要素的聚集和产业链的整合，通过资源优化配置、专业化分工和产业链延伸降低企业内部的运营成本，合理分配产业链条上各利益主体的利益，把产业联盟建立在利益连接和互惠互利的基础之上；④改进产业化组织形式，利用专业合作社模式，将养殖户、企业和市场利益主体连接起来，促进水禽产业的专业分工和协作经营，降低产业风险，促进农民增收，提高水禽产业组织化程度，保证水禽产业链各环节的质量监控，力争为国际市场提供更多、更安全的水禽产品，以便站稳国际市场。

12.3.3　提升质量安全信度，打造产品特色竞争力，引领国际市场

受公共食品安全影响，食品安全检验检疫制度越来越严格，活禽在市场上的流通量将会逐步减少，开展精深加工是水禽产品占领市场、提高竞争力的唯一选择。提升我国水禽产品在国际市场上的质量竞争力可以从以下方面进行提升：一是开发水禽产品的多样化，水禽浑身是宝，几乎每一部分都可以进行深加工；禽肉风味独特，营养性高，含有对人体健康有益的不饱和脂肪酸，为高蛋白、低脂肪和低胆固醇食品，开发禽肉深加工产品，制成特色水禽制品如半成品肉以及熟制肉，必将受到市场的追捧，禽蛋除了以传统加工手法制成皮蛋、咸蛋外，还可以添加技术含量，进行精深加工，制成营养保鲜蛋、蛋品饮料等，增加其附加值，提高其经济效益；二是提升水禽产品的特色竞争力，消费者不但对产品质量安全和品质有了更高的要求，且逐渐趋向于消费特色产品，因此使特色产品具有更加广泛的需求和稳定的价格，是提高国际市场竞争力的重要手段与保障。目前，水禽附加值高的深加工产品鸭绒、鹅绒由于其轻薄保暖效果良好，且不容易被替代，市场前景广阔，将其进行精深加工，会获得更大空间的价值链利润，大大增加水禽的附加值，另外鹅肝酱、鹅肥肝也是水禽产品中较有特色的产品，深受欧洲人喜爱，在英国，喝着葡萄酒，吃着鹅肥肝被视为贵族的生活；国内大城市渐渐兴起的西餐之风，也开拓了水禽特色产品鹅肝酱的市场；三是制定严格的水禽产业质量标准和控制体系，使走出国门的水禽产品拥有最高规格的质量水准。我国对禽肉生产和加工制订了一些相关质量标准，但标准实施范围有限，力度不足。因此，应将水禽产品质量安全追溯到生产链的每一个环节，通过制定各类质量安全规范和标准，以确保产品质量安全，增加产业竞争力。第一，要积极建立产业联盟、强化产业组织体系，开展行业自律的相关法律法规的制定研究，加强产品质量安全管理，对产业链从原料、养殖、饲料、加工、包装、运输、流通、销售全过程进行质量监督，保证产品质量竞争力；第二，要促进产业发展的经营主体企业借鉴国内外先进经验，根据水禽产品质量安全要求，建立统一的水禽产业安全标准和产品质量安全标准，在政府的主导下、农民的配合下形成完整、有效、统一的质量安全控制和监督体系；第三，在政府主导下，组织有关技术研发与服务部门，建立食品安全疫病、药残控制体系、产品质量保障体系和化验检测体系等质量保障体系，保证水禽产品质量安全，以市场为导向，积极开展水禽产品深加工，增加产品附加值，提升水禽产业的信誉竞争力。

12.3.4 建立和完善水禽良种繁育体系，抵御外来品种对水禽产品市场的垄断

不可否认，以樱桃谷鸭为代表的外来种鸭的大量流入和充斥我国水禽市场促进了我国水禽产业的大发展，2007 年河南华英集团所带动的 3 万多养鸭户的 10 万农民，通过养樱桃谷鸭，年人均收入都在 6000 元以上，户均收入超过 2 万元，华英集团所在地在产业化经营中潢川县养鸭受益农户占全县脱贫农户的 20% 以上。"要发家、养洋鸭"成为当地广为流传的口头禅。但是辩证地看，如果让樱桃谷为代表的外来种鸭垄断我国市场，不仅会造成我国水禽产业的价值利润大量流失，而且会导致本土鸭种的灭绝和减少，我们还很有可能因为丧失对鸭种源头的控制能力而使我们在整个水禽产业链中处于受制于人的被动局面。坐以待毙不如积极应对，建议全国水禽产业各界同心协力，打一场保护民族种质资源和国家利益的攻坚战和保卫战。

首先，在政府层面上要大力支持水禽育种和良种繁育工作。据有关文献资料显示，目前流入我国市场的樱桃谷鸭、枫叶鸭、奥白星鸭，都有我国的北京鸭的血统，全世界白色的、生长速度快的大型肉鸭都是北京鸭的后代，说明我国的北京鸭的遗传资源是十分优良的。之所以我们的民族自主品种目前在生产性能上相对较差，主要是我们的选种育种起步较晚，从 20 世纪 80 年代才开始起步，而外国起步较早，樱桃谷鸭的选种繁育大约已有 100 年的历史，比我们早 50～60 年。加之他们投入大，我们投入少，他们在更多的配套系和更大的群体中优中选优，因而优良基因和遗传资源的显示度相对较高，使我们与其的差距越拉越大，在鸭品种上无法与其抗衡和竞争。为此，政府农业主管部门要切实加大对北京鸭育种的投入，积极支持良种繁育场的建设，使北京鸭品种选育繁殖单位有能力、有条件增加配套系和扩大基础选育种群的规模，能够真正实现优中选优，迅速把北京鸭打造成民族良种品牌，吸引国内肉鸭养殖经营企业选择利用北京鸭。对于中国农科院北京畜牧兽医研究所选育的已有良好的生产性能和发展势头的"Z 型北京鸭"新品种，要给予倾斜支持，使其能够迅速扩群繁殖，并在生产中推广应用。

其次，从科研育种单位层面上，要加强协作，联合攻关，全面提高育种水平和技术研发能力。目前国内从事北京鸭优良品种选育繁殖的单位主要有中国农科院北京畜牧兽医研究所和北京金星鸭业中心等，这些育种单位和企业都受到了人力、物力、财力的限制，不能使优良种质资源迅速扩张，建议充分借鉴 20 世纪 80 年代全国杂交水稻育种时的多个育种科研单位联合协作攻关的经验，集中优

势资源，发挥技术和资源集聚的效应，依托国家水禽产业技术体系，采用现代育种技术、快繁技术，培育优质、高产、高饲料转化利用率、高抗病性能的肉鸭新品种或配套系，以满足水禽产业发展的需要，提高与樱桃谷鸭、枫叶鸭等外来种鸭的市场竞争力。

再次，从企业层面上，要有应用民族自主品种、保护民族种业和种质资源的责任意识，要从长远利益和保护国家利益、不让产业价值利润流出国门的高度出发，自觉地保护国内自主品种，积极主动地在养殖生产经营中应用国内自主品种。要坚决抵制崇洋媚外的思想观念，从生产需求层面上形成对国内自主品种的拉力，促进国内自主品种的推广应用。同时，在国内自主品种推广应用的初始阶段，政府应对自觉应用国内自主品种的养殖企业给予投资、税收、信贷方面的倾斜支持，让企业有应用国内自主品种的超额利润和信心。对于自觉与国内北京鸭育种单位合作、愿意承担因应用国内自主品种而造成的经营风险的企业，政府可以给予适当的风险基金补贴。

最后，要从法律和制度层面，保护民族自主品种。以樱桃谷鸭为代表的外来肉鸭品种占据了我国肉鸭产业 90% 的市场份额，已经给我国种鸭产业造成了致命的打击，目前国内的许多种鸭场都是国家级或省级的保种场，主要靠政府划拨的保种经费维持生存，国外品种的市场份额越大，国内自主品种的推广利用难度就越大，市场生存空间就越小，最终可能是保护难以为继，优良自主品种灭绝或消亡。国外品种的垄断性进入和对国内自主品种的过度挤压，从国家安全和生物安全的角度讲，应该属于外来物种入侵；从国际贸易和 WTO 规则的角度讲（当一国的产品大量进入他国，并对其产业构成威胁时）应该属于倾销。为此，建议我国政府从法律层面和制度层面上立法建制，抵制和反对国外肉鸭品种对我国市场的垄断及入侵。通过战略立法和反倾销对本土肉鸭品种予以保护，给其创造发展和成长的空间，最终使我国的肉鸭产业从根本上得到振兴。

第 **13** 章

中国水禽产业经济发展的路径选择与政策支撑

相较于其他同类产业，目前中国水禽产业发展存在着较多问题，其自身竞争力较为落后，水禽产业发展与整个国民经济和社会发展的速度不适应，生产经营规模和产业产值在畜牧业中所占比重较小，对国民经济和社会发展影响力还不足。水禽产业质量安全、技术水平、组织经营等方面还存在着提升空间。本章借鉴国内外水禽相关产业发展经验，综合考虑中国水禽产业竞争力发展现状及存在的问题，探讨了水禽产业经济发展路径选择和产业发展相关配套政策以供参考，进一步地，提出了对于水禽产业发展转型的一些思考，以期促进中国水禽产业发展。

13.1

提升水禽产业经济发展水平的路径选择

在市场经济条件下，一个产业发展可以选择不同的路程，如创新驱动的路径、投资驱动的路径、资源驱动的路径等。水禽产业作为传统农业部门中的一个分支产业，要在市场经济大潮中实现发展与壮大，在农业生产发展的资源要素约束日益增强、资本投入因长期的农业弱质性而力不从心的背景下，只能选择创新驱动的路径，依靠科技进步而发展。

13.1.1　开发水禽健康养殖方式

传统水禽养殖方式易污染环境，威胁水禽产品质量安全，疫病防控难度大，不利于农民经济收益。为避免传统养殖方式带来的弊端，应积极研究、开发、探索和推广水禽新型养殖方式，如笼养、生物发酵床圈养、网上饲养、无公害饲养等健康养殖方式。根据水禽品种及饲养条件，研发标准化、安全高效的水禽饲养技术，一方面避免水禽养殖对资源环境，尤其是水资源的污染；另一方面，合理利用水资源，降低水禽养殖成本，提高产品质量。例如，近年来推行的封闭旱地圈养加间歇喷淋的饲养方式避免了传统水上养殖带来的污染问题和由于水禽对水的需求而影响其生产性能发挥的问题，实现了水禽产品安全、稳定和高效生产，降低了饲料消耗，减少了水禽疾病发生，获得了优良的生产效益，同时利用的水资源减少，水禽产品受污染和药物残留程度降低，有效地保障产品质量安全。通过试验研究，旱地圈养加间歇喷淋的水禽饲养方式，提高水禽饲养的生物安全水平，真正实现了无公害生产，是针对目前中国水禽落后生产方式的一项新的改革。但是这仅仅是一个探索的过程，为了研究更加科学的水禽养殖方式，建议水禽产业有关宏观管理部门尽量给予政策和资金支持，进一步实行养殖模式试验研究，促进水禽业由传统落后的粗放饲养模式向现代安全高效的饲养模式转变。

13.1.2　依托技术进步提高生产力

对于一项产业发展，无论是资源要素投入产出比，还是劳动生产效率，科技进步是其发展的原动力，要提高产业产品质量、增加产品多样化、适应市场需求，更需要科技发展、技术更新作为支撑。水禽产业发展依托技术进步提升产业竞争力主要可以从以下六个方面着手，一是增加水禽养殖模式创造和研发的科研投入，并着力将科研成果在全国范围内进行推广应用，依靠先进技术，摆脱自然环境的束缚和影响，运用先进的养殖模式和饲养技术，科学处理粪便，高效治污，减少对环境的污染，降低劳动投入及成本，提高产品产出数量和质量，节省要素投入，提高水禽生产率。二是加大对水禽品种育种的投入，采用现代育种技术、快繁技术，培育优质、高产、高饲料转化利用率、高抗病性能的水禽新品种或配套系，真正实现优中选优，以满足水禽产业发展的需要，提高与樱桃谷鸭、枫叶鸭等外来水禽品种的市场竞争力。三是着重水禽产品多样化研究，依靠科技进步，对水禽产品进行开发，力争创造出风味独特、营养价值高、受市场欢迎的各种水禽加工产品，以适应消费者日益增加的产品多样化需求。四是重视水禽疫病防治技术，由于水禽产业上游产品是有生命的活体动物，因此禽病防治是产业发展的重中之重，应重视疫病防治技术，形成完善的疫病防御体系，增强水禽行业对各种疫病的抵抗能力，减少水禽从业者的损失，提高产品质量安全系数。五是建立产学研结合的科技创新机制，使龙头企业利用自身的雄厚资本，与科研单位广泛合作，学习吸收先进的技术及经验，推动产业技术进步。提升企业内部管理水平，强化经营管理体制改革，统一经营各个生产环节，以便较为准确地把握水禽产业市场动态和行业发展状态，针对产业现状确定自身发展规模，针对市场需求确定自身水禽产品供给规模，合理应对市场波动，承受一定的价格波动，规避市场风险。六是重视加工技术的研发，在使水禽产品风味独特、易被消费者接受的方面下工夫。通过加工和食品制作，延长水禽产业链，增加水禽产品市场份额，用需求拉动产业发展。

13.1.3　合理分配产业链各环节经济利益

产业发展的根本动力是经济效益，因此要促进水禽产业发展，必须提升其经济效益，改变目前水禽生产附加值不高、利润低下的现状。不仅要从产业链条上的每个环节逐个优化，提高水禽产业经济效益；而且要在各产业环节及各经营主体之间合理分配经济效益：第一，发展新型养殖方式，提高养殖农户经济效益，例如，目前某些地区采用的稻鸭共作、鱼鸭共养、鸭果结合等立体生态养殖方式，既可以保护生态环境，又拓宽了养殖户收入来源，增加了经济效益，提高了农民从事水禽养殖的积极性；第二，水禽养殖中饲料成本约占总成本的70%，因此降低饲料成本对于提高经济效益至关重要，科学配制饲料，通过改进饲料转化效率，提升饲料报酬率，增加经济效益；第三，强化水禽产品深加工，挖掘新的经济增长点，产品深加工是水禽产业化经营的核心，是刺激水禽消费增长和改变中国水禽产品附加值低下的重要举措，同时，深加工还可以充分挖掘水禽某一方面的经济价值，如可以将禽肉作为食品，将水禽羽绒羽毛作为纺织业的原料，提高水禽经济价值；第四，提高产品质量，满足消费者对安全、优质食品的追求，利用质量优势开发新的经济效益；第五，参加水禽产业链各环节的不同经营主题要按照建立利益共同体、打造产业优势、提高水禽产业与其他产业竞争时的竞争力的理念，相互让利，合理利润分配，以便调动各方面的积极性，做大做强水禽产业。

13.1.4 建立产业联盟以改进产业化组织形式

要做大做强水禽产业，提升水禽产业竞争力，必须统一产业发展标准，形成进入产业的门槛，建立产业联盟，加强产业化经营，保证水禽业在激烈的市场竞争中立于不败之地。促进水禽产业联盟建立，改进产业化组织形式，主要应从以下几个方面入手：第一，整合水禽养殖业，建立标准化、集约化、规模化的现代养殖基地，统一规范管理，提高水禽养殖农户组织化程度，引导发展大规模专业化养殖区域，将众多的农户小规模分散养殖积聚起来，形成专业化、规模化养殖，增强抗风险能力和市场竞争力；第二，发展有较强实力和辐射带动力大的产业化经营龙头企业，重组现有水禽大型企业，形成水禽孵化、养殖、屠宰、加工、销售、羽绒加工等完整产业链的产业化龙头企业，带动"公司+基地+农户"组织模式的发展，不断推进水禽业的规模化、产业化进程，提高产业效率，促进产业联盟建立；第三，完成资源要素的聚集和产业链的整合，通过资源优化配置、专业化分工和产业链延伸降低企业内部的运营成本，并合理进行产业链条上各利益主体的利益分配，切实保证养殖户的利益，把产业联盟建立在利益连接和互惠互利的基础上，以促进水禽产业的壮大和市场竞争力的提升；第四，改进产业化组织形式，利用专业合作社模式，将养殖户、企业和市场利益主体连接起来，以其独特的中介位置，协调联系养殖户和企业之间的合作关系及利润分配，促进水禽产业的专业分工和协作经营，降低产业风险，促进农民增收，提高水禽产业组织化程度，保证对水禽产业链各环节的质量监控，使水禽产业有效地发展运行。

13.1.5 提高水禽产品附加值

依靠科技进步，创造新的水禽加工制成品，创造新的加工工艺，对水禽产品深加工是刺激水禽产品消费的有效措施，是促进水禽产业化、专业化发展的原动力。中国水禽加工业起步较晚，市场流通的产品主要以活禽、禽肉和鲜禽蛋为主，水禽产品分级和加工比例低下，深加工产品类型单一，产业效益不高。受公共食品安全影响，食品安全检验检疫制度越来越严格，活禽在市场上的流通量将会逐步减少，开展精深加工是水禽产品占领市场、提高竞争力的唯一选择。水禽浑身是宝，几乎每一部分都可以进行深加工。禽肉风味独特，营养性高，含有对人体健康有益的不饱和脂肪酸，为高蛋白、低脂肪和低胆固醇食品，开发禽肉深加工产品，制成特色水禽制品如半成品肉以及熟制肉，必将受到市场的追捧。例如，武汉精武鸭脖、武汉周黑鸭、南京桂花鸭等水禽肉深加工制品在市场上销量很好，禽蛋除了以传统加工手法制成皮蛋、咸蛋外，还可以提高技术含量，进行精深加工，制成营养保鲜蛋、蛋品饮料等，增加其附加值，提高其经济效益。不止禽肉和禽蛋可以进行深加工，近年来，鸭毛和鹅毛也成为市场上的销售重点，鸭毛和鹅毛制成羽绒制品，既轻便又保暖，越来越受到大众喜爱，因此鸭毛和鹅毛价格也水涨船高，水禽企业应抓住这一市场特点，大力发展水禽羽绒制品深加工。水禽羽绒以其独特的特性，在市场上很难找到替代品，具有不可替代性，这就保证了其价格坚挺。据调研，一只鸭的鸭毛价格大概为两元以上，这等于甚至大于养殖户的一般养殖利润，养鹅专业户也介绍说养殖利润主要来自于鹅毛，其他方面利润较低，加工企业收购这些鸭毛和鹅毛以后，进行精深加工，制成优质羽绒制品，将会获得更大的利润，大大增加了水禽的附加值，提升了水禽产业整体竞争力。

13.1.6 开拓国内、国际水禽消费市场

当前，中国正处在消费结构升级变动的时期，一方面社会公众对产品质量要求越来越高，另一方面农产品供给处于供求平衡的边缘，市场价格波动及供求波动都相对较大，加之农产品内部不同种类、不同品种之间的消费替代作用较强，如果不能有效地提高和保证产品质量安全、不能有效地扩大市场需求半径和数量，水禽产业发展将会受到严重挑战，甚至是阻滞发展与打击。水禽产业发展相关部门应着重依靠科技进步，狠抓质量安全管理、产品市场扩张与拓展，以扩大需求拉动产业发展。除了要提升水禽产品质量以外，开拓水禽消费市场还应瞄准以下几个切入点：第一，加大对水禽产品深加工研究开发力度，提高水禽产品的科技含量，增加产品种类，提高产品档次，以水禽产品多样化、产品优质化、质量安全化及营养化等优势，扩大销路，满足各级细分市场的多元化需求，挖掘国内市场最大的水禽产品消费潜力；第二，过去中国水禽

主要消费区集中在南方，但随着水禽产业发展和市场容量扩大，北方水禽消费量也在增加，此时，应加强水禽产品交易市场的流通组织建设，借助互联网加的契机，发展水禽产品电子商务，逐步打造网上交易平台，为水禽产品交易提供必要的条件保障和设施支持；第三，充分利用改革开放的大好局势和"一带一路"战略契机，遵守国际市场规则，按照国外消费市场需求变化及产品质量标准，保证水禽产品优质安全，以延伸产品加工出口产业链条，占领国际市场，扩大中国水禽产业消费空间。

13.2
水禽产业经济发展的政策支撑

对任何一个社会经济产业部门而言，政府的有效支持和宏观调控，将对产业发展的速度、规模及效率起到本质性的决定作用，尤其我国政府还掌握着大量社会经济资源，对资源配置仍然具有相当的控制力和决定权，这种作用更是不能忽视。水禽产业作为农业产业的一个分支部门也不例外，要在我国这种市场加政府的混合经济模式中前行与发展，使市场竞争力得到有效提升，必须得到政府宏观经济政策的有效支持和调控。

13.2.1　水禽产业经济发展配套政策体系构架

长期以来，政府的不重视及政策倾斜力度小，是现阶段水禽产业发展落后、竞争力低下的重要原因。2011年水禽养殖农户调研中，只有5.20%的农户回答政府对水禽养殖有补贴，94.80%的农户养殖水禽没有受到任何政府补贴。过去30年，水禽因其易饲养、起步投资少、效益回报快的特点，农民愿意从事水禽养殖，存栏量和出栏量均逐年递增，水禽产业逐步成为农民增收的支柱产业。但与此同时，良种繁育体系不健全、养殖方式落后、饲料转换率低下、疫病防控不力、养殖污染环境严重等问题逐渐凸显，严重制约着水禽产业持续稳定发展。水禽产品市场与其他禽类产品相比还存在一定的差距，缺乏产业竞争力。虽然近年来，水禽市场在不断发展，与中国传统的肉食（猪、牛肉）之间的差距在逐步缩小，但两者绝对消费量仍然相去甚远，市场竞争力仍然远远低于同为禽类产品的鸡肉等产品。因此迫切需要政府的政策支持，促进产业发展。而政府的支持政策效果是非常明显的，如湖北省武汉市人民政府在 2008 年提出在本市打造亿只鸭工程①，同时将养鸭业发展成总产值超过 100 亿元的农业支柱产业，其政策倾斜支持具体包括，对于种鸭存栏规模达 1 万套以上的养殖户（场），政府按照每万套给予 30 万元的标准进行补贴；对商品鸭年出栏量达 30 万~100 万只的肉鸭养殖户（场），政府按照每个鸭位给予 5 元的标准进行基础设施建设补贴；对年生产能力达 1000 万只的肉鸭屠宰场，政府按照每 1000 万只肉鸭给予 200 万元的基础设施补贴等政策扶持。这一系列政策扶持，使得武汉市周边多区养鸭从无到有，市内汉口精武等大型企业扩大父母代养殖场、增加多个饲料、加工厂，逐步形成亿只鸭的供应能力。

在市场经济发展的今天，政府的宏观调控虽不直接干预市场，但是政府的倾向性方向及具体政策支持仍然对水禽产业发展产生着重大的影响力。为促进水禽产业竞争力提升，政府应构建一个具有良好运行效果的政策体系，包括生产、技术、组织、信息等方面，并能涉及产业各相关利益主体，带动和影响各利益主体，如图 13-1 所示。

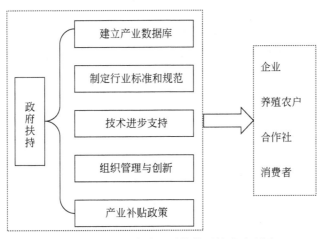

图 13-1 中国水禽产业政策体系构成流程图

13.2.2 建立水禽产业数据库，完善产业信息

针对中国水禽产业相关数据和信息不全，以致产业部门对水禽总体规模和布局把握不清，妨碍政府宏观决策与市场调控的问题，应由政府牵头、企业参与、

---

① 参考《武汉市实施亿只鸭工程工作方案》报告。

农户配合，尽快进行水禽产业发展数量规模、产业技术供求和技术服务的数据调查和信息收集，建立水禽产业发展的数据库。一方面，围绕水禽产业发展，进行生产规模、生产成本及效益、技术发展与需求、产品加工与流通、市场价格与供求、消费趋势与倾向等方面的典型实地调查和统计抽样调查，形成基础性、系统性的数据和资料，为技术专家、生产经营部门和有关宏观决策管理部门准确地把握产业发展的动态和脉搏，有效地进行产业发展的技术研发选择和生产经营决策提供依据；另一方面，进行产业发展的动态监测和信息收集，丰富和完善中国水禽网，通过水禽产业发展的生产调查、市场调查、产业建设调查、现代农业技术体系各综合试验站的典型系统调查，及时收集、整理、发布产业发展的市场信息、生产信息、技术信息、政策信息，以便有效地指导生产经营者制订生产计划，降低市场风险，避免盲目生产造成的损失，强化产品质量安全，突破技术壁垒，提升水禽产品市场竞争力。

13.2.3 制定行业标准和规范，保证产业发展有章可循

产品质量安全是水禽产业的生命线，是产业健康、可持续发展的保证。中国水禽产业目前正处于发展及市场需求扩展阶段，绝对不能遭受产品质量安全的冲击。政府应开展行业自律的相关法律法规的制定研究，建立健全水禽产业质量标准和控制体系，加强产品质量安全管理，对产业链从原料、养殖、饲料、加工、包装、运输、流通、销售全过程进行质量监督，将水禽产品质量安全追溯到生产链的每一个环节。加强水禽产品的安全保障体系的建立与完善，真正建立从产地到餐桌、从生产到消费、从研发到市场等各环节的产品质量追踪体系和技术研发与服务体系，并制定一系列产业规范和行业标准，确保水禽产品质量安全。在制定中国行业生产技术规范、严格操作流程和产品质量安全标准时，应与国际标准接轨，借鉴国际先进技术、法规和标准，形成统一行业标准，提升产品质量安全，为水禽产品外贸和消费市场扩展奠定基础。制定合理统一的、与国际接轨的行业标准和规范，加强产业自身对生产、加工、销售的监测工作，保证各个环节有章可循，有据可依，生产优质、安全、无疾病、低（无）残留的食品，真正实现我国水禽生产过程标准化和无公害化，保证水禽食品安全，促进水禽产业持续健康发展。

由于目前我国关于水禽产品质量安全的相关法律法规较少，一些大型企业为适应国际市场需求，与国际接轨，自行制定各类质量安全规范与标准，开展行业自律，实现产品安全。例如，北京金星鸭业制定了水禽产品质量安全标准及规范近百项，在北京鸭的生产流程中设立了120多个关键控制点；其针对各环节均有

详细记录，按照批次建立健康档案，并在生产流程中交接记录；从源头环节到终端销售，实行全员重视、严格把关、严密检测监控产品质量安全；积极认真地组建了"食品安全疫病、药残控制体系，产品质量保障体系和化验检测体系"等三大质量保障体系，加强了产业链监管，实现了从源头到餐桌全程质量监控。目前，北京金星鸭业已经达到了鸭群无公害养殖、食品加工标准化、规范化、无公害化，其产品也通过了标准化认证、ISO9000 体系认证、ISO22000 体系认证。2008 年金星鸭业成为了北京奥运会烤鸭唯一原材料供应商，2010 年为上海世博会特供了烤鸭胚和"三元金星"樟茶鸭，使北京鸭成为了国内外市场上都具有竞争优势的产品。

鉴于此，政府及水禽产业其他相关部门、主体应该充分借鉴北京金星鸭业的先进经验，根据水禽产品质量安全要求，建立统一的水禽产业安全标准和产品质量安全标准，形成完整、有效、统一的质量安全控制和监督体系，同时，加深与国际机构的合作交流，制定行业标准和规范，进一步完善我国水禽产业产品质量安全控制和监督体制，提高国内质量控制水平，与国际化水平接轨，保证我国水禽产业有章可循，有据可依，最终大力提升水禽产业竞争力。

13.2.4 引导产业发展的技术进步与更新

政府强有力的科技支持和指导，是水禽产业健康、持续、快速发展的重要动力，政府对水禽产业科技方面的投入，带动着整个产业的发展，如农业部 2006 年在现代农业产业技术体系中组建水禽产业技术体系，并在全国范围内设立水禽综合试验站和岗位科学家，使得水禽产业相关技术创新有了平台支撑，技术服务有了依托主体，水禽产业技术体系覆盖了全国 21 个水禽主产省区，促进了水禽产业发展信息和技术的研发和推广。政府为水禽产业技术进步与更新提供的支持主要有以下几个方面：一是大力支持水禽自有品种育种及良种繁育，鼓励科研单位与企业加强技术攻关协作，全面提高水禽产业保种技术水平，支持地方建立水禽保种场、育种场及良种繁育场，保证水禽地方性良种得到有效的保护和繁育；二是严格进行疫病防疫技术研发，建立完善的水禽疫病防疫监控体系，各级畜牧兽医部门应为辖区内的水禽养殖户（场）免费提供禽病防治疫苗，指派专业技术人员进行疫病防治督导，定期对水禽养殖户（场）进行抽查，检查其疫病防治设施条件、免疫程序和措施；三是政府应免费对水禽产业参与者进行技术培训，为农户提供水禽养殖科技知识和技术服务，促进先进技术的推广和应用，加强产业参与者对先进技术的了解和掌握，提高企业员工和农民素质，提升劳动力投入使用效率，依靠科技进步全面提升产业竞争力。

13.2.5 引导水禽产业组织化程度提高，促进水禽产业规模化、专业化经营发展

农业合作组织应产业发展的需要而产生，组织决定产业是否能够有效运行、经营活动是否能够有效开展，是产业竞争力的重要组成部分。随着社会经济的发展，水禽散养户正在经历着从小规模零星散养的自给自足的小生产阶段，向大规模集中养殖的产业化、市场化生产阶段的过渡与转变，在一些地区已经出现了在水禽产品的生产、加工、销售环节上，企业与农户、基地的紧密结合与合作，形成了"公司+（基地）+农户"的产业组织，推进了水禽产业的规模化、产业化发展进程。企业和农户间建立产业联盟及合作组织，通过分工协作，共同提高产业效率，促进产业发展，提升了水禽业在国内和国际市场上的产业竞争力。因此，政府应鼓励和引导水禽养殖农户成立水禽养殖合作社，作为养殖农户与企业之间的连接纽带，水禽养殖农户负责活禽养殖，经过水禽加工企业加工、分割、包装等程序进入市场，这种组织形式，会降低养殖农户的养殖风险。同时，一旦形成"公司+（基地）+农户"格局，合作社以及龙头企业会对养殖户养殖品种、产品质量、免疫程序进行统一规范，以保证质量和需求。十分明显，产业经济组织一方面促进了产品质量安全发展，另一方面推动了水禽产业规模化和秩序化发展。由于在我国，农业合作社发展处于刚刚起步阶段，因此政府应加大对水禽产业养殖合作社的支持力度和规范要求，鼓励和引导水禽养殖合作社的建立，促进水禽规模化、专业化发展。

13.2.6 对水禽产业发展给予财政补贴及政策扶持

针对水禽产业发展较为落后、产业自身竞争力低下的现状，政府应对水禽产业发展进行一定的财政补贴及政策支持。第一，针对养殖户由于资金不足等限制，无法扩大生产和进行较大投入的问题，政府应成立相关担保公司，为水禽养殖户提供资金支持和金融担保，促进产业壮大发展。第二，随着产业规模化、工厂化发展，随之而来的一些相关问题，即建立大型规模养殖场，需要占用大量土地，这便涉及耕地用途转化的问题，政府也应酌情给予政策扶持。据实地调研，散户养殖水禽所建立的鸭舍、鸭鹏占地一般都是利用自家闲置土地的，因此既不用支付土地租金，也避免了农耕地用途转化问题。而像乐港公司这样建立大规模的养殖场，便需要大范围的土地征用，在现行体制下，难度较大，同时土地用途转化问题也将随之而来。虽然养殖业和种植业同属于农业，

但在土地用途从种植业转化成养殖业的过程中，大规模的养殖场建设在一定程度上是属于建筑用地的，因此，如果要大规模发展乐港公司这种现代化养殖模式，需要从政策层面上解决农地用途合理转换问题，否则此种模式将难以启动和推广。第三，政府应对水禽养殖农户进行一定程度的价格补贴，减少农户养殖水禽的风险。2012 年上半年，鸭苗价格、肉鸭价格、鸭蛋价格一路下跌，鸭苗从年初的 4 元每只，一路下跌到 0.5 元每只，毛鸭价从 6 元每斤下跌到 3.5 元每斤，鸭蛋从 7 元每斤跌到 4.5 元每斤，原预计到 7 月份反弹涨价，但截至 8 月仍无反弹迹象，原因是鸭产品替代品猪肉、肉鸡、鸡蛋的价格上不来，特别是猪肉，养猪户采用延时出栏养大肥猪的措施使得猪肉供给仍然旺盛，供大于求，以致同类产品价格难以回升，鸭市场经受价格剧烈波动，鸭产业从业者利益受损。因此政府应对水禽养殖户进行一定的财政补贴，促进产业持续稳定发展。

13.2.7　加强政府宏观调控和政策扶持，引导水禽产业健康快速发展

政府通过法律法规、宏观政策调控手段对产业的扶持、引导，能使一个产业迅速崛起，飞速发展。水禽产业也一样，政府宏观调控和政策扶持，对水禽产业化发展具有不可替代的作用。我国水禽产业能有今天的规模和水平，在一定程度上与政府的扶持政策息息相关。一个产业要健康发展不仅需要技术支持和市场的有效调节，还需要政府的政策支持及对产业发展的规模作出正确的判断，否则产业发展和产业参与者都将受到市场风险的袭击。针对水禽产业发展的现状，要提升水禽产业竞争力，建议：第一，政府对水禽产业进行引导和必要的扶持，特别是在产业发展低谷的时期。扶持的方式可以是政府对生产信息的发布和预警。也可以是生产者直补、价格补贴、政策优惠等，例如，如果一个龙头企业在发展自有养殖场时，因用地原因与政府政策产生冲突，政府可以在企业做好环境处理的前提下适度放宽企业养殖场用地，促进水禽产业的养殖规模化、工厂化、现代化发展。第二，建议政府在市场波动剧烈和产业低谷期，对农户进行必要的价格保护。鼓励企业发挥对农户的带动作用，利用企业雄厚的资本优势进行资本运作，通过国家价格保护和企业资本运作规避市场价格风险，保护农户最基本利益。养殖农户是水禽产业链条的第一环，如果他们的利益得不到保障，那么水禽产业发展将在第一环节就受到阻碍。第三，发挥政府管理和监控的作用，对水禽产业发展进行有效的监督和控制，督促水禽从业者以严格的质量标准来约束养殖、加工、销售等一系列行为，保证从源头及生产过程中控制产品质量安全。第四，依据实际情况，对水禽产业进行资金支持和投入，特别要注意技术研发支持和新技

术推广应用支持。政府宏观调控和政策扶持是水禽产业健康快速发展的本质动力，是其竞争力提升的必然路径选择。

13.3

充分发挥企业在水禽产业经济发展中的中坚作用

在水禽产业经济发展中，企业起着不可替代的中坚作用。在产业发展的上游，企业承担了品种选择推广与研发、饲料的研发与供应、养殖设备的开发与研制，甚至还包括了养殖设备的建造、疫苗的研发及免疫程序的制定与执行，在产业发展的下游，企业承担了产品的加工、熟制，市场营销渠道的建设和选择，市场的开拓等。所以，研究与发展水禽产业经济，必须重视企业的功能和作用。

13.3.1　重视产业技术研发，让产业获得更多的附加值

"十二五"期间，山东六合集团、内蒙古赛飞亚食品有限公司与北京农科院畜牧兽医研究所合作，共同研发北京肉鸭新品系，使得樱桃谷肉鸭品种垄断我国肉鸭品种市场、汲取产业超额利润的格局被打破，再次证明企业家和科学家的密切合作，企业重视产业技术研发具有良好的效果。为此，水禽产业界一定要重视科技创新和技术推广，重视产业产前、产后环节的技术进步和技术水平提升。经济学的微笑曲线告诉我们，处于产业前端的新品种选育、新饲料配方研制、新兽药和新疫苗研制、新的养殖设施和设备开发，处于产业后端的营销策略、营销渠道以及产品市场营销都处在微笑曲线两端的上翘部分，也居于产业中附加值最高、最需要科技含量的环节，而这个环节恰恰也是养殖农户无能为力的环节，只有企业才有能力承担和完成。我们建议水禽经营企业，充分利用自己的经营实力和社会资源，自觉地承担产业技术研发、技术进步的责任，在产业的各个环节进行技术创新，引领产业依靠科技进步获得发展的实力和市场的竞争力，同时也为自己创造更多的利润。

13.3.2　转变经营方式，积极推行企业一体化独立自主经营

经多点调查，我国水禽产业的经营方式目前主要有三种。一种是以河南华英、山东乐港为代表的全产业链企业自主经营方式；另一种是以山东六和集团、

安徽太阳禽业为代表的公司加农户经营方式；还有一种是以广西桂林生源、湖北离湖禽业为代表的合作社加公司的经营方式。从目前的运行情况看各种方式各有优点，全产业链企业自主经营有利于产品质量控制和市场风险规避，如河南华英集团，2014 年同样也受到了媒体报导人患 H7N9 禽流感的冲击，但由于全产业链自主经营产品质量有保证，30% 的鸭肉产品出口，加上羽绒加工当年形势很好，价格、利润上升，企业的肉鸭养殖量、屠宰加工量仍然保持稳定不减。公司加农户经营方式，由于把占用土地面积大、污染量大的商品肉鸭养殖环节交给农户经营，公司减少了鸭场土地征用、污染处理的麻烦，节约了投资建鸭场的成本和资金，使得产业起步相对容易，规模扩张较快；缺点是产品质量不易控制，特别是如果个别养殖农户产生败德行为，乱用添加剂和生长激素，会给整个公司的产品进入市场带来风险。合作社加公司模式，一般都由农户组成专业合作社，由合作社负责农户的技术指导、贷款担保、与公司谈判交涉等，农户要与公司打交道，如使用公司的鸭苗、饲料，让公司负责收购自己的产品（活鸭、鸭蛋），都要给公司交纳一定的保证金，这样一来公司就可以通过对多个农户所交押金进行资本运作，不断发展新农户进入合作社而扩大产业规模，减轻了公司在生产中垫付饲料款、鸭苗款的资金压力，易于促进产业的扩张与发展；缺点是产品质量安全不易控制，易于出现农户易主等问题。鉴于此，笔者认为，随着水禽产业的发展和经营企业实力的增强，全产业链自主经营将成为一种趋势。面对国内市场的饱和和产品质量要求、生产环保要求的提高，有条件的水禽经营企业，要转变经营方式，顺势而为，积极实行企业全产业链自主经营方式，这样既有利于产品质量控制，也有利于市场预期水平的提高和对市场风险的管控。

13.3.3 重视品牌建设，推动产业发展

2014 年是水禽产业恢复性发展的一年，多数水禽养殖及加工企业走出 2013 年媒体报导 H7N9 禽流感冲击的阴霾，开始扭亏为盈。但在此过程中有的企业反弹增收很快，而有的企业则不温不火，反弹无力。究其原因，其差异主要来源于有无自主品牌及在市场上的话语权。有自主品牌的企业，产品社会认知程度高，企业信誉好，在恢复生产过程中无论是融资渠道还是产品的销售渠道都比较畅通。因而极易获得社会各界的支持，生产规模扩展速度快，冲出低谷所用时间短，反弹有力。

例如，鸭产业航母汉口精武，由于有"汉口精武"这个驰名商标和"精武鸭脖"这个享誉大江南北的名牌产品，在 2013～2014 年 9 月期间，虽然发生了因过度扩大规模、盲目投资，以及为了保护养殖户的利益和遵守合同承诺而亏本

收购养殖户的肉鸭，导致资金链断裂、被迫停产的情况，周围的工商企业和金融机构仍愿为其借款融资，解决资金困难的瓶颈，使其很快恢复了生产。

在我国鸭产业中，湖北武汉的周黑鸭、湖北荆州的小胡鸭、江西煌上煌、湖南绝味、南京桂花鸭这些知名品牌都有力地带动了拥有这些品牌的企业和地方鸭产业的稳定发展。因此，一个企业打造品牌十分重要。因为品牌是无形资产，是广大消费者对一个企业及其过硬的产品质量、完善的售后服务、良好的产品形象、美好的文化价值、优秀的管理结果等所形成的一种评价和认识，是企业经营管理者投入巨大的人力、物力甚至几代人长期辛勤耕耘建立起来的与消费者之间的一种信任。为此，建议水禽企业一定要下决心建设与创造自己的品牌。

第一，严把产品质量关。尽可能为消费者提供高质量的产品，因为质量是品牌的本质和基础，是品牌的生命力所在。第二，以特色取胜。因为品牌是消费者用来区别于其他同类产品的一个标志，有特色才有标志、才有竞争力，所以创品牌一定要以特色取胜，在特色上下工夫。第三，加强售后服务。服务是品牌的重要支撑，是商品不可分割的一部分，是市场竞争的焦点，所以，企业一定要搞好对消费者的服务。第四，树立良好的形象。形象是品牌在市场上和消费者心目中表现出来的个性特征，体现消费者对品牌产品的评价、认识和满意度，良好的形象可以使产品在市场上立于不败之地，所以创品牌一定要树立良好的品牌形象。第五，重视品牌的文化价值及内涵挖掘。品牌的文化价值内涵是社会物质形态和精神形态的统一，对消费者消费心理动机和文化价值取向具有驱使和引导作用，品牌产品丰富的文化内涵可以引导生产稳定持续发展，所以，创建品牌一定要重视产品文化价值及内涵的挖掘。

13.4
明确农户在水禽产业经济发展中的历史责任和使命

农户经营是水禽产业存在的基础，在目前产业经营组织变革的情况下，农户主要承担了水禽产业经营中的水禽养殖环节的经营，这一环节处于产业的中游和底层，具有市场和自然的双重风险，如何规避风险，在现有经营组织框架下，推动组织变革，明确责任使命，推动产业发展，是一个值得深思的问题。

13.4.1 正视水禽养殖风险，自觉实行健康养殖

据水禽产业经济研究团队对水禽养殖农户和水禽经营企业的多点调研，在水

禽产业发展的风险因素构成中，品种质量占8%，管理能力占5%，市场价格变动占30%，疫病占35%，气候变化占22%。分析这些因素形成的原因，来自疾病和气候变化的因素都与养殖设施、养殖环境、养殖技术及养殖者的精心程度有关，如设施条件不好，开放式的大棚圈养，夏不挡暑，冬不御寒就容易引发疾病；再如养殖环境脏、乱、差，鸭、鹅整天生活在污染浊水、病菌及有害微生物侵袭中，必然会发生疾病。为此，农户一定要提高养殖技术水平，积极实行健康养殖。第一，按照标准要求，建造标准化的禽舍，以保证舍内空气质量和卫生环境，让鸭、鹅生活在舒适的环境中。例如，这几年来一些企业所建成的网床加发酵床、自动供水供料、自动通风降温、自动送风保暖型鸭舍，就为实施健康养殖奠定了良好的基础。第二，要认真学习和执行养殖技术规程，在专业养殖技术人员的指导下，精心管理禽舍，精心照料水禽的生长发育，如雏苗期的温度控制、禽舍内的空气质量控制、给料给水量和时间，都要按技术规程办事。第三，要高度重视疾病风险，严格执行免疫程序和疫病防控规定，如禽舍的封闭隔离问题，输入性、外源性病菌的阻断问题，都和养殖者的疫病防治意识和行为有关。一定要把疫病防控和健康养殖看成养殖生存与发展的生命线，自觉地改善养殖环境条件，积极创造水禽健康生长发育的环境，通过健康养殖让来自气候变化和疫病的风险远离水禽产业。

13.4.2　积极实现专业化、规模化经营，以便获得产业经营中的合理利润

　　专业化、规模化是未来水禽产业发展的趋势和方向，在水禽养殖的资源和产品市场被大型产业化龙头企业控制、养殖利润很薄的情况下，农户要想获得更多的收益和利润，只能靠扩大规模和提高专业化水平来实现。同时，经济学的微笑曲线理论也告诉我们，养殖农户在水禽产业经营中所属的养殖环节属于微笑曲线的底部，其增值和取得收益的空间更多地在于规模的扩大和通过专业化经营而使生产效率提高。所以，农户一定要千方百计地扩大规模和专业化水平。第一，要通过技术改进和生产设施的自动化而提高单位生产劳动时间的劳动效率来扩大生产经营规模；第二，充分利用有关农业的扶持政策，包括资金扶持、养殖圈场用地的有效流转，协调与产业化经营企业的关系来扩大规模；第三，合理配置家庭的劳动资源、生产要素，有效地实行水禽产业专业化经营，防止过度的兼业化而带来的经营管理投入不足所造成的经营风险；第四，充分认识水禽产业向一体化、企业化发展的趋势，自觉地向新型农业经营主体发展和过渡，从生产规模和专业化程度方面，力争使自己能满足一个可立足于市场经济大潮之中的新型农业经营主体，对生产规模和专业化程度的需求；第五，在专业化的进程中逐步实现

从养殖全过程专业化向养殖中某一个环节的专业化的过渡。使分工更加细化，专业化水平更进一步提高。

13.4.3 自觉实行合作经营，积极推进水禽产业发展

自党的十八届三中全会决议提出"坚持家庭经营在农业中的基础地位，推进家庭经营、集体经营、合作经营、企业经营等共同发展的农业经营方式创新，加快构建新型农业经营体系"之后，农业合作经营进一步发展，到 2013 年 9 月，全国专业性农业合作社达到 91.1 万家，入社成员达到 6838 万户。随之，一批水禽养殖经营专业合作社也应运而生，特别是在蛋鸭养殖经营领域，合作化经营已经成为一种重要的经营方式。

目前，水禽养殖专业合作社主要有以下几种类型：一是农村能人牵头型，主要由农村水禽养殖专业大户或产品经销专业大户牵头组建，如湖北省宣城市玉保蛋鸭专业合作社；二是村干部牵头型，主要由乡村干部、大学生村官牵头组建，如湖北省当阳市蛋鸭养殖合作社；三是龙头企业牵头型，主要由龙头企业利用加工、孵化、品牌、营销等优势牵头兴办，如湖北监利离湖禽蛋生产合作社；四是政府机关部门、社会团体组织牵头型，主要由共青团、妇联、农业技术、畜牧等部门利用技术、信誉等优势牵头创办，如湖北仙桃市三伏潭蛋鸭养殖合作社。各类型的水禽专业合作社目前的发展主要呈现出以下几个特点：一是合作内容不断增加，逐步由初期的信息合作、产中技术服务向生产资料（饲料、笼具、药品）购销、产品加工、运销、储藏等产前、产后各环节全方位合作发展；二是合作层次不断提升，越来越多的水禽养殖专业合作社向产品营销、品牌经营、精深加工方向发展，通过产前、产中、产后配套服务，提高了市场竞争力；三是合作机制不断完善，多数合作社能注重组织制度和治理结构建设，做到有牌子、有章程、有组织结构层次、有管理制度、有经营手段和规模、有效益。

水禽养殖经营合作社的发展，是水禽产业传统的从千家万户分散经营向现代化规模经营过渡的产物，它对水禽产业发展起到了积极的推动作用。一是有效地实现了市场与小农的对接，可以帮助农户解决一家一户办不了、办不好的事情，克服小规模经营带来的困难，提高农户的市场谈判能力，降低交易成本；可以有效克服小生产与大市场的矛盾，防止因市场信息不对称、不完全而引发的羊群效应及市场剧烈波动的产生。二是有利于技术的推广传播，提高产业的技术进步水平。在原有的政府为主导的计划经济体制为基础的农技推广体系解体以后，广大养殖户获得技术的途径主要靠自学或者亲朋邻里间的效仿传授，以致技术传播慢

而无序，而合作社组建后一般首先作为一种技术推广传播的组织载体而存在，使得新技术得以迅速传播，产业技术进步水平迅速提高。三是有利于产品质量的提高和品牌的创造。合作社在面对市场及与外部相关组织发生关系时，实际表现的是一种组织联动机制，这种组织联动机制常常以连带责任的形式表现出来，使得合作社成员之间会产生一种相互约束与监督机制，表现出一荣俱荣、一损俱损的特征，从而有利于产品质量的提高和品牌、信誉的创立。

鉴于此，建议水禽产业主产省区，特别是国家现代农业产业技术体系各综合试验站所建立的示范县，要正确引导农户实行合作经营，扶持水禽养殖经营专业合作社的组建与发展。广大水禽养殖农户，要自觉地组织起来，积极实现合作化经营。一是以水禽产业发展和产业化经营为纽带，团结参加水禽养殖的农户，组成专业性合作社；二是以技术推广和服务为纽带，组织使用水禽新技术（新品种、新饲料、新防疫药品、新养殖模式等）的农户组成合作社；三是鼓励水禽产业化经营龙头企业，把自己所带动的农户组成专业化的合作社，以便企业在与农户这个层次打交道时更规范、更方便；四是利用政府政策激励作用，由政府牵线搭桥，提供资金、土地方面的扶持，引导和促进合作社发展；五是对已经建立起来的合作社，要建章立制，引导其向规范化的方向发展，特别是在产品质量和品牌维护方面，要建立相互监督、连带约束、内部制衡制度，使合作社真正能促进水禽产业健康发展。

13.5

中国水禽产业经济发展转型思考

中国经济经过长期的高速发展，造成了部分产能过剩、环境失控等一系列问题，现在已经进入新常态，到了转型发展、提质增效的阶段。水禽产业作为农业经济的重要组成部分和社会经济、生产的一个部门，也应该自觉适应经济增长速度换挡、经济结构调整、消除过剩产能之痛、经济发展动力从投资驱动转变为创新驱动等这一系列转型发展的过程，进行转型发展。

13.5.1 发展目标转型

要从前期的追求数量增长转变为追求质量提升。水禽产业界要充分认识到当前畜禽产品在局部和部分季节的产能过剩、消费者的需求转变、消费畜产品时的选择空间扩大，只有质量好、性价比高的产品才有可能被选择、才会有市场这一

313

局势，把产品质量放在首位，从饲养品种的选择、饲养环境的建设、饲料的供给各个方面建立起完整的质量标准体系，实行全面质量控制。

13.5.2 发展理念转型

要从前期的单纯追求经济效益向追求经济效益、社会效益、生态效益统一方面转变，特别要重视环境效益。充分认识当前环境问题给产业带来的压力，协调好水禽养殖和产品加工与资源环境保护之间的关系，在水禽产业生产经营中加强环境控制和排污处理设施建设。因为一方面环境直接关系到生产安全和产品质量，另一方面关系到社会公众利益和健康，一个产业生产经营如果不顾及资源环境，其生存和发展必然会受到限制并被社会淘汰。

13.5.3 发展策略转型

1）生产经营组织形式转型。除了继续鼓励和引导农户小规模分散经营向合作化、产业化经营转变外，也要防止一味地追求企业利润，一味地追求规模化、一体化经营的过度升级转型。目前在水禽产业发展中，已有一部分企业为了追求生产经营规模和产品出口的质量控制，从原来的公司加农户生产组织形式演变为企业全产业链一体化独家经营，使得农户在产业经营组织中被遗弃，面对产业壮大发展而失去了获得产业经营利润的机会。为此，建议水禽产业中的企业，特别是昨天依靠政府扶持发展起来的产业化经营龙头企业，要充分认识经济增速换挡和国家要全面建成小康社会的局势，重视企业的社会责任和社会效益，在组织水禽生产经营时充分利用农户农牧结合、劳动与生活结合等优势，强化和完善公司加农户的生产经营组织形式，带领农户参与生产经营，共同致富奔小康。

2）生产经营方式的转型。要从水禽产业单兵独进向农牧结合转变。近十年来，水禽产业的生产集中度不断增强，生产规模不断扩大，过去的农户放养、散养被一个一个的规模化集中养殖场取而代之。但是，规模化集中养殖场由于没有相应的农田为之配套消纳粪便污水，以致污染处理成本增加，发展的环境约束增强，在浙江、山东甚至出现了被强行关闭的情况。农牧结合、种养结合是中国传统农业的精华，如果水禽产业能转变经营方式、发展家庭农场、实行农牧结合，以家庭农场的土地面积和可消纳的粪肥量确定养殖规模，则可以实现资源节约、生产成本节约、环境友好，使发展的资源环境压力迎刃而解。

3）产业发展的动力转型。要从依靠资本、资源驱动转变为依靠技术创新驱动。近十年来，在水禽产业领域所涌现的企业和优势集中产区，大部分都是依靠资源、资本驱动而发展起来的。为什么这样说呢？如果详细地考察一下每一个企业的发展起步史和技术水平，结论就一目了然，现在企业的技术同质性很强，例如，肉鸭养殖品种，大家都用樱桃谷鸭。站在新的发展起点上和新的社会经济基础之上，看产业的发展和竞争优势，未来水禽产业的发展一定要技术优先，依靠技术创新驱动，谁拥有了新的技术谁就拥有了产业的竞争力，谁就能走得更远、更好。所以，水禽产业一定要把技术创新放在更高的位次，加强技术人才的培训和技术创新，技术升级换代，用新的技术驱动产业持续发展。

参 考 文 献

鲍健强，苗阳，陈锋．低碳经济：人类经济发展方式的新变革［J］．中国工业经济，2008，（04）：153-160．

曹大卫，宋冬林，高峰．非典对我省消费需求的影响与对策建议［J］．经济视角，2004，（3）：17-25．

常平凡．中国苹果产销现状调查及战略研究［M］．北京：中国农业出版社，2002．

陈春宝，杨德林．利用高技术创造我国产品国际竞争优势［J］．财贸经济，1997，（1）．

陈建军．产业集聚的集聚效应——以长江三角洲次区域为例的理论和实证分析［J］．管理世界，2008，05：56-61．

陈凯凡，程阳生．生态安全畜牧业及其技术途径和有效措施［J］．湖南畜牧兽医，2005，（4）：1-3．

陈亮．我国电解铝产业产能的优化布局研究［R］．北京工业大学，2011：25-33．

陈晓涛．产业进化论［D］．成都：四川大学，2007：26-49．

戴迎春，朱彬，应瑞瑶．消费者对食品安全的选择意愿：以南京市有机蔬菜消费行为为例［J］．南京农业大学学报：社会科学版，2006，6（1）：47-52．

董晓霞，许世卫，李哲敏，等．中国肉鸡养殖业的价格传导机制研究——基于FDL模型的实证分析［J］．农业技术经济，2011，（3）．

董加凯．大力发展蛋鸭养殖产业的思路和对策［J］．经营管理者，2010（19）：203-205．

杜能．孤立国对农业及国民经济的关系［M］．北京：人民出版社，1971：25-67．

冯忠泽，李庆江．消费者农产品质量安全认知及影响因素分析：基于全国7省9市的实证分析［J］．中国农村经济，2008，（1）：23-29．

傅允生．资源禀赋与专业化产业区生成［J］．经济学家，2005，（1）：84-90．

高铁梅．计量经济分析方法与建模［M］．北京：清华大学出版社，2006：353-360．

宫桂芬．我国产业发展现状与存在的问题［J］．中国家禽，2006，（21）：7-10．

郭红娟，王健，李启超．河北省肉鸡产业价格波动的分析［J］．中国家禽，2009，（22）：29-32．

郭翔宇．比较优势与农业结构优化［M］．北京：中国农业出版社，2005：11-127．

国家水禽产业技术研发中心．水禽产业发展中的突出问题［J］．中国禽业导刊，2009，（26）：18-23．

何安华，邵锋，孔祥智．资源禀赋差异与合作利益分配［J］．江淮论坛，2012，（1）11-18．

何红卫．2013—2014年我国水禽产业综合预测结果"出炉"［N］．农民日报，2013-12-10（6）．

何桦. 四川省芦山县肉鹅产业发展现状及对策研究［J］. 中国禽业导刊, 2009, (04)：65-69.

何晓群. 多元统计分析［M］. 2版. 北京：中国人民大学出版社, 2008：121-135.

侯水生. 我国水禽产业发展面临的主要技术问题与措施建议［C］. 中国水禽发展大会会刊, 2009：9-11.

侯水生, 陈育新. 有效利用资源优势, 做大做强水禽产业［J］. 中国家禽, 2007, (13)：16-21.

侯水生, 黄苇. 我国养鸭业发展现状与前景分析［J］. 水禽世界, 2007, (4)：21-27.

胡初枝, 黄贤金, 方鹏. 农户资源禀赋对劳动力转移行为的影响分析［J］. 江南大学学报（人文社科版）, 2008, (4)：72-76.

华鹏, 赵学民. ARIMA模型在广东省GDP预测中的应用［J］. 统计与决策, 2010, (12)：166-167.

黄胜忠. 转型期农民专业合作社的组织行为研究——基于成员异质性视角［D］. 杭州：浙江大学, 2007.

贾宏海. 对北京现代服务业空间布局［J］. 新材料产业, 2008, (06)：42-56.

贾亚红, 冯燕敏, 罗方妮. 鱼鸭混养和单纯养鱼的生态与经济效益的比较研究［J］. 养殖与饲料, 2003, (06)：24-26.

江宵兵. 蛋鸭生物安全饲养模式的研究［J］. 福建畜牧兽医, 2000, (02)：15-17.

江宵兵. 推行生物安全体系, 生产安全畜禽产品［J］. 中国禽业导刊, 2003, (01)：10-11.

江宵兵. 不同饲养方式对蛋鸭生产性能的影响［J］. 中国畜牧杂志, 2006, (09)：43-45.

江宵兵. 不同喷淋模式对旱地圈养蛋鸭生产性能的影响. 中国畜牧兽医, 2010, (11)：205-208.

蒋乃华, 辛贤, 尹坚. 我国城乡居民畜产品消费的影响因素分析［J］. 中国农村经济, 2002, (12)：48-57.

靳明, 赵昶. 绿色农产品消费意愿的经济学分析［J］. 财经论丛, 2007, (6)：85-91.

靳明, 赵昶. 绿色农产品消费意愿和消费行为分析［J］. 中国农村经济, 2008, (5)：44-55.

克里斯塔勒. 中心地理理论［M］. 北京：人民出版社, 1984：98-137.

李槟全. 完整水禽产业链管理模式是强化肉食品安全的根本保障［J］. 水禽世界, 2011, (04)：34-39.

李超, 覃成林. 要素禀赋、资源环境约束与中国现代产业空间分布［J］. 南开经济研究, 2011, (4)：123-136.

李朝国. 湖北蛋鸭产业发展分析［J］. 中国禽业导刊, 2011, (03)：43-46.

李朝国, 王志男. 湖水蛋鸭产业发展分析［J］. 中国牧业通讯, 2006, (24)：37-39.

李丽敏, 吴林, 郝庆升. 消费者对蓝莓产品的购买意愿及其影响因素的实证研究：基于吉林省消费者调查. 中国农业科学, 2011, 44 (2)：423-431.

李锐. 产业经济学［M］. 北京：中国人民大学出版社, 1999：76-92.

李原. 试论非典后消费环境的营造［J］. 消费经济, 2004, (2)：45-51.

李志强, 干济民. 我国畜产品消费及消费市场前景分析［J］. 中国农村经济, 2000, (5)：25-31.

楼梦良. 中国肉鸭产业—从传统到现代化的转变 [J]. 中国水禽, 2008, (23): 1-2.

廖正录, 张芸. 贵州畜产品市场供需现状与预测浅析 [J]. 贵州畜牧兽医, 2004, 27 (3): 14-18.

李朝国. 王志芳. 湖水蛋鸭产业发展分析 [J]. 中国牧业通讯, 2006, (24): 37-39.

林毅夫, 刘明兴. 经济发展战略与中国的工业化 [J]. 经济研究, 2004, (7): 48-58.

刘成. 新疆水泥产业可持续发展研究 [R]. 武汉: 武汉理工大学, 2011: 34-56.

刘克春, 苏为华. 农户资源禀赋、交易费用与农户农地使用权流转行为 [J]. 统计研究, 2006, (5): 73-77.

刘林华, 史朝俊. 肉鸭养殖中存在的问题及改进措施 [J]. 养殖技术顾问, 2011, (12): 31.

刘蒙恩, 刘秋侠. 发酵床养殖肉鸭技术 [J]. 农家之友, 2010, (12): 16-17.

刘雪芬. 基于农户行为的水禽产业竞争力提升问题研究 [D]. 武汉: 华中农业大学, 2013: 1-35.

刘雪芬. 市场导向、政策倾斜与养殖户新技术采纳意愿的实证分析 [J]. 统计与决策, 2013, (7): 108-111.

刘雪芬, 王雅鹏. 低碳经济条件下水禽健康养殖发展现状与对策 [J]. 华中农业大学学报 (社会科学版), 2013, (1): 36-41.

刘雪芬, 王雅鹏. 中国水禽产业发展的现状和问题及对策 [J]. 农业现代化究, 2012, 33 (2): 142-145.

刘雪芬, 王雅鹏. 中国水禽产业发展的现状和问题及对策 [J]. 农业现代化研究, 2012, 33 (2): 45-49.

刘雪芬, 杨志海, 王雅鹏. 畜禽养殖户生态认知及行为决策研究——基于山东、安徽等6省养殖户的实地调研 [J]. 中国人口·资源与环境, 2013, 23 (10): 169-176.

刘颖. 突发事件中消费心态的分析与扩大消费需求——以非典流行期间消费现象为例 [J]. 全国第七次消费经济理论与实践研讨会论文选, 2004: 52-59.

刘增金, 乔娟, 李秉龙. 消费者对可追溯食品购买意愿的实证分析: 基于消费者购买决策过程模型的分析 [J]. 消费经济, 2013, 29 (1): 43-47.

吕明, 欧阳金琼, 王雅鹏, 等. 我国水禽养殖户新型养殖模式采纳决策影响因素及差异性分析——基于5省（市）养殖户的微观调查数据 [J]. 南方农业学报, 2014, 45 (7): 1302-1308.

栾贵勤. 区域经济学 [M]. 北京: 清华大学出版社, 2000, (5): 25-31.

罗方妮, 魏文志, 王志跃. 鱼鸭混养和单纯养鱼的经济效益和生态效益比较 [J]. 水产养殖, 2002, (04): 3-5.

马成燕, 郑志安. 我国肉鸭产业发展的问题与对策 [J]. 商场现代化, 2009, 04: 40-46.

马林静, 王雅鹏. 我国肉鹅产业经济预测研究 [J]. 中国家禽, 2014, 36 (6): 26-31.

马林静, 王雅鹏. 我国水禽价格波动的影响因素及机制研究 [J]. 中国家禽, 2012, 34 (13): 31-34.

麦尔旦·吐尔孙, 闫建伟, 王雅鹏. 中国肉鸭产业的区域优势分析——基于全国21个水禽土产省（市、区）的研究 [J]. 农业现代化研究, 2013, 34 (4): 477-481.

麦尔旦·吐尔孙，王雅鹏．我国肉鸭养殖户加入专业合作社意愿及其影响因素的实证分析——基于河南、浙江、江西、山东、江苏五省的调查［J］．中国家禽，2014，36（23）：44-48.

麦尔旦·吐尔孙，王雅鹏．消费者对安全认证肉鸭产品购买意愿及其影响因素的实证分析［J］．中国农业大学学报，2014，19（5）：244-254.

麦尔旦·吐尔孙，王雅鹏，闫建伟．我国肉鸭产业经济发展与预测研究［J］．中国家禽，2015，42（17）：178-186.

麦尔旦·吐尔孙，尹宁，王雅鹏，等．中国水禽产业发展现状与生产政策研究——基于国际国内资源利用的视角［J］．广东农业科学，2015，42（17）：178-186.

满明俊．西北传统农区农户的技术采用行为研究［D］．西安：西北大学，2010.

孟军．浅谈发酵床养鸭技术的优势及注意事项［J］．家禽科学，2010，（09）：13-15.

孟秋菊．农户需求是农民专业合作组织发展的根本动力——以四川省大竹县星火禽业农民专业合作社为例［J］．农村经济，2009，（1）：122-125.

仇焕广，黄季焜，杨军．政府信任对消费者行为的影响研究［J］．经济研究，2007（6）：65-153.

仇兴光．江苏进一步发展肉鸭产业的对策与措施［J］．中国禽业导刊，2006，02：43-47.

戚羽凡，陆秀根．用回归分析预测法对主要畜禽产品的供求趋势分析［J］．余姚畜牧，2000，（3）：21-27.

齐学广．论产业布局的规律［J］．安阳师范学院学报，2012，（02）：23-27.

王剑辉．祁漫塔格地区矿产资源分布与产业布局［R］．中国地质大学（北京），2011：84-86.

綦颖，吕杰，宋连喜．关于中国生猪产业的周期波动问题探析［J］．农业现代化研究，2007，（5）：567-570.

佘德勇，胡孝东．皖西地区白鹅产业发展现状与对策［J］．畜牧与饲料科学，2009，02：45-52.

申秋红．中国禽肉生产与消费分析［J］．中国家禽，2007，29（12）：24-30.

施振旦，麦燕隆，赵伟．我国鸭养殖模式及环境控制现状和展望［J］．中国家禽，2012，34（09）：1-6.

宋新华．宁夏矿产资源产业布局研究［R］．武汉：中国地质大学，2010：135-167.

孙佳佳，霍学喜．进口苹果消费行为及其影响因素：基于结构方程模型的实证分析［J］．中国农村经济，2013，（3）：58-69.

谭丽，刘志刚．山东省农村地区居民环境意识调查分析［J］．生态保护，2008，（390）：47-51.

田宁宁，李宝林，王凯军．畜禽养殖业废弃物的环境问题及其治理方法［J］．环境保护，2000，（12）：10-13.

田仁．畜禽生态养殖——奏响永续发展的主题歌［J］．畜禽业，2004，（10）：32-34.

汪翔，李宗芳．江苏沛县现代肉鸭产业发展现状与对策分析［J］．市场周刊，2011，10：43-47.

王恒彦，卫龙宝．城市消费者安全食品认知及其对安全果蔬消费偏好和敏感性分析：基于杭州市消费者的调查［J］．浙江社会科学，2006，（6）：40-48.

王健聪．生物医药产业发展规律与政策研究——基于产业经济的视角［R］．武汉：华中师范大学，2011：26-57.

王洁．产业集聚理论与应用研究［R］．上海：同济大学，2007，05：28-52.

王军，张越杰．消费者购买优质安全人参产品意愿及其影响因素的实证分析［J］．中国农村经济，2009，（5）：35-42.

王满．基于布局优化的中国林业产业体系建设研究［R］．长沙：中南林业科技大学，2010：121-145.

王晓峰，朱云芬．南方水禽业：养殖模式与市场体系同步推进［J］．中国禽业导刊，2012，29（14）：2-17.

王性玉，田渐强．农户资源禀赋与农业产出关系研究［J］．管理评论，2011，（9）：38-42.

王雅鹏．湖北省水禽业发展现状及对策［J］．华中农业大学学报（社会科学版），2010，（5）：7-10.

王雅鹏．湖北省水禽业发展现状及对策［J］．华中农业大学学报（社会科学版），2010，（5）：27-34.

王雅鹏，陈娟，何朝秋，等．基于节能减排的水禽养殖模式选择问题探讨［J］．中国家禽，2013，35（15）：2-5.

王雅鹏，刘雪芬，何朝秋．湖北省水禽业发展现状及对策［J］．华中农业大学学报（社会科学版），2012，（5）：8-12.

王雅鹏，魏丹，王微微．湖北省水禽产业发展现状及对策［J］．华中农业大学学报，2010，（5）：7-11.

王志刚．食品安全的认知和消费决定：关于天津市个体消费的实证分析［J］．中国农村经济，2003，（4）：41-48.

韦伯．论工业区位［M］．北京：人民出版社，1981：125-167.

魏艳娇．我国生猪市场波动的原因及对策分析［J］．畜牧与饲料科学，2010，31（4）：55-57.

吴瑛．蛋鸭产业组织行为分析与组织创新研究［D］．武汉：华中农业大学，2013.

吴瑛，王雅鹏．仙桃市水禽产业发展情况调查［J］．湖北农业科学，2012，（1）：545-548.

吴瑛，王雅鹏．江汉平原水禽产业现状及发展策略研究［J］．农业现代化研究，2013，（2）：206-209.

吴瑛，王雅鹏．我国水禽产业化的发展历程、趋势与对策研究［J］．华中农业大学学报（社会科学版），2013，（3）：89-94.

吴瑛，王雅鹏．我国水禽产业农民专业合作社发展模式的研究［J］．中国家禽，2011，（20）：17-25.

夏晓平，李秉龙，隋艳颖．中国肉羊产地移动的经济分析——从自然性布局向经济性布局转变［J］．农业现代化研究，2011，32（1）：32-35.

夏晓平，李秉龙，隋艳颖．中国畜牧业生产结构的区域差异分析——基于资源禀赋与粮食安

全视角 [J]. 资源科学, 2010, 8 (32)：1592-1600.

夏晓平, 李秉龙. 品牌信任对消费者食品消费行为的影响分析：以羊肉产品为例 [J]. 中国农村观察, 2011, (4)：14-26.

谢勇, 刘华. 产业经济学 [M]. 武汉：华中科技大学出版社, 2008：153-166.

徐雪亮. 新一轮农产品价格波动周期：特征、机理及影响 [J]. 财经研究, 2008, (8)：35-40.

闫建伟. 我国水禽产业布局优化与发展的实证研究 [D]. 武汉：华中农业大学, 2014.

闫建伟, 王雅鹏, 麦尔旦·吐尔孙. 肉鸭价格波动的影响因素研究 [J]. 中国家禽, 2015, 37 (1)：37-45.

闫建伟, 王雅鹏, 麦尔旦·吐尔孙. 社会风险对我国禽肉产品消费影响的实证研究——以 2013 年 H7N9 风险对水禽产业消费的影响为例 [J]. 西南大学学报 (社会科学版), 2014, 40 (3)：49-57.

杨承忠. 广东肉鸭业的未来发展之路 [J]. 中国禽业导刊, 2007, 03：46-51.

杨公林. 迎接研究会的新机遇 [C]. 21 世纪股份制与证券发展战略研讨会暨股份制与证券研究会成立十周年纪念记文专辑, 1999.

杨翠红, 陈锡康. SARS 对我国消费的影响程度分析 [J]. 管理评论, 2004, 11 (4)：58-63.

易丹辉. 数据分析与 Eviews 应用 [M]. 北京：中国人民大学出版社, 2008：106-134.

尹宁, 王雅鹏. 湖北省蛋鸭产业现代化经营及其可持续发展 [J]. 农业现代化研究, 2014, 35 (5)：550-555.

于海楠. 我国海洋产业布局评价及优化研究 [R]. 青岛：中国海洋大学, 2009：13-46.

曾寅初, 夏薇, 黄波. 消费者对绿色食品的购买与认知水平及其影响因素——基于北京市消费者调查的分析 [J]. 消费经济, 2007, 23 (1)：38-41.

张昌莲, 彭祥伟, 王阳铭. 种养结合的家禽生态养殖技术 [J]. 中国家禽, 2010, (04)：57-59.

张长立. 产业集聚理论综述 [J]. 现代管理科学, 2004, (4)：25-31.

张贵海. 中国滑雪产业发展问题研究 [R]. 哈尔滨：东北林业大学, 2008：32-47.

张华. 中国粮食生产布局与结构区域演变分析 [J]. 中国农业资源与区划, 2007, (05)：45-51.

张辉玲, 郑业鲁, 万忠. 2008 年度广东省水禽产业发展现状分析 [J]. 农业科学, 2009, (8)：278-281.

张立庠, 张紫. 肉鸡价格的波动与宏观调控 [J]. 农村养殖技术, 2009, 24：002.

张丽君. 区域休闲产业布局与结构研究——以南京市为例 [R]. 北京：南京航空航天大学, 2006：42-47.

张峭, 陈冬冬. 关于北京市家禽产业发展的思考 [J]. 农业现代化研究, 2011, (7)：445-448.

张晓勇, 李刚, 张莉. 中国消费者对食品安全的关切：对天津消费者的调查与分析 [J]. 中国农村观察, 2004, (1)：14-21.

张雪莲, 冯开文. 农民专业合作社决策权分割的博弈分析 [J]. 中国农村经济, 2008, (8)：61-69.

张岩. 我国肉鸭产业发展与市场前景分析 [J]. 肉鸭行业论坛, 2012, (4): 7-9.

张玉阳. 中国汽车工业产业布局研究 [R]. 重庆: 重庆师范大学, 2005: 26-37.

张云华, 杨晓艳, 孔祥智, 等. 发展绿色农业技术面临的难题与出路 [J]. 生态经济, 2004, (1): 216-218.

张正. 中国禽肉价格决定机制及实证研究 [D]. 沈阳: 沈阳农业大学.

张正, 吕杰, 姜楠. 我国禽肉价格波动及影响因素分析 [J]. 农业技术经济, 2006, (1): 76-78.

赵克学, 唐利华. 山东沂南肉鸭产业回顾与展望 [J]. 山东畜牧兽医, 2010, (04): 52-56.

赵黎明, 吴文清. 基于季节 ARIMA 模型的国有粮食企业收购预测分析 [J]. 技术经济, 2010, 29 (3): 28-30.

赵丽平, 刘灵芝. 水禽养殖户安全药物添加剂使用意愿及其影响因素 [J]. 华中农业大学学报 (社会科学版), 2014, (2): 46-52.

甄若宏. 稻鸭 (萍) 共作系统的主要生态环境效应及其作用机制研究 [D]. 南京: 南京农业大学农学院, 2007.

郑会军, 马文杰. 基于主成分分析的农业区域竞争力评价 [J]. 经济评论, 2009, (5): 81-86.

中国环境保护总局. 2000 年中国环境状况公报 [J]. 环境保护, 2001, (07): 3-9.

钟甫宁, 易小兰. 消费者对食品安全的关注程度与购买行为的差异分析: 以南京市蔬菜市场为例 [J]. 南京农业大学学报: 会科学版, 2010, 2 (10): 19-26.

钟钰, 王树进. 中国水禽出口的产品细分与市场问题探讨 [J]. 中国家禽, 2006, (19): 60-63.

钟志新, 高光军, 黄种彬. 间歇喷淋旱养对金定鸭种蛋受精率和孵化率的影响 [J]. 福建畜牧兽医, 2008, (04): 10-11.

周光召. 我国物联网产业布局及对策研究——以苏南地区为例 [R]. 南京: 南京邮电大学, 2012: 35-46.

周洁红. 消费者对蔬菜安全的态度、认知和购买行为分析: 基于浙江省城市和城镇消费者的调查统计 [J]. 中国农村经济, 2004, (11): 44-52.

周洁红. 消费者对蔬菜安全认证和购买行为的地区差别分析 [J]. 浙江大学学报: 人文社会科学版, 2005, 35 (6): 113-121.

周娟. 中国铅锌工业布局评价体系研究 [R]. 合肥: 合肥工业大学, 2012: 25-43.

周晓山. 发酵床养殖技术的经济与环保战略意义 [J]. 农村新技术, 2009, (23): 67-68.

周应恒, 彭晓佳. 江苏省城市消费者对食品安全支付意愿的实证研究: 以地残留青菜为例 [J]. 经济学, 2006, 5 (4): 1319-1342.

朱国法, 马兴华, 计进海. 蛋鸭旱养技术探讨 [J]. 农村养殖技术, 2004, (02): 19-21.

朱克力. 基于 GIS 的中国钢铁产业布局研究 [R]. 重庆: 重庆大学, 2011: 43-49.

朱英明. 产业集聚研究述评 [J]. 经济评论, 2003, 03: 43-48.

郑有贵, 农民产业合作社金融支持路径与政策研究 [J]. 农村经营管理, 2008 (04): 26-30.

赵绪福. 从产业化经营的需要看中国农业产业链的构建［J］. 湛江师范学院学报, 2004 (04)：83-85.

Wezyk S. 世界水禽研究进展［J］. 中国家禽, 2008, (17)：24-35.

Wyzek. 世界水禽生产及研究进展［J］. 中国禽业导刊, 2006, (06)：44-46.

Briz T, Ward R W. Consumer awareness of organic products in Spain：Application of multinomial logit models［J］. Food Policy, 2009, 34 (3)：295-304.

Goktolga Z G, Bal S G, Karkacier O. Factors effecting primary choice of consumers in food purchasing：The turkey case［J］. Food Control, 2006, 17 (11)：884-889.

Kresic G, Herceg Z, Lelas V, et al. Consumers'behaviour and motives for selection of dairy beverage in kvarner region：A pilot study［J］. Mijekarstvo, 2010, 60 (1)：50-58.

Lamb C W, Hair J F, McDaniel C. Marketing［M］. Cincinnati：South-Western Publish, 2002.

Liu P. Tracing and periodizing China's food safety regulation：A study on China's food safety regime change［J］. Regulation & Governance, 2010, 4 (2)：244-260.

McLeod A, Thieme O, Mack S D, 等. 小规模家禽养殖的未来发展［J］. 中国家禽, 2009, (24)：46-49.

Papanagiotou P, Tzimitra- Kalogianni I, Melfou K. Consumers'expected quality and intention to purchase high quality pork meat［J］. Meat Science, 2013, 93 (3)：449-454.

Sepulveda W, Maza M T, Mantecon A R. Factors that affect and motivate the purchase of quality-labeled beef in Spain［J］. Meat Science, 2008, 80 (4)：1282-1289.

Stopper M. Globalization, Location and Trade［M］. New York：Oxford University Press, 2000：253-274.

Zhao Y Y. Application of the random time series model in coal price prediction［D］. Jinan：Shandong University, 2010.